塔里木盆地考古记

黄文弼 著

广西师范大学出版社
·桂林·

塔里木盆地考古记
TALIMU PENDI KAOGUJI

出版统筹　罗财勇
编辑总监　余慧敏
责任编辑　罗财勇
责任技编　余吐艳
封面设计　@吾然设计工作室

图书在版编目（CIP）数据

塔里木盆地考古记 / 黄文弼著. -- 桂林：广西师范大学出版社，2023.5
ISBN 978-7-5598-5141-3

Ⅰ.①塔… Ⅱ.①黄… Ⅲ.①塔里木盆地－考古调查－调查报告 Ⅳ.①K872.45

中国国家版本馆 CIP 数据核字（2023）第 040324 号

广西师范大学出版社出版发行

（广西桂林市五里店路9号　邮政编码：541004）
　网址：http://www.bbtpress.com
出版人：黄轩庄
全国新华书店经销
广西广大印务有限责任公司印刷
（桂林市临桂区秧塘工业园西城大道北侧广西师范大学出版社集团有限公司创意产业园内　邮政编码：541199）
开本：787 mm × 1 092 mm　1/16
印张：28.5　　字数：360千
2023年5月第1版　　2023年5月第1次印刷
印数：0 001~7 000 册　　定价：98.00 元

如发现印装质量问题，影响阅读，请与出版社发行部门联系调换。

黄文弼（1893—1966）

作者小传

黄文弼（1893—1966），原名黄芬，字仲良。湖北汉川人。中国著名考古学家、西北历史地理学家。

1915年，黄文弼考入北京大学哲学门，1918年毕业留校，历任国学门助教、讲师、副教授。黄文弼在帝制消亡及五四以来民主与科学思潮涌动的特殊时代背景里成长起来，很早就树立起追求新知的信念。在他求学与任教的时期，北京大学国学门人文荟萃，通过与李大钊、胡适、沈兼士、马叙伦、黄侃等人的交往与学习，黄文弼打下了牢固的传统学术根基，也培养了宏通开放的学术视野。

黄文弼最重要的成就和贡献，是对我国西北考古，尤其是对新疆考古事业的开拓与奠基。他一生曾四次至新疆考察。1927年，中国、瑞典共同组成"中国西北科学考查团"，黄文弼以唯一一名中国考古学者的身份加入考查团，在内蒙古和新疆地区进行了为期三年多的野外考察，取得了极大的成功，为处于起步阶段的中国考古学赢得了世界性的声誉。1933—1934年，黄文弼以国民政府教育部考察新疆教育文化专员的身份再赴新疆。1943年，黄文弼受西北大学委托，随"国父实业计划考察团"第三次赴新疆。新中国成立后，黄文弼于1957年率领中国科学院考古队又一次前往新疆进行考古工作，带动并培养了一批西北考古的后备力量。从1927年开始，黄文弼在新疆考古学领域耕耘了近40年，他的四次西北考察，仅在新疆境内的总行程就超过38000公里，从第一次穿越塔克拉玛干沙漠、第一次将足印留在罗布泊土垠遗址、第一次发现干涸的塔里木南河……天山南北几乎所有的古迹都留下了他的足迹。他是在新疆考察延续时间最长、范围最广、涉及遗址类型最多的中国学者，也因此被誉为"中国新疆考古第一人"。

除了考古工作，黄文弼在文化、教学、科研领域取得了多方面的成就。1935年，他以国民政府中央古物保管委员会委员的身份担任西安办事处主任，主持西安碑林的整理工作。抗战期间，先后担任西北联大、四川大学教授，1942年起担任西北大学历史、边政系主任。抗战胜利后，担任北平研究院史学研究所研究员。1949年以后，担任中国科学院考古研究所研究员，继续从事新疆考古资料的整理与研究工作。1965年，当选中国人民政治协商会议全国委员会第四届委员。

黄文弼因其深厚的传统学问功底，又受过新思潮与治学方法的陶冶，在他的西北史地研究中，往往包含着考古、历史、地理、民俗等多方面的综合内容，并且走出了一条守正出新的研究道路，即将考古学、历史学与地理学结合在一起，以考古学实物、传世文献与实地考察相印证的"三重证据法"，从而开创了中国西北史地研究的新格局。

1966年12月18日，黄文弼先生赍志以殁。幸运的是，他生前就已经把毕生研究的心得结集为"三记两集"，即《罗布淖尔考古记》《吐鲁番考古记》《塔里木盆地考古记》《高昌砖集》《高昌陶集》，后人又将他的西北考察日记、学术论文编为《黄文弼蒙新考察日记（1927—1930）》《西北史地论丛》《黄文弼历史考古论集》《西域史地考古论集》，成为新疆考古、西北历史地理研究领域的一笔宝贵遗产，焕发出永恒的光芒。

再版前言

一

《罗布淖尔考古记》《吐鲁番考古记》《塔里木盆地考古记》是我国著名考古学家、西北历史地理学家黄文弼先生的新疆考古报告，与他所著的《高昌砖集》《高昌陶集》合称"三记两集"，在学术界久负盛名。

"三记"的写作缘起，与20世纪二三十年代成立的"中国西北科学考查团"[1]有着直接关系。1927年春，瑞典地理学家斯文·赫定征得北洋政府同意，准备单方面开展他的第四次中国西北考察。中国知识界对这种有损国家主权的行为极力抵制，并组成中国学术团体协会，与斯文·赫定反复谈判，最终成立了由中外学者共同主持的"中国西北科学考查团"，自1927年至1935年，在中国西北地区开展了长达8年的科学考察活动，成就了人类科学探查史上的一个壮举。

时任北京大学国学门助教的黄文弼，出于知识分子的道义担当和对考古学的浓厚兴趣，主动请缨加入考查团，成为团中唯一一名中方考古学者。1927年5月9日，

---

[1] "中国西北科学考查团"时代的"考察"多作"考查"，此处在提及此专名时，均保留原出处使用的"考查"或"考察"，不做统一，其他一般性的行文叙述，则作"考察"。——编者注

他暂别"在故纸堆中讨生活"[1]，随队踏上西北科考的征程，在内蒙古，特别是在新疆地区进行了历时三年多艰苦卓绝的野外探查。擅长文物搜集、整理的他，在中国西北科学考查团这所"流动的大学"中，获得了难得的田野考察与发掘实践经验，并取得了许多重要成果，鼓舞了处于起步阶段的中国考古学，历来被当做中国学术界在新疆地区进行科学考古的起点。他此后的三次新疆之行，都可以视为本次考察的延续。就黄文弼个人而言，这次西北科考经历也成为其学术道路的重要转折点，以此为契机，他将一生精力都聚焦于新疆考古和西北史地研究，并完成了"三记两集"的名山事业，以及后来的《新疆考古发掘报告（1957—1958）》等论著。

《罗布淖尔考古记》于1948年作为"中国西北科学考查团丛刊"之一，由国立北平研究院史学研究所、中国西北科学考查团理事会印行，是"三记"中最早问世的一部。罗布淖尔古称盐泽、蒲昌海，今作罗布泊，汉代楼兰国就位于此地。19世纪俄国探险家普尔热瓦尔斯基的到来，打开了罗布泊闻名世界的大门，此后斯文·赫定、斯坦因接踵而至。1930年4月8日，黄文弼从吐鲁番出发，翻过库鲁克山，于1930年4月13日抵达罗布泊北岸，目睹罗布泊水向北回流的情况，验证了斯文·赫定称罗布泊是"游移湖"的假设。

黄文弼这次在罗布泊地区考察了20多天，但由于时间紧迫，很多调查未能充分展开，回来后一直对罗布泊念念不忘。1933年10月，为巩固边陲，开发西北，国民政府铁道部决定出资组建"绥新公路查勘队"，黄文弼在教育部资助下，以考察新疆教育文化专员的身份参加查勘队，二入新疆。1934年5月9日，黄文弼再次踏上闻名世界的"土垠"——在这个四年前由他发现的汉代驿站遗址，找到了军营、

---

1 黄文弼遗著，黄烈整理：《黄文弼蒙新考察日记（1927—1930）》，文物出版社，1990年，第1页。

古道、屯垦区遗迹，并采集到西汉《论语》残简及记"居卢訾仓"事简。《罗布淖尔考古记》就是黄文弼这两次罗布泊考察成果的汇集。

《吐鲁番考古记》1954年在科学出版社初版，1957年修订重印，是中国科学院考古研究所"考古学专刊丁种第五号"。该书与《塔里木盆地考古记》都是黄文弼首次新疆考察成果的结晶。

吐鲁番地区是黄文弼正式开启新疆考察的第一站，也是他日后转向新疆考古与西北史地研究的学术起点。在参加西北科学考查团期间，黄文弼曾三至吐鲁番：1928年2月，他由哈密赴乌鲁木齐时路过吐鲁番，仅在此稍作停留，访查了吐峪沟千佛洞；1928年4月19日，他对交河故城、高昌故城、柏孜克里克千佛洞进行了初步踏查；1930年2月19日，他带队对交河故城北部寺庙遗址、沟西墓地、南部古坟进行了为期一个月的全面发掘，成为第一个在吐鲁番地区进行考古工作的中国学者。

从今天保留下来的黄文弼《吐鲁番研究手稿》来看，他在考察途中就已经开始对吐鲁番地区古代文化进行研究。1931年和1933年，黄文弼根据考察所得，分别出版《高昌砖集》[1]与《高昌陶集》。而出土墓砖与陶器以外的文物、文书以及相关研究，都收录在《吐鲁番考古记》中，这三部著作又构成黄文弼的"吐鲁番三种"，内容各有侧重，相互补充。

1957年，黄文弼发表《塔里木盆地考古记序言摘要》一文，次年《塔里木盆地考古记》即由科学出版社出版，系中国科学院考古研究所"中国田野考古报告集考古学专刊丁种第三号"。

塔里木盆地周缘的大小绿洲，自古就是东西方文化传播与交汇

---

[1] 《高昌砖集》在1931年出版之前的同年2月，先期有《高昌》第一分本出版。1951年《高昌砖集》重版，也将《高昌》第一分本的内容合并其中。

的核心地带，特别是随着佛教东渐，更在古代塔里木盆地形成举世闻名的佛教文化。黄文弼于1928年5月19日自吐鲁番出发，穿越阿拉癸沟直奔焉耆，在七个星佛窟遗址、四十里城等地考察了40余天，采集到大量的泥塑佛像、石刻模型、木器、铜器。1928年9月中旬到11月中旬，他无论"沙漠湖滩，有古必访"[1]，将古代龟兹国所在的库车地区全部走遍，新发现古城遗址10多处。1929年4月5日，黄文弼沿和阗河一路南行，为了寻找"死亡之海"汉唐时期曾经存在过的繁华历史，完成了横渡塔克拉玛干沙漠的壮举。1929年11月8日，黄文弼结束对塔里木盆地周缘的全部考察，这段考古资料的精华均刊布在《塔里木盆地考古记》[2]中。

二

1929年冬季和1930年春末，考查团收获的考古文物由袁复礼两次组织东运，其中包括黄文弼的80余箱采集品。1930年秋季回到北平后，黄文弼立刻投入到新的研究工作中，他很早就明确了自己"首高昌，次蒲昌，次焉耆，次库车，次和阗，次佉沙"[3]的工作目标和规划。按照计划，在完成《高昌砖集》《高昌陶集》后，黄文弼即将开展对罗布淖尔考察的系统研究，并先期完成《楼兰之位置及其与汉代之关系》《释居卢訾仓》《罗布淖尔水道之变迁》系列论文。然而，接下来的研究工作却阻力重重：工作频繁调整，抗战爆发，经费紧缺，使得考古报告迟迟不得与世人见面。

1934年12月5日，黄文弼受中央古物保管委员会派遣，在安阳、

1　黄文弼：《塔里木盆地考古记》，科学出版社，1958年，第13页。
2　该书还以"附注"的形式，收入了他1957—1958年第四次新疆考察期间在塔里木盆地的主要收获。
3　黄文弼：《罗布淖尔考古记·自叙》，国立北平研究院史学研究所、中国西北科学考察团理事会印行，1948年，第1页。

洛阳、西安、南京等地进行考古工作，随后又担任中央古物保管委员会西安办事处主任。他将一部分考察采集品带在身边，白天全力进行西安碑林的修复工作，夜晚则继续投入采集品的整理与研究。1937年全面抗战开始，中央古物保管委员会撤销，西安办事处同时停止工作。当时，国立北平大学、北平师范大学、北洋工学院和北平研究院等机构迁往西安，成立了西安临时大学，随即又改为"国立西北联合大学"，校址迁到陕西城固。黄文弼也辗转离开西安，赴城固任国立西北联合大学历史系教授。一年后，西北联合大学分立为西北大学、西北工学院、西北农学院、西北医学院、西北师范学校五所院校，黄文弼又转任西北大学，同时受聘兼任四川大学历史系教授。

1939年至1942年间，黄文弼基本都奔波在川陕两地，一边承担着繁重的教学任务，一边利用中英庚款董事会资助，从事考察报告的撰写和西北史地研究。在城固无数个一灯如豆的夜晚，他抱定随身携带的少量采集品进行撰述；在四川峨眉，他一度"静居山中，重理旧稿"，笔耕不辍。据《罗布淖尔考古记·自叙》所说，该书正文部分实际在1939年底就已经完稿，黄文弼曾通过蔡元培联系商务印书馆出版，但由于大量文物实物照片要印制为彩色画及珂罗版，成本过高而没了下文。1944年初，顾颉刚帮助他向中华书局推荐此书，黄文弼也亲自与编辑金兆梓、姚绍华接洽出版事宜，但又因经费问题未能如愿。在1947年写给徐旭生先生的系列信件中，他也曾提及此书出版经费问题。一直到1948年，时任北京大学校长胡适以"西北科学考查团理事会"理事长名义，领衔给国民教育部递交呈文，向部长朱家骅申请经费，并多方努力周旋，寻求中美基金会的资助，才使《罗布淖尔考古记》历经波折，得以出版。

在全面抗战爆发前夕，黄文弼曾利用参加第二届全国美展之机，将部分西北科学考察的采集品带到南京，后来为躲避日军对西安的空袭，又在清华大学校长梅贻琦的协助下，把存放在陕西的文物转运到汉口。寄居川陕期间，黄文弼一直牵挂着这些文物的安危。抗战胜利后，他曾亲自去汉口英国洋行堆栈查访寄存文物，得到的却是大部分物品毁于战火的不幸消息，这些都对黄文弼的后续研究造成了难以弥补的损失。

新中国成立后，黄文弼由北平研究院史学研究所转入中国科学院考古研究所任研究员。沐浴在科学事业蒸蒸日上的氛围下，他再次全身心地投入到科学研究中。在新的历史条件下，学术著作出版困难的境遇一去不返，黄文弼对考古资料的整理与研究工作也终于厚积薄发，《吐鲁番考古记》《塔里木盆地考古记》相隔不到四年先后面世。

自1928年首次踏上新疆的热土，到1958年完成《塔里木盆地考古记》的出版，"三记"的写作整整经历了三十个寒暑。从烽火连天的旧社会，到百废待兴的新中国；从年富力强的中国西部考古拓荒人，到白发苍颜的老年学者；从踌躇满志的学术规划，到皇皇巨著的最终杀青：无论对于黄文弼本人，还是整个学术界来说，"三记"的写作和出版都可谓是一个漫长的过程。而这长达三十年的学术跋涉，以及迟到的"三记"，也都成为黄文弼波澜壮阔的一生的缩影，成为中国早年新疆考察与研究史的见证，成为近现代中国知识分子乃至国家命运的回顾。其中饱含着以黄文弼为代表的一代学人的坚韧毅力，以及他们为追逐理想而终生奋斗的执着与热情。

三

早在中国西北科学考查团出发伊始，黄文弼就曾说过自己此行的目的："一者为监督外人，一者为考察科学。"[1] 监督外人、维护国家主权的使命与责任，让他从最初与外方团长斯文·赫定互相"心存芥

---

[1] 黄文弼遗著，黄烈整理：《黄文弼蒙新考察日记（1927—1930）》，文物出版社，1990年，第1页。

蒂"的私人关系，终于在两人第二次新疆考察期间爆发。由于斯文·赫定在国际学术界的影响力，致使黄文弼的个人声誉及成果在国外学界一度受到抵制。不过，随着"三记两集"的渐次问世，黄文弼的新疆考古成就终究难掩其光芒，逐渐成为国际学界有目共睹的焦点。

《罗布淖尔考古记》《吐鲁番考古记》出版后不久，就受到日本学界的关注，藤枝晃、石田幹之助分别发表评介文章[1]。此后，日本京都大安书店于1968年影印出版《罗布淖尔考古记》。1984年，日本日中文化交流协会理事长宫川寅雄倡议组织翻译《黄文弼著作集》，经过四年的努力，由田川纯三翻译的《黄文弼著作集》第一册《罗布淖尔考古记》日译本在东京恒文社出版。1990年，土居淑子的日译本《黄文弼著作集》第二册《吐鲁番考古记》（包括《高昌砖集》《高昌陶集》《吐鲁番考古记》）继由恒文社出版。

《黄文弼著作集》的日译工作，因主持者宫川寅雄及诸位翻译家的离世而搁浅，但是其影响力已然形成。日人井上靖即认为："无论从斯文·赫定、斯坦因等人的业绩中正确汲取经验，对不明之处进行确定、补足，或加以修订，黄文弼的调查报告都是不可或缺的。……我认为这为我国的西域研究打开了一扇清新明快的大窗。"[2] 同一时间的欧洲也开始出现对黄文弼及其著作的评述，最有代表性的当属德国汉学家瓦尔德施密特1959年发表《中国考古学家在新疆的调查》一文，对《吐鲁番考古记》，特别是《塔里木盆地考古记》相关内容进行了介绍。

在中国，"三记"更是新疆考古与西北史地研究不可或缺的案头书，滋养了无数后辈学人。甚至有许多专家学者直言他们在新疆从

---

1 《游牧民族の社会ユーラシア学会研究报告》，自然史学会，1952年；《海外东方学会消息·黄文弼の吐鲁番考古记》，《东方学》九辑，1954年。
2 井上靖等撰，谭皓译：《日译〈罗布淖尔考古记〉题跋》，朱玉麒、王新春编：《黄文弼研究论集》，科学出版社，2013年，第251页。

事考古工作时，都是背着黄文弼先生的著作在全疆各地跑，这些著作为他们提供了引路人的作用。

黄文弼哲嗣黄烈先生曾说："黄先生经过大范围的考察，写出了系列的考古报告。由于他具有深厚的中国学问基础，结合实地考察所写出的几部巨著，其学术价值为其他单纯考察家所写报告难以企及。当然，当时的考察手段与技术远非今日所能比，其论断也受历史的局限，不一定尽皆妥当，但大部分内容至今仍不失其光辉。他的考察距今已有三分之二世纪，当时的遗址、遗物历经沧桑之变，有的已不复存在，有的已大为改观，他的记录作为第一手资料就显得分外珍贵。"[1] 这实际上已经道出了"三记"的学术里程碑价值：

首先，"三记"代表了中国学者在新疆自主的科学化考古之后，对该地区进行的全面系统的研究，不仅在学术价值上具有领先意义，更打破了长久以来中国学者在新疆考古与研究领域追随国际学界惯例的落后状态。例如黄文弼在土垠遗址采集到70余枚木简，是新疆所获汉通西域后最早一批文字记录。从这些木简的内容，能够看出汉代在西域的职官设置、驿传制度、屯戍仓储、往来交通等情况，打开了人们了解汉代西域经营的新窗口。

其次，"三记"中所刊布的丰富多彩的考古资料，包括文书写本、钱币、碑刻拓片、壁画和各类文物，其中很多实物今天已经不存，赖有"三记"才得以保存。这些一手资料的公布，改变了以往中国学者研究资料靠国外"恩赐"的局面，也给国际学界注入了新鲜血液。特别是黄文弼所获文书，包括汉语、梵语、龟兹语、粟特语、婆罗谜字母、中古伊朗语等各个语种，许多都具有独一无二的价值，时至今日，依然是世界各国研究者们的关注点与学术增长点。

最后，"三记"熔铸了黄文弼的考古经验，发挥了实地考察与传世

---

[1] 黄烈：《日本编译〈黄文弼著作集〉记事》，朱玉麒、王新春编：《黄文弼研究论集》，科学出版社，2013年，第286页。

文献相结合的特点与优势，充分展示出考古学、历史学、地理学、民族学等多学科融汇的特点，是黄文弼学术研究"三重证据法"的直接体现，为今天的新疆考古事业及西北史地研究树立了方法论的标杆。

囿于时代和个人的局限，"三记"中难免存在一些错误。例如日译本《黄文弼文集》出版时，榎一雄就针对《罗布淖尔考古记》指出，其中对楼兰人与印度拜火教徒的关系的推测有所不确[1]。今人庆昭蓉也考证出《塔里木盆地考古记》中四件龟兹语文书出土地的记载系黄文弼先生误记[2]。今天，罗布淖尔、吐鲁番、塔里木盆地的考古与研究工作都取得了长足进步，但"三记"的筚路蓝缕之功，永远不会磨灭，其价值也必将经得住时间的考验，在新疆考古、丝路研究的殿堂中发挥出永恒的光热。

四

如前所述，20世纪四五十年代三部著作相继问世，一时洛阳纸贵，很快就供不应求。1984年宫川寅雄发愿翻译《黄文弼著作集》而驰书夏鼐先生索要"三记"时，作为黄文弼同事的夏鼐也无法购得此书，只好将中国科学院考古所中的藏书寄赠。除了1968年日本早期的影印版，日人榎一雄提及1988年香港无名书店也曾出版《罗布淖尔考古记》影印版，但纸张、质量均欠佳，如今早已绝版。2009年，线装书局将"三记两集"策划为《中国早期考古调查报告》第二辑，按照初版原书影印出版，但是影印本数量偏少，市面仍寻觅不易。为了满足国内外读者的需求，也为了弘扬、传承优秀历史

---

[1] 榎一雄撰，谭皓译：《评黄文弼著、田川纯三译〈罗布淖尔考古记〉》，朱玉麒、王新春编：《黄文弼研究论集》，科学出版社，2013年，第267—268页。
[2] 庆昭蓉：《略论黄文弼所发现之四件龟兹语世俗文书》，荣新江编：《黄文弼所获西域文献论集》，科学出版社，2013年，第304—307页。

文化，广西师范大学出版社整理出版了《罗布淖尔考古记》《吐鲁番考古记》《塔里木盆地考古记》。

此次"三记"的整理再版工作，分别以《罗布淖尔考古记》（1948年版）、《吐鲁番考古记》（1957年版）、《塔里木盆地考古记》（1958年版）为底本，用规范简体字进行录排，并对图片进行现代技术处理，进一步提高了图片的精美度。为保证著作原貌，除就现行出版规范做出个别校订外，其余均一仍其旧。

"三记"的整理再版工作，得到了黄文弼先生后人黄纪苏先生等的大力支持。北京大学朱玉麒教授对整理再版工作提出了指导性意见。最后，受出版社委托，北京大学中国古代史研究中心朱玉麒教授领衔的"中国西北科学考查团文献资料整理与研究"（批准号：19ZDA215）课题组团队与新疆师范大学黄文弼中心，对再版工作给予了学术指导和支持。具体参加人员为：北京大学朱玉麒教授与博士生徐维焱、陈耕、袁勇；新疆师范大学教师吴华峰、刘长星、潘丽、徐玉娟。朱玉麒、吴华峰共同制定校勘原则，此后两校同时展开校勘工作，其中，徐维焱、刘长星负责校勘《罗布淖尔考古记》，陈耕、潘丽负责校勘《吐鲁番考古记》，袁勇、徐玉娟负责校勘《塔里木盆地考古记》，吴华峰负责统稿和审订，并编制《地名索引》。

谨以"三记"的重版，纪念黄文弼先生诞辰130周年。

吴华峰
2023年1月

凡 例

一、原书为繁体直排，本书改作简体横排。

二、作者行文风格及时代语言习惯，均不按现行用法、写法及表现手法改动原文。

三、书中涉及的专名（人名、地名、术语）及译名等均保留原貌。

四、书中引书，时有省略更改，倘不失原意，则不以原书文字改动引文；如确需校改，则出脚注版本依据，以"编者注"形式说明。

五、书中所引文献有简称的，统遵原书，不予改动。

六、原书篇末注改作脚注，其格式从其原貌。

七、书中如因作者笔误、排印舛误、数据计算与外文拼写错误等，则予径改。

八、为方便阅读、检索，特编制《地名索引》，附于书末。

序　言

　　我在一九五四年《吐鲁番考古记》出版后，即继续编写《塔里木盆地考古记》。在塔里木盆地的考察，是从一九二八年四月开始，至一九二九年十月结束，计一年零七个月。采集材料约数十箱，不幸在抗战期间，一部分毁于兵燹，幸而器物照片及摹本与考察图稿、笔记尚保存无缺。本书编写大部分取材于此。编写体例，分两大部分。第一，考察经过，以地区为纲，计分六章：1. 焉耆；2. 库尔勒、轮台；3. 库车、沙雅；4. 拜城、阿克苏；5. 和阗、于阗；6. 皮山、叶城及巴楚等地。后附有路线图七大幅，及工作图照片若干，以资参考。第二，遗物说明，分类叙述，计分八部分：1. 绘画；2. 泥塑像及陶范；3. 木、陶；4. 织品；5. 文字；6. 钱币；7、8 为铜、石、陶杂件。后附有图版一百二十余版，内有着色图版十余幅，末附一古物分布表以便检查。此本书编纂之大略也。

　　至于考察经过，已在本书每章中有较详的叙述。现仅就观感所得，比较突出的几点现象，作一简略说明，以供参考。

　　第一，关于沙漠中的古迹问题。我们此次考察虽然目的在考古，但对于地理历史与考古关系亦颇注意。事实上，塔里木盆地中间是一片光寂不毛的大沙漠，现有的居民皆围绕此大沙漠边沿在有水有草之地居住着。但我们考察时，发现有若干古城遗址和村落，散布在沙漠中或湖滩中。新疆农业，全恃河水灌溉，凡有居民之处，必有水草，古今不殊，现在大沙漠中出现了古代人民居址，此问题应如何解释？资产阶级学者，以为沙漠中出现了古代城市，是因为河流缩短了，沙漠扩大了，意味着新疆不久的将来，会变成沙漠。但事实不是这样，今以人口逐渐增加，耕地面积逐渐扩大来说，都是今胜于昔，不过位置有移动罢了。因此我们认为古代城市的荒废，一方面是人为的原因，另一方面与河流的改道也有关系。有若干城市荒废了，但是又有若干城市兴起了。有些河流干涸了，但又有些河流新生了。例如我们在轮台、沙雅发现若干古代城市和遗址，多集中在旧河道、旧渠道之旁，而现在居民又集中在新河流新渠道之旁。又如渠犁、乌垒是被流沙淹没了，但现在的库尔勒、尉犁却兴盛起来了，旧的轮台在克子尔河旁，现在轮台市、穷巴克转移在第纳尔河旁，皆是因为河流有变迁，故影响人民的居住。我们根据这些例证来推论沙漠当中几个古城，例如和阗北的旦当乌利克与于阗北的喀拉墩，它放弃的原因并不一定是河流缩短，而是和阗河与于阗河起了变化的原故（请参考本书第二章、第五章）。但河流的变迁，虽与自然环境有关系，而人为的管理与利用每每起决定性的因素，资产阶级学者，强调自然因素，忽略了人力的伟大，也是不符合于事实的。

其次谈到新疆灌溉术来源问题。新疆气候干燥，雨水稀少，农业全恃引河水以为灌溉，不特新疆如此，在中亚沙漠地区，亦有同样情形，因此就引起了灌溉术的来源问题。例如吐鲁番的坎井，本地名为"喀尔仔"，凿井穿渠于地下相通以行水，法国伯希和以为与波斯之地下水道相似，疑此法当自波斯传来。而我国王国维先生作《西域井渠考》(《观堂集林》十三，十六页) 认为此中国旧法，非由彼土传来。因此有几位朋友关心这一问题,来函同我讨论。我对这一问题研究不深,但可提供些资料。坎井的分布就我们现所见到者,仅吐鲁番盆地周围,因天山中雪水未能流出山口即入沙,如阿拉癸沟即如此。故农民在戈壁滩上,掘井引水至平地溉田,传说此法始于林则徐在亦拉湖首先开凿,以后逐渐推广至吐鲁番、鲁克沁等地,如此,吐鲁番盆地坎井始于十九世纪中叶。当然,我们不能认为这就是坎井的起源,但我们亦未发现很早的旧坎井。又据文献:"在十五世纪初期,歪思汗统治吐鲁番时代,农业是用原始方法进行的,可汗开了一个很深的井,他自己与他的奴隶,用陶器从井中取水灌溉田地。到后来情况似乎改进了。"(《伊斯兰教百科全书》一九三四年,四册,八九四页,《维吾尔族史料简编》一四八页转引)据此,是伊斯兰教传至吐鲁番时尚不知掘坎井。伊斯兰教是在十世纪末由葱岭西传入新疆喀什、叶尔羌等地,但我们在西部亦未发现有新旧坎井,是坎井不是由西方传来,可得一明证。其次坎井是由井与渠连接而成,必先有井、渠而后有坎井。因此,新疆井、渠的来源问题,也必须提及。我们根据记载称:"大宛城中无井,汲城外流水。"又云:"宛城中新得秦人,知穿井法。"(《前汉书·李广利传》)按秦人是指汉人,大宛为西域大国,与康居、安息相接,而穿井法,乃得之于汉人,则葱岭以东各国,更无论矣。至于筑堤开渠,《水经注》曾叙述汉昭帝时屯田鄯善伊循城,横断注宾河故事(《水经注·河水二》,十页),是筑堤引水之法由汉人传入,又武帝时汉曾在轮台、渠犁屯田,皆有田卒数百人,我们在轮台、沙雅曾发现古代屯田遗迹,尤其在沙雅发现长达二百华里之古渠,而渠之取名即为黑太也拉克,即汉人渠之义。同时在渠旁尚有若干古城和住宅遗迹,有一旧城名黑太沁,即汉人城之义。又在渠旁及遗址中,曾觅出汉代五铢钱和陶片。根据记载,参合遗迹,是在西域凿井开渠,引水灌溉之法传自汉人,则坎井之法,亦由汉人传入可知。

固然，汉代在西域屯田，据《汉书·西域传》所云旨在"以给使外国者"，但既有此法之传入，必然促进西域农业之发展与经济之繁荣，对于西域各国社会性质的改变，不无影响。而资产阶级学者，每歪曲事实，一切推之于西方，恐非确论。

其次关于内地与西域文化交流问题。我们在实地考察过程中，接触了不少关于这方面资料，特别是与佛教有关资料。在伊斯兰教入新疆以前，新疆佛教特别兴盛。即以库车来说，东自托和萧，西讫铁吉克，沿确尔达格山脉，凡山径溪涧，莫不洞窟林立，金碧辉煌。即在古城之中，每每庙宇佛塔，与房屋相间杂，如库车苏巴什古城是其一例。因此欲研究西域古代文化，是与佛教分不开的。但新疆何时始有佛教，现尚无确定说法。就我们所见，两汉遗址，例如轮台湖滩中之西汉旧城，不见有庙宇，沙雅西北沙碛中如大望库木、额济勒克一带之东汉遗址，亦不见有庙宇，由是言之，新疆佛教当起于东汉末季，我在《罗布淖尔考古记》第五章关于佛教之传入及其文明，讲述甚详，不再重述。不过新疆佛教艺术，一般说法，谓起自纪元三世纪，大约可信。但我们在库木土拉及克子尔佛洞中，曾觅出贞元十年及大顺五年年号的墙壁题字，大顺为唐昭宗年号，在九世纪末。是新疆西部佛教活动，自三世纪至九世纪，约达七世纪之久，在这一漫长岁月里，其艺术作风是不能不有变化。即以克子尔佛洞之壁画言之，其形式及作风，显有早晚时代的区分，就一洞之中，亦有前后的殊异。由吾人观察结果，认为是受了两个不同方面的文化影响，前期接近于西方，后期接近于内地。当然我国的佛教艺术，亦自西方传入，与新疆艺术同一母胎，不过佛教艺术到我国内地后，经内地艺术家之分析融化，而成了东方民族艺术特征。复随政治势力之发展，而传入新疆，又经新疆艺术家之分析融化而成了新疆后期的民族艺术，在库木土拉及克子尔佛洞中每有汉文及民族古文字并排题记，可以作为明证。有些帝国主义分子，每谓中国文化无影响于西域，事实并不如此。

　　以上是就这次观察的几点现象作一简述。至于我们这次考察，还存在一些缺点，主要的是考察范围太广，包括南疆大部分地区，虽然时间达一年半之久，但在当时利用原始交通工具，又加以人为的障碍占去了很多时间。又我们人力物力相当薄弱，且缺乏经验，因此在工作上不免有些缺点，尤其当时强调了全面考察，多看地方，而忽略了重点发掘工作，有的遗址作得不够，有的遗址没有作，这样就增加了现在研究的困难。幸而工作图稿同笔记，尚完整无缺，已整理出七大幅路线图，并把南疆一部分遗址，作出全面报告。当然遗漏的地方很多，但就已踏查到的遗址，已超过前人之所见，这对于我们作进一步的研究及将来考古工作不无帮助。

　　其次谈到遗物方面。在抗战时期，一部分遗物运到汉口，不幸毁于兵燹。现仅依据照片同摹本作说明。另一部分现有遗物，有的是从地下掘出，有的是从地面上采集，或购自农民，无详细记录。又有些遗物，多是残缺不全，例如壁画、泥塑，为外人盗窃之余，截头去尾，残破零碎，很难推求其整体内容。再者，本书中有一部分残纸及铜钱，均为民族古文字，因能力所限，亦未能完全译出，以报告给读者。但这些资料，为研究少数民族史和艺术史最可依据之直接史料，故亦尽吾人能力所及，加以整理与说明，以为读者进一步研究之参考。总之，新疆在过去，只有外国帝国主义分子来此地工作，搜索盗掘，把一切珍贵之文物，大批捆载而去。中国学人无闻焉。中国学人在新疆作学术考察，这是第一次，所采集的标本，亦为国内所仅有。现在我们将它们全部介绍出来，作进一步研究工作之参考，也是有益的。当然，我们的能力有限，相隔时间过久，当时所记录者，以后也许发生变化，现在所作的说明，也许有错误，均希望读者赐教以便修正。

　　又本工作之进行，在党同政府关怀下，由于院方、所方领导督促,又承所内外专家鉴别文字,指正错误,使本工作得以顺利完成出版,特此敬致谢忱。又本书关于技术方面,由本所技术室同志协助;誊校方面,由所内外青年同志协助,兹一并致谢。

黄文弼

一九五七年一月

目 录

一　考察经过

第一章　焉耆

　　一、焉耆山中及东部之探查　4

　　二、焉耆南部及西部古址之发掘与探查　6

　　　　（一）锡科沁之明屋　6

　　　　（二）霍拉山废寺　9

　　　　（三）阿拉尔旧城　10

　　　　（四）四十里城市旧城　11

　　　　（五）哈拉木登旧城　13

第二章　库尔勒、轮台

　　一、库尔勒至轮台途中遗址之探查　14

　　　　（一）库尔楚　15

　　　　（二）野云沟　16

　　　　（三）卡尔雅河畔古址及石刻　16

　　二、轮台草湖中之古城　17

　　　　（一）克子尔河畔之古城　17

　　　　（二）第纳尔河畔之古城　19

第三章　　库车、沙雅

　　一、库车西部佛教遗址之工作　23
　　　　（一）库木土拉千佛洞　23
　　　　（二）铁吉克遗址　30

　　二、沙雅西北部之古址　31
　　　　（一）大望库木旧城及周围之古址　31
　　　　（二）通古斯巴什旧城及周围之古址　34
　　　　（三）羊达克沁大城及周围之古址　37

　　三、库车、沙雅东部之古址　39
　　　　（一）沙雅东部之古址　39
　　　　　1. 阿克沁　39
　　　　　2. 托卜沁旧城　40
　　　　　3. 英业一带旧城　40
　　　　　4. 沙乌勒克以北之古址　41
　　　　（二）库车东部之古址　44
　　　　　1. 克内什佛洞之工作　45
　　　　　2. 苏巴什古城之工作　46
　　　　（三）库车城附近之古址　49

第四章　　拜　城

　　一、库车、拜城山中之古迹　52
　　　　（一）可可沙之古迹区域　52
　　　　（二）博者克拉格沟口刻石　55

　　二、克子尔明屋之工作　58

　　三、往返拜城、阿克苏途中之古址　61

第五章　和阗及于阗

　　一、横渡大沙漠与和阗河　67

　　二、和阗、于阗沙漠中之古址　73

　　　　（一）和阗北沙碛中之遗迹　73

　　　　（二）达摩戈一带古址　75

　　　　（三）克里雅河及喀拉墩　78

　　三、古和阗河畔之古址　81

　　　　（一）阿克斯比尔　83

　　　　（二）什斯比尔　85

第六章　皮山、叶城及巴楚等地

　　一、皮山及叶城山中之古址　87

　　　　（一）皮山山中之古址　87

　　　　（二）叶城山中之古址　88

　　　　　1. 不尔项之石刻　89

　　　　　2. 拉一普古址　89

　　　　　3. 奇盘庄佛洞与萌木克之石城　91

　　二、喀什噶尔河畔之古址　92

　　　　（一）伽师之古址　93

　　　　　1. 托卜沁　93

　　　　　2. 黑太沁尔　93

　　　　（二）托和沙赖古址　94

　　三、阿克苏河畔之古址　98

考察经过路线图、插图及附图目录

图一　塔里木盆地考察路线图　托克逊

图二　塔里木盆地考察路线图　焉耆

图三　塔里木盆地考察路线图　库尔勒

图四　塔里木盆地考察路线图　轮台

图五　塔里木盆地考察路线图　库车

图六　塔里木盆地考察路线图　哈拉柯尔

图七　塔里木盆地考察路线图　阿克苏

插图一　焉耆明屋古址及工作情形

插图二　库木土拉佛洞

插图三　1.裕勒都司巴克古址　2.月勒克沁旧城　3.库车附近之古址　4.库车城内之麻札

插图四　库车苏巴什古城塔之一、二

插图五　1.博者克拉格沟口　2.博者克拉格沟石垒　3.博者克拉格沟岩石刻辞

插图六　克子尔明屋佛洞之一、二、三及佛洞对面确尔达格山景

插图七　1、2.大沙漠中旅行队之一、二　3、4.和阗塔克拉马堪大沙漠之一、二

插图八　1—3.喀拉墩古址　4.叶城山中不尔项之佛洞　5.叶城山中不尔项佛洞之石刻　6.奇盘山山景

附图一　焉耆明屋古址图

附图二　焉耆明屋工作大殿图

附图三　焉耆霍拉山古址图

附图四　焉耆四十里城市盐湖畔古坟工作图

附图五　1.锡科沁旧城　2.哈拉木登旧城　3.四十里城市旧城

附图六　1.黑太沁旧城　2.柯尤克沁旧城　3.着果特沁旧城

附图七　库木土拉千佛洞图

附图八　库木土拉佛洞写生（钢笔画）

附图九　库木土拉石室刻石图

附图十　铁吉克千佛洞略图

附图十一　1.克子尔沁旧城　2.勒哈米沁旧城　3.色当沁旧城

附图十二　1.通古斯巴什旧城　2.玉尔滚沁旧城　3.羊达克沁大城

附图十三　1.黑太沁旧城　2.月勒克沁旧城　3.穷沁旧城

附图十四　库车克内什古址图

附图十五　库车苏巴什古城图

附图十六　克子尔明屋佛洞分布图

附图十七　克子尔明屋苏格特沟西上下层佛洞排列图

附图十八　1、2.克子尔明屋苏格特沟西上层佛洞平面图及剖面图　3.克子尔明屋佛洞平面图（1）第二洞（G）（2）第十八洞（A）

附图十九　1.巴楚托和沙赖路南古遗址分布略图　2.巴楚托和沙赖古址平面图及剖面图

二　遗物说明

第一部分　绘　画

一、壁画　137

（一）克子尔明屋佛洞壁画残片　137

1.佛画残片　137

2.佛教故事画残片　138

  3. 比丘像残片　140

  4. 乐伎天像残片　140

  5. 供养人像残片　141

  6. 佛说法图残片　141

  7. 天部像残片　142

  8. 大头羊像残片　142

  9. 佛说法图残片　143

  10. 佛教故事画残片　145

 （二）库木土拉佛洞壁画残片　146

  11. 千佛坐像残片　146

二、绘画及洞壁刻画　147

  12. 绢画残片　147

  13. 纸本墨画残片　148

  14. 木版画像残件　148

  15. 洞壁刻画拓本　148

第二部分　泥塑像及陶范

一、泥塑像　150

  1. 佛立像及头部　150

  2. 菩萨立像及头部　151

  3. 童子像头部　153

  4. 武士像头部　153

  5. 比丘像头部　153

  6. 魔鬼像头部　153

  7. 供养人像头部　154

  8. 明王及护法神将头部　155

  9. 怪兽像头部　155

  10. 泥塑兽像残体　156

  11. 泥塑像残体　156

二、陶范　157
　　　　12. 佛半身像范　158
　　　　13. 菩萨像及其他型范　158
　　　　14. 各种纹饰范　159

第三部分　木陶残件
　　一、木雕残件　162
　　　　1. 木雕人像残件　162
　　　　2. 木雕建筑饰件　162
　　　　3. 木器残件　163
　　　　4. 木雕立人像　164
　　　　5. 车旋木具　164

　　二、木画残件　166
　　　　6. 彩绘木盖　166
　　　　7. 彩绘木器残件　167
　　　　8. 木器残件　168

　　三、彩绘陶器及残片　169
　　　　9. 彩绘陶器　169
　　　　10. 彩绘陶器残片　169

第四部分　织　品
　　1. 整匹素绢　173
　　2. 舍利袋　174
　　3. 织品残片　175
　　4. 毛织残片　177
　　5. 织锦残片　178
　　6. 麻织残片　179
　　7. 提花丝织残片　179

7

8. 罗织残片　179

9. 衣饰残片　179

第五部分　汉文及民族古文字

一、汉文及民族古文字写本及印本　181

1. 汉文写本　181

2. 民族古文字写本及印本　185

二、岩石及洞壁刻辞拓本　189

3. 汉文岩石刻辞　189

4. 汉文洞壁刻辞　194

5. 民族古文字洞壁刻辞　196

第六部分　古钱币

一、有孔铜钱　197

1. 汉及六朝铜钱　197

2. 龟兹小铜钱　199

3. 唐铜钱　200

4. 宋元铜钱　202

二、无孔铜钱及银钱　204

5. 民族古铜钱及银钱　204

第七部分　铜、石等件

一、铜件　208

1. 铜印章　208

2. 铜花押、铜章　209

3. 铜饰具　211

二、石饰件　212

4. 发饰　212

5. 耳饰及玩具　215

三、石、骨、玻璃等饰件　215

　　6. 帽饰及佩饰　215

　　7. 耳饰　216

　　8. 项饰　217

　　9. 帽缨　218

第八部分　石、陶等件

一、石器　219

　　1. 打制石器　219

　　2. 磨制石器　220

　　3. 纺轮　220

二、陶器及陶器残片　221

　　4. 陶器　221

　　5. 陶器饰件　221

　　6. 陶器残片　223

附：塔里木盆地出土器物分布表　227

图版目录

第一部分 绘 画

一、壁画

图版一　　图1　释迦佛趺坐像（着色）

图版二—六　　图2—9　佛教故事画残片（图3、9摹本）

图版七　　图10　比丘像残片

图版八、九　　图11、12　乐伎天像残片（图12着色）

图版十　　图13　供养人像残片

图版十一、十二　　图14、15　佛说法图残片

图版十二、十三　　图16、17　供养人像残片

图版十四　　图18　天部像残片（摹本）

图版十五　　图19、20　大头羊像残片（摹本）

图版十六—二一　　图21—26　佛说法图残片（着色）

图版二二　　图27　佛教故事画残片（着色）

图版二三—二五　　图28—32　千佛坐像残片

二、绘画及洞壁刻画

图版二六、二七　　图33、34　绢画残片

图版二七　　图35　纸本墨画残片

图版二八　　图36、37　木板画像残件（摹本）

图版二九　　图38　洞壁刻故事画（拓本）

图版二九、三十　　图39—41　洞壁刻走马图（拓本）

图版三一　　图42—44　石刻兽形图（拓本）

第二部分　泥塑像及陶范

一、泥塑像

图版三二　　图1　如来佛立像

图版三三　　图2—7　佛像头部

图版三四、三五　图8—10　菩萨立像

图版三五　　图11　天女像

图版三五、三六　图12—17　菩萨像头部

图版三七　　图18—22　童子像头部

图版三七　　图23、24　武士像头部

图版三七　　图25、26　比丘像头部

图版三八　　图27—30　魔鬼像头部

图版三八　　图31—35　供养人像头部

图版三九　　图36—42　明王及护法神将头部

图版三九、四十　图43—46　怪兽像头部

图版四十　　图47　马像残体

图版四十　　图48　犬像头部

图版四一　　图49—54　泥塑像残体

图版四二　　图55　武士像残体

二、陶范

图版四三　　图1　佛半身像范

图版四三　　图2　菩萨半身像范

图版四四　　图3、4　菩萨像头部范

图版四四　图5　髑髅像饰件范

图版四五　图6　人面像范残件

图版四五　图7　武士像头部范

图版四五　图8　佛像头部范

图版四五　图9　飞天像范残件

图版四五　四六，图10、11　塑像母范

图版四六、四七　图12—17　各种纹饰范

第三部分　木陶残件

一、木雕残件

图版四八　图1　木雕人像腿部

图版四八　图2　木雕舞者像

图版四八　图3　木雕卧兽像

图版四八　图4　木雕窗棂

图版四八　图5—8　木雕圆锥形带柄残件

图版四九　图9、10　木雕灯盘

图版四九　图11、12　木雕圆底钵残件

图版四九　图13、14　画版残件

图版四九　图15　木雕立人像

图版四九　图16　车轮形木具

图版四九、五十　图17—30　车旋圆柱状木具

二、木画残件

图版五一　图1—8　彩绘圆木盖

图版五二　图1—8　彩绘圆木盖摹本及剖面

图版五三　图9　彩绘方木盖

图版五三　图 10—18　彩绘方木板

图版五四　图 9—18　彩绘方木盖及木板摹本及剖面

图版五五　图 19、20　方形木板

图版五五　图 21　彩绘残木桶

图版五五　图 22、23　木碗

图版五五　图 24、25　木栉

图版五五　图 26、27　木提吊

三、彩绘陶器及残片

图版五六　图 1　彩绘带盖陶器

图版五六　图 2—5　彩绘花枝鳞纹陶片

图版五六　图 6—9　彩绘三角连珠环纹陶片

图版五七　图 10、11　彩绘蓝底连珠纹陶片

图版五七　图 12　彩绘黑底菱纹花蕊陶片

图版五七　图 13、14　彩绘黑底菱纹加草穗陶片

图版五七　图 15　蓝底绘鳞纹陶片

图版五七　图 16—20　彩绘陶片

图版五七　图 21　陶器盖

图版五八、五九　图 1—15　陶器复原及剖面

第四部分　织　品

图版六十　图 1　唐绢（附织纹放大）；图 2　舍利袋

图版六一　图 2　舍利袋（着色）

图版六二　图 3—7　舍利袋

图版六三　图 8　朱红丝织残片

图版六三　图 9　袋状衣饰残片

13

图版六三　　图 10　　丝织衣饰残片

图版六四、六五　　图 11—20　　丝织衣饰残片

图版六六　　图 21　　毛织残片（附织纹放大）

图版六七、六八　　图 22　　绛底双鱼纹锦残片（着色）

图版六七、六八　　图 23　　绀底云纹锦残片

图版六七、六八　　图 24　　黄底绿花纹锦残片（着色）

图版六八　　图 25、26　　黄底波纹锦带式残片

图版六八　　图 27　　麻织印花残片

图版六九　　图 28、29　　提花丝织残片

图版六九　　图 30　　罗文罗残片

图版六九　　图 31　　提花黄绸衣饰残片（附织纹放大）

图版七十　　图 32—34　　红绸格纹衣饰残片

第五部分　汉文及民族古文字

一、汉文及民族古文字写本及印本

图版七一　　图 1　　李明达借粮契残纸

图版七一　　图 2　　白苏毕梨领屯米状

图版七一　　图 3　　将军姒闰奴烽子钱残纸

图版七一　　图 4　　杨思礼残牒

图版七二　　图 5　　杨□亨课程钱残纸

图版七三、七四　　图 6　　婆罗谜文写本残纸

图版七五　　图 7　　龟兹语文木简

图版七六、七七　　图 8—11　　婆罗谜文残纸

图版七七　　图 12　　吐货逻文残纸

图版七七　　图 13　　贝叶写婆罗谜文字

图版七七　　图 14　　摩尼教文字残纸

图版七八—八十　　图15—17　古和阗文印本

图版八一—九十　　图18—27　不知名民族古文字

图版九一—九三　　图28—32　龟兹语文木简残件

二、岩石及洞壁刻辞拓本

图版九四　　图1、2　刘平国治关城诵摩岩（拓本、旧拓本）

图版九五　　图3　石鼓刻辞

图版九六　　图4、5　洞壁刻天宝十三载题记

图版九七　　图6—8　洞壁刻洪信等题记（拓本）

图版九八　　图9、10　石室刻回文图（拓本，附摹写图）

图版九九　　图11　石室刻插瓶及花草图案（拓本）

图版九九—一〇一　　图12—18　石室刻民族古文字（拓本）

第六部分　古钱币

一、有孔铜钱

（一）汉及六朝铜钱

图版一〇二　　图1—3　五铢钱

图版一〇二　　图4—6　大泉五十

图版一〇二　　图7、8　货泉

图版一〇二　　图9—12　小五铢

（二）龟兹小铜钱

图版一〇二　　图13、14　龟兹小铜钱

（三）唐铜钱

图版一〇三　　图15、16　开元通宝

图版一〇三　图17、18　乾元重宝

图版一〇三　图19　大历元宝

图版一〇三　图20　建中通宝

图版一〇三　图21　突骑施铜钱

（四）宋元铜钱

图版一〇三　图22　天禧通宝

图版一〇三　图23　景祐元宝

图版一〇三　图24　皇宋通宝

图版一〇三　图25　熙宁重宝

图版一〇三　图26　元丰通宝

图版一〇四　图27　元符通宝

图版一〇四　图28　圣宋元宝

图版一〇四　图29　崇宁重宝

图版一〇四　图30　至正通宝

图版一〇四　图31　压胜钱（附拓本）

二、无孔铜钱及银钱

图版一〇五　图32　和阗马钱（附拓本）

图版一〇五　图33　波斯银钱（附拓本）

图版一〇五　图34—36　叶城铜钱（附拓本）

图版一〇六、一〇七　图37—46　喀什铜钱（附拓本）

图版一〇八　图47—51　高昌银钱（附拓本）

图版一〇八　图52、53　桃仁形铜钱（附拓本）

第七部分 铜石等件

一、铜件

图版一〇九　图1—4　汉铜印

图版一〇九　图5　铜牌

图版一〇九　图6—10　铜花押

图版一一〇　图11—22　铜花押

图版一一〇　图23、24　铜章

图版一一〇　图25—28　铜饰

图版一一〇　图29、30　铜环

二、石饰件

图版一一一　图31—50　发饰

图版一一一　图51—55　耳饰及玩具

三、石骨玻璃等饰件

图版一一二　图56　帽饰（着色）

图版一一二　图57　佩饰（着色）

图版一一二　图58—67　耳饰（着色）

图版一一二　图68—81　项饰（着色）

图版一一二　图82、83　帽缨（着色）

第八部分 石陶等件

一、石器

图版一一三　图1　打制石矢镞

图版一一三　图2　石燕化石饰品

图版一一三　图3　象牙饰品

图版一一三　图4　磨制玉斧

图版一一三　图5　磨制石刀

图版一一三　图6　陶纺轮

二、陶器及陶器残片

图版一一四　图7　单耳罐

图版一一四　图8　残陶罐

图版一一四　图9　兽形器柄

图版一一四　图10　双人面器皿

图版一一五　图11—24　兽形饰件

图版一一六　图25—29　兽形器柄

图版一一六　图32—34　人面形饰件

图版一一六　图40—42　人像残件

图版一一六　图30、31、35—39、43—46　兽面饰件

图版一一七　图47、48　单耳瓶

图版一一七　图49—52　印纹红陶片

图版一一七　图53—56　压纹刻纹红陶片

图版一一八　图57　漏底钵

图版一一八　图58—69　印纹及刻纹红陶片

图版一一九　图70—86　剔纹红陶片

图版一一九　图87　骨矢镞

图版一一九　图88　贝饰

图版一二〇　图89—107　剔纹红陶片

图版一二〇　图108—115　彩绘红陶片

一　考察经过

第一章
焉　耆

焉耆为古国名，首见记载于《前汉书·西域传》称："焉耆国王治员渠城，南至尉犁百里，近海水多鱼。"《后汉书·西域传》称："焉耆王居南河城（《后汉纪》作河南城），四面有大山，与龟兹相联，道险陨，易守。有海水，出入四山之内，周匝其城，三十余里。"由于古书所载形势，证以今地，现喀拉沙尔之北、西两面为天山，为海都河发源及汇流之地。南、东两面为库鲁克山，古称南山即沙山，《水经注》所云"敦薨之水，……又西出沙山铁关谷"是也。中有博斯腾淖尔，亦称巴勒喀斯湖，《水经注》称为"敦薨之薮"，亦称为"西海"，为海都河尾闾。海都河发源于汗腾格里山，东流迳流焉耆之野，至县城之东南，而入博斯腾淖尔。淖尔南、东两面均滨库鲁克山，沙碛纵横，北、西为天山，距海岸较远，中间隆起广大平原，海都河流贯其中，古之焉耆、危须、尉犁皆生息于此大平原也。据《汉书·西域传》"危须西至焉耆百里，焉耆南至尉犁百里"，是危须在焉耆之东，尉犁在焉耆之南，如以曲惠为古危须国地，曲惠之旧城为其治所，则古危须国是据海北面平野。如以哈拉木登为古焉耆国地，其旧城即古员渠城遗址，则海之西北面

一　考察经过

大平原为焉耆国区域。如以四十里城市一带之遗址为古尉犁国地，则海之西南面平原为尉犁国地矣。至魏晋以后，焉耆王强盛，并有危须、尉犁两国地。晋张骏遣沙州刺史杨宣，疆理西域，以张植为前锋，植击败龙熙于遮留谷，进据尉犁（《晋书·四夷传》"焉耆"条）。遮留谷即今哈满沟，植从南来，过哈满沟进据尉犁，是尉犁已为焉耆之一县，而焉耆西境直至库尔勒而与龟兹接壤矣。魏太平真君七年，魏太武帝遣万度归讨焉耆，破左回、尉犁二城，进围员渠。左回即曲惠，古危须国地。是在北魏时，危须、尉犁已为焉耆之二城，故焉耆东境，当至榆树沟（喀剌和色驿）而与高昌交界，西南出铁关谷至库尔勒而与龟兹接壤矣。晋释法显至焉耆由南来，唐释玄奘至焉耆由东来，即由高昌来，均未提及危须、尉犁，则此二国早已并入焉耆矣。《西州图经》残卷称"银山道出天山县界，西南向焉耆国七百里"，即此地也。唐贞观间灭高昌，改为西州，焉耆遂与唐接壤，为唐通西域之桥头，故在唐上元二年，置焉耆都督府以备四镇。唐末回鹘入新疆，焉耆亦相继属于回鹘，与中原王朝关系遂无所闻。直至清乾隆中叶平准噶尔后，焉耆又复内属。但由五代至清七百余年间，而焉耆民族又几经变迁，非复汉唐之旧矣。

一、焉耆山中及东部之探查

余于一九二八年五月十八日在吐鲁番考察完毕后，即赴焉耆考察。由吐鲁番至焉耆有二道：一为驿道，即今大道。由吐鲁番西行，经布干台、托克逊，折西南行，至苏巴什入山，经阿哈布拉克、桑树园子、库木什出山，折西行，入焉耆界，经榆树沟、新井子、乌沙克他拉、曲惠、清水河而至焉耆，共十一站，八百四十里。我在一九二九年返乌鲁木齐时曾行此道。二为山道，即由亦拉湖穿行天山中间至焉耆。我此次西行即采此道。盖天山自葱岭东行，绵延于塔里木盆地北面，至焉耆分一支脉东南行，与吐鲁番北面之博克达山对峙；南为库鲁克山，中间之低地即吐鲁番盆地。故由吐鲁番至焉耆必须穿过天山。不过走大道是横断库鲁克山而至焉耆；走山道是穿行天山主干折向西南行至焉耆。我在五月十八日离开吐鲁番工地，循克子尔塔格西行，经耶木什、托克逊，至亦拉湖，乃作行山道之准备。五月二十三日由亦拉湖出发西行，晚住托湖尔克庆。二十四日至塔斯土儿。塔斯土儿现维吾尔语为石塔之义。此地有石垒一座，周六十米，高约四米，全以石垒砌而成。城隅有高墩一，亦用石垒砌，中有房子遗址，相传为清末安集延人占据吐鲁番时所筑。但我掘墩中古房址，出现残履及帽缨，又拾红底黑花之彩陶片，余均为红陶片，皆为纪元前后之遗物，盖非安集延人所筑也。此处北为榆树沟，通乌鲁木齐，南为博尔图沟通察罕通格至曲惠；西为阿拉癸沟通伊犁，折西南至焉耆。故此地可能是汉代车师国西境，与乌孙、焉耆东境相接，故在此设守望台以为防守。

五月二十五日发自塔斯土儿，过榆树沟，向西南，绕过一山头，进阿拉癸沟西行。沟水深二尺，宽丈余，岩石壁立，两旁树木密结，顽石充塞，在密林顽石丛杂之中，露出小路。即从小道曲折向西前进。二十七日乃转入草滩，至一旧城驻次。城墙遗址犹存。南北长八七·二〇，东西长七六，宽四，高一米。门向南开，门宽四·六米。城中已种麦，间有带黑花纹之薄肉红陶片，但未发现其他遗物。在城东有一石堆区，疑为古坟群，亦有红陶片。旁有一旧房屋遗址，中有发掘痕迹。但除红陶片外，亦无其他遗物。根据红陶片疑与阿拉癸沟口之石垒同为第一世纪前后之遗迹。在此住一日，二十九日发自旧城，沿山坡西行。沿途有蒙古人牧畜，仍行草滩，住巴克斯因沟中，距塔斯干大坂尚有十余里。塔斯干乃中间之义。山北为旧土尔扈特地，山南为和硕特蒙古地，此处为分界线。五月三十日复前行，沟中顽石横陈，下临悬岩，驴驮通行，颇为艰苦。而前途顽石更大，天气突变，乃停住沟中。三十一日动身过大坂。大坂宽约八里，顶上雪水泞泥。余等冒雪沿沟向南偏西驰行，至可根托罗盖住次。此地有蒙古人驻牧，属和硕特旗。六月一日过王子营盘，有蒙古包六座。入沟行，顽石填塞沟中，驴驮踏石而过，进行颇为艰苦，三日近午方抵沟口。沟两旁岩石壁立，如双阙，高数十丈，门宽二丈，顽石填其中，两旁榆树骈植，瀑布如流，景致颇佳。出口，南行至察汗通格，此地有喇嘛庙一，土筑，外有土房六，蒙古包七，散居附近之蒙民约三四十家。六月四日复自察汗通格南行沟中，出口转西南行，至曲惠住次。在曲惠西北半里许，有一古城遗址。墙基犹存，东西九八，南北七五·五〇米；墙高三·三〇，宽五米。东西开门，门宽三米。在城中有一土墩，横直一二·五〇，高五·四〇米。红土所筑。顶为土砖所砌，已颓。砖中夹有木材树枝。据本地人云，城中曾出红泥陶器，不见他物。我在城中拾小铜片及铁块亦未觅出他物，但红泥陶片甚多，亦有红陶带黑花纹者，疑为纪元前后之遗址，或汉时危须国地也。现属和硕县地。六月六日由曲惠出发，向西行，走吐鲁番至焉耆大道，经他加其、清水河，西南行。经草滩，遍生芨芨，高四尺许，茎粗如箸，可作食具。六月七日续向西南行，近午抵焉耆（注一）。

二、焉耆南部及西部古址之发掘与探查

（一）锡科沁之明屋

我等于六月七日抵焉耆县城后，六月十一日起程赴四十里城市考察。四十里城市是指距县城喀拉沙尔四十里。在海都河之南，东距博斯腾淖尔约十余里，居民约数十家，成一小集镇，为焉耆至库尔勒及库车所必经之地。明屋亦在四十里城市西南，约二十五里。我因工作关系，故亦以此地为据点。在博斯腾淖尔平原之西南面，有一低脊山脉，自天山分支东南行，与库鲁克山相接，围绕平原之西、南两面，在平原上隆起低脊沙梁数道；东西行，与霍拉山脉成

平行线，在沙梁上下有已倾圮之庙基不下数十处（附图一），本地人称此地为"明屋"。明屋为维语，即千房之义。大地名为锡科沁。所有遗址，均在山腰或山脚，排列成行（插图一）。每一庙基，墙址尚存，高者约丈余。庙中为大殿，殿两旁必有甬道，与吐鲁番柏则克里克佛洞组织大抵相同。大者上下两层，凡倚墙壁处，皆有泥塑像，墙壁上亦多彩绘，惜已残毁。又有小庙，顶作圆形，外有围墙绕之，与大庙相间杂，排列颇为整齐。此一带遗址，审其灰烬，是被焚毁者。何时被毁，无从查考。但吾人在大庙甬道中掘出"建中通宝"铜钱一枚（公元七八〇年），证明此庙在八世纪后期尚在活动，则被残毁，当在九世纪以后也。一九〇七年，英国人斯坦因曾来此盗掘古物，据本地人云："彼日雇三十人，发掘四十余日，所不掘者甚少。"我审查此一带遗址，除几堵墙壁外，庙中灰土已被盗掘一空。故此地遗址，不是被烧毁，即是被盗掘。吾人来此已晚，所能工作者，皆为外人遗弃之唾余耳。在沟西有一大庙甚，为浮土填塞殆满，虽已被焚毁，但尚未经外人盗掘，即在此处开工。初用四人，掘大殿旁之右甬道，出泥塑佛像碎片甚多，及唐钱一枚，可识"中宝"二字，盖为"建中通宝"钱。但吾人又拾得洋纸一张，书 mi、xi 二字，证明此甬道已被帝国主义分子盗掘，而被放弃者。吾人乃另行发掘大庙侧之红灰土层。土堆积几与墙平。初用六人发掘，发现泥塑像及陶范甚多。陶范为石膏质，经火烧后变为坚结。或仅属佛像头部，或为佛身及装饰品，俱属阴面。由此可知泥塑佛像及纹饰皆自陶范中铸出，后经艺术家整合为一。陶范背后每刻有婆罗谜文字。至于出现之泥塑像，皆为残件，有头部及肢体，经火烧后已变坚结，成为陶质，埋藏于灰土中，故能经久不坏。十七日转掘大庙中大殿（附图二），发现泥塑佛像残件甚多，唯头部尚完整，余均属残肢体及纹饰，皆在大殿门东隅，不足九平方米之地，而所出佛像头部已数十枚矣。在头部及肢体中间均空，而有草制痕迹。盖当时塑像之法，先用木及草制一模型，然后涂泥，再装配头部及躯干衣饰佩戴而成。经火烧后，草型化为灰烬，空存遗痕，塑像中常留存草灰可证。次日仍继续掘大殿，除佛像外，又有象、马、猴、鸟之动物形像，最后在大殿中间，出现一高台，台上无物，必原有一佛像而被倾圮者。我等将大殿清理完毕后，又掘殿后房址，在灰土中有木炭及残木块，可证此房亦被焚毁者。又在此庙旁侧，发掘另一庙，发现木盘及灯座之类。又在C庙中拾残纸一小卷，为民族古文字，及珠粒一小串，壁上绘画已残毁矣。当我等在大庙工作时，又分出一部分人在圆顶式小庙工作。在泉水南端小庙中发现有绘画之墙壁，残木器片及残陶罐与牙骨灰，疑此类建筑为僧侣所住，或埋藏僧侣骨灰之所。十五日又发掘一小庙，发现带字陶片三块。复下掘，深一·五米皆流沙，底铺土坯，是此庙原为土坯所砌，浮沙后侵入耳。在小庙西北隅有烟熏遗迹，中有灶灰土及木炭，可证此间曾经为僧侣所居。又在此处发掘数处，均无显著遗物，乃转至沙梁之西工作。距此约五里许，有一道低矮沙梁，亦由天山分支东南行，与东边沙梁骈列，有若干佛洞分布在山腰或山脚，每佛洞所在之沙梁上，必有已倾圮之建筑遗址。各洞皆被外人盗掘，空无所有。唯有一洞土半塞，尚未经人盗掘。六月二十二日乃发掘此洞，发现残纸一片，又有一贝叶，上书民族古文字。又在另一大佛洞内，掘现一排佛洞，与大洞相连，但无遗物。想此一带佛洞必多，均湮没于沙土中未经发现耳。我等为时间所限，亦不能详细工作。在此地自六月十三日开始工作，六月二十二日停工，共工作十日。所得之遗物，以泥塑残件及木件为多，装运至四十里城市驻处，乃转向霍拉山出发考察矣。

（二）霍拉山废寺

六月二十三日由明屋出发，循沙梁北面北偏西前进，至下级曹，转西北行，沿霍拉山支脉走。沿途丛草葱翠，沟渠如织，下午住于锡科沁渠畔。距此北约五六里地有一古城（附图五，1），城周约里许，墙为土坯所砌。城中潮湿、泥淖，除间有厚红陶片外，无其他遗物。在城之西北隅有一土墩，本地人呼为炮台。城外四面为红泥滩，高低不平，亦有红陶片，必为古代有居民区域。此地为古代龟兹或鄯善至焉耆必由之路。现哈拉木登蒙古人到罗布淖尔及库车亦取道于此。

次日由锡科沁出发，沿霍拉山支脉向西北行，约四十里，至察汗通格，转至沟西驻霍拉山沟口。在山口或山腰及山脚散布废庙遗址，墙壁皆以土坯垒砌，墙基用石垒砌，计有废庙十八处（附图三），皆系被火焚毁者。有焚毁余烬及残渣可资征验也。二十六日开始工作，先就各遗址作试探工作，但发掘半日不见一物。盖多数遗址在一九〇七年为斯坦因所盗掘，凡可工作之地未有不遭其破坏者。但有一幸运存焉，我准备测绘此地形势图，嘱工人友哇放置图架于一旧庙基上，友哇见磁砖角露出，乃试掘之，出现绿磁方砖，砖上花纹与吐鲁番三堡所出烧砖同。下午添人掘之，又出磁砖数块，以木作柱，砖砌其中。又见门框残料，似此地为庙门，所砌之磁砖，即门两旁之柱也。又一工人在其西北面掘现许多车旋纹残件并泥塑佛头，知此处为一大庙遗址也。二十八日复掘此大庙遗址。前后掘遍，不见其他遗物。乃移掘此废庙北之另一废庙遗址。出现木雕佛像一件，颇完整，两手拱立，中有孔，其形式颇似内地墓前之石刻翁仲（图版四九，图15）。又拾残壁画数块，据一本地居民云："三十年前，有外人来此发掘多日，在山上庙中掘出写经残纸及泥塑像甚多。"今观各庙遗址，皆有发掘痕迹，或曾为彼等所盗掘也。

（三）阿拉尔旧城

六月二十九日晨，由一蒙古人作引导，向河南岸即阿拉尔旧城出发，城距霍拉山口约三十里。初向北偏西沿山坡西行，过一干河床，又连过二干沟，下一沙梁；转北行，俯瞰平原，青草弥漫，海都河两旁树林骈列成线，夹持河流，蜿蜒东趋，而阿拉尔旧城土墩、颓墙败壁，历历在目。九时过锡科沁大渠，前进至阿拉尔旧城驻焉。

此地有旧城二：一、在沙岭上，即我等驻处。城作椭圆形，南墙屹立于沙梁上，高约一米。北墙已颓圮，边于干沟岸。城中满布石子，不见任何遗物。南墙长约一百一十，东墙长九十米，北墙当与南墙同长。城北有查墩渠，来自大河，下流二十余里即没。此城之南有巴龙家大渠，即锡科沁大渠，东南流入锡科沁灌地。西、南、北三面皆大山环峙，中显平原。此岭突起于平原中间，城即建于此岭之西北麓。海都河出西北大山中，出山口后东南流，环绕此岭北面，故有海岛之目。东另有一遗址，在此岭北坡下，北面滨大渠，类似围墙。北面遗址尚存，长四六八，中宽四八米。墙西有大土堆一、废址二，中部亦有大土堆一，东亦有土堆及废址，与西部土堆形成一线，可能为旧时围墙外建筑之残存。附近间有红陶片，亦无其他遗物。二、为河南岸旧城，与沙岭北旧城斜对，相距约四五里。在海都河南岸，距海都河仍有五六里地。城作方形，南北约一二一·二，东西约九〇米。仅存墙基，余悉倾圮。墙基用石垒砌而成，城中已开垦成地。唯西南隅土墩巍然屹立，城中间有旧房址数处，汗木多利以镐掘之，出现泥塑像残件，有一件彩绘颜色尚鲜明，因未经火烧不坚固，后因搬运已毁矣。城之东面，另有一围墙遗址，墙高约二·三，南北三七·二，东西八四米，房址无存。外仍有一墙壁，以石为基，距围墙约八·四米。两城中之陶片皆作红色。北距海都河约五六里，可望及之。东、西、南皆熟地，麦穗飒飒。南距沙岭旧城约六里，南北斜对；北望河北岸旧城，历历如画，盖亦古政治中心区也（注二）。

（四）四十里城市旧城

我等返四十里城市后，休息一日。有本地维族人那卡愿导余等察看附近一带之古址，盖由此往南偏西，有大道至库尔勒。沿大道南行约五里地，即遍地沙丘，上生红柳，在红柳堆中，时现红土墩及红泥滩，并满布古陶片。红土墩多为土块垒砌而成，但已颓圮，其形式不一，必均为古代建筑之遗存，与沙阜及红柳堆相间杂，非仔细考察，不能分别。南至紫泥泉子，西至明屋，东至盐池，东北至白土墩子，即海边；周围约三十余里，皆为此类沙阜及土墩所散布。本地人每于大风后即往红泥滩上拾金子及古铜件，皆有采获。余等在此一带检视地形，亦随手拾得碎铜片、古钱、石燕化石、石矢镞、残瓦鬲及汉、唐钱。陶片均作红色而厚，石矢镞作打制圆锥形，瓦鬲为红灰色，上有压纹，仅觅得一足，又有蛤壳贝二枚，显然为纪元前后之遗物，则此遗址在纪元前后必已有居民。又在沙丘之旁，时露出磨石残块及开元钱，是此地至唐代仍有居民。又在此遗址之南，约十余里地，有古坟地一区，即在盐池之旁，地名土子诺克（附图四），有土阜一，高丈余，宽约二五，长一三四米，为一小土丘，土色白而坚结，上生蒺藜，死者即埋葬其中，亦无棺椁，因此，人骨、古物与沙土常胶结为一，发掘极感困难。我等在七月二、三两日，用六人从事发掘。出现人骨骼一，并有汉式铜镜一、帽饰一、陶器残片十余。铜镜在死者胸部，帽饰在头部，亦为纪元前后之遗物，则此坟必与遗址为同一时代之遗存，而为遗址中居民死后埋藏之所也。又在附近戈壁上古坟前拾得已残破陶罐数件。因天气甚热，饮水困难，故辍工。自盐池往东南，地势低洼，形成一小海子，现已干涸，疑古时与博斯腾淖尔相连也。在盐池之西北面，有土墩七座，维吾尔语名"土拉"，皆用土砖所砌，惜多已倾圮，然本地人仍在此一带拾金饰及碎铜片等。此地在紫泥泉子之北，为焉耆通库车及罗布淖尔之要道，故在此筑墩以为防卫也。在此遗址之西北约二十里，即四十里城市之东约四里地，有旧城一座，名博格达沁（附图五，3），位于草滩之中，墙基尚存，周约六里。城中已漫草荒芜，洼者且浸水而成池塘。城中有二土阜，审其发掘痕迹，似为土坯所砌之古房址。城西北隅有一大土墩，高丈余，同人在其附近拾有开元钱半枚及碎铜片数块，则此城确为唐代遗址。距大城约半里许，有一小城，周约三里，城垣已颓。小城中又有一小城基，类府第之属，当时或为军事上之设备也。至于此一带之古址，在历史上应属于何国，因未发现记录明文，无从臆度。清徐松《西域水道记》以四十里城市附近之旧城（即博格达沁）为焉耆员渠城（卷二，二二页），我以为非是。按员渠城，为汉代焉耆都城。我在此旧城中，拾得唐开元钱，且其建筑为土坯所砌，盖唐以后之古址，绝非焉耆旧都员渠城。审其形势及军事设备，或为唐焉耆镇所在地。其次，四十里城市西南沙阜中之遗址，有纪元前后遗物之发现。由规模之宏伟，亦必为一国之政治中心区。据《水经注》云："敦薨之水，自西海迳尉犁国。国治尉犁城。西去都护治所三百里，北去焉耆百里。其水又西出沙山铁关谷，又西南流，迳连城别注。"（《水经注》卷二，十五页）由现在形势观察，沙山即今库鲁克山，铁关谷即今哈满沟。此处敦薨之水，即现由博斯腾淖尔西南溢出之水，即孔雀河，河水由淖尔溢出后西流，转西南流迳行哈满沟中，出铁门关，而至库尔勒，与《水经注》所述形势，完全吻合。然则在紫泥泉子以北地区，是古尉犁国地。《晋书·四夷传》称："张骏遣沙州刺史杨宣率众疆理西域，以张植为前锋，败（龙）熙于遮留谷，进屯尉犁 。"（卷九十七，十二页）遮留谷即今哈满沟，张植从南来，是尉犁在哈满沟之北。据此，则此沙丘中遗址非焉耆之员渠城，而是尉犁城矣。《水经注》称："尉犁北去焉耆百里。"此盖出于《汉书·西域传》语，若以阿拉尔之旧城即古焉耆员渠城，则自阿拉尔至此地，适当百里，距离亦复相当。虽然尉犁城形势不明显，但在沙阜中断断续续之墙基及土墩，尚可窥见其痕迹。至魏晋以后，并入焉耆，仍为尉犁一县；至唐代仍保持其活动，故在遗址中，同时亦有开元钱出土者此也（注三）。

（五）哈拉木登旧城

当我考察河南岸旧城时，望北岸旧城如在目前，但欲前往考察，必须取道焉耆。乃于七月八日由县城向西行，经过一大草滩，至哈拉木登；复由哈拉木登南行约十余里，即抵旧城。城在海都河北岸，距海岸约三四里。有内外两城：外城周约一千一百四十米，内城周约三百六十米。墙高约一米左右（附图五，2）。城内为水冲刷，地面满布小石块，街衢巷陌已荡然无存。内城中间有隆起堆阜，或为建筑遗存。中有发掘痕迹，系本地人所掘，以拾取锸物者。间有红陶片，与曲惠及阿拉癸沟中旧城相同。彼处我曾断为纪元前后遗址，则此址或与同时。城北约五里许，有土阜四处，地名乌兰托罗盖，意为红土丘之义。传说有一神仙到此种麦，日收十万石粮，聚集为墩，故墩形如麦堆。盖其中有一土墩，顶为圆形，故有是传说，实皆古建筑之倾圮者耳。以上均在海都河北岸，与海都河南岸阿拉尔旧城遥遥相对，相距不过十余里，中隔一海都河水，故其河南北两岸遗址，古代必属于一国之政治中心区。如上面叙述四十里城市遗址群时，推断为古尉犁国政治中心区，根据《汉书·西域传》："焉耆南至尉犁百里。"是此地当为古焉耆国之政治中心区也。

第二章
库尔勒、轮台

一、库尔勒至轮台途中遗址之探查

库尔勒在库鲁克山之南，为进入塔里木盆地之桥头。现设置专区，统且末、婼羌、尉犁、轮台等地。汉代属尉犁国南境。西南与渠犁，西与乌垒、轮台相接。轮台、渠犁常有田卒屯垦，而乌垒为西域都护所在地，故在西汉一代，库尔勒专区当为政治及经济中心地。至东汉明帝时，西域都护移设龟兹，乌垒、轮台遂属龟兹。魏、晋时，尉犁亦并于焉耆，自此后，库尔勒遂为焉耆、龟兹交界地点，仅为东西往来通途。唐玄奘由焉耆至龟兹，称"逾一小山，越二大河，西得平川，步行七百里乃至"（《大唐西域记》卷一）。小山即库鲁克山，二大河疑即孔雀河与克子尔河，是玄奘所行之路，与现在由焉耆至库车之大道一致。云"西得平川，步行七百里乃至"，其区域荒凉，无甚多居民可知。《新唐书·地理志》内属诸胡州府，有乌垒、渠犁，如此二州府即汉时乌垒、尉犁地，则在中唐时又渐趋于繁荣，但至宋、元以后，仍沦于沙漠。其遗址何在，尚待吾人今后之探查与发现也。

我之赴库尔勒，是由四十里城市前往。傍博斯腾淖尔西岸大道行，三十里至紫泥泉子，本地称为"效尔楚克"。霍拉山支脉东南行至此，与库鲁克山相接，形成一狭口。孔雀河水由博斯腾淖尔溢出后西流，入狭口转西南流，穿行沟中，即有名之哈满沟也。此地出煤出铁，故古有"铁关谷"之名，又称为"遮留谷"，焉耆王龙熙伏击晋张植于遮留谷即此。两岸岩石壁立，中显通衢，河水流贯其间，清波荡漾，碧草弥绿。吾等沿河岸西偏南行，三十里出山口，转西南行约十里即至库尔勒。

库尔勒有旧城三：一为玉子干旧城，在回城南三里，城墙已颓，只余墙基，周约一〇二〇米。中有土墩，本地人在此掘土，曾出一石碾，方形，长一·一一米，围〇·九六米，两端有孔，确为田户用具。城中陶片均作粉红色，类唐代遗物。又在城东北，踏查羊达克沁旧城。城在回城东北约六里，周约三百三十米。陶片作青灰色，无花纹，疑近代之物。在玉子干南有一大城，名狭尔乱旦。城周一〇八〇米。中有土墩，墩为土坯所砌。城中积水淖泥，无一遗物，间有少数青灰陶片，与羊达克沁同。余初疑库尔勒为古尉犁国地，新疆曾在库尔勒南设尉犁县，今检视遗址，考之历史，乃知非是。自库尔勒以西，有遗址数处，约在大道旁，今依次述之。

（一）库尔楚

库尔楚亦名查尔赤，旧有查尔赤河故名。八月一日，由库尔勒西行，经上户地、羊达胡都克，二日抵库尔楚。地面全为戈壁，附近有一土阜，本地居民掘土肥田，发现人骨及陶片甚多，则此处必为古坟地。土阜周围为泥滩，高低不一，周约六里，青红陶片散布颇广，青灰陶片上有刻绳纹者，陶片颇古。汗木多又在红泥滩上拾铁块多件。距此西南约一里，有一大墩，其陶片与库尔楚土阜相同。传说库尔楚南三站地有七座古城，为汉家屯十万兵马之处，但不易寻觅。库尔楚之南，适当古渠犁国地。昔汉武帝初通西域，置校尉屯田于此。《水经注·河水篇》云："桑弘羊曰：'臣愚以为连城以西，可遣屯田以威西国.'即此处也。"（卷二，页十五，合校本）则传说中之七座连营或即指此。故此地有古代遗址埋于沙中，亦系事实，不过尚未发现耳。

（二）野云沟

八月三日，又由库尔楚西行，至小野云沟，则古乌垒国地。复前行，抵野云沟住。此地旧名依什玛，有古遗址二处：一在村南约半里，有一高阜，面为浮沙堆集，上生芦草，间有红陶片；一在村东北里许，有大红泥滩一块，作椭圆形，直径约五百四十，宽约二百四十米；中有小土台，周约一百二十米，疑为房屋建筑遗址。碎铁块甚多，瓦砾遍地，有作红色者，有作青色剔花纹者，均与库尔楚同，疑亦为汉代遗址。汗木多在城中稍作挖掘，即出现已被焚毁之碎木块颇多，是此城昔曾被火攻陷者。先是我在库车据一张姓言其家有陶罐二个，出自野云沟古城。一九二九年返行过此，访其家，见其陶罐为红泥质，高尺许，无花纹，圆底口小，旁有两耳，类甘肃沙井子所出。盖为纪元前后遗物。此罐出野云沟东北二十里阿克墩东北一古冢中。据说当时掘出尸骨甚多，有陶罐数十，均被居民打毁，甚可惜也。

（三）卡尔雅河畔古址及石刻

八月五日，复由野云沟出发西行，当日抵策特雅尔。为一小集镇。次日复前行，至洋沙尔巴杂。此地有居民约千余户，亦一大集镇也。据说市西北约二十里，卡尔雅河畔有旧城，城中有石碑，半为汉字，半为蒙文。我于八月七日，带引导者向西北出发。约行十里，抵卡尔雅河畔，有一麻札，以土垣围之，中有二土墩，出现人骨甚多，间亦有红陶片散布，盖古坟地也。麻札上悬羊角、白布、羊毛等等。余等抵此后，沿卡尔雅干河川直西北行，约五六里许抵旧城处，并无城，只有已倾圮房址数处。在河两岸均有红泥滩，掘视亦无遗物，亦不见石碑。转东南行，遇一维族老人，指示石碑所在。转沿河西岸行,皆红泥滩,间有古房址及古渠田界,形迹甚显明,疑此地为古代垦殖区域。再由此南行三四里,即至石碑处,亦在红泥滩中,与初所见房址相隔约里许,当属一地,而仅失之交臂也。碑圆形如石鼓,半埋土中,半露地面。刻字均在鼓上,钻字极浅,字体曲折,类似蒙文,又似中国古篆文,均不认识,因手拓数纸以备研究(图版九五,图3)。时已六时,光线不够,不能摄影,乃驰归。八月八日,向西出发,转西南行,过苦水河及克子尔河,履行平川,当日抵轮台县城。

二、轮台草湖中之古城

轮台县城,本地名布古尔。西汉初年仑头国地,为汉武帝时李广利所灭。后置使者校尉,屯田轮台,尝有小卒数百人。以后并于龟兹。自魏晋至隋唐,轮台之名不见于载记。现轮台县为清光绪中所开,东与焉耆、西与库车相接,为通行南疆必经之地,但较之汉时轮台已北移数十里矣。

(一)克子尔河畔之古城

余抵此后,即拟考察县城南之旧城。八月十一日,由南乡乡约引导,向东南行,过那巴庄入戈壁,有一干渠,南东行,旁有红泥滩,埂界犹存,疑为古时垦殖区域。沿此东南行,抵一土墩,本地人称为梯木沁,即土墩城之义。周围约三十三,高约七八米,四周散布红陶片及死人骨骸。旋转东行约十余里,抵黑太沁(附图六,1),距县城约三十里。"黑太沁"即"汉人城"之义。城高丈余,低亦数尺,土坯所砌,成一圆形。周三百三十七米,城中已全为咸地,中有一隆起处,大概为古时建筑遗址。四周红瓦砾甚多,均无花纹,间有碎铜片及丝线鞋与帽缨之类。吾人掘其遗址,深二米,上为浮沙土,中含黑灰土一线,铜片瓦砾均出此层中,下深一·三米完全为黑泥沙土。根据城墙建筑及散布之陶片,疑为唐代遗址。八月十二日,由黑太沁旧城出发,向南偏东行,皆红泥滩,间有红柳及沙碛,后沿一旧渠行,此渠即古时引克子尔河水以灌地者。约行十余里,又抵一旧城,城名柯尤克沁(附图六,2),城墙已颓,仅余墙基,略作方形,周约九百三十二米;中有土阜,高约六米余,全为土筑。陶片皆为红衣黑胎之瓦片,间亦有红底黑花之彩陶片,是此城建筑当早,可能为汉仑头国故址。城西南有古时流水沟渠,盖引克子尔河水以灌城中者。唯城中浮沙淖泥深尺许,面呈白沫,时陷马足,无法工作。转东行,过一干沟,经行湖滩,枯木构织,泥沙坚结,履行甚艰。湖滩中沟渠甚多,皆干涸无水,疑皆古时沟渠旧迹。旋转东偏北行,仍为一望无际之平滩,仅有少许红柳及柘蒿随风飘摇而已。约二十余里,抵着果特沁旧城(附图六,3)。住于城之东南隅土阜下。城四周皆为红泥滩,为克子尔河水经流区域,克子尔河水夹带红泥沙,故其所经流之地,皆染成红色。在旧城东北约二里,有旧河床东去,必为旧时克子尔河故道。一切古代遗址,均在旧河道旁,现克子尔河向东北移,相距约十里,流至柯克确尔即四散,水大时积而为潭,本地人称为柯克确尔海子。此城周约一千二百米,略作圆形。城墙已颓,仅余墙基,皆土筑。中有一隆起土阜,周六十七,高约三米,疑为古代建筑遗址。在其南有二小土堆,掘其左堆,出现稞麦壳甚多,古时必为仓库。右方之土堆,掘之无物,并有围墙痕迹,似为古时住宅,或官署所在也。在城之东南隅,有长方形土台,周一百二十四,高约九米许,余棚帐扎于土台下,而置箱物于土台上。上下掘痕甚多,皆本地人掘取锱物,或掘土肥田者。此高台究作何用,未经发掘,无从臆度,但必为古时城中之建筑遗址也。城中泥淖深尺余,陷马足及踝,人亦没履。城外东面距城根一百六十二米有土墩一,亦略作长方形,周约六十八,高约三米。城西亦有一土墩,略作圆形,周约四十,高约六米。在此东尚有一小土堆,疑皆古时营垒,为田卒屯戍之所。城中有红底黑花陶片，与柯尤克沁旧城所拾者相同，皆为纪元前后之遗物。又拾铁矢镞一，中实有柄，系汉物，故我疑此城为汉代屯田轮台时所筑。因城有营垒，当为田卒所住。城中有粮仓，城南及东皆为红泥滩，古时沟渠田界痕迹，尚显然可见。《汉书·西域传》云："轮台、渠犁皆有田卒数百人，置使者校尉领护，以给使外国者。"疑即此处也。又据本地人云："柯克确尔有一干河自库车来，会克子尔河东流至尉犁，入塔里木河。"如本地人之言可信，则此干河必即《水经注》中之"东川水"。《水经注》云："东川水又东南流迳于轮台之东也。昔汉武帝初通西域，置校尉屯田于此。"（卷二，页十三）如果推论不误，则此城亦即汉时屯田之校尉城。核以形势，证以遗物，尚属可信。至柯尤克沁旧城，我疑为古仑头国都城。时代当与此城相差不远，由其所出之陶片相同故也。至黑太沁则为唐代遗址，因丝线履尝出现于唐代遗址中，陶片作浅红色亦为唐代遗物也。八月十四日由着果特旧城返轮台，途中又踏查卡梗不拉克土墩。周约二百余步，墙基间有存者，皆为土坯所砌。墩旁有一土堤，东南、西北行。据说此土堤是自那巴庄东南行，直至柯尤克沁，长约四十里。土堤两旁均为红泥滩，地形稍低，中间隆起一道土堤若长虹，横亘于湖滩中，疑为古时在苇湖中所筑之堤坝直达仑国都以通行人者，且阻溢水横流，后人遂讹以为苇桥。现轮台市河寿桥，仍题"汉苇桥遗址"，盖亦沿于传闻之讹也。

（二）第纳尔河畔之古城

第纳尔河为轮台之一大河，源于天山，南流出山口分为两河。一为克子尔河，又分为二水：一东偏南流于轮台东；一东南流于轮台市东五里。河寿桥即建筑于此河上。东南流于柯克确尔海子即没。一为第纳尔河流于轮台西，灌穷巴克庄，转东南流至草湖，即四散。古时克子尔河水大，流亦长，所有旧时轮台遗址，均在克子尔河旁，沟渠田界历历可数，故克子尔河流域为古时垦殖中心区。其次当谈到第纳尔河古迹,第纳尔河为后起之河,当初水不大,故现所遗留之古迹不多。就我所探查者有二处:一为于什博罗久。八月十六日,同草湖乡约由轮台市出发向西南行,复沿第纳尔河南行约六十里,抵乌斯托胡拉克庄。余曾单骑往访卡阳河景物。八月二十一日,由乌斯托胡拉克庄出发返回穷巴克途中,余同乡约及毛拉绕道考察旧城。八时,向西北行,沿第纳尔河前进。河身宽约半里,河水停凝,每溢流为湖泽。初傍河岸行,复入咸滩,转北偏东行约三十余里,十二时抵旧城,城周约一百六十二米,西北有土墩稍高,墙已颓,只余墙基,审其状为土筑,本地人呼此城为于什博罗久,尝在此拾铜钱及珊瑚化石之类。余等亦拾碎铜片若干,并拾一"乾元"钱(公元七五八年),证明此遗址为唐代所遗。城中有烽渣残块,为古时举烽火遗滓。乡约并在土中拾有木炭,证明此城曾被火攻陷者。然此城为何时何人所毁,现尚无确定答语,然必在十世纪之末或十一世纪期间也。其次为黑太沁尔。我等由于什博罗久向北行,仍为咸滩,略有稀疏红柳随风飘摇,约二十里左右抵黑太沁尔(即汉人渠坝之义)。有一土垣若城圈,周二百一十六米,现有积水。西南有干渠二:一南行,一东南行,必为古时垦殖遗迹,虽无遗物可验,然必与于什博罗久同一时期。因该城有"乾元"钱之发现,可能为第八世纪之遗址,则第纳尔河之繁荣,当亦与之同时。余观察完后,连夜至穷巴克、轮台草湖考察,至此遂告一段落。

二十三日,复由穷巴克出发,沿大道向西偏南行,过阿尔巴特,二十四日抵托和乃。此为库车东境之一大集镇也。集镇有街市,在镇北约二十里有一千佛洞。二十五日,李稽查导余往游。此地有红沙山一道,东西蜿蜒,与北山骈行,千佛洞即建于此山脉上。山间泉水涌出,下流灌托和乃庄田,河南岸土阜重叠,佛洞密如蜂窝,东西骈列。西面有佛洞八座,前后对立,中空无壁画,有二洞中间实土,未开;中部六洞,一洞颇大,顶绘佛像,面为黑色,眉目用白线勾勒；东有佛洞五座，亦无壁画，其约二十余处。洞多在山下，穿山而过，前后可通，因土阜本不高大，故可穿过，与库木土拉依岩凿室只有一面可通者不同。此间洞形建筑，多作上圆下方之穹隆形，洞门旁有窗牖约四平方米，为古代龟兹国佛洞建筑之一般形式，与吐鲁番、焉耆佛洞微异。又此间佛洞多作方形，洞与洞相连，有门及门限。而焉耆、吐鲁番佛洞，洞形深长，正殿两旁有甬道通后室，盖此地土阜狭小不可能作深洞也。又在佛洞西北傍河有高塔二，旁有红泥土堆，高低不一，疑为庙基。因急需赴库车，未及工作。十二时仍循旧道返托和乃巴杂。八月二十六日，复由托和乃出发，西行至库车，达到余所欲考察之目的地矣。

第三章
库车、沙雅

库车为古龟兹国地。北倚天山，南对昆仑，西通疏勒，巴楚图木舒克为龟兹西境；东接焉耆，库尔勒为其分界线。塔里木河流贯其南，隔一大沙漠，而与于阗为邻。水草丰盈，城市栉比，在西域三十六国中，龟兹为一大国。包括今之轮台、库车、沙雅、拜城、阿克苏、新和六县，而以库车为中心。当汉、唐时，西域都护均设在库车，故在历史上龟兹与内地关系异常密切。征之载记，龟兹初通汉，始于纪元前一世纪绛宾王朝时。《汉书·西域传》称："绛宾娶乌孙公主女为妻。元康之间，同入朝汉。宣帝赐之甚厚。乐汉衣服制度。归其国，治宫室，作徼道，周卫出入传呼，撞钟鼓如汉家仪。……绛宾死，子丞德立，自谓汉外孙，成、哀之际，往来尤数。"西汉时，汉西域都护设乌垒，去龟兹仅三百五十里，而龟兹北与乌孙接，去乌孙赤谷约六百余里。汉使乌孙必经龟兹，故龟兹在西汉时常为交通枢纽。汉在龟兹亦设有田卒，屯田积谷以食使外国者。至后汉班超出使西域，初居于阗、疏勒间；永元以后，龟兹附汉，班超移居龟兹它乾城，即今大望库木一带。余等在此一带，常发现汉代遗迹及铜钱、印章之类，是后汉之政治中心区，又移至龟兹矣。魏、晋以后，中国内部分离，政治上与西域时绝时通，但僧侣之往还，货物之交流，从未有停止。至唐灭东、西突厥，西域各国统属于唐。设四镇都督府，龟兹与于阗、焉耆、疏勒号称四镇。唐显庆三年移安西都护府于龟兹，统四镇十六府州之地。自于阗以西，波斯以东，皆隶属于安西都护，号称极盛。自唐天宝十载（公元七五一年），高仙芝大败于怛罗斯，大食势力向东扩展，葱岭以西诸国皆转奉伊斯兰教，然葱岭以东诸国仍保持唐代势力。至唐贞元六年（公元七九〇年），吐蕃乘新疆空虚，乘机攫取安西、北庭，自此后，内地遂与西域隔绝。及开成年间（公元八三六—八四〇年），回鹘部众西迁，龟兹亦隶其版图。至十一世纪初期，喀什噶尔改奉伊斯兰教，渐次东展，龟兹与喀什噶尔为邻，后亦改奉伊斯兰教。至十五世纪中叶，新疆南疆大部分居民均改奉伊斯兰教矣。

我赴库车考察，在一九二八年九月初旬开始，历访库车、新和、沙雅、拜城等地遗址。沙漠湖滩，有古必访，马不停蹄，共历七十日，至十一月中旬方毕。兹据当时考察记录，择要依次述之。

一、库车西部佛教遗址之工作

（一）库木土拉千佛洞

我等到库车后，准备赴库车西部考察，自库木土拉始。库木土拉为古龟兹国佛教中心区之一。北倚确尔达格，分布于木札特河出山口处，在《水经注》及《大唐西域记》均被提及，现尚留存遗迹。凿山为洞，石室鳞比，故又有千佛洞之名。在库车西南，距库车巴杂约二十五公里。我于九月三日前往考察，住库木土拉村。洞在确尔达格山麓，距库木土拉村庄约十里。有木札特河流贯其间。循河而北，岩壁屹立，依岩凿洞，或在山腰，或在山脚，均在河东岸岩壁间（插图二，附图七、八）。余等初沿河岸行，由南往北，最南一洞南向，行数武，又一洞西南向。再往北约半里，洞室颇密，约有洞十余，皆在岩下边河，可循石级攀援而至。余订为河坝区。至此有一小沟若羊肠，沿沟向北偏西曲折蜿蜒而行，两旁亦有佛洞。复出沟沿河岸，有佛洞十余，有石级，可循级上，直达石室。共五洞，骈比相连，中穿一夹道，以便往来，此为后人所凿。再北即为悬岩，临河，不得去，乃返行。又同乡约探查一干沟，初东南行，后转东偏北行，沟宽丈余，不见天日，或两岩结空，不通行人；或奇峰耸立，高出云表。在沟东岩上有佛洞，非梯绳不得至；复迤沟东行，在沟西半岩，亦有佛洞，后前往里余即返。我所观察者仅此而已。其他还有在高岩，无路可上，或未及前往，据最近调查，此地约有九十余洞，则我所遗漏者多也。次日开始工作，分两组：一组掘河坝佛洞（A、B）；一组在石室拓字（E）。在河坝洞中左侧巷内（A），掘出写经残纸一条，上写"尊致病交公夹行书夫人例不致及一君礼刾公宠之过"，反面书汉文《法华经》，盖当时人用《法华经》残纸作书牍之用也。又有木器盖及木皮之类。乃移掘佛洞（B），洞半塞，疑未经人盗掘者。发掘结果，发现划字陶片一，上刻"法诚"二字。法诚疑为汉僧之名，或此洞属于汉僧住持。洞壁佛像多已残缺，但一部分尚可看见。每像均袒右肩，作说法式。面庞丰盈，线条生动，亦颇类唐人作风。疑此寺为唐人所建也。余同乡约又往前日所已觅得未看之洞，携带梯绳，在干沟北转东首，有二洞（C）在山腰，下临悬岩，无路可上，乃作绳梯，系绳于腰，一人拉之，以为上下，往复递上，得至洞前。洞宽不过一·三，深约二，高约一·七米。左右前后，刻划汉字殆遍。审其文义，此洞为藏罗汉骨灰处，所有题识，皆过此僧侣来此巡礼所记也。兹抄录如下：

西壁
　　香净法集（乙）九巳年

令兴□礼 法满

　　　前不布施且作语言时来时迴佛礼去时迴佛归 义诠

　　　惠增留名之记　　　一月十二日 法超

　　　辟支（?）仏屈（辟支佛窟）礼拜行道功德回施□持
和尚

　　　法真□□□□霑此福一时成仏（佛）

　　　丁未年十一月十六日辰时共互香使八人法超礼罗汉
屈（窟）

　　　大唐大顺五年五月三十日沙弥法晴第僧沙弥惠
顺日（?）

　　　巡礼至

　　　　　　　　　　　　　　　　　　　惠峻行礼

　　　法师惠增共大德□进法兴

　　　惠超礼拜罗汉回施功德兹（慈）母离苦解脱

　　　李道超巡礼之记

后壁南墙

　　　壬辰年五月（下缺）

　　　□茂惠初礼（下缺）

　　　回施日初和尚礼（下缺）

　　　解脱

东壁

　　　礼罗汉骨

　　　大师彦寿□坚更法师

　　　大唐东京（京）　坚行

　　　惠盖法灯律师巡礼罗汉

王（壬）年七月十六日䓗盡（惠盖）光崧及沙弥戒初

　　惠初巡礼功德为焉耆小万我知（和）平福相见即是愿也

坚行智恩（红土笔书）｜普满｜比丘惠灯记｜

　　丁卯年七月十一日

　　　沙弥戒初　智净ᢉ⼱ᢈ

北右壁

　　施□□□□□当来世师得其人亦□□乙酉年十一月五日

戒诠书记｜旳（愿）此福分回施法真㜮师心时

　　乙酉年七月六日巡山寺示□□□

　　　日照是恶人广德书记

　　以上题辞均在 C 洞，即罗汉窟。在素壁上用木具或金属具刻划，线条甚浅，不便椎拓，题辞中有"大唐大顺五年"（公元八九四年）等字，大顺为唐昭宗年号，此为库木土拉署唐纪元之最后年号。又题名中有"惠增""法超""法真""法晴""惠顺""法兴""惠超""惠初""彦寿""坚更""坚行""惠盖""法灯""戒初""智恩""惠灯""智净""戒诠""义诠"，皆为僧侣之名，疑为唐朝僧侣巡礼罗汉窟留名题记。在各僧侣中有"法师""律师""沙弥""比丘"等称号，皆同于内地。唯东壁题有"大师彦寿□坚更法师"，写在"礼罗汉骨"之旁，疑"彦寿"为罗汉本名，且"彦寿"亦不类汉名也。又东壁题有"为焉耆小万"云云，疑小万焉耆人，在龟兹出家者。又题名中除"大唐大顺五年"署唐年号外，尚有许多题名，只写干支不署年号，例如西壁"乙巳年"，疑为唐僖宗光启元年，"丁未年"为光启三年，与大顺五年题名同属一壁，必在大顺先后所写。又后壁"壬辰年"，疑为懿宗咸通十三年。旁尚有回鹘文题名。东壁有"丁卯年"，疑为宣宗大中元年。北壁有"乙酉年"，疑为懿宗咸通六年。这些年号皆在唐之末际，时回鹘人已入新疆。在后壁"壬辰年"汉文题识旁，有回鹘文题识，时代虽不能必定同时，但可证明此时龟兹已属回鹘，故过往僧侣，只署干支，不署唐朝年号，由此可知唐昭宗以后，唐在西域控制力至此已全丧失；而回鹘人入新疆，库车已隶属于回鹘，均由此可得一证明。

以上皆在C洞，即罗汉窟。在C洞东北另有一洞，在半山岩，旁刻"惠光""任光""法诠""道"等字。又罗汉窟旁岩石上，亦刻有"仙""智月""法门""志升""法铭""惠光"等字。又在附近岩石上刻有"□梧""智月""太守李（？）""仙""太宗""只向""法诚""惠鎧（演）""惠兴"，以上均刻在岩石上。仰首上望，仅见其仿佛。"太守"二字为隶体，书写甚优，下一字疑为"李"字，因壁临悬岩，不便细阅，故我亦未椎拓。余在此地抄录完后，复迤沟曲折东行，约里许，又有一洞（D），在干沟西岩半山腰。用梯绳攀援而上，洞东壁刻"惠增""林"，洞北壁刻"惠增累"；洞西壁刻有"金沙寺""六年""彦太"等字；洞东侧甬道刻有"那""邱"等字，底为沙石，亦不便椎拓。返回至河坝洞，查看汗木多等工作，并在河坝南岩一洞中，洞东壁上亦有用具划字三行，为：

……题记之耳廿一日画金砂寺新□
大德法藏鄢駬0□□□□□
月廿四日画□□□□□□

又在洞东壁用红色笔书写题识为："惠超法圣伯智到此间""戒明到""智岭""三月九日到此日畔晏"，以上皆为汉文。旁尚有用民族古文字划者，未录。其中可注意者，沟西D洞及河坝南岩洞中，均有"金沙寺"等字。疑"金沙寺"为汉人在龟兹所建立之寺庙，慧超《往五天竺记》云："安西有两所，汉僧住持。行大乘法，不食肉类。"

慧超不知是否即题记中之惠超，慧超过龟兹时在开元十五年，时库木土拉佛寺正是兴盛时期也。

在干沟迤北佛洞区，有石室五所。在廊下开一通道，五洞可通行。中有一室（E，附图九），颇宽广，四壁均刻有汉文及民族古文字。东壁刻汉文"成香""还原"四字，又刻有回文刻辞，字甚模糊，可见"法轮常转"等字。北壁东墙，刻民族古文字（G、H）两行；北壁西墙，刻汉文"惠亲惠"等字，同时刻有民族古文字（A、B）两行。西壁刻有汉文"向明""沙门日"，同时亦刻有民族古文字（C、D、E、F）四行。各洞佛像，仅存背光，面像已遗失，或仅存残身，头部残缺。《大唐西域记》称："昭怙厘佛像庄严，殆越人工。"今由其他各洞残迹，亦可见当时佛像盛况。清徐松《西域水道记》称："丁谷山有石室五所，高丈余，深二丈许。就壁凿佛相数十铺，璎珞香花，丹青斑驳。"是在清中叶，石像尚存也。《西域水道记》又云："洞门南向，中有三石楹，方径尺，隶书梵字，镂刻回环，积久剥蚀，唯辨'建中'二字。"（并上卷二，页十三）所谓"隶书梵字"大概是指民族古文字题识，唯"建中"二字今不见，或是星伯误认也。沙门题名今尚存。

九月七日，仍掘河坝洞。除发现带字陶片外，余无所获。乃移至东庙（D）发掘。发现铜片及残纸少许，并佛像残件，知此为废庙基也。但此庙已为前人盗掘，遗物无存，故停止工作。八日移至千佛洞之南，库木土拉村庄附近旧城工作。旧城名色乃当，遗址尚存，周约四百二十米，四方形，城中已开垦为熟地。余等在城东北隅，拾唐代陶片数枚，间有带波纹灰陶片，当在唐前。在城北里许，且有一陶片上划汉字，字迹甚模糊。有土堡一，本地人称为"炮台"，盖为当时守成官兵瞭望之所。

在沙雅河（渭干河）西岸，与河坝洞区东庙相对，亦有古代寺庙遗址一区。我等于九月十二日，由阿克雅尔前往探查，此地亦名千佛洞，实为大庙遗址。形同一小城，周约三百八十米。沿城四周，均有住宅遗迹。城东有方形高塔一座，底宽八，高约七米，砖砌，形同西安大雁塔，唯顶部已残毁。我疑此为龟兹古代雀离大寺遗址。在城西亦有高塔一座，下为方形，宽约八米，上略圆形，宽约六·三米，高约六米余。城中已生青草，除拾得唐代陶片外，余无他物。

沙雅河（渭干河）两岸遗址，根据《大唐西域记》，当为古时昭怙厘。《大唐西域记》云："荒城北四十余里，接山阿隔一河水，有二伽蓝，同名昭怙厘。东西随称，佛像庄严，殆越人工。"今按其形势，遗址均散布于确尔达格南麓，跨木札特河即沙雅河出口处，即《西域记》所称接山阿隔一河水者也。南距伯里克斯之于什格提大城，约四十余里，与《大唐西域记》所述方位大致相合。城三重，量其中城，周约六百二十四米，疑即《大唐西域记》所谓荒城也。以今推古，名称虽易，而形势未变。《水经注》引释氏《西域记》曰："龟兹国北四十里山上有寺名雀离大清净。"（卷二，页九）按"雀离"与"昭怙厘"，或为一名之异译。《高僧传·罗什传》云："什在胎时，其母慧悟倍常，闻雀梨大寺名德既多，又有得道之僧，即与王族贵女德行诸尼，弥日设供，请斋听法。"（《高僧传》初集卷二，页一，金陵刻经处本）。《高僧传》之雀梨大寺，当即《水经注》之雀离大清净寺，亦即唐之昭怙厘。罗什生于陈晋建元二年（公元三四四年，据《西域之佛教》二七二页），此时雀离寺已臻极盛。则此寺之创建，当在东晋建元以前。吾人虽无遗物之证据，但据河西城西之高塔，上为砖砌，下为土筑，显然是两个时期之遗物。如以土坯垒砌当于唐代，则用土筑当在唐前，故我定唐以前此寺即已存在，想无问题。同时，又在罗汉窟中发现"唐大顺五年"（公元八九四年）题识，是自三世纪五十年代至九世纪之末，此寺均在活动，则此寺之历史，约五百五十余年，可谓悠久矣（注四）。

（二）铁吉克遗址

我在库木土拉工作完后，即拟考察沙雅河西岸遗址。于九月九日，由库木土拉向西出发，渡沙雅河，河宽约二里，渡河转西偏南行，至阿克雅尔稍息，复前行，沿途村舍络绎，柏杨夹道，下午抵今新和县住店。店有一小花园，颇舒适，在此休息一日。十一日复出发至阿克雅尔，往探查沙雅河西岸及把什何计北之古址。十三日，复由阿克雅尔向铁吉克出发，向西南行入戈壁，又过一大渠，本地人称为裕勒都司海子。盖沙雅河自库木土拉出山口后，分为二渠西行：一曰小裕勒都司渠，西南流至沙雅境内；一曰大裕勒都司渠，流灌裕勒都司，余水溢为湖泽。两渠并行向西，我等初行傍小裕勒都司渠，后傍大裕勒都司渠，沿渠村舍络绎，田亩相望。下午抵托卜沁。有一旧城在路南半里，只余墙基，城中已生青草，无一遗物可检。三时转至一猎户阿西木家住焉。十四日即由阿西木家出发转西行，经红泥滩，间有沙碛，过玉尔滚，有土墩二：南墩高约九米余，北墩亦高六米。为土砖所砌，墩东西有垣墙遗址，已满积黄沙。我等在此检得碎铜片及陶片若干。审其陶片，均作粉红色，皆为唐代遗物。在墩东北约二里沙碛中露出红泥滩，满布瓦砾及铁块甚多，并有烽火遗渣，知此地为古军事警戒区域，沿途置有戍兵。在南约十余里，亦有一旧址，未经探查。复由墩向西南行，初行沙窝之南，复穿过沙窝，绕行沙窝之背。此沙窝自沙雅河西岸，傍确尔达格西南行，至阿克苏境，绵亘百余里，或即《大唐西域记》中龟兹与跋录伽中间之小沙碛也。出沙窝，向西傍山行，下午抵铁吉克，住店中。此处有一东西山脉，总名确尔达格。由库车北托和拉旦分支西行，木札特河穿山而过，库木土拉佛洞即在其出口处。西行至铁吉克，本地人称为柯尤克达格。柯尤克为欢喜之义。传说有一圣人至此，在山牧放迷途，复被寻得，共称欢喜，故名。山为黄土层，中出石油，清末曾有人开采，后已停开，现山腰间尚留存许多洞穴，即旧时开掘遗迹。在山麓一带有铁块及硫黄炭渣甚多，是此地古代必为军事要地。复往西，查看千佛洞遗址（附图十）。佛洞或在山顶，或在山腰，形势颇为散漫，现可见者约十余处。又有古房址或废庙，又有一古营垒，形同土堡，均在山顶，墙壁多已倾圮，此地遗址颇为复杂。我等先掘沟北佛洞（A），发现陶模一件，为佛掌。又在沟畔（E）掘出一烧砖铺底，间有花纹，唯不见他物。十六日又移至古垒侧之佛洞发掘，在深一·二米下，发现蓝墨锭若干，及尖头木具一。此洞或为画师所居，其颜料即以粉画墙壁者。运回后，抗战期间毁于兵燹，甚可惜也。又发掘古垒东墙，掘出一旧井穴，中有熔铁破瓦罐甚多。又垒中拾有铁箭头及铁弹子。箭头为扁叶状，颇类近代之物，但陶片及古垒建筑，则为唐代所遗。又掘沟坝，出现一小陶瓿，口部有四孔，未知何用。亦有佛像残件，知为古庙遗址。总之，此地遗址，除山上古垒外，其余大部为佛教遗址。但此一带地区，完全为黄土层，洞宇均凿山而成，故岩壁墙壁颇难辨识。我在河畔掘一处，现出砖石瓦片，且有灰土，为一住宅；但掘至宽二·六六，深一·三三米，全为黄土，以致庙宇痕迹，隐晦不明。又山中裂沟甚多，盖为水冲刷而成。但沟中有现圆顶形房屋，墙壁有斧凿痕迹，表面为烟熏黑，确是人为，而非天然。因此我疑此处古时必有甚多之庙宇及住宅，经过雨水冲刷流为沟渠，建筑倾圮已变其形势，增加工作困难，故工作三日，即行停工也。

二、沙雅西北部之古址

（一）大望库木旧城及周围之古址

余等在铁吉克工作完后，即往沙雅西北一带寻访古址。九月十八日，由铁吉克出发，向东南行，经过盐壳及沙碛所覆盖之地面，又穿过一沙碛区域，抵伯克里克村边，沿途树木夹道，田亩相望，下午抵巴杂住焉。此地属沙雅县所管。由乡约代请一引导，名阿西木，年五十余，对此一带之古址颇熟悉。由彼引导，历访各古迹，自近者始。在村庄附近有一旧城，距村庄西南约三里许。城三重，城基尚存，高约一米，本地人称为于什加提，即三道城之义。余于二十日前往视察，分为内城、外城、大外城三重。内城土阜起伏，隆洼不平，洼者浸为水池，本地人传说为衙门，意谓官署所在之地。由内城至外城相隔约六十余米。外城形略圆，每面均约一百五十六，周约六百二十四米。城中有土阜数处，或为建筑之倾圮者，大部分已开垦成熟地。由外城至大外城相隔约二百四十米，外城周围未测量，城中隆起处不多，检视无一遗物，即陶片亦不可得。地面满覆泥沙，陷马足，因咸性蒸发有已变为硬壳者。询之本地人，亦无有在此拾一物者。一山西人告我云，此鞑子城，盖谓蒙古人之城也。城为红土所筑，规模宏大。以城基建筑术言，或为唐以前之旧址，疑为龟兹故都，即《大唐西域记》中所谓荒城也。《西域记》云："荒城北四十余里，接山阿隔一河水，有二伽蓝，同名昭怙厘。"昭怙厘遗址，我已证明即今之库木土拉佛洞，现此城北偏东距库木土拉不过五十里左右，位置相当，可能是龟兹金花王时代旧都。必须有待于将来之发掘作证明也。在此地停留稍许，复向西行，抵伯勒克斯，住一庄户家。又本地农民送来铜花押之类，据说出于克子尔旧城。始在伯克里克时，亦购到铜章数枚，知此一带古址必多。乃置行李于村中，余同引导及毛拉、汗木多等单骑往访。九月二十一日，由伯勒克斯向西出发，经行沙碛，在沙碛中露出红泥滩，瓦片铁块甚多，必为古时居民住地。旁有干沟，已为浮沙所掩，但必为古时流水遗迹，或是古渠道。下午一时，抵大望库木，住于红泥滩上。此地在沙窝之中，遍生芦苇。引导人在此掘井，水出颇淡，即留什物于此，骑马往探旧城。此地沙碛纵横（插图三，1），枯木拟构，入其中者，顿失所向，孰为旧城，不易辨识。据说旧城旁有一胡桐树，但亦失其所在。在此一带盘旋四小时，旧城终未觅得。但土阜中瓦砾，触目皆是，亦是有居民之证。二十二日复往探寻，先考察住处北之土墩。墩在住处东偏北约七八里，在沙窝背面，屹立红泥滩上。墩为红土所筑，周约三十六，高约六米，中填土坯，疑原为汉墩，唐以后重修者。在此墩北，另有一墩，周三十，高约五米。在此墩之南偏东，约三里许，又有一土墩，周约三十六，高约十二米，下层为红土所筑，上为土坯所砌，亦为汉墩，唐以后重修者。余在墩旁拾有铜扣及蛤贝之属。墩西约数十步，复有一墩，亦为土筑，间有烽火遗渣。在此稍停，又西南行约二里许，有一营垒。垒二重：内层周约五十四米，外层周约一百六十一米，东北、西北隅，均为沙碛所掩盖。城墙基址，间暴露于外，高不及一米，大部分均埋于沙中。观其形势，可能为古时军事中心区。九月二十三日，复考察此一带之古址。在住地西偏南约十里地，有一沙碛，露出红泥滩一块，散布红瓦砾甚多，铜钱、铁块俯拾即是，我拾得五铢钱一枚，可知为汉代遗址。范围颇大，横直约五里，满布浮沙，旧城城墙隐没于浮沙中，若隐若现，犹能窥见其仿佛，本地人名此城为额济勒克。附近有土墩二：一略高，一略低，相隔不过五米。四周瓦砾、铁块甚多，且有烽渣，或为烽火台遗址。红泥滩中，时有隆起小土丘，可能为古时房屋之遗迹。略经探掘，亦未发现任何遗物。在此查勘后，复西南行，寻觅大望库木旧城。初向南行，沙窝累累，乃转南偏西行，又转南行，绕至大沙窝南部，红柳柘蒿与沙阜相间杂，大望库木旧城即在此沙阜错丛中。北距额济勒克旧城约十余里。城墙遗迹已不可见，唯见土阜高处，四围散布瓦砾甚多，小铜钱散布极广，盖为龟兹所铸之货币，形式略同于刘宋时之对文五铢，但无字。我在此停留不及二小时，拾钱近百，乃转东行。沿途又经过遗址四处，情形均与大望库木相同，虽然沙窝不如额济勒克一带之大，但在红泥滩上时有散布瓦砾、铜钱。唯靠近伯勒克斯村边一古址，区域颇大，纵横约六七里。余等在此拾小铜钱、印章、戒指等等，并有人骨露出，或部分为古坟地也。时已近黄昏，乃返行，抵伯勒克斯原驻地，已半月高照，家家灯火矣。

综计吾等于九月二十一日由伯勒克斯出发考察大望库木一带之古址，至二十三日返伯勒克斯。三日之探查，自早至晚，驰驱于沙窝泥滩中，周围约三十里，发现遗址十余处。或有城墙遗址，或为烽墩，或为房址，铜钱、铁块、瓦砾遍地皆是，而各遗址所出现者均同，可能为同时期所遗留。但由其发现有五铢钱及小五铢，例如额济勒克所出者，则此一带可能为纪元后一世纪至三世纪之故址。又由于土墩旁有烽渣铁块，可能有守望设备。因此就其性质言，或为军事中心地。由其小铜钱、瓦砾散布之广，又有铜印章、铜戒指之类，则居民亦多，或为戍卒之遗物。我于二十三日日记上有一段结束语曰："回首远眺白泥滩上，高阜起伏，若隐若现，犹想见古时屯戍刁斗之声。白屋历历，鸡鸣犬吠，如闻仿佛。"现在印象仍然如此。虽此地无显著大城，但遗址分布区域规模甚大，必为当时一重要中心地。据《后汉书·班超传》及《梁慬传》均称："班超为都护，居龟兹它乾城。以后延平间，段禧为都护，赵博为骑都尉，均居其地。"是此地或为后汉时它乾城故址也。

（二）通古斯巴什旧城及周围之古址

余等在伯勒克斯西南一带之古址考察完后，即拟考察伯勒克斯东南一带之古址。九月二十四日由伯勒克斯出发，初向东偏北行，后转南行，约三十里至克子尔庄。庄南有一古城名克子尔沁（附图十一，1），两城相连，迤西一城周三百三十米。有墙基，高约二米不等，红土所筑。北有土墩三。此城东又有一城毗连，相隔不过十余步，稍大，周约六百米。满生青草，墙基稍高，除散布红陶片外，无其他遗物。二十五日继续考察克子尔庄西之旧城，名鹤计土拉。城墙周约一百零二，高约二米，实一土墩，并非古城。"土拉"亦即土墩之义。城东北隅又有一土墩，已倾圮，地面散布碎铜片及小铜钱。在鹤计土拉之西，有一古城名色当沁（附图十一，3），二城相连。迤北一城，有城墙遗址，周约二百一十米。东南隅有一土墩已倾圮，城墙均为土坯所砌，余等在此拾开元钱一枚，是此城在唐代尚有居民。迤南约三十余米，又有一城，城墙已毁，略存形迹，周约二百七十米。在城北有土阜三，中一稍大。余等在土阜旁试掘，出现土墙，全为土筑，一面涂青灰，一面涂泥，墙宽不及一米，坚结非常，一墙半为土坯所砌，必系后来补筑。墙内堆满沙子，间有胡麻，必为古时陈储粮食之仓库，沙子则系由外面吹入者。余等在此附近，拾小铜钱及铜片，又拾五铢钱一枚，则此地又为汉代遗址矣。又因其墙一半为土坯所砌，则此址至唐仍未废弃也。往南约里许，在沙窝中露出红土埂一道，亦为土筑，类似城墙，可能与克子尔沁有关，但因整个形迹不甚显著，故不能决定其性质也。二十六日继续考察克子尔庄西南之旧城勒哈米沁（附图十二，2），西北距克子尔沁约十余里。城周二百一十米，亦为小城。城门向北，门楼向东。进门楼有一井，深约十五米，城楼旁有一洞，直通井底。传说井底为浮土，下甚深，内有类似水磨石二块，不能取出，取则水上涌。余自洞伏地爬入至井底，周围亦不过丈余，形圆如葫芦，上透微光，井底有木柴二根，盖为后人放入者，亦不见有何遗物，或为当时之废井。在此城附近，拾铜片及红陶片数枚。在此城西北约二三里，有古房址二处，本地称为砖头城。实无城。四周散布红陶片甚多。余等在此拾开元钱一枚，则此遗址可能是唐代所遗也。二十七日继续往南考察，初向南行，过克子尔沁，转南东行，过卡勒克沁小城，周一百八十米，门向北开，墙为土坯所砌，高约六米，在城外拾开元钱二枚，则此地亦为唐代遗址。复向南东行，抵通古斯巴什旧城北一村庄住。旧城在庄南，名通古斯巴什（附图十二，1），盖谓"通古斯族首领"之义，为龟兹大城之一。四面城墙，巍然独存，城四隅尚有突出城垛。墙外尚存城垛五。高约九，周约八百二十五米，土坯所砌。南北开门，门宽约一·三米，北门楼尚存，在北门楼东有古房遗址数处。九月二十八日开始工作，先掘城内东边垃圾堆处，发现布巾之类。次日仍继掘通古斯巴什旧城，先掘城中高地，深六十余厘米即现土墙，断为房基。再下深一·六米到底，发现干草甚多。又出现胡麻、油饼及木屑之类。油饼圆形，径尺余，盖用榨筒榨出。余在胡乃玛庄时见一家正在榨油，其法：凿一树为槽，大可盈拱，高约一米，中空，置菜籽于内，以杵捣之，下有孔漏油，别以横木架杵，用驴或马拉转，杵上加木石之类颇重，一人一面赶驴，一面捞菜籽粉，下有一碗承油，不知古时与此法相同否？现在此地仍用胡麻油、菜油、棉籽油，唯无芝麻油耳。在此地掘完后，又掘昨日之垃圾堆，又发现布巾、木枘、鞋履之类甚多。又有一布口袋，可能是盛弓箭之用。又有木碗、木具等等。余发现此类遗物时，本地人均笑之，而余则认为至宝。又本地居民在城中拾一残纸，上有唐大历年号，是此城为唐城无疑。当汗木多等工作通古斯巴什旧城时，余往南考察，单骑往访南十里之不徒瓦什旧城，城周约二百五十米，亦为小城。门向北开，墙基尚存，高约二米许，为土坯所砌。往西略偏南又有一旧城，名可提尤干，为一土墩，并非古城。墩下为土筑，上为砖砌；周围一三〇，高约六米。附近里许，有红泥滩一块，红陶片散布甚多，间有铁块、小铜钱，或为古屯兵之所，以捍卫通古斯巴什旧城也。据说在可提尤干西南约二十里，另有一小城，名乌斯木，余以泥滩难行未去，想此一带小城必多也。余等连日考察伯勒克斯以南诸古城，除色当沁、克子尔沁相当于汉城，属大望库木系统外，若勒哈米沁、卡勒克沁、通古斯巴什、不徒瓦什、可提尤干均为唐城，其墙址均为土砖所砌，有唐开元钱散布，陶片亦属于唐代系统，则此一带遗址，时代可能相当于唐，而以通古斯巴什为一政治中心区也。

（三）羊达克沁大城及周围之古址

我在通古斯巴什旧城工作完后，转向北考察以北迤东之古城。九月三十日，由通古斯村庄住地出发，向北行，经行沙碛及湖滩，裕勒都司渠水下流灌地后，余水每溢为湖泽。过此转东偏北行，约二十余里，抵玉尔滚沁大城（附图十二，2）。城居于湖滩之中，有内外二城，颇大。外城周围约一千四百二十五米，较通古斯巴什城为大。城墙已倾圮，只余墙基，高约三米，东墙略有未倾圮者，为土坯所砌，中夹枯柘木条，疑为后人所重修，当初乃土筑也。城中有一小城，在北，与外城相连，周三百四十六米，中有土阜，盖为古建筑物之倾圮者，无一遗物可检。城外沙窝棋布，城内泥淖深尺余，面呈白沫，青草红柳，随风飘摇，略有陶片及小铜钱。陶片作红色，小钱亦与色当沁一带所拾者相同。城门南北开。东门外又有土埂一道，疑为旧城基。在此稍停，复东行，转东南行抵叶现比，住乡约家中。叶现比是集镇名称，为沙雅县之一大镇，本地名为英尔默里，在英尔默里南北均有古城。十月一日，先考察北面之大城。先向北偏东走，约三里许，抵托卜沁旧城。只余墙基，高约三米，周约一百六十八米。东北开门，城中泥淖深尺许，表面结成硬壳。稍停，复北行，至羊达克沁大城（附图十二，3），距英尔默里巴杂约二十里。城墙全为土筑，现仅余墙基，高约一米，北面渐至灭迹。城三重，大外城周约三千三百五十一米，内城周五百一十米，中有土阜一线，或为古时建筑中心区。墙壁倾圮，隆起为阜。内城至外城中间尚有一城。北面墙基不明，城中沙阜累累，枯柘结泥，经硝咸蒸发，极为坚结。检视无一遗物，连陶片亦不可得。据本地传说，此为鞑子城，已二千多年矣，莫哈默德出世前，即有此城。言虽无稽，然以此城建筑术论之，确在唐以前也。《晋书·四夷传》"龟兹"条云："龟兹国俗有城郭，其城三重，中有佛塔庙千所。"（《晋书》卷九十七，页十三），与此城形势暗合。中间之高地，或即佛塔之倾圮者。据此，是此城为第三世纪中期之旧城，距今已一千七百余年矣。二日复考察英尔默里巴杂南面之旧城，在庄西南约十余里，为小羊达克沁。此地名克子尔库木，即红沙之义，故此城又称为克子尔沁。周二百三十五米，城墙已倾圮，只余墙基。在东北隅有一土墩，略高。城中除稍有红陶片散布外，无他遗物可检。在此城东二里许，有阿雀墩已颓圮。在此稍停，复西南行，约十余里，过羊达克沁大渠，抵大羊达克沁。周约二百三十二米，实则为一小城。城中被水冲刷，城墙已倾，唯北墙稍高，约一米，为土坯所砌。城东南隅有一土墩，城外相距约半里，有土墩二，高约一米余。本地居民送来一铜花押及铜件，据说在城中所拾。又在城北沙碛中拾一木章，或亦作签押之用。汗木多等亦在城中拾"大历元宝"大钱一枚（公元七三九年铸），则此城在唐大历后仍有居民，且为唐城。城之北、西两面沙碛中，陶片、铁块散布甚多，象征此城过去之繁荣。下午又考察月勒克沁（插图三，2；附图十三，2），北距大羊达克沁约二十里。城在湖滩中，为圆形，城墙已毁。现存基址，高约○·七米，红土所筑。周约二百五十米，中有土墩，已倾圮，形式与轮台南之柯尤克沁，即吾人所断为仑头城故址者相同。陶片作红色而粗厚，年代较古。城中已成泥淖，面暴咸沫若霜雪，据说此为近年事，十年前尚不如此。以东相距约半里，有一土墩。四周有作长方形之墙基，周约九十米，瓦砾、铁块甚多，陶片作红色。城南隅有发掘痕迹，审其形式，似为房屋建筑。余等在南墙下，拾有开元钱及五铢钱各一枚。是此墩必与月勒克沁有关系，且为同一时期之遗址，原为汉城，至唐此地尚有居民活动其间也。据说在月勒克沁南尚有二古城，在沙窝湖滩中，驴驮不能去。余等曾骑马前往探查，除在南十余里地之沙窝中，觅得一有陶片古地外，古城终未觅获。盖沙窝纵横，易致迷途，而且沙阜类土墩，红柳拟城墙，觅寻古城，诚非易事。乃放弃寻觅古城企图，返至胡乃玛庄，转至沙雅县城休息。沙雅西部即渭干河西岸之古址调查，至此遂告一段落。

三、库车、沙雅东部之古址

十月七日，余等由沙雅返回库车，在库车略事休息，则准备考查库车、沙雅东部诸古迹。

（一）沙雅东部之古址

十月十六日正午，由库车出发，初向南偏东行，过库车城上河。本地名曰沁色依，亦即城上河之义，为铜厂河西流之支水。转东南行，又过鄂根河，为一新河，自库木土拉渭干河分出东流，经长兴巴杂之北，土尤包第之西，转东南流入沙乌勒克草湖。水大时可至爱墨提草湖。下午六时半抵哈拉斯堂住。十七日继续前进，向东南行，过博斯堂巴杂，直至哈拉黑炭巴杂。因由哈拉黑炭巴杂至沙乌勒克草湖中间古址甚多，故我以此地为中心向各方调查。兹将所已调查者，依次述之。

1. 阿克沁

十八日余单骑往访巴杂西阿克沁旧城。城墙为土坯所砌，高约一·三米，周围约一二三米，略作方形，不及一里。城中无遗物可验。转东行，通过一小沙碛，至一古地，稍有红陶片，在其旁沙碛中，露出红泥滩一线，类似一干河床，自西北向东南，宛然如带。询之本地人，称是渭干河故道。据说此干河自千佛洞出山口后，经库木土拉之北，东经阿拉哈庄入戈壁，东流于亮果尔庄之西，长兴巴杂之东；复东南流，经哈拉黑炭之西；转东南流，过穷沁之北；折东北流，至爱墨提草湖。初本有水，后经农民打坝横截，逼水南流，故此河遂涸。复由此干河出发，绕哈拉黑炭之南，东行抵可洛克沁。据说昔时尚有旧城遗址，现已无形。有一土堆，已掘为塘，无遗物可验。

2. 托卜沁旧城

十九日继续考察巴杂东北之古址。初向东北行，后转北行，过一干河川，河床颇宽，与沙雅北之渭干河相似。河岸胡桐树骈列成行。此干河据说自哈拉黑炭西之干河分出，东流经托卜沁之南、巴杂之北，东至爱墨提草湖。一说直至罗布淖尔。渡干河后，复北行，亦为湖滩，红柳丛生。十时抵托卜沁旧城。城墙已毁，只余城基，形略圆，中洼如釜形，空无一物，周约二百三十四米。此城位于湖滩中，四周皆咸地，面呈硬壳。盖此一带均为渭干河下流，地势低平，水大时每溢为湖泽，水涸复蒸发而成咸地也。

3. 英业一带旧城

十九日下午，全队由哈拉黑炭出发。东南行至英业，住猎户阿西木家中。彼知道古地甚多。二十日由阿西木引导，考察英业东南之古址。初向东行，复转东南行，远望有一干河川在道南，即哈拉黑炭西面之干河。至此转东行直至草湖，与现渭干河汇入塔里木河，现库车人至罗布淖尔，即行于此干河之旁也。河宽约百余步，两旁胡桐成列，沙窝骈立，中为河床，西域大河如和阗河、塔里木河两岸均如此。渡干河川约数百步，即为穷沁旧城（附图十三, 3）。穷沁即大城之义。城在湖滩中，满覆泥沙，无遗物可验。城墙已不显著，只见城基，高约〇·六米，略作圆形，周约九百二十四米。西有一土墩，已倾圮，周约一百二十米。盖为古建筑遗址，其形式颇类轮台之着果特旧城。故我疑此城为汉代屯田时之校尉城旧址。《水经注》云："西川枝水，水有二源，俱受西川，东流迳龟兹城南合为一水，水间有故城，盖屯校所守也。"（卷二，页十四）西川水即渭干河，如上文所述。现长兴巴杂南之干河，东流分为二水：一东南流于哈拉黑炭巴杂之西，东流于穷沁之北；一东流于托卜沁之南，即《水经注》之西川枝水，分为两源者是也。而穷沁适在干河之旁，疑即屯校所守之故址也。乃返抵英业，复踏查英业附近之羊达克沁。城作方形，墙基高约二·六米，上生丛草，外披泥沙。城中空无所有，周约三百四十五米。又踏查英业西之旧城克子尔沁。城墙遗址尚存，略作圆形，城基高约〇·六米，周约一百八十米，亦无遗物可检。二十一日上午十时，率全队向沙乌勒克出发。在英业东七里道南，有一旧城作长方形，红土所筑，墙基高约一米，周约二百七十六米。北、西两面地略隆起，或为房屋痕迹。羊达克沁在其东北约六七里，相为犄角。旋循大道转东行，在大道南有一旧城，名阿克沁。周约一百零五米，长方形，城门向南，四隅有土墩，高约二米，城墙高约一·三米，土砖所砌，墙东、西两面隆起高地，想为房屋遗址。南城外有土墩二：一墩中空，现为本地人烧木炭之所。城旁有一大道，至沙乌勒克草湖，并至罗布淖尔，干河在城之西南，约十里地也。在城之东北有一古渠，维语称为黑太也拉克，即汉人渠坝之义。据说此渠源出哈拉黑炭巴杂之西，地名曲鲁巴哈。由干河分支东行，经英业入戈壁，一直往东，至爱墨提草湖遂不见。全长约二百余里。附近古城若阿克沁、满玛克沁、黑太沁、于什格提皆附于渠旁；穷沁则附于干河旁。渠为红土所筑，宽约六米，至于什格提东面，分为三渠至草湖。此渠建筑年代虽不可知，然分于干河而不分于现在之鄂根河，则必建于鄂根河改道之前也。复前进，抵满玛克沁，亦名尚当。在大道之旁，位于胡桐窝中，距沙乌勒克约二十里。古渠经其西，四周城墙间有存者。东边尚有小城圈一道，城门向东，地亦略高，周约一百零三米，疑为一古垒。复前行，抵渭干河岸，河为渭干河支河，由沙雅东北分出，东南流至爱墨提草湖即止。一说与渭干南河汇流，入塔里木河。渡河南行约五六里，即抵沙乌勒克村庄。

4. 沙乌勒克以北之古址

二十二日开始考察河北岸古址。上午十时向东北出发，转北行，渡河，经过一胡桐林，在西南有一大片盆地，周以胡桐，绕以干沟。

本地乡约告余云，此名黑太沁尔，义谓汉人渠坝。而"黑太也拉克"之名，亦由此起。循黑太沁尔东行，约四十分钟，抵一旧城，名黑太沁（附图十三，1），即汉人城之义。城墙已倾圮，墙基犹存，高约二米，周约四百二十四米，略作圆形。城门向西，城中已成咸地，无一遗物可验。黑太也拉克在其北，渭干河流其南，以渠坝及城之名称言之，确为汉人之遗迹。时代虽不能确定，但必与河渠有关联。复由旧城向北转沿黑太也拉克东北行，约十里，抵一土墩，其旁废木料甚多，并有斧凿痕迹，必为古时建筑材料，旁散布铁块及烽渣甚多，则此地必为古时烽燧亭遗址，守护渠道者也。渠旁红泥滩上，间露红陶片，是当时渠旁必有众多居民经营农耕。仍沿渠北行，约五里许，抵于什格提。即三道城之义，实无城，盖为三组房屋遗址相连耳。面积周围约三百米，地面散布红烧砖及泥残件甚多，或为当时房屋建筑材料。观察完后，仍沿旧渠西南行。又在渠旁发现古房址二处，皆为土坯所砌。据说此处曾发现磨盘石一方，后亦遗失。据此，是此地为古代垦殖区域。由于房屋为土坯所砌，时代疑稍晚，可能相当于唐。二十三日仍继续考察，沿昨日旧道，渡河东北行，抵一古地，名爱定克尔；在此地附近有一盆形地，类似池塘，疑为当时蓄水池。寸草不生，土白色，故称为爱定克尔，爱定即白色之义。此一带有土堆数处。余初掘一土堆，发现房屋墙壁。墙为土筑，中夹用木栅，内外以红泥涂之。又有木栅尚直立于墙中，以纵横木料排比，以绳束之，宛然若新。上盖草搭，类似现新疆居宅所用之屋顶。并有木料遗弃于地面。掘深至一米许，均为浮沙，不见遗物，仅拾得一半面五铢钱，则此地似为汉代遗址。又有一地，发现红烧砖甚多，本地人曾运至巴杂出售。此遗址皆附于古渠之旁，北距古渠不过十余丈，显为渠旁居民住宅，与于什格提之旧房址相距约五里许，但此地时代较于什格提为早，可能是早期居民垦殖区域。二十四日，继续掘坝旁土堆，又现出房屋墙壁。掘深约二米许，现出一毛炉，炉前有二小土台，炉中灰烬尚存，炉形与本地之毛炉极似。现本地居民每一住宅，房内均为土坑，在墙壁之北或西，必有一毛炉，由墙中透出屋顶，冬日燃木柴其中，室内均暖，是现在之毛炉，溯源于古昔。又出现房顶亦与现在房顶近似，系胡桐、木柴纵横作架，再铺草涂泥。然以出现陶片证之，绝非近代之物。然究系何时之遗址，现虽不能有确定之答语，但出现五铢钱，似为汉代所遗。又其墙壁建筑形式，以木材为墙，在于阗喀拉墩遗址中，其情形亦如此，而皆为纪元后第一世纪之遗址也。余在罗布淖尔土垠所发现之房顶，亦用草搭，同时出现汉简，确为汉代遗址。则此处遗址可能亦为纪元前后故物。但此遗址附于古渠旁，在渠旁遗址，据余所已探查者，除阿克沁城作方形为土砖所砌、时代可能稍晚外，若满玛克沁、黑太沁、穷沁、克子尔沁、羊达克沁城之形式，均作圆形，墙亦为土筑。以许多遗址证之，凡此类建筑均较早，可能是汉代遗址。因此，则干渠亦当为汉代渠，此一带可能为汉代屯田所在。但于什格提亦在渠旁而建筑为土坯，以他处唐代建筑证之，则此地可能为唐代遗址。阿克沁古城亦为土坯所筑，因此，此一带当原为汉代屯田区，至唐代仍在此地垦殖，而渠旁之城堡及住宅，疑皆屯卒所居。他处再无此类似之遗迹也。根据以上所述，综合渭干河两岸之古址，则知渭干河流域，自汉、唐两代均据此为政治及经济中心区。土地肥沃，人户殷盛。现虽河渠干涸，沙漠弥漫，但仍保持有丰富之潜在力，将来地力之开发仍未可量也。

在此地工作完后，二十四日下午一时，全队出发，向西偏北行，经行一绵长红柳滩，在红柳滩中露出一古河床。两岸胡桐骈列，沙窝累累，即干涸已久之渭干河支河与托卜沁之干河同为一河，均自哈拉黑炭西之干河分出者。初沿干河行约二十余里，乃转西北行，过鄂根河，此河为新河，亦自库木土拉渭干河分出，东流于鄂根庄，又流于长兴巴杂之北，土尤包第之西，水大时可至爱墨提草湖。又渡小河二，皆鄂根河支流，自西至东，皆自库木土拉千佛洞分出。皆属于《水经注》所述之西川水支派系统。关于新旧渭干河及其支派即沙雅东部之考察工作，至此已告一段落。乃急驰至梯母沁，已晚十时半矣。

（二）库车东部之古址

我以上所考察者皆属渭干河支流。库车有两条大河：东为铜厂河，西为渭干河，即《水经注》所称之东川水与西川水。沿途古址亦多傍此两河分布。关于渭干河支流古址已如上述。其次将述铜厂河沿岸古址。铜厂河出自亮果尔山口后，分为三支河：一河西流至库车城旁，称为"城上河"，亦称"库车河"。徐松《西域水道记》称为"密尔特彦河"（卷二，页十六），现无此名。城上河自库车西南流，折东流，据说水大时可至木鸡克草湖（在库车之东，轮台之西），水小时流至土尤包第之北即止。但据《水经注》："东川水枝水右出，西南入龟兹城，故延城矣。……又东南流，迳于轮台之东也，……又东南流，右会西川枝水。……又东南迳乌垒国南，治乌垒城。……又东南注大河。"（卷二，页十）按枝水右出，即今城上河，西南入龟兹城，即今之库车城。右会西川枝水，是古时城上河流于轮台之东，右会渭干河，即古西川水，直至野云沟之南入塔里木河。现在流至轮台之东，入塔里木河为渭干河，城上河流至库车与轮台间草湖即止，此古今易势也。此外东流者有两河：一为叶苏巴什色依，自出山口后，东流至克内什灌地后，南流入城上河。中间尚有一小河，不知名（疑即《西域水道记》之乌恰尔萨依河），东南流，亦入城上河。

十月二十六日，发自梯母沁。北偏西行，经过土尤包第，渡城上河。河宽一百八十，深一米许，又过叶苏巴什色依至色列当住。此地距克内什约三十里，而白雪皑皑之天山已远望若接矣。二十七日继续向东北行，连过数土墩，上轮台至库车大道而抵托和乃。在大道之南，树木林立，田野相续，而大道之北，则为一片戈壁，冈峦陂陀，盖已近于天山南麓矣。上大道转北行，经行戈壁，旋入山曲折进行于沟中，约十余里而抵克内什庄，作考古之调查矣。

1. 克内什佛洞之工作

十月二十八日上午九时，由乡约领导，往查看司密司玛里之千佛洞。此地距克内什庄西北约十里许。所有佛洞，均在山中，隔一溪沟，两旁岩石壁立，佛洞或在岩下，或在半壁间，河东岸有佛洞计十三处，由南而北稀疏地散布。河西有土阜隆起如舌，横亘中间，在土阜两边均有佛洞及废庙约十余处，散布在沟的东西，与河东岸佛洞相对。在沟东者有佛洞五，废庙址二及大墩一，沟西者有佛洞八。第四洞特别高大，吾人称为大庙。综记此处佛洞，除庙不计外，大约有佛洞二十八处（附图十四）。因山设计，形势颇为散漫。我等于十月二十九日开始发掘，初用十二人从事工作，分为两组：以六人发掘河西沟东半塞之洞；六人发掘庙基旁之大墩。工作半日，半塞之洞，即第三、四、五洞，或下为灰土，或为湿沙，显系一空洞，无一遗物。第二组唯在庙基旁大墩下，掘出石杵一件，石环一件，当时或为一磨房。乃移发掘佛洞之人，发掘大庙。发现泥塑佛像残件甚多。此庙原有发掘痕迹，据说为德帝分子勒柯克所盗掘，因无所获，半途而废。我等又掘出"建中通宝"（公元七八〇年铸）一枚，知此一带废庙在八世纪至九世纪间尚在活动。三十日，继续发掘大庙。大庙有前后二殿：前殿有甬道通后殿，前殿宽八·三五米，东西壁长八米。有五层，下二层约四米，通高十米，每层凿石为槽，为搁置横梁之用。第五层中有圆顶方形洞窟，然无法去看。前殿通后殿两弄门宽一·八〇米，高三·七〇米。后殿深三·五〇米，宽九·二〇米，高五·二〇米。半为积土所塞，积土高一·二〇米，上层生土为四〇厘米，次为红灰土八〇厘米。吾人发掘后殿，在红灰土中出现泥塑佛像残身，但完整者甚少。此庙亦被火焚毁，与焉耆明屋相同。但此庙焚毁未净，泥塑尚存有木棍及草料。盖当时塑像先作胎，以木为架，裹以草，再涂泥，明屋所出木草已毁尽，此则犹存原胎型，塑像制造过程，由此可知也。然今日发现一残身坐像，着衣（图版三四，图9），足不外露，外刷红色，与明屋异。又此地佛像，面皆装金，为焉耆明屋所无也。又在大庙西侧，掘现一排佛洞。均作圆顶方形，其中壁画多毁，存者彩色如新。但为土塞，几堆积及顶，完全掘出，非时间所能允许，故终被放弃。三十一日仍掘大庙后殿。发现一残腿残身，抵后壁，出现一土台，高六〇厘米，宽一四〇厘米。东西行，上有彩绘，但已倾圮。旁另有一小土台，南北行，宽五〇厘米，高四五厘米，疑为墙壁脚下之装饰，并非供佛像者，敦煌佛洞类多如此。东北隅出现一石台，或为供佛像之用。余等发掘此庙完后，即停止工作，而作苏巴什古城之游矣。

2. 苏巴什古城之工作

十一月一日，在克内什工作完后，向苏巴什旧城出发。古城距克内什约三十里。城在北山南麓，有铜厂河流贯其间。铜厂河出自北山，经铜厂西南流，故名铜厂河。经亮果尔庄南流，贯古城而过，古城遗址散布于河之两岸，东西对峙，形同肺叶（附图十五）。东古城基，断断续续，间有存者。东临河岸，城内房屋建筑，塔庙遗址，井里稠密，岿然若新建焉。城墙及房址，皆为土砖所砌，故此城时代，约当于唐。城中内外皆有高塔，颇宏伟。临河一段城墙为复墙。又有作"T"字形，疑皆为佛塔建筑之围墙。亦有依城作洞窟者，则为居民依城而居，凿墙为室所致也。余等在城中拾小铜钱若干，盖为龟兹所通行之钱币。又拾银钱一枚，无孔、圆形，一面为王者半身像，一面为火祆教祭坛及二祭司像，两面均镌钵罗婆文字（图版一〇五，图33）。据夏鼐先生考订："此币为翁米亚王朝时，在波斯的阿剌伯总督所铸，所谓库思老二世样式银币（公元六五一——七〇二年间所铸），在陀拔斯单使用，然后传入新疆的（详见说明）。"西古城在河西岸。南城中有一小城，东有高塔一，城中又有大小房址若干。

门向南，门前有一墙壁，表示为城门所在地。城西、城北均有高塔。城北塔右侧有一排佛洞，洞中墙壁上有用木具或金属具刻画民族古文字。亦有刻人像者，头戴幞帽，即《大唐西域记》所谓巾帽，鼻梁高耸，所绘或为一西域人形貌。城北大道东有若干小屋，汗木多等在依河边一小屋旁发掘。发现半身佛像模型一件。存头部及胸部，姿态美丽，两目无珠，衣纹紧束，表现出犍陀罗派艺术作风（图版四三，图1）。十一月三日，开始作清理工作。先掘河西岸古城北废洞。在古城北有一废塔，在废塔南面大道之东，有一排佛洞，南临干沟。在此一排洞中间，一洞内作长方形。有小房数间，鳞次栉比若街市。中有一长甬道通墓室，两旁洞窟颇隘小。疑为僧侣静修之所。墙上有用金属具或木具划的文字，因剥离过甚，仅识汉文"惠宝题记""僧进"等字，疑此为过往僧侣巡礼之所，此字亦为彼等所题也。在此排佛洞之西首有一洞（古城图C），原为山石所掩，不现洞形，及掘出山石而洞现。洞颇宽阔，中间堆积碎石渣殆满。清理之后，在洞壁东部露出二陶罐（图版一一四，图7）及尸骨与衣巾之类。中有尸骨二具，头东足西，横陈洞中。在尸骨上用白蓝色绸巾缠裹，项部有围巾打结，类今之西服。骨骼颇粗壮，外为男身，里为女身。又由现木板甚多，已腐，盖以陈尸体。西域葬法，不用棺木，多数是在洞中堆砌一土台，四周以木板作栏围之，而置尸体于其上，此墓亦然。在女人头部，寻出金星石一粒，如心状，疑为女人帽上之装饰品（图版一一二，图56）。陶罐在死者头旁，有大小二件：大陶罐作粉红色，有一耳，大腹细颈，口部微残，发现时陶罐外面满缠丝织残巾；另有一小罐，上刻水波纹，罐中皆无物。殉葬品除此外无其他遗物，洞深二，宽二·六〇，高二·五〇，洞口宽一，口径深二·一〇米，墙壁以黄土泥涂之，无粉画。凡墓室皆素净且狭隘，库木土拉亦如此，盖以别于住室也。但此墓中死者为男女二人，与一般墓葬无异，或非僧侣之墓，但为何与佛洞并列，是一问题也。干沟东有墓室一排，略与此同，但无题记。十一月四日继续清理河西废洞。在城北山麓滨河，有两道低脊沙梁。在沙梁上，均有已倾圮之建筑物。在南沙梁中，有洞室十余，对比如市，外有深二丈之墓道，原为山石所掩，后经欧人掘出。在南沙梁北，另有一沙梁，形式与南沙梁同，全为山石，不现墓道。但沙梁上有墙壁一段，疑山中有洞室，乃用三十人发掘，作一横断沙梁之探沟，至二米深三米长之沟内，出现洞壁。次日仍继续发掘，至三米深，抵墓室。其形式与南沙梁之墓室大抵相同，仍为一长甬道。两旁有若干小洞，骈列对比，掘现依南一小洞，墙壁粉刷白色若新。上刻绘一小人像，但因山石下坠，洞中填满沙石，掘至半腰时，山石不断倾圮，当时幸无人在此工作，不然将被山石所掩埋矣。因土质疏松，发掘困难，且工程浩大，乃停止工作。至南沙梁洞中，其形式为一长甬道。甬道两旁，各有小洞五，鳞次对峙如街巷。此类洞窟均凿山石为之，土质为碎石及沙土所构成，甚易倾圮。故此处洞皆用木料作架，面涂黄泥及草茎外，又用黄泥涂之，极光平，再涂白石灰，在此墙壁上，并无粉绘。在小洞中无佛像，有用木具或金属具刻划文字，大部分已剥离残缺，或为素壁并无题字。但此洞中墙壁被烟熏黑，地下灰土深二寸，间有牛羊粪，可证明洞中原有人住，或为僧侣之习静处地。十一月七日，继续发掘古城，分两组：一组掘河西小城；一组掘河东废寺。小城中有房屋遗址两排，余等掘最后一排，依东房址（古城图E），出小铜钱数枚，又出木简一支，上书龟兹文字（图版七五，图7），内容尚待译出，但可证明此城为龟兹国之政治中心区。又掘下二米深，依壁露出一土台，宽厚约三三厘米。又在房西掘出小铜钱及铜残件。河东组在一大庙中，亦掘出铜钱若干，并拾有带花纹陶片少许，无大发现。八日，仍继续分两组发掘。河西组仍在小城中E地即出木简处，继续发掘。又出"开元通宝"钱一枚（公元六二一年铸），可证木简为唐代之物，而所书之字，亦为当时龟兹国通行之文字。又在房侧，掘出一瓦灯，高约二〇厘米，上有窝，疑搁灯盏之用。余均为陶片，绿磁上有莲花瓣式花纹，或受佛教影响所致。河东组改掘城墙房址。河东城有城墙一道，似为复墙，里墙附有小房若干，每间宽约一，高约一·二米。墙壁刷红色，颜色颇鲜。墙壁间凿有空格，与现在维族住房相同，掘至底亦无遗物。城墙皆为土坯所砌，现存者高约五，宽约一米余。城中大房墙壁，高者达十余米，有重楼。城中有三座高塔。依南一塔，边城者高约九余米，上为圆形，下为方形；其余二塔，皆作方形（插图四）。河东城依山而造，由山麓至山腰，均有建筑。最北之一塔建于山腰，地势最高，俯瞰山麓古城，败墙颓壁，形如蜂窝，亦奇观也。总之，此城虽所出古物不多，由于此城中之一切建筑雄伟富丽，必为龟兹古时之重要城市。住房刷红色，必为龟兹贵族或国王府署。《新唐书·龟兹传》云："伊逻卢城北倚阿羯田山，亦曰白山。常有火。"据此记载，对比此城形式，此城正建筑在北山麓，由此入山往北约百余里，有哈玛木山，出铁、硫黄、硇砂，有一井穴，常喷烟，与《新唐书》所记相合。故此城疑即伊逻卢城，为唐时龟兹国之都城也。余等于一日来苏巴什，已工作八日，至此告一结束，九日全队回库车。此地距库车四十五里（注五）。

（三）库车城附近之古址

十一月十五日，又查看库车城附近古址。在库车之东北城上河旁，地名皮郎，亦名哈拉墩。有大土墩一，四周均为居民住宅，土墩高约十二，宽约六十余米，全为土筑，上有古房址，间有红陶片，在墩上远见有城墙一线，南北行，据说有四五里长，附近墙基及土墩尚存痕迹。其遗存墙基，高约三，宽约一·七米，全为土筑。本地居民曾在城旁掘出石磨盘及铜件，又有"乾元钱"，知唐时此城还有居民。由大墩东行，据居民言，原有一城墙，被农民耕地取土掘挖已净，现存者唯东城墙长约四五里，北城墙及东城边河至巴杂市，已无城墙痕迹。传说为汉代在此屯田处。在大墩东北约二里许，有一小城，周约里余，现为维族坟院。但小城尚保存有已倾圮之圆顶下方之建筑（插图三，3）。门两旁有两大圆柱竖立如牌坊，与现新疆麻札建筑形式相同，当仿中亚式建筑，显然为伊斯兰教入新疆后所建。又拾一兽头形陶器柄，上带绿釉，时代或较晚。在此城东约五里地，有一古寺庙遗址，现仅存三大土堆。在土堆旁一佛洞半露，据本地居民云，曾出现壁画，已毁。又一庙基，圆顶部尚可窥见，其形式与克内什相同，或为唐代建筑。又在土墩北里许，有麻札一，相传为维族西来之始祖（插图三，4）。安集占据库车时，始修建祠宇，颇壮丽。院西廊下有匾一方，中书"天方列圣"四大字。两旁题记云："古龟兹国在宋理宗时，有圣人默拉纳额什丁，由西域祖国万里来传以天方圣道，化革土胡鲁库木部数十万众，教之时义大矣哉。藩转饷于斯，幸获谒其祠墓，爰题四字用志景仰云。蓝钠直隶州用同知衔河南候补班前先知县李藩题。大清光绪七年孟秋月。"据本地毛拉云："默拉纳"即圣人子孙之义，"额什丁"即麻札人名，"土胡鲁"地方名称，"库木"义为沙，义即土胡鲁沙漠，现称麻札巴哈，即坟院之义。麻札称为"默拉纳和卓"。据说此麻札距今七百余年，死者原住此小城中。据此，则小城中圆顶方形建筑为额什丁之遗迹，而其时代亦可确定矣。由此而知伊斯兰教传入龟兹，当在宋理宗时（公元一二二五——一二六四年），而当时之库车城或亦在此。现观破城内坟院、破房，均作中亚形式建筑，不事彩画，与现今维族麻札形式相同。至于城外废庙及佛洞均有壁画，与苏巴什库木土拉佛洞形式相同。当在宋以前，是龟兹佛、回两教之消长，由于此地遗址可以得到证验。至皮郎之旧城遗址，建筑当较早。前、后《汉书》均称："龟兹国都延城。"又据《水经注》云："东川水出龟兹东北，历赤沙积黎南流。枝水右出，西南入龟兹城，故延城矣。"东川水即今铜厂河。由铜厂河分出西南流之城上河，即《水经注》之东川水枝水。现城上河由苏巴什西南流入库车城，与《水经注》所称枝水右出入龟兹城完全相合。是现在之库车城即两汉时之延城也。但《水经注》作于北魏，《水经注》中之延城故称，是在北魏时，龟兹已不都延城矣（注六）。

第四章
拜　城

一、库车、拜城山中之古迹

（一）可可沙之古迹区域

我等在库车南部考察经过，已见上述。现再将库车、拜城山中之探查简述于下。吾人在库车休息数日后，于十一月十九日出发作山中之行。下午三时沿库车河即城上河东北行，过苏巴什古城，土垣败壁，屹立岩上，可想见当时城中之繁荣。九时抵亮果尔庄住。次日，由亮果尔庄北行，进山，两山夹峙，铜厂河流贯其中，过铜厂庄，河两岸有居民数家，辟草莱为田。据说此地山中出石油及白盐。余欲先至可可沙，故此处未往调查。仍前行，草滩中时有羊户牧羊，五时住卡哈玛克垓。二十一日复北偏西行，至铜厂，为近代地方人掘铜处。有井穴三，据说民国初年，有一维族人开采，初出铜甚旺，其人死，开采遂停。庄旁有河，自北大山南流，至可可沙东南流，绕红山西流，至新铜厂转南流，故名铜厂河。红山本地名克子尔塔克，亦即红山之义。东自克内什，西至克衣，绵延数十里，土石皆作红色，故名。《水经注》称为赤沙山，或赤沙积梨，实为一山，皆指克子尔塔克也。克子尔河迳其西麓，铜厂河绕其东南，

《水经注》称："龟兹川水有二源：西源出北大山南流，……迳赤沙山；……东川水出龟兹东北，历赤沙积梨南流。"由现形势言之，克子尔河即龟兹川水之西源，铜厂河则龟兹东川水也。沿沟东北行，在红土层中，有白盐方如枕块，显露于外。自沟口至大坂，皆为产盐区域，绵延约六七里，过婆婆大坂，即至可可沙。有庄户数家，在此种地。山中出硫黄、白矾。又过一小沟，循铜厂河往北，有一旧城。城在河西岸山坡，城墙全存，高约三，城周三百三十米，城门东向。门前有炭渣及铁汁甚多。城东北隅有一炉灶遗址，口径宽约〇·五，长约〇·三三，深一·六米，下圆，周约二·六米。灶壁为烟熏黑，旁另有一穴口通炉中，出纳柴草之用，疑旧时炼铁之所。城中西南堆积煤渣，城北煤渣、铁汁堆积成阜，排列若一小城。其中遗存镕铁小陶罐甚多，铁汁溢溜满罐，盖为冶铁之用，现本地土法尚如此。盖此一带山脉自可可沙，往北往西，直至哈拉柯尔，横亘数十里。山中皆出煤出铁，故本地人名此山为梯木康，即"出铁处"之义也。现山上有旧时井穴三，皆斜行，宽约一·八，高一·三米，即矿床，为前人取铁之所。在井穴附近，瓦砾甚多，且有古代房屋基址。陶片作红色，上有压花纹，带粉白釉，类似唐代陶片，与苏巴什古城所出陶片相同。据苏巴什水利云："据老人传说，可可沙之古城与苏巴什之古城，皆为一人所作。"苏巴什之古城，已证明为第八世纪所筑。如水利之言可信，则此处铁厂活动或亦在此时也。由可可沙循铜厂河北行，旋转东行，为苏不宜村庄。有土房数家，凿岩为室。有坑井甚多，为居民制白矾之所。因此山出白矾，居民掘取后，即在此处制炼，烧石灰亦在村后，遗渣堆积如山。有四五处断岩，露出煤渣及瓦砾，疑为古代熔铁之所。炉灶及房屋虽已崩圮，但尚可辨视遗迹，范围周约五里，较可可沙之铁厂为大。陶片作红色，且有压纹，以各地古物为例证，则此类陶片在唐或唐以前也。《水经注》引释氏《西域记》曰："屈茨北二百里有山，夜则火光，昼日但烟，人取此山石炭冶此山铁，恒充三十六国用。"此一带之山，名哈玛木达克，均出铁及硫黄，石炭、白矾则遍地皆是。由此可见龟兹山中蕴藏之富，冶铁业之发达，自古已然矣。由村庄东北行，进一山沟转北行，攀缘而上至山腰，发现甚多井穴，为本地人掘硫黄及白矾之所，有一井口外呈黄色霜沫，热气甚大。迤西有一井口喷烟，井口宽一·三米，喷烟处如漏斗状，口呈黄白霜沫。此井北又有一井，类窑洞，颇宽，可容五六人。洞内热气蒸腾，出黄白霜沫甚多，浒浒作声，传说有病人来坐少许即愈。每至冬天，库车、沙雅、轮台之人，咸来此治病。我在洞中曾坐片时，热气熏蒸，满头大汗，相信如有患感冒者，来此坐洞中，汗出病即愈矣。现本地人称此山为哈玛木塔克。"哈玛木"，"澡堂"之义，盖因洞中热气蒸腾，类似澡堂也。硇砂亦出洞中，有黄白二种，本地人尝于冬天来掘取焉。山上土石作红色或灰色，亦有类似硫黄色者。当喷烟井穴附近，红色碎石及类似炭渣，堆积周围约四五里皆是。在此以下，山中岩石每夹一层木炭，疑原为树木被毁者。再往下里许，岩石上并有水冲刷痕迹。在此山喷烟处之东，约五六里地，亦有一处喷烟，但无声响，皆属哈玛木山。自苏不宜往北，至克子尔和旦，绵延约二三十里，山皆出硫黄、铁及白矾等。在苏不宜西北哈格村庄以西之山，有一处亦喷烟甚浓，可远见之，但不作声响。往北再无喷烟或发光之山。《新疆图志》称："额什克巴什山，尝有火，多硫黄、铜、铁。"即指此处也。《讯鲜录》作硇砂山。在城北百余里，山皆培塿，多石洞，硇砂产洞中，形如钟乳，皆指哈玛木山也。《新疆图志》称为额什克巴什山者，据说："额什克巴什山为绵延库车、拜城一带山脉之总名。哈玛木山乃随各地而异名之偏名也。"《水经注》引释氏《西域记》曰："屈茨北二百里有山，夜则火光，昼日但烟。"《唐书·西域传》："伊逻罗城，北倚阿羯田山，亦曰白山，尝有火。"按《水经注》及《唐书·西域传》所称有火之山，即指哈玛木山之喷烟处。

现本地居民仍传说夜间发火光，昼日喷烟，或因石炭在山中燃烧所致。但哈玛木山距库车城仅百余里，而释氏《西域记》称"屈茨北二百里"，是在北魏时，屈茨都城尚在今库车之南百余里。

（二）博者克拉格沟口刻石

我等在可可沙考察完后，十一月二十三日出发，向西偏北行，绕道哈拉柯尔，转西偏南行，二十四日至克衣巴杂，属于拜城山中之一市镇。余等抵此镇后，即拟前往访问为我国学者所艳称之乌累碑，询知碑在博者克拉格沟口，距巴杂约六十里。十一月二十五日上午九时，由克衣巴杂向西北出发，经行戈壁转入博者克拉格河滩，沿河北偏西行，下午一时至榆切大坂，住一维民大拐提马木家。渠曾看守石碑数十年，据说此碑在沟内刻于一岩石上。次日携带拓字器具，由住处前往，向北行，渡博者克拉格河，入戈壁，小山阜起伏不绝，约二十里抵博者克拉格沟口（插图五，1），刻石即在沟西一岩石上。刻字处距地面尺许，随岩石之隆洼曲折凿刻。有二处：南为诵文，有字处，宽约四〇厘米，长约四八·三厘米。字为汉隶体，极工，每字约一平方寸。共八行，每行约十三字至十五字不等，惜字多剥蚀，不尽可辨（插图五，3）。以北为作诵辞人题名，与诵文相距约一米余。长约一八，宽约一六厘米；隶体，每字约三·七厘米见方。共三行，每行四或三字不等。题名云："京兆长□｜淳于伯□｜作此诵。"按淳于伯□（隗）为作诵文之人，京兆当为地名，而王树枏之《新疆访古录》，释为"乌累"二字，实与事实不符。诵文第一行作"龟兹左将军刘平国□七月二十九日发家"；第六行为"□□永寿四年八月甲戌朔十二日"；第七行为"□西直建纪此东乌累关城□"。按永寿为汉桓帝年号。永寿只三年，四年改为延熹（公元一五八年），而西域不知也。刘平国当为治关城之人。此碑宜正名为"刘平国治关城诵"，后人以为有"乌累"二字，遂以"乌累碑"呼之。并疑为汉都护治所之乌垒国在此建关，实则因此关之东有以石垒砌之营垒，因其色黑，故名乌垒，皆为刘平国同时所作，与乌垒国非一事也。此碑原文，在遗物说明内另有考证，此不具述。关设在沟口，两旁岩石耸立若双阙。在沟东半山岩石上，凿有两孔，下堆积有许多碎石块，必为当时凿孔遗渣。疑当时建关塞在岩石上，凿孔以置木闩或栅栏，日开夜闭，以稽行人。诵文第四行云："八月一日始断岩作孔……"正说明此事。又西岩下有石巢一道，上有石孔一，口径圆周约一·五，深约一·二米，下距刻字处约一·五米许。传说为近代所凿，但必渊源于古。此地为古龟兹国东境，建关处，即在博者克拉格沟口。据说循此沟北行六站，可至伊犁，即古乌孙国地。汉使至乌孙必通过龟兹，故《汉书·西域传》有龟兹截留乌孙公主之事。则此地为当时南北通往要津，故在此设关，以稽查行人，亦意中事也。其次说到城堡。在诵文中第七、八行，有"此东、乌垒，关城皆将军所作也"之句，是刘平国建关时，同时尚建城与垒，但此地山石崎岖，非建城之地，亦无城垣遗址，是建城必另为一地。据本地人说，距此地东南约六十里之克衣巴杂附近，有古城古墩遗迹。乃于十一月二十七日，由榆切大坂住处南行，沿途并发现石垒和土墩三处：一在额克尔大坂沙梁上，有破石垒，圆形，旁有土墩，为石垒砌而成，是在沟东（插图五，2）。复渡河南行，至明布拉克庄，在东南里许，又有以石垒砌之土墩，本地人呼为沙亦墩，亦即石墩之义。周约一六二米，墙已倾圮，地面满布黑色碎石块，略有红陶片。后转东北行，滨博者克拉格沟边沙梁上，地名阿占其，亦有一不完整之石垒，并有以石垒砌之房屋基址，其形式与阿拉癸沟口之石垒相同，中无遗物，周约一六二米，与沙亦墩同，疑皆由城至关塞途中所设之守望站也。在克衣巴杂之西偏北里余有一古城，名"黑太沁尔"，义为"汉人城"。城墙已圮，只余东北基址，其余皆泯灭。城周约三六〇米，城墙为土筑，城中隆洼不一，皆为古时房屋建筑之遗迹。城中满布红陶片，颇粗厚，且有压纹青陶片，以此证明此城时代当较早。又有磨石等遗物，证明此城古时必为垦殖区域。城东南隅有土墩一座，南亦有一土墩，与轮台、沙雅旧城形式相同，是此城与石垒及关塞均为同一时期之物。即诵文中所述乌垒、关城皆刘平国永寿四年所作也。此城与石垒及关城均傍博者克拉格沟，相距约六十里，因山地不便建城，故建关于沟口，而建城于此也。此地已属平滩，兼可种植，故在此建城，以便屯驻戍卒。如然，则诵文中之乌垒、关城，可得一明确之解释，即沟口为关，而此地为关城矣（注七）。

余等考察乌垒及关城完后，即向克子尔首途。十一月二十八日上午九时半发自榆切大坂住处，向东南行，渡博者克拉格水，至明布拉克庄，一点四十分，抵明布拉额梗。此为泉水，出明布拉克山，山在明布拉克庄西北，为一小山，距刻字处约五十里，《新疆访古录》谓"乌垒碑出明布拉山"，非是，刻字处在喀拉克山东麓也。明布拉克，千泉之义，沿河两岸泉眼棋布，据说尚不止千泉也。渡河即为额特尔达格，横亘于明布拉庄与特特尔庄之间。山北为明布拉庄，山南为特特尔庄，冈峦起伏约五十里。二时，进额特尔山口，经行奇克里克额梗沟中南行，六时过可干，有旧时铜厂，转西南行，冈峦戈壁，奇石嶙立，出山口转西行，晚八时，抵特特尔村庄，住一维族家中。在特特尔村庄之北，距村里许，在额特尔达格南麓，有佛洞十余。二十九日曾骑马往视。佛洞多在山腰，绵延约里余。有一洞颇大，壁画大尊佛像尚完好，其余大半为小洞，或已倾圮，或墙壁尚残存，或为沙土所掩。余等因急需赴克子尔，故在此处未有工作。下午一时十五分，发自特特尔庄，沿克子尔河西南行，旋转南行，二时二十分进克子尔庄。庄户栉比，田亩相续。地为红土质，房屋墙壁皆用红土所筑，故呈红色，克子尔亦即"红色"之义，盖为庄名所自出。博者克拉格水经行克子尔庄东南，以经行之地名水，故名克子尔河。水极清澈，并非红水，与喀什噶尔之克子尔河以水色红，故名克子尔河异。由村中转东南行，抵克子尔河畔。河宽里许，水流颇激，底为顽石，河上架桥以渡行人。过桥转东南行，过克子尔巴杂，转南偏东行，穿行明屋达格，下山即克子尔河与木札特河汇流处。复沿河东行，八时二十分抵维族梯米尔家中住焉。此地有居民四家，垦地种殖，唯梯米尔曾随莱柯克到吐鲁番工作，与汗木多利熟识，余住其家中，亦由汗木多利之介绍也。

二、克子尔明屋之工作

克子尔明屋（《新疆图志》称为赫色勒千佛洞）为新疆有名之佛教遗址，属拜城县。在克子尔巴杂之南约二十余里，滨木札特河北岸。有克子尔河，经行克子尔巴杂，南流至麻札和卓，与自西来之木札特河汇流东逝，约二十余里，经行于千佛洞之南，至亦狭克沟，转南流，穿行确尔达格山中，约四十余里，出库木土拉山口为沙雅河，即渭干河也。在木札特河北岸，有一低脊山脉，本地人称为明屋达格，义谓千佛洞山。山自克子尔巴杂北滨河东行，岩岸壁立，山峰耸峙，与确尔达格遥遥相对（插图六，4），木札特河流贯其间，所有佛洞，均凿于河北岸之岩壁上，或在岩下，或在半山，洞窟栉比，自东至西，约二百余所（插图六），分布在苏格特沟东西两岩，形如古磬。沟西者西南东北行，沟东者东西行，中出平滩，有庄户数家，开垦种地，余之房东梯米尔亦在此处。

余于一九二八年十一月三十日来此调查。由于梯米尔之导引，大略巡视一遍。在沟东者，我分为三组，第一组在山后，二、三两组均在山前临河。自东至西，大约有六十余洞。在沟西者，我分为两组，自西至东大约有八十余洞。据我的不完全的记录，约共一百四十余洞（附图十六）。因有许多已倾圮，或有过高无法前往探查者，以及尚未发现者，当不在少数。据本地人传说，有二百余洞，现新疆文化厅调查数目亦如此，则我之所遗漏者多矣。大部分佛洞除在后山子里克沟有佛洞十个外，余均分布在苏格特沟两岩岸，及西岩南头，我的工作亦多在此一带。先言沟西工作。在沟西岩壁，紧靠沟有佛洞十余，分上下两层，坐西向东，上层九窟，下层四窟。由下层有石阶作梯，可达上层（附图十七）。在上排九洞中，除第三洞已残，第一洞为圆顶方形洞外，余二、四、五、六均为大洞。中间有一壁龛，分前后室，此为龟兹佛洞普遍形式。但第五洞顶为平顶式，四周突出双线条，加绘彩色图案。墙壁凿有小型壁龛三排，每排三龛，每一龛中均有圆光及通身光痕迹，必是当时龛中有石雕佛像或泥塑佛像，但像已遗失，仅存空龛耳。在中间石壁龛四面均凿有佛龛各一，其形与壁龛同。第六洞亦为平顶，但上突出，石椽斜行，成三角状，较为特殊。前室墙壁，亦凿有小型壁龛，分上下两层，每层五龛，龛内圆光痕迹，皆与第五洞同。疑皆原有佛像，以后遗失耳。第七洞在大洞旁，有一甬道，侧通正洞，洞前壁凿一窗牖，亦有在墙壁角附凿一火炉，为当时生火取暖之用，与现在本地房屋建筑相同。此类洞室，大概均无壁画，或者为僧侣住持之所。现在此洞均为土半塞。十二月八日嘱蓝福苟等着手清理，在上排一至四洞中（附图十八，1、2），出现残纸及木版画之类，残纸多为民族古文字及汉文。在第一洞中，出一汉文文书残纸，上书"贞元七年西行牛二十一头"，按贞元为唐德宗年号（贞元七年系公元七九一年），是此地在八世纪末尚在活动。此纸疑为往来人员过此之签证。同地又发现一汉文文书云"□□节度押牙特进太常卿"等字，"节度"上疑为"碛西"二字，"节"上按其笔画痕迹，亦类"西"字。按《通鉴》："碛西节度使。为开元十二年三月起杜暹为安西副大都护，碛西节度使。为有碛西节度使之始。"押牙为碛西节度属官。是此纸为开元间所写。在另一佛洞中亦掘拾一残纸，上写"碛西行军押官"，必为同时所书。又在第二洞中，发现一木板，长二三，宽一〇，厚〇·六厘米，彩绘一佛立像，现仅存右边一部分佛的通身光圈及右手下垂尚可见，面部及身躯均已残失，在正反两面，均有民族古文字题识（图版二八，图36、37）。又在第四洞中发现陶制模型及泥塑像之类。五、六、七洞均未出任何遗物。下层四洞除有两洞已残破外，有两洞均堆积浮沙，掘下尺许，即为干草、蒲苇与木柴，再下层为灶灰土，厚约三十厘米左右，灰土甚坚结，并掺杂牛羊粪及草茎，形同茶砖，掘至底除牛羊粪外，无任何遗物出现。余初疑洞内牛粪为后人牧饲牛羊于洞中所致，但《大唐西域记》称述印度之俗云"壁以石灰为饰，地涂牛粪为净"，或是当时原有此习俗。除此外，我们又在西岩滨河佛洞工作，我编为第五组。在岩之极西头南端，转角过一小沟，东北行，有佛洞数十。分上、中、下三层，下层三洞滨河已残破；中层三洞，我编为十八、十九、二十，均在半山腰，悬岩陡壁无路可达。我是由山上下行，经行陡岩，以手拊壁，足踏岩边徐徐移动。或系绳于腰，以一人曳之，余以手捉绳而足踏岩，徐下约一百二十米之陡岩方达最高第一层洞窟处。再用前法而达到中层，即吾人所工作处。在十九、二十两洞中未掘出任何物。次掘第十八洞（A，附图十八，3），系一僧侣所住之寮房。旁有甬道通正室，在正室后侧仍有一复室，从正室凿一甬道通之。洞中满积浮沙，厚约一米。在通复室甬道口，掘现民族古文字及汉文残纸与器物多件。有一汉文残纸上书："碛行军押官杨思礼请取……阗镇军库讫被问依……"我在遗物说明中已考出"碛"上为"西"字，"阗"上为"于"字，盖碛西行军押官杨思礼到于阗镇军库押取军械之文书（图版七一，图1）。我在遗物说明中曾推论为唐开元间与突骑施相攻战时所写。同时又发现板状木具数件，长六十余厘米，中有长方孔，疑为纺织机残件。其他尚有衣饰残件，由于与残纸同出土，可能为八世纪遗物。又在最上层一洞（C）中掘现民族古文字残纸少许。乃转向东，我订为三十五洞中工作。在该洞中间石壁龛横额上镌"寂然而静"四大字，填以朱色，颇秀隽，疑为唐人手笔。在西壁有用木具或金属具所划之牧民走马图，满壁皆是（图版二九、三十，图39—41）。同时又刻有"惠灯坚行""法兴"等题识，与库木土拉C洞题识同名，必为一人同时所题。由此洞东行约数十步为三十六洞，系一大庙，高约四十米，分六层，亦有前后殿。据说欧洲人在前殿中掘出写经残纸甚多，但我则无所获。在依东一洞即第三十六洞（D）中，为圆顶方形，洞半塞土。吾人于十二月九日在此洞中掘现一木马足，及汉文铜钱二枚，一为"大口元宝"，"大"下当为"历"字，"大历元宝"为唐代宗大历四年（公元七六九年）所铸。一枚字不明。十日仍继续发掘，又出现有民族古文字之木片二枚，破乱绸巾一卷。我们整理后，大多数是衣巾或围幔残片，由各色绸补缀而成。在此洞之东北约百余步，有四洞，上下排列，皆半塞土。先掘下层，未出何物，因下层地湿不易保存，乃掘上层二洞。以树作梯，抹绳而上，在第四洞（E）中掘出木简数枚，两面均书民族古文字，每简长短、宽窄不一。有一简版心有一圆孔，或为系绳之用（图版九一一九三，图28—32）。其形式与法人伯希和一九〇七年在盐水沟佛洞中所掘出之木简大致相同，彼简经法人烈维译出为商队出入关津之通行证（《龟兹语考》，《亚洲报》一九一三年九、十月刊，冯承钧译载《史地丛考》）。此简性质，可能与之相同。惜原物毁于兵燹，今仅将照片付印以供专家之研究。以上均属于沟西工作。至于沟东，我们所作不多，仅在二组十九洞，及另一洞中略采拾残块壁画，及在子里克沟第二洞中（附图十八，1）发现天宝十三载题记，可作审定此地时代之参考。我等在此地之收获，仅此而已。因时间所限，即离此他去。

三、往返拜城、阿克苏途中之古址

我在克子尔千佛洞考察完后，即按原定计划赴阿克苏转和阗考察。十二月十六日，由千佛洞出发西行，至克子尔土拉村庄。克子尔河经行克子尔巴杂南流，经克子尔土拉至麻札和卓，入木札特河。居民均居于克子尔河滩中。河宽里许，两岸岩壁甚高，中悉辟为田地，细水流灌其中，渡河而北，即为克子尔土拉旧城。城滨河西岸，东墙已倾圮于河中，仅有西、南、北三面墙基，周约二百五十八米，盖亦龟兹小城也。由旧城西行，转西北行，至赛里木巴杂。赛里木为拜城一大镇市。在赛里木村边有土墩一座，高约三米。此处有小道，通裕勒都司巴克，现已无人行走。次日，即循库车至拜城大道，西经亮果尔腰店子，至拜城。途中经过若干土墩，皆近代之物，为里程碑标识，并非古代之守望台也。

拜城为一盆地，在库车之西北。南北有大山，东西为山岭，北为喀拉克塔格，东西行，与库车之额什克巴什山相接，皆自汗腾格里山分支，绵延于拜城北境，为县之屏蔽，与额什克巴什山以博者克拉格沟为分界线，以东属库车，以西属拜城。其南为确尔克达格，由库车北之盐山口至阿克苏北之盐山口，即东西两大坂，亦即两托和拉旦，与喀拉达格相接，中间山势展开为一盆地，拜城县适居于盆地之中央。境内冈峦陂陀，戈壁漫延，但因有克子尔河及木札特河两大河流经其中，故居民多沿河而居。又因气候早寒，土地瘠薄，故物产不如库车之丰盈也。由拜城赴阿克苏有二道：一为北道，至和约伙罗，与阿克苏至伊犁驿道相合；一为南道，由拜城至温巴什至察尔齐，或由黑米仔地至察尔齐。北道为余一九三〇年返乌鲁木齐时所行之道。余此次去阿克苏，系走南道，即经察尔齐至阿克苏也。

十二月二十日正午，由拜城出发西行，过哈布萨浪河。河出北山特勒克山口南流，分为四水，均名哈布萨浪水，至东南可赖里，入木札特河。过河转西南行，下午五时抵木札特河。河出于木札特山，即木素尔岭（译言冰岭），东南流至察尔齐，折东流。因察尔齐有铜厂，故又有铜厂河之名。河东流会哈布萨浪河后，东至麻札和卓与克子尔河会。经千佛洞，东至吴宗土垓入确尔达格南流，约四十里至库木土拉。出山口为沙雅河，即渭干河，河宽里许，深处过马腹，现有木桥以渡行人。渡河，沿河西行，渐有树木田舍，五时半至温巴什巴杂，附近有旧时铜厂，因天晚，不及往查，七时抵鄂衣斯堂西村庄中住。此村庄名吉克地里克，已逼近山边。在村庄西南七八里有小沟，为吉克地里克沟。沟中有佛洞六七处，位于沟之两岸，均在山腰或山麓，但已倾圮，亦无壁画。依南一洞有壁画，亦已剥蚀。洞之形式与克子尔佛洞相同，或属同一系统。沟中有土阜，横亘沟中，瓦砾甚多，或为古庙宇遗址。余等在此拾残铜件及小铜钱，与库车境内相同，是亦为古龟兹国之遗物。余在此视察完后，即返驻次。下午三时继续出发向西行，仍沿木札特河行，后转入戈壁。七时三十分至卡克其庄，过察尔其河，九时半至察尔齐巴杂住。二十二日出发向西南行，经行戈壁，约十余里入山口，此即喀拉克达格与确尔达格两山相接处。进沟往西为滴水岩，为拜城有名铜矿区。居民三四家，铜厂在其北土阜上，依岩凿洞，形如石室，门向南者二处，向东者一处，疑为工人住室。在洞穴前面，堆积炭渣及尘土甚多，在土阜上有石灰壁残块及陶片，为旧时房屋遗址，本地名为穿康，义谓大铜厂。又有小铜厂在南山中，现均停闭。过滴水岩，向西南行入戈壁，四十里入沟，至托和拉旦。此为拜城县属之西托和拉旦，与库车所属之东托和拉旦，遥遥相对，形成拜城盆地之东西两缺口。二十三日由西托和拉旦西南行，经一大坂，《图志》称为"求里黑塔达坂"，抵哈拉玉尔滚腰店子住。玉尔滚义谓红柳，即载记所称柽柳，为沙漠中特产，高不过一·七米，红茎绿叶，枝条茂密。此地由玉尔滚西至札木台为一湖滩，遍生红柳苇草，有红柳为黑色，特异他处，故称哈拉玉尔滚。《新疆图志·道路志》谓"回语玉尔滚谓垂柳，柳荫深黑故名"，非其实也。十二月二十四日，继续出发向西行，过一干河川，又连过二小河，即抵札木台巴杂。札木台为阿克苏一大镇，北通伊犁，东至拜城，均由此分途，故此地为交通要道。余等住札木台西三十里之克子尔鄂依斯塘，距阿克苏九十里。十二月二十五日，余等遂遵循大道至阿克苏。

以上是余于一九二八年去阿克苏路线。在一九二九年返乌鲁木齐时，亦经过此地。但当时系走北道，傍北山边行，现将回程附带叙述如下：我于一九二九年九月二十三日，由阿克苏出发东行四十里至四十里栏杆。往北约十五里许，有一旧营垒，名喀拉马克沁，周一百零八米，有城墙一段，高二·六米，土筑。地面散布红陶片及铁块甚多，城东并有房屋遗址，城北红泥起伏，亦散布红陶片，尚有一瓦缸半掩土中。据说此城东约十里沙碛中，亦有一古址，其名相同。传说北山口有一石城，又有白石，上刻字，我于二十四日雇一引导前去查看。由栏杆旁之麻札出发，沿阿克该鄂斯塘北偏东行，经石戈壁，四十里至达郎山口，达郎河从山口流出，有若干小石堆散布河两岸。据说此处原为一石城，名喀拉马克沁，义谓蒙古城，后为敌人所毁，故已失其原形。余疑为蒙古人驻兵之地，并非城。余等在达郎山口察看石堆后，入口北行，经石戈壁至阿克打什，确有白石高十余丈，屹立戈壁上，类似房屋，检视并无刻字。然在此石堆附近，有古道遗迹，竖石为记，或即古时北通伊犁之支路也。九月二十六日，复由札木台北行，转北偏东行，经石戈壁，约六十里进山口，即盐山口。出盐，方如枕块，坚硬如石。山上土石作红色，有阿瓦提对里雅河从山口流出，《新疆图志》称为阿尔巴特河。源出汗腾格里山，东南流至铁干可洛克庄，转南流中山口，转东南流，至哈拉玉尔滚灌地。进山口北行约五里，驻阿瓦提腰站。《图志·道路志》称为阿尔巴特驿。此地为赴伊犁驿道，有官店一，但余等驻于一草滩中。传说在阿瓦提北约二十余里，地名那格拉哈那，为从前一蒙古王子所居，上有居住遗址。余曾前往勘查，那格拉哈那山在河西岸，孤峰耸峙，其形如柱，四面皆深沟不得上，亦无住人遗迹，或传言之妄也。乃转北偏西行，至铁干可洛克庄。二十八日，复由铁干可洛克出发，初向北行，次转北偏东行，又经一胡桐林，密布河沟之两岸。过此至麻札阿拉的，转东北行，入哈拉样大坂。从此上岭入一草原，村舍棋布，树林葱翠，约十里，下草原转东行，至克子尔不拉克驿住。《图志·道里志》称为黑不拉村。北二十里和约伙罗驿，一名可力峡，有卡伦（《图志·道路志》三，一九页）。我于二十九日前往勘查，卡伦设在山口，有旧城墙，称为可干旧城。城墙均完整，南北开门跨沟中，内设驻卡兵士以稽行人，凡往来于伊犁者必须经过此地，疑此为清光绪初年所建，为由阿克苏至伊犁通过冰达坂必由之道。现我等系至拜城，故转沿木札特河东行，至鄂斯堂不一，有克尔克仔人在此牧羊，由渠指引渡河至哈拉巴克。滨河有一古城，周三百三十米，地名柯尔塘。旧城名喀拉马克沁，义谓蒙古城，以石垒砌而成。唯城墙现已无存，城中有大石堆数处，必为古代建筑遗迹。城内散布红陶片及红底黑花陶片甚多，与阿拉癸沟口石城内之情形相同，疑此亦为纪元前后之遗址。但亦有粉红色陶片，则又为唐代遗物。在城之西北约百余米，有一土墩，堆积烽渣甚多，当为古时烽火遗渣，则此地又设有防守工事。沿河西行约百余步，有古冢数座，中间隆起土阜，周围以石。又北十余里，河东岸哈拉姑洗，土阜陂陀，散布红陶片，皆为古时有居民之证。由于此一带所散布之陶片，可证此地自汉至唐皆属活动中心。因此，我疑此城为汉姑墨石城，唐拨换城旧址。徐松《西域水道记》谓："汉姑墨国在拜城滴水岩一带。"《新疆图志·道路志》谓："哈拉玉尔滚唐拨换城也。"按滴水岩及哈拉玉尔滚一带均属戈壁，并无古代遗址，但此地与哈拉玉尔滚南北对峙，如所推论不误，则汉姑墨石城及唐拨换城应在此山边。徐松所言，方位或是，地点则非也，但因未作发掘，无实物之证验，不能决定其必然耳。三十日继续自哈拉巴克向东行入岭，步步升高，田舍相望，树木林立，一片荫绿。

转东偏北行，过一草山，本地名为牙依列克塔格。下午四时至柯洗克阿达麻札。旁有小沙岭一道，东西绵延，此沙岭东自强博洛克，西至喀拉克土拉，与喀拉克达格相接，平原亦尽于此。此大平原疑即突骑施之沙雁州，宋欧阳忞《舆地广记》称："由千佛洞逾岭至突骑施沙雁州，西至拨换城。"（见《新疆图志·道路志》三引，查不见原书）以今地考之，由克子尔明屋西北行，只有此一道沙岭，则逾岭者必逾此岭也。此岭之西即为平原，或为突骑施之沙雁州。在柯洗克阿达麻札东北约二十里许，有一麻札及古城，均在喀拉克土拉山口。麻札名鄂力伯克，在河西岸，古城在河东岸，中隔喀拉克土拉河，沿沟中行，可至雪山牧场。城周二百七十米，无墙，北跨小土阜临河。西面临河，东、南两面为平地。城内掘痕甚多，陶片小石亦众，皆为朱红及粉红色陶片，与哈拉巴克之古城相同，或为同一时期之遗址。此城本地人亦称为喀拉玛克沁，义谓蒙古城，但绝非蒙古时代所筑也。十月一日继续由喀拉克土拉向东偏北行，旋转东行，入沙岭，屈行岭中二小时，出口处名阿子干布拉克。仍东行过哈布萨浪河，抵强博洛克庄。河出北山，东南流，经强博洛克庄，转东流至拜城县，转西南流，入木札特河。时天大风，甚冷，余等均改穿皮衣，继续前进，至拜城已晚十一时矣。休息二日，乃由大道至库车，复沿大道返乌鲁木齐。我在南疆考察至此遂告一段落。

第五章
和阗及于阗

一、横渡大沙漠与和阗河

我于一九二九年三月二十六日，接乌鲁木齐袁希渊先生函电称：新疆当局后已许可到于阗考察。即准备旅行所必需之物，尤其购买健驼，及订制坚固水桶，为此次旅行之首要任务。在库车忙碌数日，于二十六日离库车到沙雅。又在沙雅停留两日，购备食品及日用杂物。三月三十一日，全队离开沙雅县，首途穿行大沙漠到于阗。自四月一日起至五月六日止，共一月零六日，备历艰苦，而卒能达至目的地，亦颇自慰。兹将旅行经过简述如下。

塔里木盆地因塔里木河而得名。塔里木河为盆地中唯一大河。上源有和阗河、叶尔羌河、喀什噶尔河、阿克苏河四河汇流于阿克苏东南为塔里木河。以经过塔里木牧地而得名。东流经沙雅县南，再东流至尉犁，焉耆河自西北来汇，会流东逝入罗布淖尔，全长约二七五〇公里。要以叶尔羌河、阿克苏河水流最大，为塔里木河主流。现和阗河已变为干河，喀什噶尔河至巴楚八台地方即断流，无余水入塔里木河。故塔里木河虽居盆地之中，而现在位置偏北，距沙雅县城不过四十余里。沙雅与于阗南北对值。于阗有一大河北流，名克依对里雅，北流三百余里即入沙。其他小流出山口后，流灌沙漠边缘之绿洲后亦入沙，因此，在沙雅与于阗之间，巴楚与尉犁之间，完全为流沙，寸草不生，滴水俱无，地图上称为塔克拉马堪大沙漠。除二三猎户及帝国主义分子所组织之探险队穿行外，从无人行走。现在大道，自库车至于阗，是经过拜城、阿克苏、巴楚、喀什噶尔、叶尔羌、和阗乃至于阗，共六十站，需时两月。沿和阗河虽有小道至和阗，然仅能人行或驼马行，不便行车。但夏季亦断绝行人。现在我是由沙雅到于阗，穿行塔克拉马堪大沙漠，故此次旅行，乃一艰苦之工作。

四月二日，我由齐满庄南行，经过红柳林至塔里木河渡口。塔里木河在渡口处，支派进出，以依北一股为大。水深丈余，有方形木舟以渡行人及驼马，而余之驼马，不习惯舟行，坠于河，浮游至彼岸，幸无损伤。在河床三角洲上，支派虽多，而河水不大，可踏水而过，约四十八分钟乃抵西南一支派水，本地人称为西河。过河即为草滩，放羊人甚多，余等即住于伯勒克斯牧厂有井处。次日继续西南行，穿行胡桐林中，盖塔里木河南岸有一森林地带，胡桐密织，因此，亦使风沙不易侵入，而保障河水之流行，此亦天然之防沙林也。胡桐林中，有若干小沟，间露出红泥滩，吾人即由红泥滩沿而行，当日住哈既麻克。次日仍行红泥滩中，但旁有小沙丘，胡桐渐已枯萎，以后枯树亦稀，沙丘纵横，在沙丘中觅见一土墩，附近尚散布少许红底黑花陶片，可见古时傍塔里木河岸必有居民，但未仔细检查耳。出沙丘后，又经一树林地带，即至六和吉格得。此由塔里木河南岸伯勒克斯牧厂西南行之第二日也。此处有一干河，宽四十余米，岸高约六米左右，为塔里木河支河。自上游莫湖尔草湖中艾克里克分出，东流至罗布淖尔入海。河名阿克对雅。河中有积水，并有一井，水甜，余等即住于河畔。四月五日，自阿克对雅往南偏东行，过一小沟，沙丘咸地相间杂，经三小时，旅行约二十余里，抵一大干河。河床宽约三百六十米，半为流沙所掩，河床高出地面约一米左右，河床由西南向东北伸展。据说沿此河西去可达和阗河，往东直至罗布淖尔，如此干河为旧时塔里木河故道，则现塔里木河已北移百余里矣。在干河之南，经过一枯树林地带，约二十里即转入沙丘，亦即塔克拉马堪大沙漠之开始。沙山起伏如波浪，横亘吾人前面，最高者约十余米，时阻吾人去路，驼马跋涉上下，颇觉费力（插图七，1、2）。在沙岭中间显露出红泥滩，间有烽火遗渣、铁块、陶片、灶灰土等。陶片作粉红色，为唐代遗物，则此处必为唐时防守之地，当有建筑遗迹，惜吾人未能觅出。又在沙漠中时现古代大道痕迹，则此地为古时塔里木河南岸沿河行之大道。而古塔里木河在唐代，必为有水之河，完全变为沙漠乃以后事也。盖塔克拉马堪大沙漠颇有组织，形同山脉，均西北东南行，每十里或三十里即有一道沙岭。由干河往南十里过第一次沙岭，枯树红柳，满布沙丘。经过第二次沙岭后，则胡桐渐稀，枯树横陈。至第三次沙岭，则胡桐绝迹，渐有红柳亦甚稀疏，而为光寂之沙山矣。沙山高者三十余米，低者亦五六米，沙岭西北面平缓，东南面峻急，可证此一带沙岭皆为西北风所组成。两沙岭之间，时现平底，显露出冲积泥层，每有螺壳等物，为以前大沙漠中有大河溢流，浸为湖沼之证。因地形低洼，河水不至，以后湖沼亦渐干涸，流沙侵袭，遂成今形耳。然由古物之证明，此地沙丘之形成，不过千余年耳。四月六日，余又踏查干河东南情形。在干河之东，似有一平川，沙碛较小，平川旁有红柳格达一线，南北行。我等在平川上拾有铜片及铁弹之属，在沙丘上亦拾有螺壳之类。南行约五六里地，抵一狭长草滩，东西行，芦苇丛生，泥淖陷马蹄，必然为一浅水湖，现已干涸也。向东南过一小沙窝，约五十余分钟，又抵一草滩，情形同前，而泥淖更甚，则此一带之干湖必为旧时塔里木河溢水所凝积，河流入沙而溢水遂凝为湖沼耳。西南行，为一片沙丘，极目无际，本地人称为库木洛可，即大沙漠之义也。然由沙雅穿行沙漠至于阗克衣河末流，需行数百里光寂不毛之大沙漠，倘不得克衣河水头，吾人必为克衣河两岸之枯骨。现已近于春夏之交，风大沙热，直穿沙漠，必履危险。吾人踏查至此，乃决定转行，沿阿克对雅往西至和阗河，再往南，路线虽曲，但无危险，而可达到于阗考察之目的也。

四月八日上午九时四十分，自六和吉格得出发向西行。此处有两路：一沿阿克对雅北岸正西行，与沙雅赴和阗大道会；一西偏南行，可直达和阗河。余等初北偏西行，后转西偏南行，与干河时离时合，河旁沙丘树林，时阻余等途径，下午四时半至海楼库湖麻札。此处有二干河：一在道北为阿克对雅，即吾等初沿行之干河，由塔里木河之艾克里克分出；在其南，另有一干河名哈齐干，自和阗河之子里分出，与阿克对雅相距数里，余等今日即住于子里干河之旁。九日仍继续向西偏北行，改沿阿克对雅旁大道前进。因干河曲折，导致迷途，而时陷于丛林沙丘之中，忽南忽北，如是者两日。后觅得二人足迹，沿之行，卒导致吾人至塔里木河岸，住于河南岸哈得墩。遇一商人及此地牧民，据说："干河旁你等所行之路，废弃已四五十年矣，吾祖曾走过一次，吾父及吾辈皆未之行，怪尔等能达也。"此地一老牧民所说亦如此。是此路废弃已久矣。当河中有水时，可直达子里，然河旁大道及人行之迹尚宛然如新，非若四五十年前所废弃者。细加研究，知戈壁中泥沙多含咸性，每当雨后，咸性蒸发，变为硬壳，人马足迹，印于泥中，故能历久而弥新也。十一日继续沿塔里木河南岸大道西偏南行，红柳沙碛相间杂，经可戈洛克；次日至柯什六洗，为和阗河亦名子里河入塔里木河处。子里河为和阗河入塔里木河旧河床。在其西尚有一新河名英尔对雅，现已干涸无水。河中满积浮沙，其色如银，细腻黏滑，流沙荡漾成波浪纹，最高者不过六十厘米。河身宽里许，较塔里木河为狭。岸高约一·六米，两旁树林组成行列，风景幽胜。河中有井，牧民及行人均取汲于此。我等在此取水后，仍沿子里河中间西南行，下午四时住于河中。在子里河西岸丛树林中有一小道，为库车、沙雅、阿克苏人至和阗之径路，初为商贩所行，后经修筑，沿河设站掘井，近已成为官商往来大道。十三日上午九时，由至和阗之大道作南偏西行，在丛林与沙丘之中，显现坦途，望驼马足迹而进，时行林中，时沿河岸，至下午三时住于子里托乎拉克，河即以此地命名也。十四日上午七时，出子里，转由河中向南行，河为浮沙所掩，上印人马足迹，风吹沙去，旋灭旋生，故足迹永存如新。吾人履迹前进，下午抵一草滩，多芨芨黄草，即为干河口，旁有一小沟，据说自阿克对雅分出一支水入和阗河，沙雅人说阿克对雅由和阗河分出者因此。六时半住于英尔对雅之牧厂。英尔对雅为新河之义。和阗河入塔里木河，原由子里河入大河。子里河为北偏东流之河，至柯什六洗入塔里木河。旁有大道，即库车、沙雅人经柯什六洗至和阗之路。后河水西移，由牧厂处北偏西流，名为英尔对雅。原河流甚大，现仅五、六两月有水至而已，故亦为干河。河旁亦有大道，为阿克苏人经阿瓦提至和阗之路。两路均沿河流，而汇归于此处。沿和阗河南行，在英尔对雅之西里许，有土墩屹立沙窝中。墩为土坯所砌，周约三十余米，高出沙窝约三米，无遗物可验，因其在新河之旁，故我疑为近代之建筑。四月十六日发自牧厂，仍由河中行。初向西南行，复转南行，河中虽已干涸无水，但泥沙透湿，似流水未久者，而坑洼之地，时有积水未干。询之引导者，知在二十日前来水一次，三日即消，故坑洼之地尚留有余水。河两岸树林葱郁，沙丘累累，上生红柳，以保障风沙之侵入。当日住渡口，为阿克对雅入和阗河处。五十年前阿克对雅尚有水，以后水不至，安集延人在此打坝，断英尔对雅之水入阿克对雅，然水终不至，后亦毁弃，可证五十年前阿克对雅仍为有水之河。在打坝处之东，仍有一干河，为子里支河，由子里分出至打坝处，而合于和阗河。当水大时，有渡船以济行人，故此地有渡口之名。在打坝处之东，传说有古迹甚多。四月十七日，乃由打坝处骑马东行勘查。经干河旁之树林，约十里抵一干河，横断河床抵东岸，河岸沙阜迤逦，河床亦半为流沙所掩，河宽约二百米，两岸树林排比成行，中露洼地一线，由南向北偏东伸展，没于沙窝之中。但在东北约十余里地，又见有树林一线，边大沙窝而行，必同为一河时隐时现耳，因此我疑此干河即六和吉格得以南吾人所探寻大沙漠中之干河。此河既由和阗河分出，则古时和阗河在打坝处即北偏东流，后逐渐向西移耳。例如，子里河西徙为英尔对雅，其形迹甚显然也。因和阗河之西徙，亦必影响塔里木河之北移。六和吉格得南面之大干河，吾人既已觅得陶片、铜件及古时之大道，则打坝处东之干河有古迹，亦必可信。子里猎户称，在干河南古坟院甚显明，则古时在干河旁有居民亦在意中，但为条件所限，不及前往寻觅，甚可惜也。返渡口后，继续沿河向南行，当日住博尔去的。十八日住可言弟。十九日住伯格善。二十日住草滩。二十一日住红山嘴东岸草滩中。红山嘴本地人名为麻札塔哈。盖此山为西北山脉之尾，临和阗河旁，突出二山。在北名曰白山嘴，在南为红山嘴。在两山之间，有大道西行，或为古时交通通衢。有古城在红山岭，周约里许，城三重，城内烽渣甚多。墙为红色，土坯所砌，中夹胡桐树枝，则此地必为大道旁守御之所，而此道即为于阗通疏勒之大道也。在临河边峻坡下之石隙中，有空穴，为浮沙所掩，疑为古人居住遗址。嘱毛拉等掘之，出乾元钱一枚，木简书民族古文字一枚（图版九三，图32）及粉红色陶片，皆唐代物也。石室顶部，刻梵、汉字甚多。汉文中有"李思礼""印异生""卢众玉""兰口""罗宜米"等，其余多不可识。刻划甚浅，椎拓不易。有二石障于洞口，其下面皆有刻字，无法细看。则此地必为唐代之重要遗址，此刻字皆过往人所题名也。一九〇八年，斯坦因曾在麻札塔哈掘出木版书及若干残纸，皆八、九世纪以前所书，内有古藏文书（《中亚细亚探险谈观堂译稿》上，十页)，则此地在吐蕃侵入时代尚岿然独存也。二十一日，复由麻札塔哈东岸沿河向南偏西行，河中草滩甚多，渐有羊户牧羊，当日住阿巴什。二十三日后由阿巴什出发，经伙什拉什，住玉珑河畔。玉珑哈什河与哈拉哈什河，在伙什拉什会流，是为和阗河。二十四日转南行于两河之中间，遵循大道，至托洼克。胡桐密布，中显通衢。此地胡桐叶圆，高不及两丈，支条横发，与库车及塔里木河沿岸之胡桐直立，高至数十丈，扁叶，作黄金色有异。托洼克为和阗最北之一村庄，傍和阗河东岸，西南有斯拉木额瓦提，在河西岸，亦和阗北部之大村庄也。至托洼克后，感觉此地风物特殊，此地人声音清脆，形貌同于内地，而有疏略之胡须。诚如《北史·西域传》所述："自高昌以西，诸国人等皆深目高鼻，惟此一国，貌不甚胡，颇类华夏。"(《北史》卷八十五，页五) 又此地人说方位，亦与库车不同。此地以南为东，以东为北，以北为西，以西为南。如说托洼克在河东，实在河南；说河北岸，实为河东岸。据说此地以河水分方位，河东为北，河西为南，此地河水皆南北流，故方位因是颠倒耳。中国古时亦有以山水分方位，河北为阴，河南为阳，如山阴、山阳、汉阴、汉阳，皆是类也。

二、和阗、于阗沙漠中之古址

(一) 和阗北沙碛中之遗迹

托洼克为现在和阗最北之一村庄，傍玉珑哈什河即和阗河，在和阗河与于阗河中间，现为广大之沙漠地区。但在古时，和阗、于阗之间原有不少河流，当时人民皆沿河而居，后因自然或人为变化，河水干涸，或缩短、或改道，若干城市皆被流沙掩埋。因此，在和阗、于阗中间，遂变成庞大之流沙区域。但沙漠中古迹古城之传说，仍为本地居民所熟悉。我现在是由和阗河横断沙漠而至于和阗，藉以了解沙漠中之古迹。因此，请此地著名猎户二人作引导，彼等皆对于此地沙漠中之情形，最为熟悉者。四月二十六日，由和阗河西岸村庄出发，向南转东南行，经行二小时半之居民区域，进入沙碛。沙碛中有小道，为托洼克至策勒县之小路，时隐时显，间有驴粪以指示行人。初行，沙漠不大，间有胡桐，矮小繁枝，种类不一，有圆叶，有扁叶，亦有圆叶而边作齿状者。在沙碛中经行一小时半，至一大干河川，两岸骈列高大沙山，夹持河流导向东北。河川中沙粒细腻，色白如银，与和阗河中之沙粒相同。据引导人云："此河自吉牙庄渡口分出，东北行至旦当乌利克，又东北至沙雅草湖，时露时隐，不知去向。"据老人传说："此河即古和阗河，当有水时，和阗居民均傍河而居。"又云："此河自吉牙分出时，有古城在渡口旁，名阿克斯比尔，现有城墙。另有一古地，无城墙，仅有陶片。再往东北旦当，即在此干河之旁，至旦当人均在干河中掘井取水云云。"若以河流路线推之，则克衣河末流沙碛中之喀拉屯，亦当在此干河之旁，而喀拉屯亦有一干河向东北去。由此推之，则古和阗河或有一支水向东北流，自入罗布淖尔，今和阗河向北流入塔里木河，乃后起之现象也。过干河仍向东南行，在沙漠中，有红柳与胡桐。二十七日，仍向东南行，沙漠渐大，但时有苇草。过此，即为大沙窝，水草俱无，与塔里木河南之大沙漠同。此地所称大沙窝，即流沙如山。一面峭峻，一面倾斜，联属骈比，如狂涛巨浪，高者达二十至三十米。登高远眺，极目不知其崖际（插图七，3）。但沙窝开处，时露红泥滩，沟坑纵横，伏流所经，沙粒透湿，和、于之间，河流甚多，皆北流入沙，由此以证此地之变为沙碛，盖后期之事也。二十八日，余等即向此大沙窝中穿行，如行大海，除有几株胡桐树作灯塔外，一片黄沙，寸草俱无，骆驼升降，足迹蜿蜒如带，然沙窝开处，中显平川，苟知其道，亦不觉困难。当日上午六时二十分出发，至下午五时二十分住羊达胡都克村庄之北面有井处。共行十一小时，人马俱困矣。羊达胡都克在策勒县北境，距县城约三十里，距最北之村落亦十余里，为大沙漠南之第一站有水处（插图七，2）。在大沙漠与草地中间，因风沙与红柳之组合，形成无数红柳格达（即红柳沙堆），棋布荒漠滩上。其形如小圆丘，由沙泥组成，高约五六米，上生红柳。凡此小丘，既可防止风沙，一旦有水，亦可变为沃壤。二十九日继续前进，后转东行，经村庄北面，穿行红柳格达，住于古乃玛庄最北之可拉克庄。为寻访达摩戈古迹之据点也。

（二）达摩戈一带古址

在于阗、和阗两河中间之古迹，可分为三大区：一为古和阗河流域，即玉珑哈什河流域，以阿克斯比尔及什斯比尔为中心；一为达摩川流域，以特特尔格拉木及旦当乌利克为中心；一为克里雅河流域，以喀拉屯为中心。除和阗河即玉珑哈什河，俟由于阗返和阗考察时叙述外，现为便于叙述路线，先述达摩戈古址。

达摩戈为一新村，有达摩川水，源于南山，北流至现达摩戈灌地后没入沙。旧达摩戈尚在其北约三十余里。原达摩川北流，通过旧达摩戈北面古址，流至旦当乌利克古址，入古于阗河，以后断流仅流至旧达摩戈以北而止。近五十年来，旧达摩戈亦变为废墟，水源仅至新达摩戈，而以北之达摩川干河床，仅存古时流水痕迹而已。在达摩川以西，有卜纳克河向北西流，至卡纳沁北入沙。吾人考察路线，先沿卜纳克河访四大麻札，至卜纳沁，再转达摩戈古址考察，而至于阗。四月三十日，余等由可拉克庄出发，初向北偏东行，后沿卜纳克干河转北偏西行，卜纳克河据本地人说：“由达摩戈河分出北西流，过卜纳克庄，故名卜纳克河。”河宽约十五，深约二米，流于力济阿特麻札之北入沙。力济阿特麻札为于阗四大麻札之一。据本地人传说："当伊斯兰教初来时，与蒙古人战，败死，葬其地，因立为麻札。每年三月间作麻札大会以祭。"尚有吴六杂提麻札，在力济阿特麻札之北偏西约二十五里左右。尚有确畔阿塔及所不及麻札在其东，达摩川附近。在力济阿特麻札附近，陶片散布红泥滩上区域甚广，可证此地为古时废弃之村落。由于红泥滩上纵横界域之划分，显示为古人居住之遗迹。陶片均作红色，内含青泥，上有篮纹及水波纹，但吾人在此尚未觅出可以鉴定遗址时代之证据。五月一日上午九时，由力济阿特麻札向西及西北行，经行一干河，略有红柳格达及沙碛，每当流沙开处，即有瓦砾散布。下午二时，抵吴六杂提麻札。在麻札附近周围约二十里，陶片散布极广，触目皆是，并有宽广约一·五米之倾圮建筑，似古房屋遗址。以木材涂泥为墙壁，骈列成行，显示此地为古人之住宅区域。但已被外人盗掘，无遗物可检。此处墓葬亦多，吾人试掘一墓，下现长方形洞窟，口径大者宽一，长一·四米；小者长约一，深一·三米左右。上小下大，中储人骨。人骨为白布包裹，无衣衿棺椁。墓口以草和木材组成为搭覆盖其上，若不发掘，几不知其为墓葬也。在此附近，亦有红色夹青泥陶片，与力济阿特麻札陶片同。又拾一无孔铜钱，据本地人说："为维族初来时所通用之钱币。"两面均铸有以阿拉伯字母拼写之柯斐体文字，与喀什噶尔哈奈所出者同，疑皆十一世纪初期喀拉汗朝之钱币。据此，则铜钱及陶片所在地之居民，必与墓中死者同一时代。本地人所传伊斯兰教初来时与蒙古人战死葬其地之说，不为无因。所谓蒙古人即回鹘人也。又有一古城，在麻札东北约六里许，名卡纳沁。城墙半没河中，半露地面。周约二里许，中生红柳，无遗物可检。然此一带陶片与在麻札所拾者同，则此城之居民，与麻札必同属一时期，相隔决不甚远。十三世纪马可·波罗经行和阗时，称在忽炭（和阗）东方及东北方之间，有培因州，我在《罗布淖尔考古记》中曾主张培因州即现在卜纳克河旁之卡纳沁（五○页）。如我推论不误，则此地之兴起，在十一世纪初期，至元时，此地尚有居民。则此地之放弃，疑在十五世纪初期，或近代事也。五月二日，吾人离开可拉克庄，转向南偏东行，觅寻旧达摩戈村庄北之古迹。经确畔麻札转东南行，在沙碛中遍生红柳，旧达摩戈之村落、房址与渠道，交织于红柳丛中，历历可数。据本地人说，此村之废弃，不过近五十年事耳。在前此地居民甚多，因罹天灾，水源断绝，居民死或逃亡殆尽，其生存者俱南迁于新村，即今新达摩戈也。距旧达摩戈约二十里，为觅得水源，故吾人移住新达摩戈北面一村庄名马拉阿拉干。五月三日，由马拉阿拉干向北行，入达摩戈旧村南端，折北偏东傍达摩戈干河行，两旁红柳密织，形成若干圆锥体之小沙丘。通过旧达摩戈村，向北东行，入沙碛，约五六里地，即有红色陶片散布，显示已逼近古代住宅区域也。转东行，至一为数众多之瓦砾场，地名特特尔格拉木。西南东北一线，绵延约数里。房屋虽已毁败，但审其痕迹，街衢巷陌尚可辨识，中有大道一条，路向东北，显为一旧时市镇之残迹。达摩戈干河经行废址之西，向北微偏西去。干河中之胡桐青草，及两岸之红柳沙阜，犹能指示古时河流之方向。旧达摩戈在其西南约十余里，通往达摩戈旧道，尚可辨识。此地陶片多与吴六杂提相同。皆为剔花纹，或作水波纹，外涂红泥，内夹清泥，颇坚硬。但同时另有一种薄肉红陶片，泥质甚细，外面磨光，上刻连珠式花纹。器柄部或边缘，浮雕人形或兽形，俱极优美。亦有用朱笔涂画花纹，与姚头冈同。故就陶片言之，实具早晚二期。地面并散布有龟兹小铜钱，则为四、五世纪遗物。在特特尔格拉木西行约五六里地，有土墩一。又北里许，又有一高土台。其旁有房屋建筑遗址，附近之街衢痕迹，尚能辨识。吾人试掘一房屋遗址，墙壁涂白垩，并无壁画，亦无其他遗物，显非寺庙。在此地拾五铢钱一枚。再北里许，地稍隆起，亦为古代建筑区。半为流沙所掩，附近尚散布薄肉红陶片。在北又一土堆，周围约六七米，虽为沙掩，但墙壁外露一角，其亦为古建筑遗址无疑。在土台上亦拾有五铢钱数枚。此地五铢钱，无轮廓，甚薄，圆径二·四厘米，孔径约一·五厘米，与刘宋时之"莱子钱"式样相同。可证此一带古址，为第五世纪之遗迹。此遗址尚未经外人破坏，本可从事工作，限于当时环境，遂令此优美之遗址，未能得到考古学上之清理，甚可惜也。五月五日，发自马拉阿拉干，走向到于阗之路。驮队向大道走，我同毛拉等转东行，访斯坦因于一九〇六年在哈得里克盗掘之废寺。经过一垦殖区域和红柳堆阜后，到达一干沟，乃达摩戈干河所分出之沟，转入一密织之胡桐林，林中掩藏甚多土阜，陶片散布其周围。另有一土阜，高约五六米，有垣墙围绕一圈，显示为寺庙，或衙署废墟，此地名巴拉巴什提。又转东南行，过达摩戈干河，即至哈得里克古地。斯坦因于一九〇六年在此大规模盗掘，劫获遗物如梵文、婆罗谜文残纸及泥塑佛像残件与木刻等，尤其此地所出现之钱币数十枚，其最晚之年号为建中（公元七八〇—七八三年），又发现桦树皮上之梵文佛经，为纪元后四、五世纪之遗物。则此一带之遗址，皆为纪元后四世纪至八世纪为其活动时期，此地之放弃，较特特尔格拉木早期及以北土台之遗址要迟三百年。但当特特尔格拉木晚期及卡纳沁有水时期，此地已是一片沙漠了，如遗址之放弃关系于河流，则此地河流之变化、沙漠之形成及人民之移徙，均有相互之关系，苟舍其一，亦不能解其他，沙漠地考古之可贵者其义在此。在哈得里克观察完后，即沿达摩戈干河南行，后转东南行，至哈拉罕巴杂。六日又自巴杂沿至克里雅大道而至克里雅巴杂，即于阗县城也。

（三）克里雅河及喀拉墩

现于阗县为汉代扜弥国地。当时有扜弥、拘弥、宁弥等不同名称。后汉时，拘弥并入于阗，属于阗国东境之地。现县城所在之地，本地名克里雅，清末置于阗县时，县城即设在克里雅。有于阗河流于其旁。于阗河即克里雅河，为和、于沙漠中之第二大河。除和阗河以外，于阗河水流最长，直伸至塔克那玛勘大沙漠之中央而被消失。当余在沙雅时，本拟南行过大沙漠而至于阗河末流，但为时间及条件所限制，遂绕道西行至和阗河，又由和阗河东行而达于阗。

故到于阗后，必探访于阗河末流，方能完成此次考察之任务。

五月十一日，首途考察克里雅河。经行垦殖区后，进入草滩，当日住博斯堂草滩。在博斯堂西南伯什托胡拉克庄，有古城一座，拟先往访。伯什托胡拉克距博斯堂约二十里，均属草滩，遍地羊群，羊户编苇草为室，扎木柴为房，固为于阗之优良牧场也。古城在庄西北二里许，城墙尚存一段，长约六十余米，高约二米，由土坯垒砌而成。余均被沙碛所掩埋。推其形势，颇宽阔，周约一千一百零四米。中尚有子墙一道。哈拉罕河绕于城旁，在城北半里许，有土墩二，陶片散布极广。由墩东行，陶片散布成线，并高阜起伏，显示其为古人居住遗迹。在东二里处，有较大之土墩。墩旁有大道，东西行。在道旁尚有类似古代沟渠，因此我疑此城为古代于阗东境之一大城。当大道之冲，城中无遗物可验，不能决定其年代。由城墙为土坯所砌之一般筑城术，我推断为第八世纪所遗，是否为贾耽《道里记》中之兰城守捉，或古于弥城，尚待实物之证明也。十三日，吾等开始沿克里雅河北行。克里雅河自博斯堂至塔格克，均北偏西流。河宽里许，两旁沙山绵延如屏障。然河滩中青草葱郁，河水长流，沿河羊户络绎不绝，多者达五六百户，河畔胡桐密织如林，仿佛为一大村落，实则除隐匿于青草中之羊群外，杳无人烟。吾人沿河北行三日，即五月十五日，到达塔格克。此地居克里雅河中间，与掩埋沙没中之古址丹当乌利克东西平行。据引导者云："由此往西约二日程，可以达到旦当。乃留不需要之什物于塔格克，轻骑往访旦当乌利克。"余等于五月十六日率队西行，跨过高约二十至三十米之沙岭，此地沙岭均南北行，微向西倾斜，盖沙山走向依于河流，和、于间河流均属南北河，故沙山亦作南北行，与塔里木河畔之沙山作东西行者适相反。在流沙开处，时露冲积红泥滩，螺壳亦时现泥滩上，显示不久以前，尚有水伏流至此。每一小时，必须渡过一道沙岭，渡时亦需半小时。第一天共渡过沙岭七次，觅得沙碛中枯胡桐一株，遂住焉。次日，仍继续向西进行，又翻了三道沙岭，此地沙岭稍平缓，微有红柳。同人等在流沙开处，拾有烽渣，疑去旦当不远矣。直西行，又翻过一沙岭，抵一大干河岸，两岸均有胡桐树十余株。东岸胡桐已枯槁，西岸尚活着。干河北偏西行，宽约二里许，河中时有螺壳，河岸为流沙所掩，时隐时现。引导人称：此即锡五里干河北段，旦当遗址当在此干河西岸。但余等沿河南北探寻十余里，竟不见古址。盖沙漠中寻觅古迹，是最困难之事。而天气炎热，风沙弥漫，皆足以阻挠吾人之工作，因此决定放弃寻觅旦当古城工作，返回塔格克。但吾人在沙漠中觅得已干涸千余年之干河川，对于南疆河流之变迁，提供研究地形学上资料，亦至足乐也（注八）。

五月十九日，余等由旦当回返塔格克时，有一羊户在喀拉墩拾有古物少许求售，余乃请彼作向导至喀拉墩。克里雅河自于阗至塔格克均北偏西流，自塔格克至尤干库木，均北偏东流，分为三支：一支东北流；一支北流微偏东，为克里雅河正身，一支北偏西流，现已干涸。而喀拉墩古址尚在克里雅河西支之西北也。余等于五月二十日由塔格克北偏东沿河行，当日住托拉马斯干。二十一日，初亦北偏东行，后转东北行，住甲子可洛干。二十二日，仍向北偏东行，过尤干库木，即克里雅河东西分支处，仍沿东支前进，住托尔都马南草滩中。二十三日，率领引导人等往探喀拉墩古址。向西北沿河行，河已干涸，红柳丛生，沿岸胡桐排列成行。又转北西行，过从尤干库木分出之干河，至也玛可可沁，仍北偏西行，约三里许，翻过一沙岭至一大干河，南北行，宽约里许，岸高约二米，两旁沙岭绵延，枯树林立，疑为旧时克里雅河故道，揆度形势，似由塔格克处分出。过干河仍北偏西行，连翻两道沙岭，约五六里，又发现一干河床，但为浮沙所掩。低处河床外露，显示有流水冲刷痕迹。在河床中间及两岸均有陶片散布，陶片作红色，或有外表深灰而里部仍为红色。此外尚有磨石，并在此拾有小铜钱数枚。亦可证则此一带在公元四、五世纪已有居民居住。由此往北，沙碛纵横。有一大干河床横跨克里雅河，直向东北，喀拉墩遗址即在此干河之西北约三四里许。遗址之西，亦有一干沟，南北行不甚宽广，疑为古克里雅河之支流。在此干沟两旁，均有陶片、铜钱，散布甚广；亦有旧时房址，墙壁尚存。大者长宽各约三米，小者亦二米左右。在沟西有房址十余间，沟东亦有七八间。迤逦而北，约里许，即为喀拉墩（插图八，1—3）。有房址数十间，围绕一圈。有大房一所，建筑木架梁尚存，形同栏杆，疑为官署。房屋墙壁建筑，皆用胡桐排扎而成，外布芦草，涂以黑泥，现涂泥已脱，而胡桐仍直立沙中。亦有大房墙壁，外涂白垩，内刷青灰。在房址中，曾拾有五铢钱，似为第一世纪之遗物。在墩北及东，仍有房数间。陶片、铜钱散布颇广，周围约五六里地。在一土阜隆起处，散布烽渣，亦可证明此地古时设有守望之所。又觅得磨石二方，必为古时居民遗物。又由喀拉墩往北行约五六里许，又有房址五六间。又北有十余间。墙壁尚存，皆在沟东。沟西亦有房址数处，均零星散布沙中，及被沙所掩埋者，不可胜数。再北行二三里许，又有古城基一圈。周里许，东有大房一间，尚岿然如新建。在东北里许，又有房址四五间。此地共有房址约数十间，绵延十余里，形势略向东北伸展，显为当时政治及军事之重要区域。时当夏初，风沙弥漫，无法进行工作，乃循原道返回于阗。沙碛中验去时驼迹，俨然如新，掌纹尚能辨理，但距去时已十余日矣。数经大风，而其迹犹存，不被掩没，由此可见沙漠中之寂寞。

三、古和阗河畔之古址

余返于阗县城后，本拟东行，经且末、婼羌，由甘肃回北京，且已成行矣，而新疆省政府来电，要我由大道返省，如由大道，必须经过和阗、叶城、喀什，而至阿克苏原道返乌鲁木齐，因此余又得此机会旅行塔里木盆地西部。六月五日，由于阗出发向西行，经哈拉罕栏杆、固乃玛巴杂至策勒县，过白石驿、洛浦，以四日之急程而至和阗。洛浦在玉珑哈什河东，而和阗在河西。和阗为古于阗国地，包括今之于阗、和阗、洛浦、策勒、墨玉、皮山、民丰七县地。现为一专区，而以和阗为中心。编户殷盛，遍地桑麻，产玉石及毛毯。在古代又当内地通西域南道之冲。西接大月氏，西南近印度，南邻西藏，东接甘肃，故在东西文化交流上，于阗实起转输作用。近百余年来，欧、美帝国主义分子，以探险为名，到处寻觅殖民地，企图榨取财物，至十九世纪末期，因新地不可多得，转向文化落后国家攫夺文化物品，而考古资料，遂为其劫夺对象。因此，新疆过去遂为各帝国主义分子角逐场所。和阗因与印度接壤，故受英、德帝国主义分子掠夺最惨，而我国学者尚瞢而不知。故我等此次来和阗考察，和阗当局备极热心赞助。曾为我述一惨痛故事：当余等来新疆之前，有一德帝分子名椿克尔，藉游历为名，并无护照，欲在和阗考古，南京及乌鲁木齐当局累电和阗阻止，而椿克尔非但不听，反恶言相向，声称："你们以前允许英国人斯德诺（斯坦因汉文名字）在和阗考古，为什么现在不允许德国人考古。"竟擅自在洛浦北洛瓦克，大事发掘，盗窃文物甚多。和阗当局亦无如之何。及闻我等已到乌鲁木齐，将来和阗考察。和阗当局乃扣留其盗掘赃物，并驱逐出境。故我此次来和阗，当局倍极欢悦，称："以前只有外国人来此地考察，现在我们中国学者也来了，内心甚为安慰。你即不考察，在和阗多住些时，也是好的。"我听毕，几为之泪下。一个半封建半殖民地的旧中国，帝国主义分子猖狂无忌，到处抢劫，边疆地区尤甚。现在，帝国主义已趋没落，此种狂暴举动已一去不复返了。

关于和阗、于阗考察，上又提出和、于间古址三个中心区，关于克里雅河畔及达摩戈古迹，已如上述，次则述古和阗河畔之古迹。

（一）阿克斯比尔

余于四月二十六日由托洼克至于阗沙碛中，发现一干河东北流，距托洼克约二十里。据引导人诺则云，此河自吉牙渡口分出，在渡口旁有破城名阿克斯比尔。因此，余到和阗后，必须访问此遗迹。六月十二日，由和阗县城出发，东行渡玉珑哈什河，至玉珑哈什巴杂，转北行，约二十里，至吉牙巴杂；转北东行，约二十余里，至下吉牙，即苏牙。十三日继续由苏牙前进，驼队由小道北偏东行至可可大坂。余等初沿一干河川北偏东行，后转入沙碛，流沙开处，瓦砾遍地。后转东偏北行，瓦砾更多，街衢巷陌及流水井渠，尚历历可辨。最后至一土台，周约百余米，台上有房基遗址数间，土中尚有木炭灰烬，显系古代建筑之被焚毁者。在北有一大干河川，东北流。乃逆干河北东行，沿途瓦砾甚多，两旁胡桐成林，显示为古河流经过之迹。傍晚住于可可大坂。十四日复由可可大坂出发，初西偏南行，后转西偏北行，过一干河，沙碛纵横约十余里，至洛瓦克。为一废塔，高约十余米，上圆下方，为土坯所砌，外有围墙绕之。依墙有旧房址，据说即去春德国人椿克尔盗掘之地。泥塑残块散布地面甚广。塔之东、北两面，均为浮沙所掩，想亦必有房址，而被埋于沙中者。塔之东约三十米，有一废庙，据说十年前墙上壁画犹完整，后被外国人盗劫而去。余在此勘查完后，转东南行，至苏牙小路，沿干河转南偏西行，沙窝重叠，时断时续，转东南行，跋涉一大沙窝，至阿克斯比尔。西北距洛瓦克废塔不过三十余里，吾人行七小时，盖沙碛难行故也。阿克斯比尔犹言白墙之义。墙为土坯所砌，只存北段，长约百米左右，高约二米，余均没于沙。在城之西、北两面，瓦砾甚多，街衢巷陌可辨。陶片多为红泥质，上刻水波纹，亦有红泥细薄陶片，上刻连环纹，又具兽形器柄及堆砌怪兽面之残陶片，与姚头冈所出者同，可能是五世纪至八世纪所遗。

因天气甚热，未及工作。但由此一带瓦砾之散布，可证明此地必为古时之重要区域。而所有古址，均在干河两岸，绵延约数十里。例如阿克斯比尔及其北之古地特特尔格拉木，均在干河之东；洛瓦克及其北偏西约二十里之准博尔，亦有废庙遗址，皆在干河之西。据本地人传说，在干河之西尚有若干埋沙之古址，为吾人所未见者。

六月十五日，由苏牙继续转东南考察，向南偏东行，过一干河，即由吉牙分出，东北流于阿克斯比尔之西，至可可大坂东北流之干河也。过河入沙碛，在沙碛开处，即露陶片，转东南行，在沙衣勒克与库马提之间，有一广大之瓦砾场，土阜棋布，类似城墙遗址，满布平野，瓦砾亦多，绵延约五六里，库马提干河即在其东南。库马提有二：一为大库马提，亦称哈提库马提，西北距阿克斯比尔约二十里；一为小库马提，在南山中，距和阗县城约四十余里，傍玉珑哈什河。大库马提干河由所洛洼庄分出，东偏北流于项格尔庄西、阿克斯比尔东，直向东北流，河床高二丈许，宽里许，两旁沙迹迤逦，断续不一，现水已涸，唯有泉水南流。本地人尝在河中掘取玉石，最佳者为白玉，俗称羊脂玉，以言白润如羊脂也。现不多见，亦无采者。据云："此河直通旦当。沿干河中，均有玉石。"在干河两岸，瓦砾甚多，颓垣遍野，为本地人拾金子之处。从库马提干河距阿克斯比尔西之干河约二十里，据本地老人传说："在千年前，玉珑哈什河由吉牙分出，转北东流入大河，此干河即其故道也，后水北流，此河遂涸。"是现玉珑哈什河已西徙二十里矣。据此，库马提干河即《魏书》《周书·外国传》中："于阗城东二十里之树枝河"，亦即高居诲《行记》中之白玉河。又东南约三里许，另有一支河，河岸高二丈许，现有泉水，西北流，沿岸瓦砾甚多，疑亦古河流。据项格尔庄居民说："在亦马米麻札东，准博尔西，有干河北流，至特里阿托麻札入大河。此河亦自哈提库马提分出向西北流，可能与此河是一河。按《水经注》称："于阗河南源导于阗南山，……自置北流，经于阗国西，……又西北流注于河。"疑即此河也。总之，在此一带，古时河流交错，人烟稠密，古迹之多，宽广几及百里，未及探查，埋没于沙中者尚不可胜数。

（二）什斯比尔

六月十九日，即拟出发南行考察小库马提。在出发之前，拟先去视察姚头冈，即英帝分子斯坦因所武断称为于阗国都者。姚头冈在和阗县城西南约二十里。在现村落中有一大片低地，瓦砾甚多，已开垦种植，地面不见任何遗迹。据说掘下一二米深，即有陶片出现，并出现人骨甚多，陶器之颈、腹部多加兽形装饰。据本地人所言，似此地为古坟院。但斯坦因在他的《西域考古记》中断为古于阗国都（向译斯坦因《西域考古记》三九页），证据殊嫌薄弱。下午出发，南偏东行向小库马提，经行戈壁，约二十余里，进南山口，两山对峙若门阙；又二十里翻过一大坂，即至库马提。地滨玉珑哈什河西岸，上下约二十里，皆名库马提，瓦砾遍地。上库马提即石塔（俗称炮台）所在地，名强司雅。下库马提名喀拉马哈常，即古城所在地。城名什斯比尔，译言三道墙，现城墙已毁，唯见墙基，依于山坡，若隐若现，难定其方圆，大约五六里。在山后有古洞四，据说东西长数十里，中间颇宽大，有拱拜三及人马之属，亦无人敢入者。后南至强司雅，即石塔所在地，距古城约十余里。周围散布陶片极多。石塔周围约六十，高六米许，为不规则石块所垒，现已倾圮为堆阜。塔周围均有土堆，散布泥塑残件甚多，是沙土堆中必掩埋有古代建筑。余试掘其西面土堆，发现被毁木柱多件。继续掘出一墙壁，壁刷蓝色，上书婆罗谜文字，但无壁画。继续掘至长十八，深二米，亦不见其他遗物。后又掘南面之一土堆，出现房屋墙壁，亦不见任何遗物。而土质经火烧后，变为红色。次日再掘其西之土堆，复现墙基，掘至一米，发现佛像头六颗，紧贴于墙壁。大者高约六六，小者约三三厘米。定眼面圆，发作螺旋纹，顶有肉髻。初发现时，小者头上金叶犹存，是佛像原为金叶所包裹者。然此地除头部外无其他遗物，亦不见肢体。余初疑为前人所掘遗弃于此者，但土质坚结，头紧结于墙壁，非后人所为。是此地为古代大寺庙，毫无可疑。我根据古传记，疑此废寺，即《法显传》之"瞿摩帝大寺"。梵语作"牛慧寺"，亦即《魏书·西域传》"于阗"条之"赞摩寺"。《魏书·西域传》"于阗"条云："城南五十里有赞摩寺，即昔罗汉比卢旃为王所造覆盆浮屠之所。"《大唐西域记》云："王城南十余里，有大伽蓝，此国先王为毗卢折那阿罗汉建也。"（卷十二）。虽《大唐西域记》无寺名，但毗卢折那当即《魏书》之比卢旃，则比卢折那所造之寺，应即《法显传》中之"瞿摩帝"、《魏书》中之"赞摩寺"。"赞摩""瞿摩"为一音之转，且其方位相同，当为一地。但《魏书》作"城南五十里"，而《大唐西域记》作"王城南十余里"，里数不符，但余颇疑《魏书》"五十里"为"十五里"之讹。《水经注》叙法显至于阗时，称"南城十五里，有利刹寺"，必与"瞿摩帝寺"同地异名。现废寺距什斯比尔旧城南约二十里许，与《大唐西域记》所述大概相同。如强司雅之废寺，即瞿摩帝大寺，则什斯比尔之古城亦即于阗之西山城，必以城在山中而得名。《大唐西域记》称："王城西南二十余里，有瞿室棱伽山。山峰两起，岩隙四绝，于崖谷间建一伽蓝。"（卷十二）揆诸现在库马提周围形势，亦颇吻合。现此地仍名库马提，亦必由古代瞿摩帝之名因袭而来。新疆古名存于今者甚多，如"豁旦"即今和阗；"尼壤"即今尼牙；"斫句迦"即今喀格里克，皆其古名之今存者，此地亦其一也（注九）。

第六章
皮山、叶城及巴楚等地

一、皮山及叶城山中之古址
（一）皮山山中之古址

吾人在库马提工作完后，于六月二十二日，取山道向皮山进发。向西偏北行，全为戈壁，约四十里，过一大坂，抵喀拉哈什河畔。住六斯牙庄，地属和阗县，河西为乌扎提庄，属墨玉县，以河为界。河宽里许，深约一·四米，有渡船以济行人。二十三日晨渡河向西行，经丘陵戈壁，沿一平川而至博斯堂托乎拉克，又临喀拉喀什河西岸。二十四日转西行，至杜洼，附近有一土墩，必为大道旁之守御所。余因装桂牙有古城，故至杜洼后，即转道向西北行，六月二十六日至装桂牙。在装桂牙西北约五里许徒诺克有废寺遗址，旁散布泥塑残件甚多。在废寺北四五里许之所罗倘不果拉麻札附近，陶片散布极广，房舍遗迹犹存，井渠巷陌历历可辨，颓垣甚多，类似城墙遗迹，周广约十余里，可能为古城遗址。按辩机《西域记》称"王城西行三百余里至勃加夷城"，距离约略相当。"装桂牙"与"勃加夷"音亦相近，可能后者因沿于前。如此地遗址为唐之勃加夷城，则庙基亦即瞿萨旦那王所建之伽蓝。又皮尔漫泽北四十里沙碛中亦有一废寺，出泥塑像，不知是否为鼠壤坟祠否？余连日劳顿，到杜洼后头晕目眩，休息一日。六月二十八日继续向西北前进，遵循大道，过木吉，次日即至皮山县城。皮山为汉代古国名，三国时名"皮穴国"，《魏书·西域传》作"蒲山"，皆为一音之异译。《西域图志》作"皮什南"，本地人称其地为"固玛"，为现皮山县治之地。固玛原属叶城一村庄，清光绪九年开省置县，以叶城之固玛、桑株两大村庄析属皮山，故皮山无城。在固玛巴杂东约二十里许之阿子麻札附近，有一古址，城墙遗基及城中井渠巷陌还可辨识，周约四百九十二米，附近瓦砾甚多，疑为古之皮山国地。阿子麻札东约十里许，莫桂牙巴杂之东南约三四里处，亦有一遗址，瓦砾甚多；并有一土墩，在墩南二百余步有墙基遗址一线，疑与阿子麻札附近遗址同时，均为古皮山国地。隋、唐以后，并属于阗，不复立国，故史书及僧人游记均鲜提及。

（二）叶城山中之古址

余到皮山因病休息二日。七月四日复循大道经绰洛克博拉，六日抵叶城。叶城县所在地现名喀格里克，即《大唐西域记》中之"斫句迦国"。译音相近，疑现名亦沿于唐，《前汉书》作"西夜国"，《后汉书》作"子合国"，一作"悉居半国"。《后汉书·西域传》："悉居半国，故西夜国也，一名子合。其王号子合，治呼鞬谷。"《唐书·西域传》云："朱俱波一名朱俱盘，汉子合国也。"《大唐西域记》作"斫句迦国"，注云："旧曰沮渠。"按"沮渠""悉居半""朱俱波""朱俱盘"，皆一音之转，与《汉书》之"西夜""子合"，《大唐西域记》之"斫句迦"，皆指今之叶城县地。

余抵叶城后，县署示以本县出土之遗物，一为叶城北三十里苏唐阿一克庄之无孔铜钱，形如桃仁。宽二·四，厚〇·八厘米。上刻有民族古文字，一为叶城县南萌木克庄石垒中所出之铜壶、弓矢、字砖等，铜壶上亦镌有民族古文字。又闻县南宗农庄南不尔项有佛洞，并有一王者像，我即准备察看此三地。

1. 不尔项之石刻

七月八日，我等由叶城向南偏东行，经过戈壁约四十余里，入山，又十余里而至宗农庄。庄甚大，上下约二十里，在丛山环绕中，气候和畅，水草优沃，皮山、叶城每牧放羊牛于此。九日复东偏南行，经喀格尔色村舍，直南行，田舍相续，渠水交错，飞泉瀑布，颇饶奇观，约三十里至乌沙巴什庄，少憩，复南行。经特司庄，入山谷，约二十余里至不尔项（插图八，4），即有王者像处也。像在河西岸，并非人像；系在一白色墙壁上，用红线条组成梯级形之尖状物。高约五米，中有铲刮痕迹，必非原形。在东壁有石刻残佛像三：西尊头身均毁，下身及座尚存，高一〇〇、宽五〇厘米；中尊头部毁，身及座均全，亦为坐像，高一〇〇、宽七〇厘米；东尊头身均毁，仅余台座，高四〇、宽五〇厘米，均有铲刮痕迹。复溯河西行约百余步，岩壁间亦有红色梯级形物，形同西壁，残毁更甚。但在岩壁最高处，似有类似飞天绘画，唯不见所谓王者像。又由不尔项东行，约三里许，至石洞处。洞甚宽大可容百人，唯壁间绘画现已无存。今以石刻残余（插图八，5），证明此地古为寺庙，佛洞必多，因受山水之冲刷与人为之摧毁，现已无一存耳。玄奘过此时，已称伽蓝数十，毁坏已多，是此地佛教衰败，自唐已然矣。

2. 拉一普古址

十三日取道由叶城至库库雅小道，经伯什特勒克回叶城。次日即往出铜钱之地考察。县署所藏之铜钱，出叶城县北约四十里苏唐阿一克庄，在鄂斯满家背后一沙土堆旁，家中小儿以锄地得之。出土时有一白布口袋，口系线绳，重十余斤，鄂斯满即以此钱送之县署。但余查视周围，已开垦为熟地，无一遗物，似非有居人痕迹者，故余疑为行路人所遗。次日即转至拉一普出铜钱处。拉一普在叶城县东北约二十里之叶衣克庄南沙砾地带，略隆起一高地，周约五六里，四周散布陶片及死人枯骨，旁有一塔为现鄂人李君修建以埋藏枯骨者。余疑此地当有铜钱，乃命人寻觅，一维民拾一"天禧通宝"钱至，乃宋钱也。而本村大人小孩，群争寻觅，不及十分钟，铜钱已盈百余枚矣。除有少数宋钱外，均为无孔圆钱，两面均镌用阿拉伯文字母所拼写之文字，时代约当于十二世纪初期。往东约四五里之木加拉，有陶片。再东转南二三里至锡衣提牙，陶片散布区域较拉一普更为广阔，周约十余里，街市遗迹，尚可辨识。死人骨骸满地横陈。余等拾"咸平通宝"一枚。咸平为宋真宗年号，似此地活动期间与拉一普同时。及余返叶城，拉一普乡民携铜钱至者，络绎而来，又搜集得百余枚。计有孔中国钱十余枚，有咸平通宝、天禧通宝、皇宋通宝、崇宁通宝（大钱）、元符通宝、元丰通宝等，皆北宋钱也。知此地在北宋时，颇为兴盛。按叶城在唐时属于阗国。《宋史》称乾德二年，沙门道圆自西域还，经于阗，与其朝贡使同至，后常来贡，讫于宣和不绝。但此地无孔圆钱，据本地大阿訇以及专家鉴定，认为是伊斯兰教初来时所通用之钱币。但《宋史》乾德四年，于阗国王来书云："破疏勒国，得舞象一，欲以为献，诏许之。"是宋初伊斯兰教势力尚未普及于阗。又回教史家记载，称于瑟甫库得尔汗，率四万大军，侵入于阗，时于阗王贾格鲁克尔克鲁，得西藏及回鹘之援兵，苦战二十四年之久，至公元一千年顷，贾格鲁克尔克鲁卒战败身死，于瑟甫库得尔遂为于阗王。时在公元一〇〇六年，即宋真宗景德三年。故在十一世纪至十二世纪，此地均属喀拉汗朝统治时期。则此地之无孔钱亦即喀拉汗朝所通用之钱币。又文正《西游录》云："大军发于阗，至可汗城，屠其城，使人诏谕各城，鸦尔堪城王来降，至是始隶版图，以封诸王阿鲁忽。"按鸦尔堪即叶尔羌，为一音之转。叶城西距叶尔羌百余里，蒙古大军由于阗至可汗城，诏谕鸦尔堪，则可汗城必在叶尔羌之东、于阗之西。在于阗与叶尔羌之间，以叶城为最大、最富，而旧城遗址，亦以此城规模较大，故我疑此城为成吉思汗由于阗进兵时所屠之可汗城。此地枯骨遍地为此城被屠后所遗。又其中时见火药、木炭遗渣，亦可为当时焚毁之证据。疑此城在十世纪末为喀拉汗朝所建立，城中阿拉伯文无孔钱即当时所遗。至十二世纪初期，西辽古儿汗侵占喀什噶尔后，继续向和阗、库车进兵，此城又为西辽所占据。公元一二一一年屈曲律篡夺西辽，亦占据此城。其后，成吉思汗于一二一八年西征屈曲律，由和阗向西进兵，先屠此城，而城中之宋钱亦必西辽人所遗，与阿拉伯文铜钱并存也。现我已将钱币择要印出，以供专家研究。此不过略举史实作参考，待全部研究出来，对于哈拉汗朝历史研究，当有帮助。

3. 奇盘庄佛洞与萌木克之石城

七月十八日，由叶城首途赴奇盘，转泽普。初向西偏南行，约二十里过提仔拉普河，地图称为听杂布河，流于奇盘山之东，下流入沙。河宽里许，水浅可褰裳而过。渡河后，转西南行，入戈壁，骑行九十里，至奇盘庄。有奇盘河发源于阿子安山及阿尔达格，至阿子安庄北会狭锡河水，下灌奇盘地，至准噶尔入叶尔羌河。河宽约半里，水亦不大。居民沿河两岸而居，村舍相续。据说："此地甚早即有居民，称为奇盘，故山亦以奇盘为名。"（插图八，6）《唐书·西域传》云："朱俱波一名朱俱盘，汉子合国也。"按"悉居半""朱俱波""朱俱盘"均为"奇盘"之转音，是奇盘山为古朱俱盘国之地。此地佛洞在奇盘庄南二十余里。奇盘河西岸有佛洞八，均在半山岩，可攀踏而上。一、二、三洞半塞，四洞空，皆作平顶，五洞圮，六、七、八为小洞。墙壁绘画，均已剥离，现只余石壁。检查堆积灰土，中间杂有残画，可证洞中原有壁画，后被剥离耳。我曾掘最北一洞，其底为干草与牛粪，盖已久空无一物，为居民堆积柴薪及喂养牛马之所矣。次日，又单骑访萌木克旧城。萌木克庄在奇盘庄东南山中，由奇盘东南行七十里，至西河里庄，均为山道，庄临提仔拉普河东岸。又五十里，向南沿河行，约十余里至萌木克石城。城在河西岸，而临提仔拉普河。向东北流，墙依山为垣，西南、南、东三面临河。有小城垣，高十余丈，东墙长一六五米，以石叠之。西有土墩一座，盖为守望之所。往西里许，有一村落，名库木土块，约五十余家，城名米仔也甫伯克，相传在清中叶为伯克所筑，与叶城东十余里阿西木土块之可刚，均为一时所建，此地未发现任何遗物，连陶片亦不见，盖为近代之物。县署所藏在石城旁所发现之字砖，当亦近代物也。二十二日乃绕道阿子安山回奇盘。阿子安山在奇盘庄南百余里，山势陡峻，悬岩绝壁。南四十余里为柯尔塔克，终年积雪，阿子安水发源其南，北流经阿子安山，故称阿子安水。下流为奇盘河，流于奇盘山中。奇盘山山势莽平，土阜起伏，居民咸散布于山阜中，以牧畜为业，兼营耕殖。旧地图总名奇盘山，误也。

二、喀什噶尔河畔之古址

吾人在奇盘山考察完后，西北行至泽普，渡叶尔羌河，循大道经莎车、英吉沙，而至喀什噶尔。喀什噶尔旧设疏勒、疏附两县。疏勒设新城，疏附设旧城，两城相距约十公里。马路平直，树以柏杨，沟渠萦回，房屋鳞比，在新疆市镇中，除伊犁外，当推喀什为首，现喀什设专署，疏附移设托库托克。在历史上疏勒亦为重镇。汉通西域以疏勒为北道终点，出疏勒则至大宛、安息。故疏勒在汉时有列市，以为东西物质交流之枢纽。唐在西域设四镇，疏勒亦为四镇之一，唐末回鹘西迁，其西徙之一支，会同土著之突厥民族，建立王国，以萨特克布古拉汗为首之喀拉汗朝，即建都于此。有喀什噶尔河发源于葱岭山，东流经喀什城西北，分一支流，绕至城东合为一河，亦名克子尔河，红水之义。《新唐书》称为"赤河"。现东流至巴楚已断流。另一大河为盖孜河，亦发源于葱岭山中，有两源：西为木吉河，西南为雅满雅尔河，流至疏勒县境合为盖孜河，东流灌疏勒、岳普湖两县地，余水入沙。《西域水道记》称"雅满雅尔河与克子尔河合"，误也。喀什噶尔正因有两河流贯其境，故水草丰饶，民物殷阜，在南八城中，以喀什为最富。余等在喀什停留二日。参观城中古迹，开始返行，顺便考查沿途古迹（注十）。

（一）伽师之古址

二十四日由疏勒出发，沿大道东行，经雅满雅尔驿，次日即至伽师县，本地名牌素洼提。二十六日至英尔瓦特。在牌素洼提与英尔瓦特途中，有古址二处。

1. 托卜沁

在牌素洼提之东，西距牌素洼提约二十里，阿西克栏干附近。城中已辟为田园，检无遗物，城墙已颓，现存者高一米左右，为土坯所砌。城作方形，周三百六十三米。

2. 黑太沁尔

汉人城之义。在托卜沁之东南约六七里，东北距英尔瓦特约六十余里。在沙碛中，露出红瓦砾，区域甚广，但半为沙碛所掩，未能检出城墙遗迹。但横直三十余里，土阜满野，皆有瓦砾，必为一大城。在南七八里许之戈壁中，有土墩，高六七米许，土坯所砌。附近小铜钱及瓦砾散布甚多。在大墩之前，尚有一小墩，附近散布烽渣甚多，可证此处为古之烽墩。在大墩东有高低不齐之土阜，似为古房屋遗址。地面散布烧砖碎块，间有被剥离泥皮，上涂彩色，类似壁画，但地面未发现泥塑残件，是否为古代废寺，尚未敢肯定。在其南亦有同样遗迹，疑皆古代土墩周围之住宅。唯西面有长方形墙基址一圈，周一百二十米，或为衙署所在地。在此墩西北里许又有一土墩，情形与此同。因此我疑此址与西北六七里地之托卜沁同属一地。两地所散布之陶片多作粉红色，以库车一带唐代遗址所散布之陶片为证，则此盖为唐代之遗址。吾人又在此一带拾有小铜钱数枚，形同库车所拾小五铢而无字，亦即当时本地所通行之小钱也。又因此地出现烽渣及烽墩，疑为唐代军事要地。据贾耽《道里记》云："又经达漫城，百四十里至疏勒镇，南、北、西三面皆有山，城在水中。"（《新唐书·地理志》卷三十三，页十六）若以喀什东北二十五公里伯什克勒木之古城为唐疏勒镇城（据《图志·建置志》)，则此地当为达漫城。距离略相当，而为安西、拨换西至疏勒所必经之地，当大道之冲，故有军事设置也。一说为唐伽师城。《唐书·西域传》："疏勒一曰佉沙，王姓裴氏，居伽师城。"（《新唐书》卷四十六，页十）当指此处。余于二十七日由大道返行，过玉尔滚驿，在其北三十里戈壁中有土墩二，地名阿吉克梯木，地方官指为唐伽师城，竖立牌坊，以为标识。但其规模似不如英尔瓦特东古城之大，虽然该地亦有烽火余烬及红陶片，可能为古时烽墩，大道旁之守望站，并非古城遗址也。（注十一）

（二）托和沙赖古址

二十九日发自玉代里克，继续沿大道东行，经屈尔盖，二十一日抵巴楚。巴楚以巴尔楚克庄得名。庄在喀什噶尔河北岸，本地仍称为玛拉巴什。在喀什噶尔河南岸，为县城治所。由阿克苏至莎车台站，巴楚为七台，图木舒克为九台。所有台站，均沿叶尔羌河西南行，并不绕道喀什。如到喀什，则沿克子尔河西行，即余等所行之路。故巴楚为两河交汇，四通八达之区，但此为近代事。古代据贾耽《道里记》，由龟兹到疏勒，系取道图木舒克，沿克子尔河西行。由龟兹至于阗，系取道麻札他哈沿和阗河南行。由于阗到疏勒西北渡系馆河，似为喀拉哈什河，《西域水道记》称"西北渡系馆河或即听杂布河"，疑非是。再西北行一千一百八十里而至疏勒镇，以后并未提及渡河字样。故叶尔羌河，在唐以前流经何地，是一问题。今莎车、巴楚皆恃此河为灌溉，掌握交通枢纽，而克子尔河反居其次矣。此古今形势之异也。（注十二）

吾人抵巴楚后，停留二日。九月三日由巴楚出发，沿驿站东北行，约二十五里过一小海子，水自小柯尔地方之叶尔羌河溢出，宽二里许，流至八台。海子旁有堤埂一道，障水西溢，堤西为喀什噶尔河末流，大如渠，流灌八台即止。吾等即通行于河海之间，约三十里至八台巴杂。八台本地名察尔巴克，次日由察尔巴克向北行，初沿大道行，约十余里至麻札塔哈。在路南山上有一麻札，相传为谟哈默德女婿阿力东西征伐，曾至此处，故本地人立为麻札，距现在一千三百余年。本地人传说虽无稽，阿力为伊斯兰教什叶派始祖，由此可以说明新疆所信之伊斯兰教为什叶派也。由麻札塔哈转北而西，为吴库麻札，此处距图木舒克即九台只三十余里。余命驼队由大道至九台，而我同毛拉、汗木多等踏查阿拉什山与垒勒山中间之故墟。由吴库麻札沿山边西北行，尽为红泥咸滩。向北西行，经一古渠，东西行，宽广约丈余，渠旁均为红泥滩，有红色陶片散布，唯不见古道。但有陶片必有居民，大道恐因年久湮没耳。吴库麻札，即在阿拉什山上，故阿拉什塔格亦名吴库麻札塔格。沿山坡西北行，又有一小山，本地人名为沙山，斯坦因地图称为贝尔山。在两山中间，沙窝纵横，传说有一古城为沙碛所湮。现在山腰尚有一土墩，据说古道即由唐王城直西行，经过此山口，直至锡衣提和卓麻札古址，而至疏勒。由沿克子尔河一带遗址观察，此说或为可信。在阿拉什山之东，另有一向东南行山脉，即为托和沙赖塔克、垒勒塔克，与阿拉什塔克对峙，中间为湖滩，宽广约四十里，古渠即由阿拉什塔格之东经流湖滩，东南流至托和沙赖，而抵唐王城。在托和沙赖古渠旁尚可见古道痕迹。渠旁亦时现古代烽渣，可证此一带为古代垦殖区域。据说从前喀什噶尔河即由托和沙赖中间山口流入，再东北流，是古渠系引喀什噶尔河水以灌地者。

托和沙赖塔格系一南北行小山，中断为二：一在路南，一在路北。中间相隔约里许均为草滩，现行大道即从中经过。古代遗址即散布在大道两旁山上。路南为古寺庙遗址（附图十九，1），分布在路南东西二山头。在路南东山者有废寺一排（附图十九，2），由山腰至山麓南北行。中间有一层台式废塔，方形，有台阶三层，塔两旁均为古代房屋遗址，但已倾圮，仅余墙基。我在塔旁一小房中发掘，出现白绢一匹，长一一·六，宽〇·五八五米，当出土时折叠为一卷，匹端绫边尚存。以织纹及尺度证明确为唐代遗物。在废塔之东南山脚，有一已倾圮之古僧坟，埋藏僧侣骨灰。吾等在坟中清理出婆罗谜文文书残纸数片，内容尚未译出。又清理出彩绘陶罐完整者一件，及木盖七。陶罐中盛丝织口袋五枚，满盛牙骨灰。尚有许多骨灰，散布于瓦罐内外。另有许多彩绘陶片、木板与陶罐，同置一土台上，外有红木板栏之，现我将陶片按花纹复原，得陶罐七具，疑当时尚不只此数。陶罐及木盖，均有彩绘，图案极为精美。在路南西山者，亦有南北行废寺遗址。最前为一塔基，原为一土阜，据说为德国人勒柯克所掘出者。塔之后亦有房屋遗址二进，面与地平（C、D）。吾人曾在此处掘出泥塑像头部六件，小铜钱一包，贯钱麻绳尚存。两旁亦有古代住宅十余，皆在大道上。半山腰有一木牌，为巴楚县知事段璟所立，上书尉头州废城遗址。又在两旁题识云："按志载尉头州故城遗址在此。唯迤北五里，及玉河北百余里东札拉提属地，尚有废城遗址，颓垣败屋，规模宏大，疑尉头州遗址似在于兹。或为汉时尉头国建治之所，亦未可知云。"按东札拉提古城，为清代所筑，并非古址。迤北之古城，疑即托和沙赖北山之废城遗址也。路北为古城，在北山南麓。计城三重，城墙已毁，现仅余墙基。内城自山腰绕至地面，计七百五十六米。山脚并有古房屋建筑遗址，据说一阿克苏人在此掘拾古代所写残纸一张。外城计一千零八米，接内城，绕于平地至山巅，接大外城。大外城则由外城绕山头直至山南根，计周一千六百六十八米。在南山根尚有古房屋遗址及墓葬，但已被中外人盗掘净尽。现平地城中，已辟为田舍，只余古城遗迹。山腰尚可见土坯所砌之城墙遗迹。南北开门，现本地称此城为托和沙赖，九间客房之义。以殿宇高敞，类客房者九，故以名城及地，而汉人则呼为唐王城。《新疆图志·建置志》云："今城（巴楚）东北一百五十里，图木舒克九台北山有废城，樵者于土中掘得开元钱，因呼为唐王城。"按此城与路南之废寺庙相隔不过数里，中间为河流所经行，疑此二地为同一时期所遗。在路南由于吾人所发现皆七八世纪遗物，则此城当亦与之同时。至为唐代何城，吾人根据《新唐书·地理志》、贾耽《道里记》云："据史德城，龟兹境也。一曰郁头州，在赤河北岸孤石山。"（卷三十三，页十六）按喀什噶尔河亦名克子尔河，译为红河，亦即赤河之义。现克子尔河虽已断流，但古时河流经行遗迹尚可得见。此城正在旧河床北岸山上，与《唐地志》所述郁头州城形势完全相合。则此地亦即唐代内属诸胡之郁头州也。又为古龟兹国西境据史德城，《唐地志》又称："赤河来自疏勒西葛罗岭，至城西分流，合于城东北，入据史德界。"（卷同上）则龟兹之据史德城，亦即唐之郁头州城也。在垒勒山北戈壁中，据斯坦因地图，尚有一古城遗址，余未及往考察，谅必与此城有关系，或亦为龟兹人所建也。

余等在托和沙赖工作完后，九月七日向阿克苏进发。驼队由大道走，余同毛拉及引导人向东北行，踏查戈壁中之古址，沿途皆可遇见古代房屋基址。约十里，至一小城圈，城墙已倾圮，现余墙基，尚可辨识。周约一百三十八米，城中已变为咸地，疑为古时堡垒。转北行约四五里，抵一旧渠，渠身颇宽大，由西南向东北行，现名柯勒额梗。沿渠皆有红陶片散布，渠两旁皆为红泥滩，一望而知其为引克子尔河灌地者。因克子尔河水含红泥沙，凡水流所经，两岸均冲积一层红泥，故成红泥滩。复沿渠东北行，约十里许，有一支渠导向西北，支派分歧，然多为沙阜所掩。约五里折东行，抵一干河，由西向东，河床中青草一线，形成河川。在河旁，似有古道痕迹，亦有红陶片，散布极广，疑此河即古赤河，渠流即导引赤河水者也。余等复沿河旁古道向东行约三四里，又有一小城在干河旁，周约一百五十六米，城墙已毁。在城西有一土墩，现已倾圮成堆阜，间有陶片及烽渣散布，可能是一烽墩，为大道旁守望之所。此古道与托和沙赖之古道及河川形成一线，可能是古代库车通疏勒之大道也。在此略息，转东行，经过沙碛草滩，约二十里会大道，转东偏北行，约十余里而至十台，本地名车勒库底，亦即十台之义也。

三、阿克苏河畔之古址

我于九月八日考察车勒库底东南折拉提旧台站后，九月九日由比甲格向北行，经行树林地带至雅克库都克，会台道，转东北行，至库木克怕，亦名克子尔塔木，指附近之一段红墙也。十日由库木克怕经行戈壁，至新齐兰台。附近有土墩一座，高约七，周约六十米，为土坯所砌。据本地人言：从前大道由此经过，此墩即为道旁之捍卫者。按贾耽《道里记》："自拨换西南渡浑河百八十里有济浊馆，又经故达干城百二十里至谒者馆，又六十里至据史德城，龟兹境也。又经达漫城百四十里至疏勒镇。"（《新唐书·地理志》卷三十三，页十六）按浑河即今阿克苏河，据史德城为图木舒克之废城，是古时由龟兹至疏勒，沿克子尔河西进，现克子尔河沿岸之古迹，可以证明。现克子尔河至八台已断流，但其时断时续之干河床及两岸之红泥滩，犹能表现当时所经流之痕迹。例如，自喀什以东，直至新齐兰台沿岸泥滩，皆为红色。不特如此，其古址之建筑，如房址土坯，皆为红泥所筑。再者，由新齐兰台至修里呼图克，约七十余里，大部分皆经行红泥滩。而自修里呼图克以北古城古址，皆为白土所筑，即示阿克苏河所经流。"阿克苏"译言"白水"也，故修里呼图克为克子尔河与阿克苏河两流域交叉之地。现虽未能觅出古时阿克苏河与克子尔河会流遗迹，然由其经流地面观察，两河相会必在此附近也。九月十二日由修里呼图克北行，约十里许，在路东之徒第和旦村，有古城遗址。城为白土所筑，周一百六十二，高三米余，宽约二米许，东墙根有洞穴三，宽约一米，高一·三米，有居人痕迹。在此有红陶片散布。转东北行，过一枯井，约四里许，有一土墩。附近又有一小墩，在西偏北约四五里地，又有一大土墩，周约八十四，高三十米，亦为白土所筑，后有房屋痕迹，我在其中拾有绸布之类，表示为人民住宅。墩东有一干渠，西南行，似经行徒第和旦旧城，再由西往北者。在白泥滩中，田界沟渠纵横栉比，疑此一带，为古代垦殖区域，与徒第和旦古城，当为同一时期之遗迹。在大墩之东北约十余里地汗宫村，亦有一古城遗址，周四百二十六，墙高三米余，白土所筑，城中房屋建筑尚存。但为本地农民掘土肥田，已残破殆尽。城中亦未检出任何遗物，确实年代，无法推定，但绝非近代之物，可能与徒第和旦同一时期。在此城东北约三十里，为阿音柯尔巴杂，为阿克苏南部之一大市镇。附近居民约千余户，皆引阿克苏河以资灌溉者。在阿音柯尔巴杂东南七八里地，亦有一古城，名喀拉马克沁，译言蒙古城。十三日前往考察，现城墙已颓，只存城基，周七百二十米。由其地面之碎砖观察，则此城为烧砖所砌。现城中已开辟为田地，临大草滩之南岸。盖阿克苏河自艾克萨克分为二水：一曰孔勒对雅，译言旧河，自艾克萨克分出南流，经此草滩，东南流入阿瓦提，南会叶尔羌河；一为英尔对雅，译言新河，自艾克萨克分出，初东南流，复转东流，与和阗河会而为塔里木河。两河相距约十余里，自有新河后，而旧河遂涸。此城在草滩之旁，即临旧河南岸，当城中有居民时，阿克苏水尚未东移也。此城本地人称为蒙古城，疑即《元史》之"浑八升城"。《元史》称"浑八升城临浑水"，浑河疑即今之阿克苏河。浑八升城亦因在浑河旁而得名。八升为蒙古语，译言房子之义，浑八升，义当为浑河畔房子。余初以浑八升为突厥语库木伯什之转音，译言沙头城，非是。余等在此考查完后，仍回阿音柯尔巴杂，沿大道北行，随转东北行，渡孔勒对雅约三十里至伯什勒克腰店。附近有一干渠，渠旁有一旧堡，只余墙基，周约八十一米，名图洛柯旦木，四周皆有红陶片。傍渠行约十余里，直抵英尔对雅，河宽二里许，银波荡漾，有大船二只以济行人。阿克苏在河北岸，余等渡河后，抵达汉城（英尔沁）已晚八时矣。至此后，即由大道经库车、焉耆，返乌鲁木齐。与一九二八年考察路线相同，稍有补充，具如前说，兹不重述（注十三）。

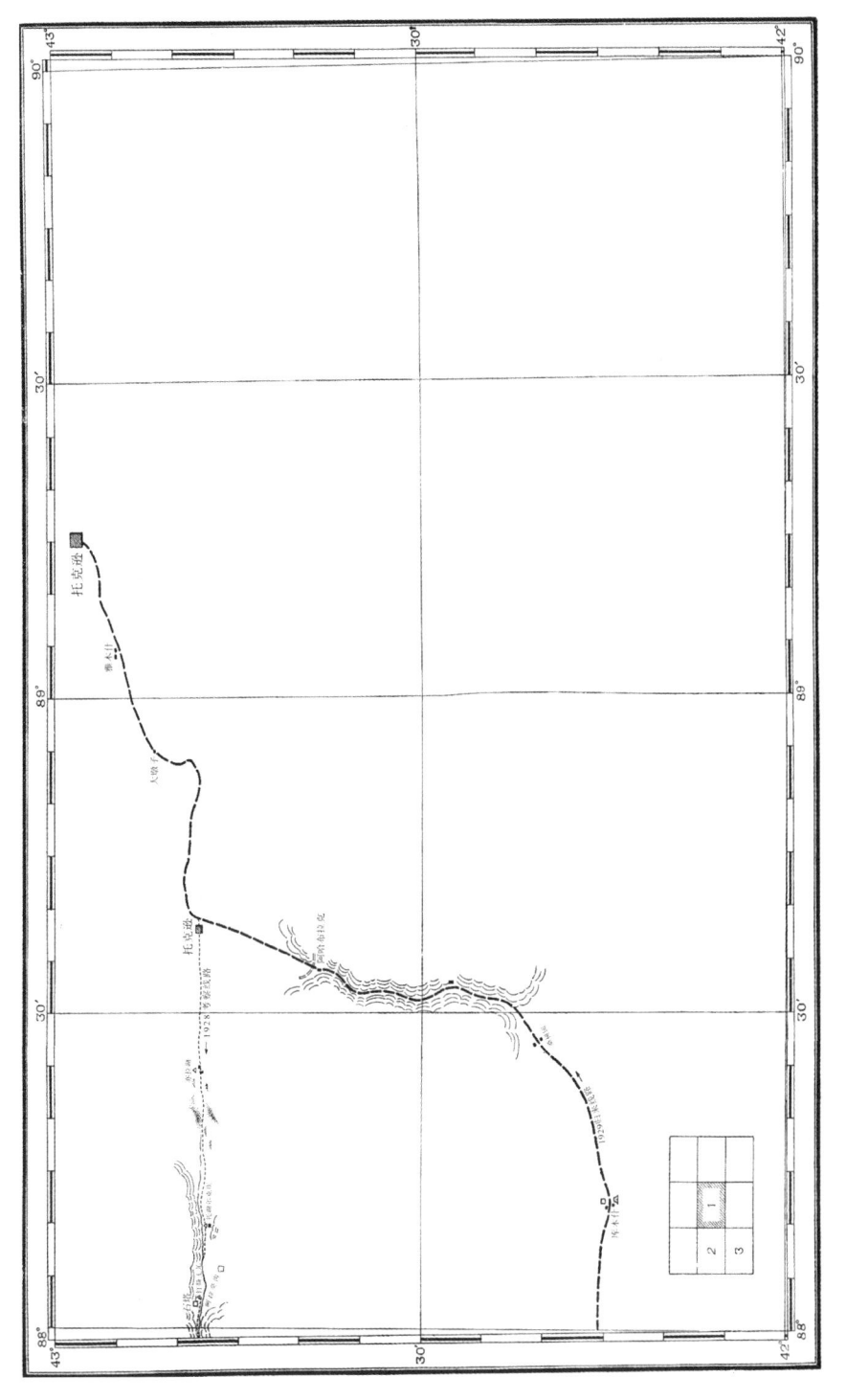

图一 塔里木盆地考察路线图 托克逊

一 考察经过

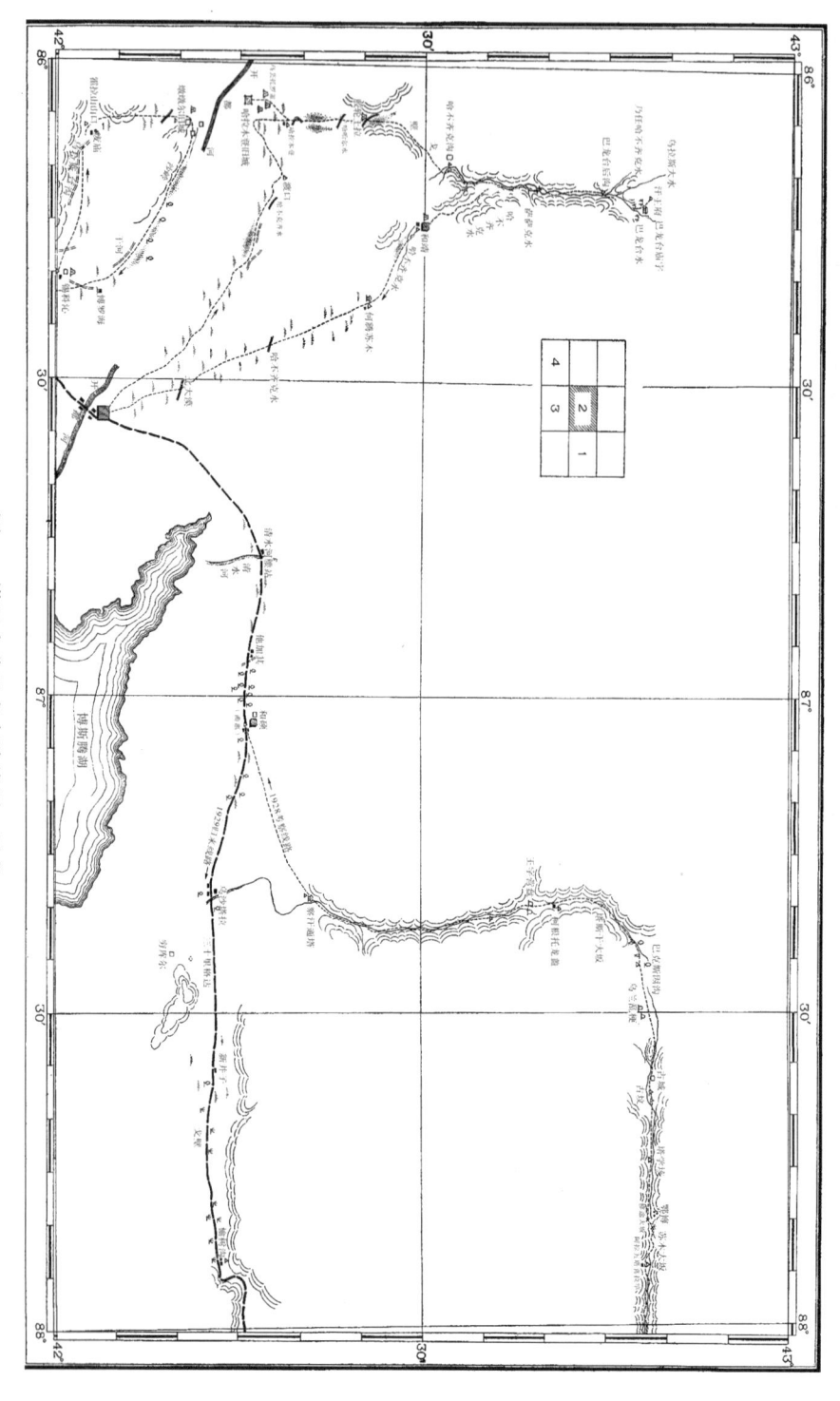

图二 塔里木盆地考察路线图 局部

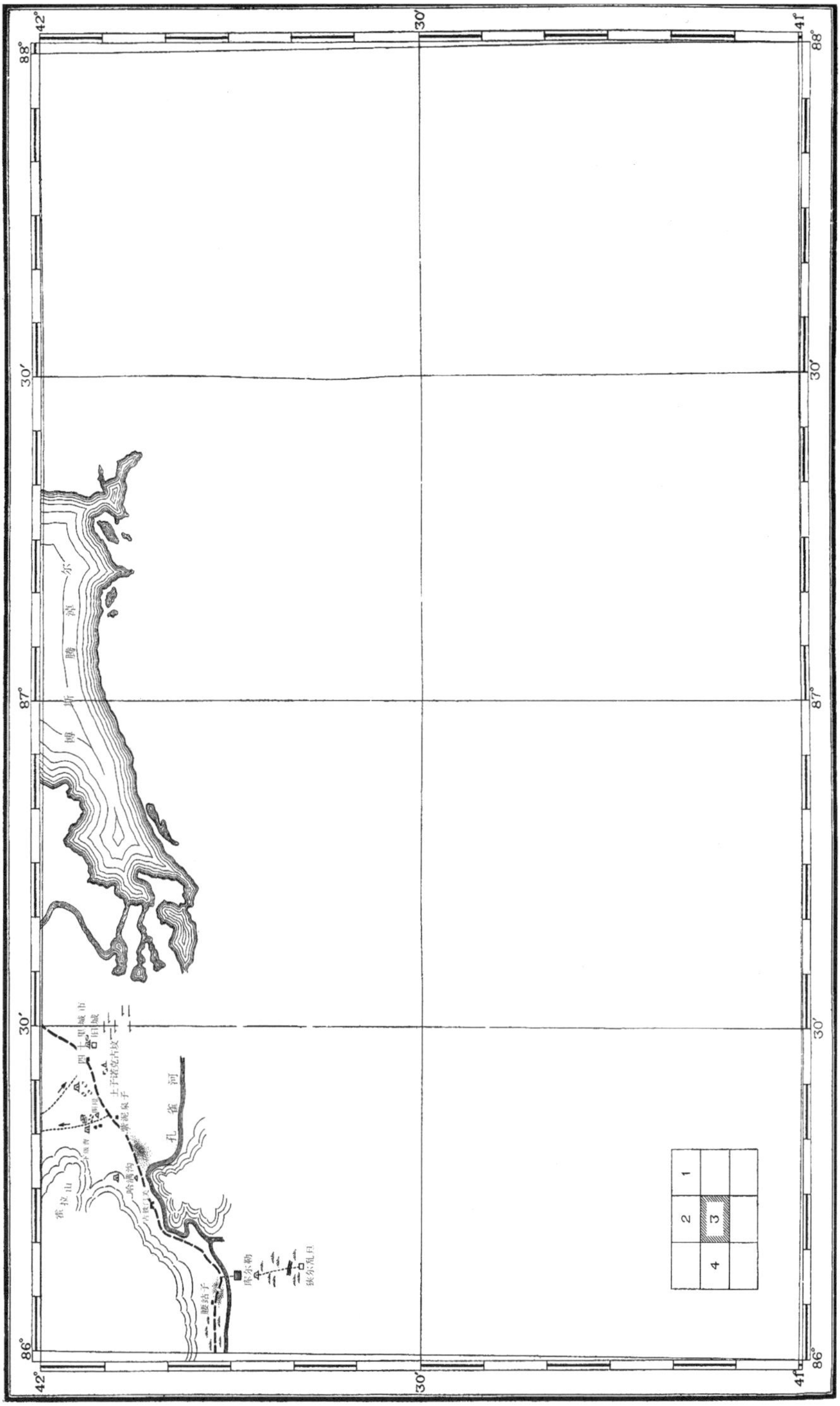

图三 塔里木盆地考察路线图 库尔勒

一 考察经过

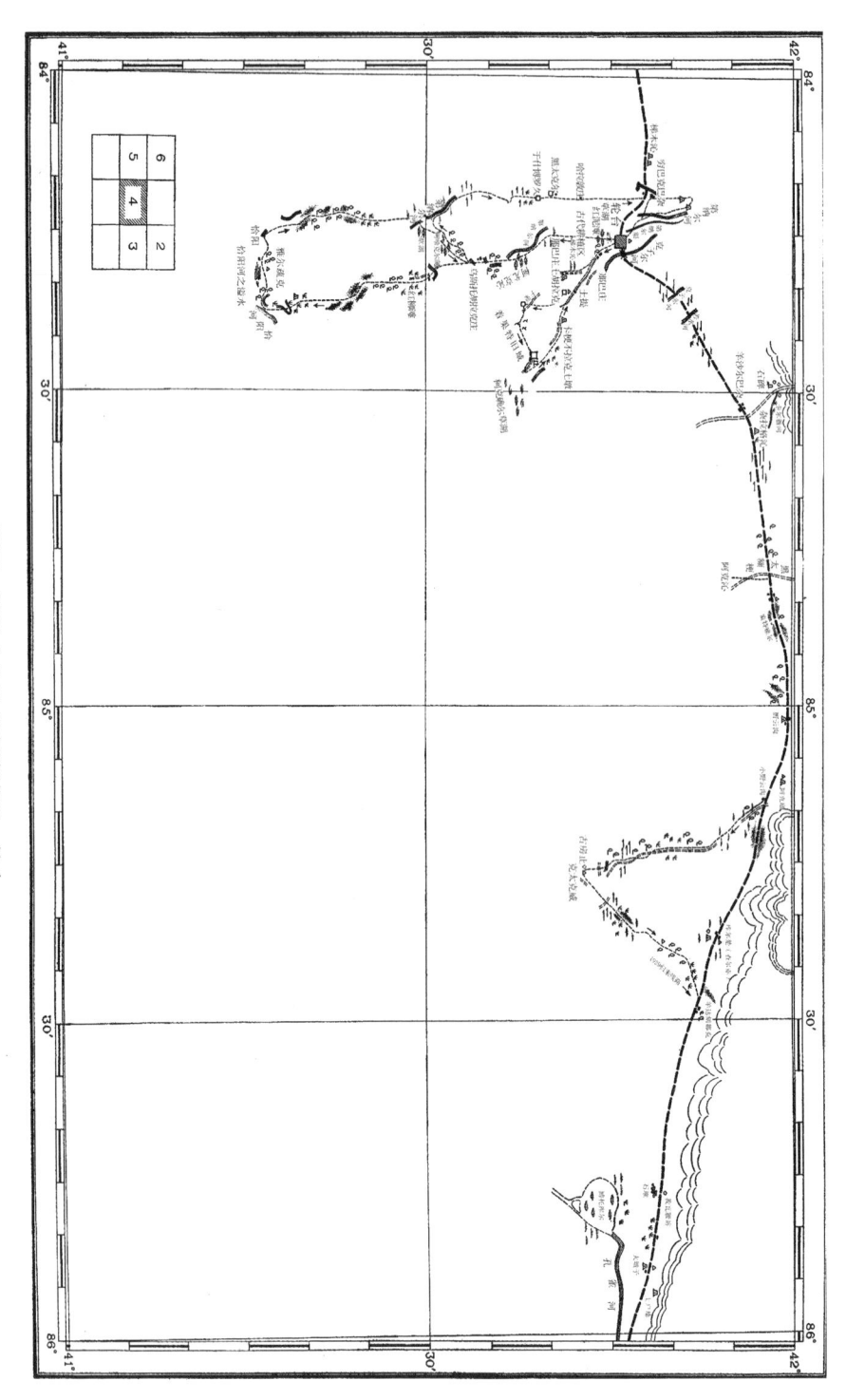

图四 塔里木盆地考察路线图 轮台

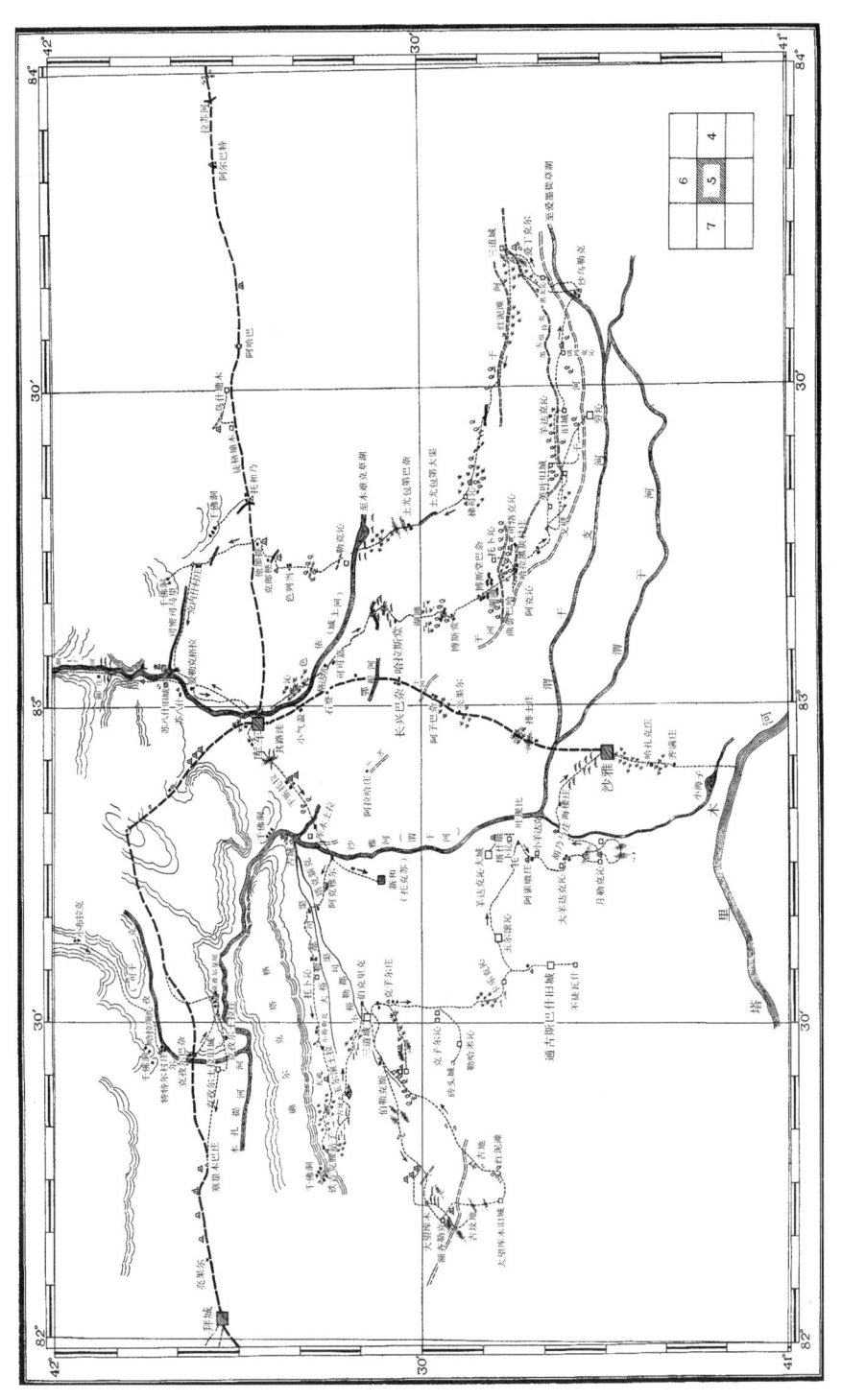

图五 塔里木盆地考察路线图 库车

一 考察经过

图六 塔里木盆地考察路线图 哈拉柯尔

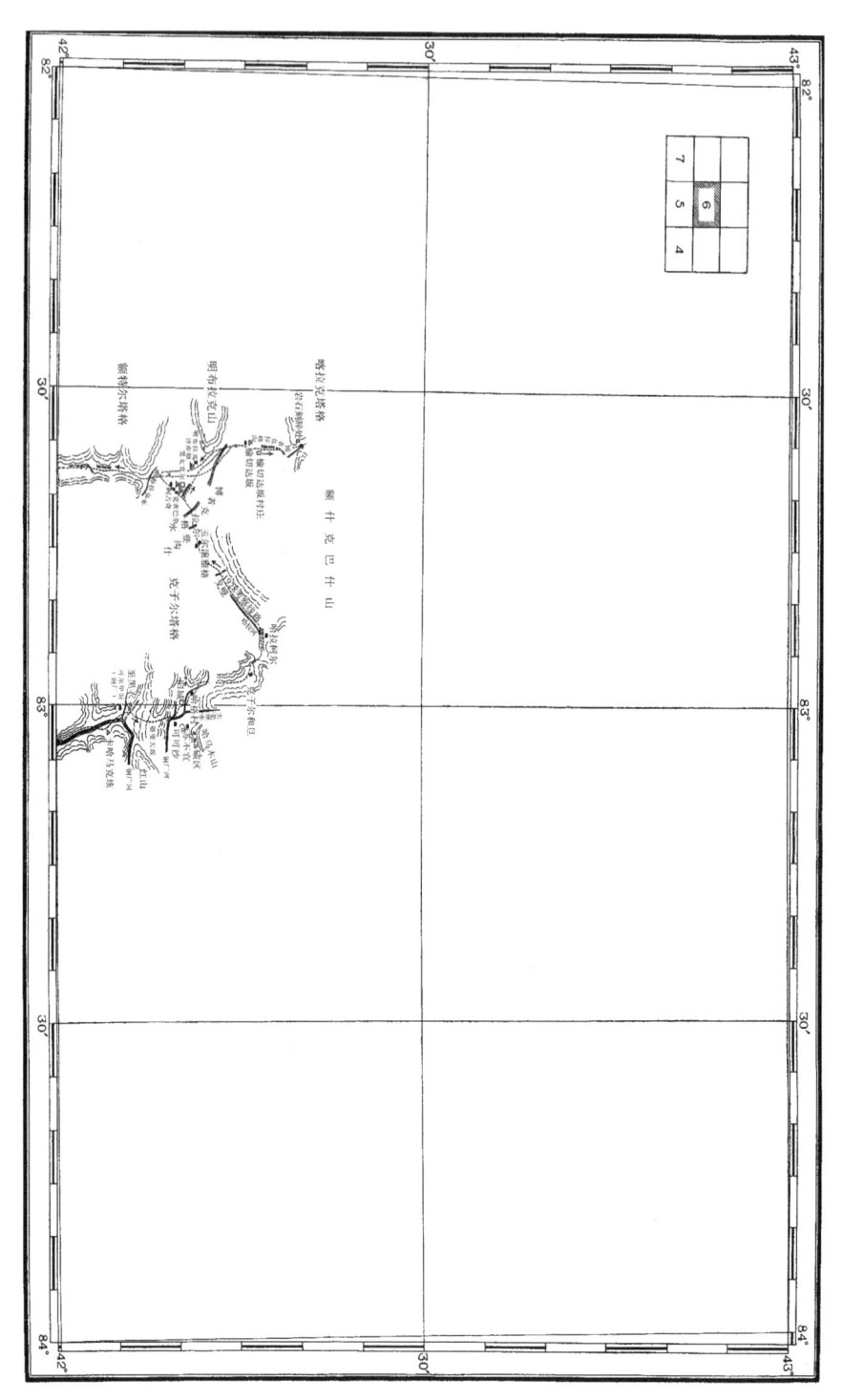

图七 塔里木盆地考察路线图 阿克苏

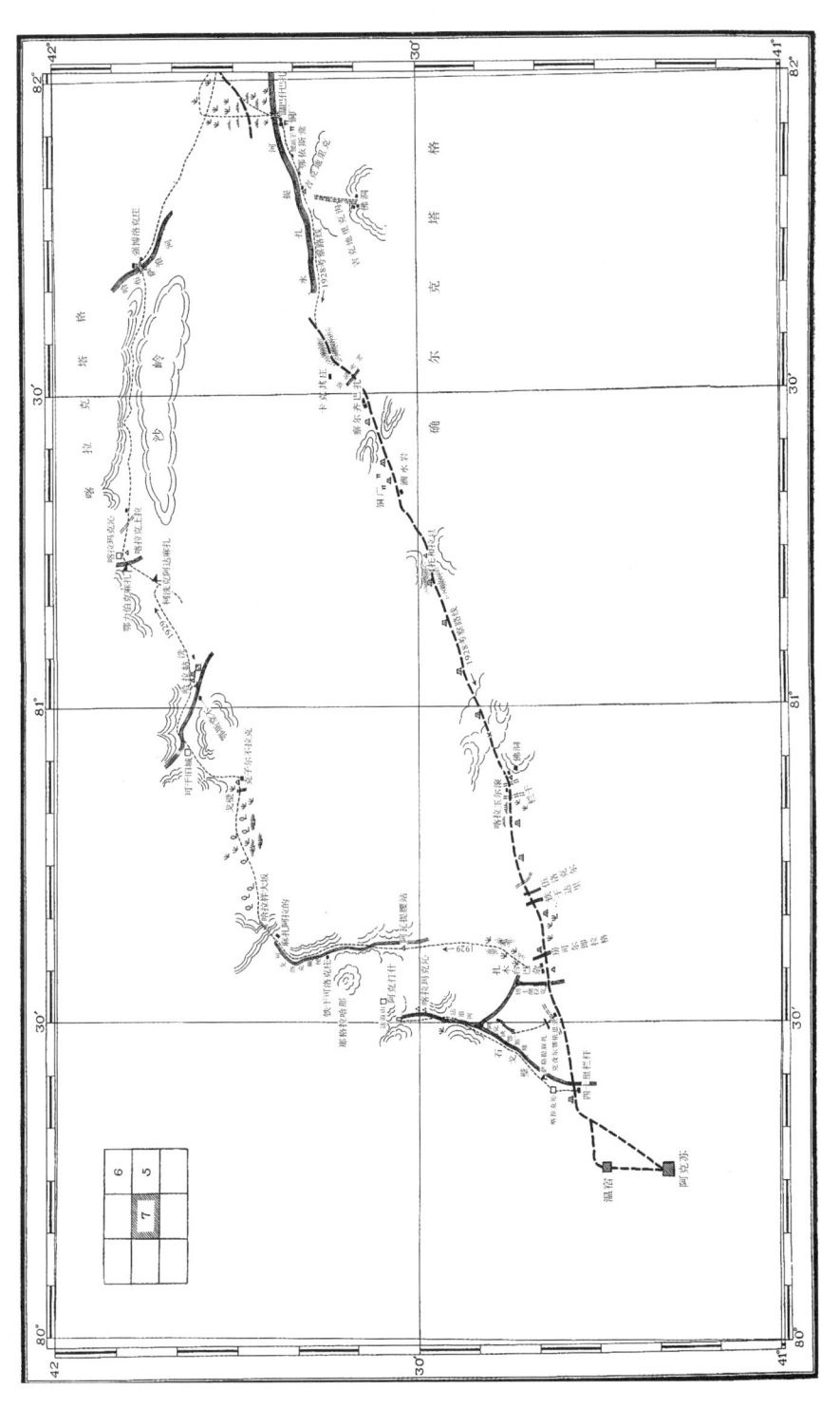

一 考察经过

插图一

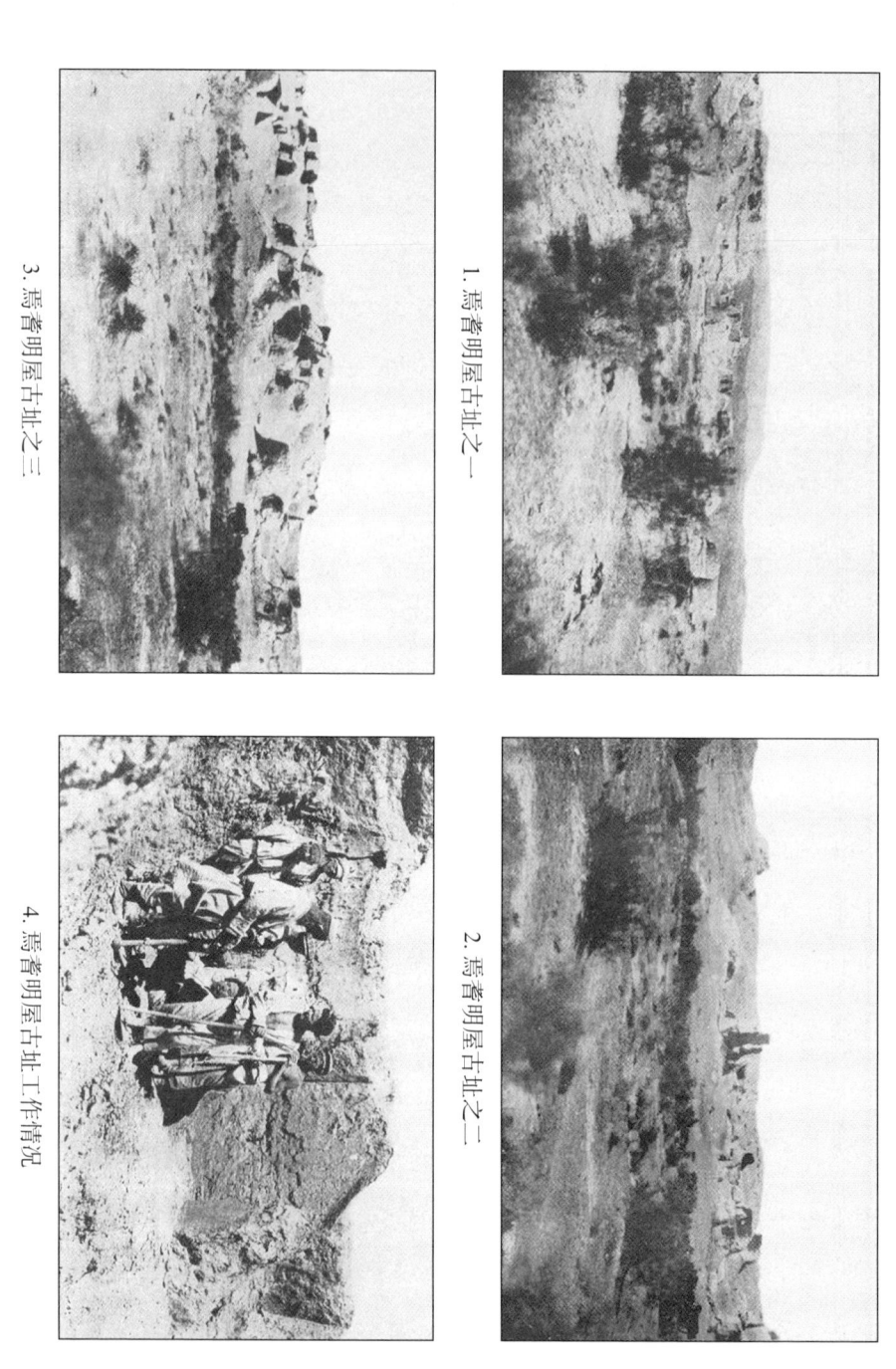

1. 焉耆明屋古址之一
2. 焉耆明屋古址之二
3. 焉耆明屋古址之三
4. 焉耆明屋古址工作情况

库木土拉佛洞

插 图 二

1. 裕勒都司巴克古址

2. 月勒克沁旧城

3. 库车附近之古址

4. 库车城内之脉札

插图三

1. 库车苏巴什古城塔之一

2. 库车苏巴什古城塔之二

插图四

1. 博者克拉格沟口

2. 博者克拉格沟石垒

3. 博者克拉格沟岩石刻辞

插 图 五

1. 克孜尔明屋佛洞之一

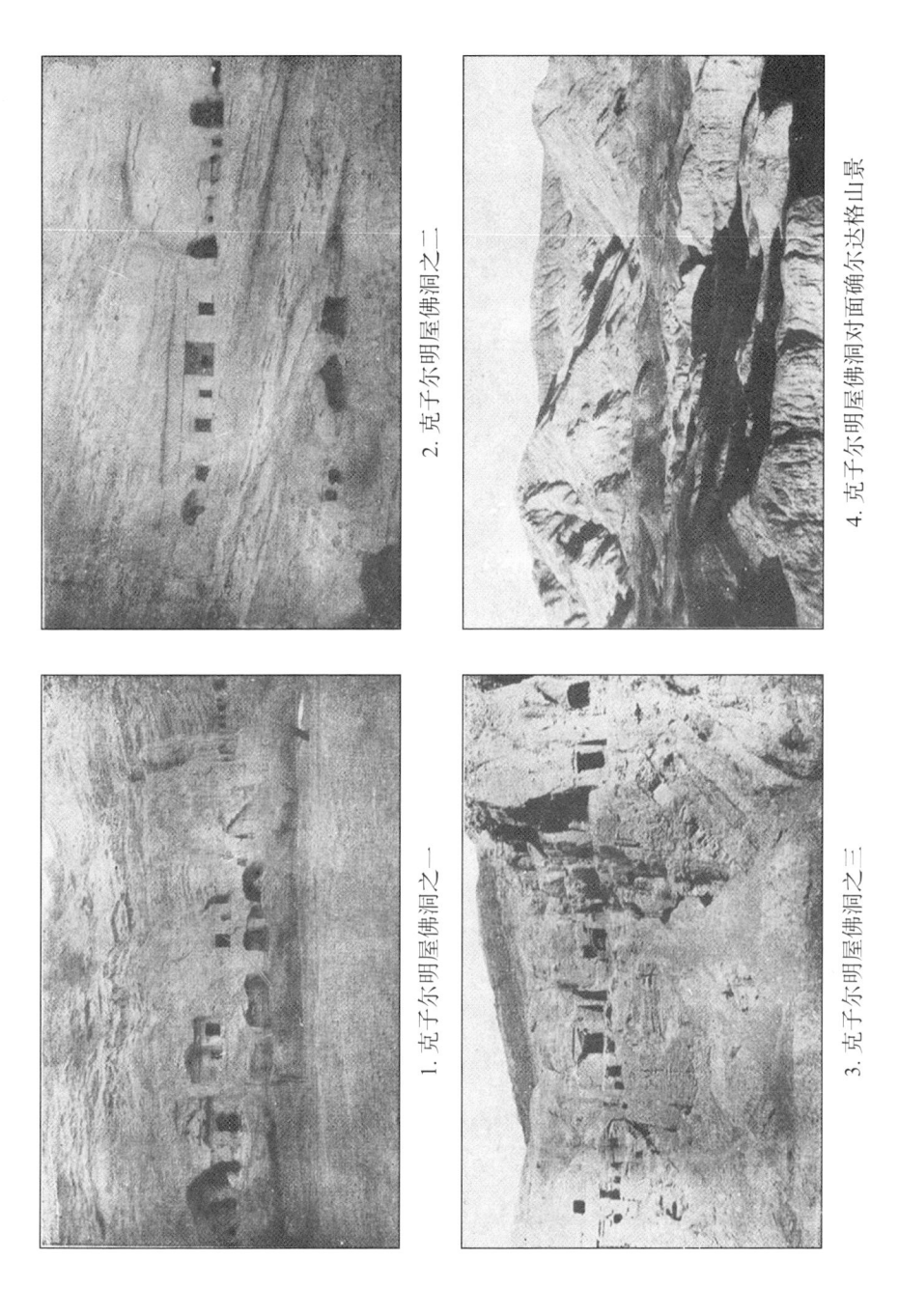

2. 克孜尔明屋佛洞之二

3. 克孜尔明屋佛洞之三

4. 克孜尔明屋佛洞对面确尔达格山景

插 图 六

1. 大沙漠中旅行队之一

2. 沙漠中旅行队之二

3. 和阗塔克拉马堪大沙漠之一

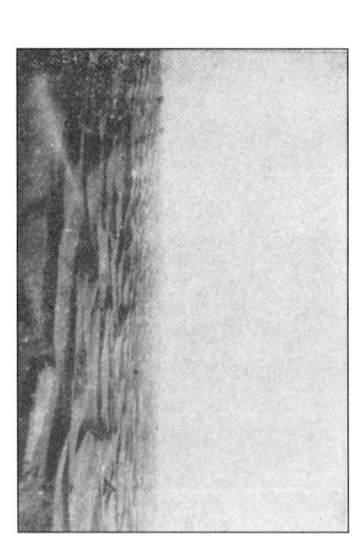

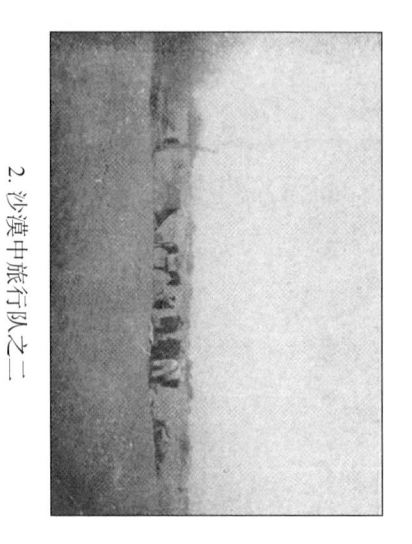

4. 和阗塔克拉马堪大沙漠之二

插图七

1. 喀拉墩古址之一

2. 喀拉墩古址之二

3. 喀拉墩古址之三

4. 叶城山中不尔项之佛洞

5. 叶城山中不尔项佛洞之石刻

6. 奇盘山山景

附图一 焉耆明屋古址图

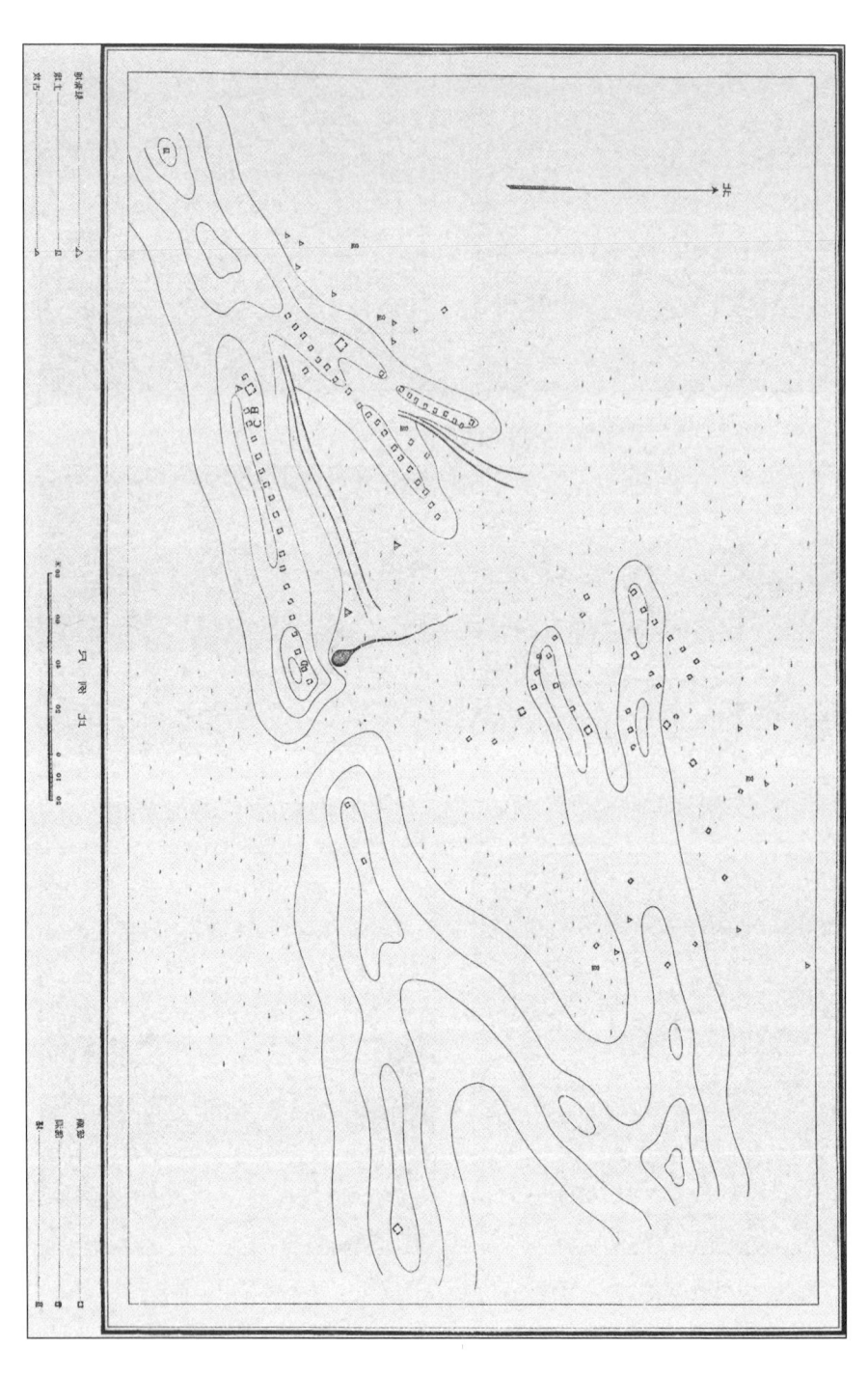

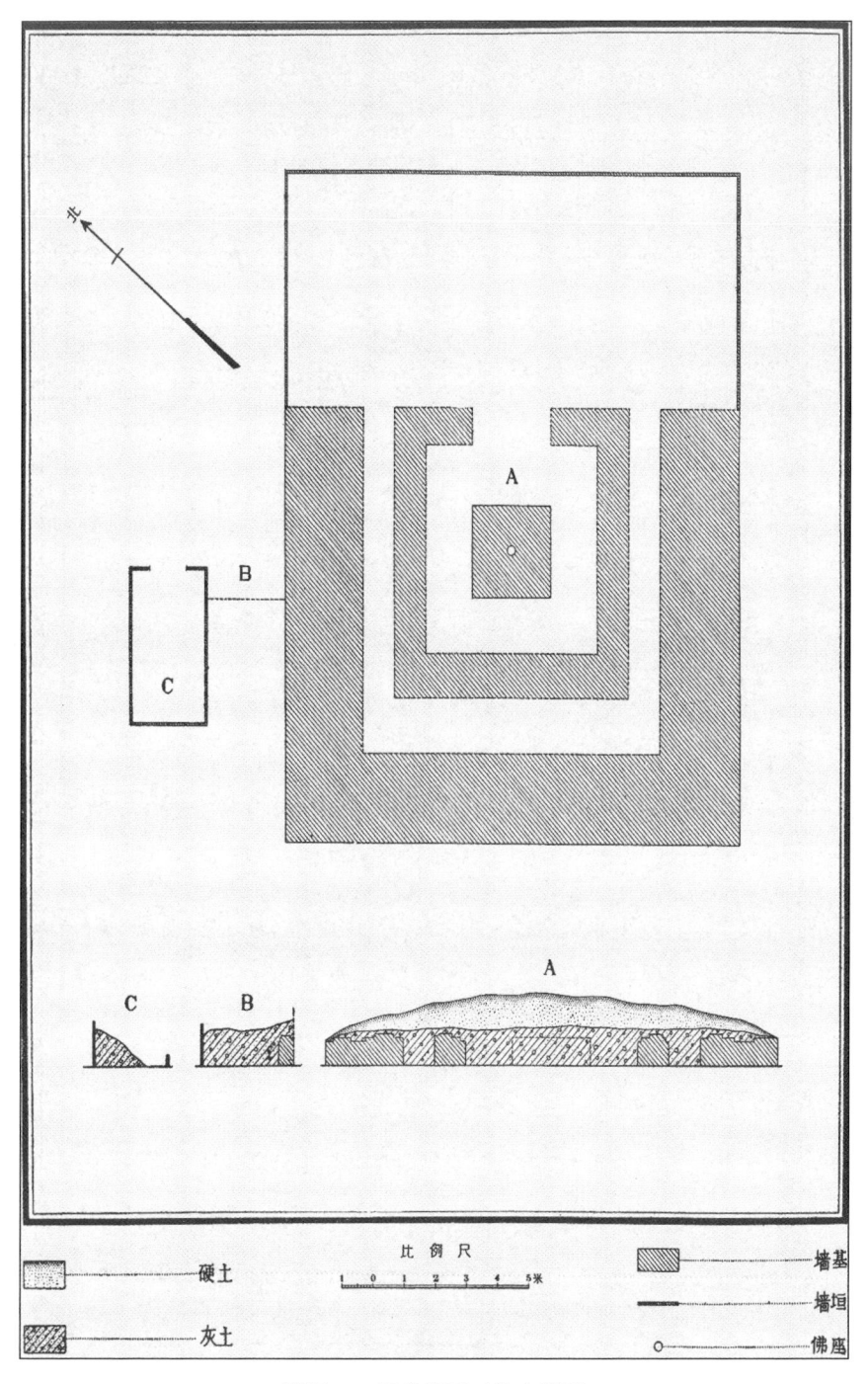

附图二　焉耆明屋工作大殿图

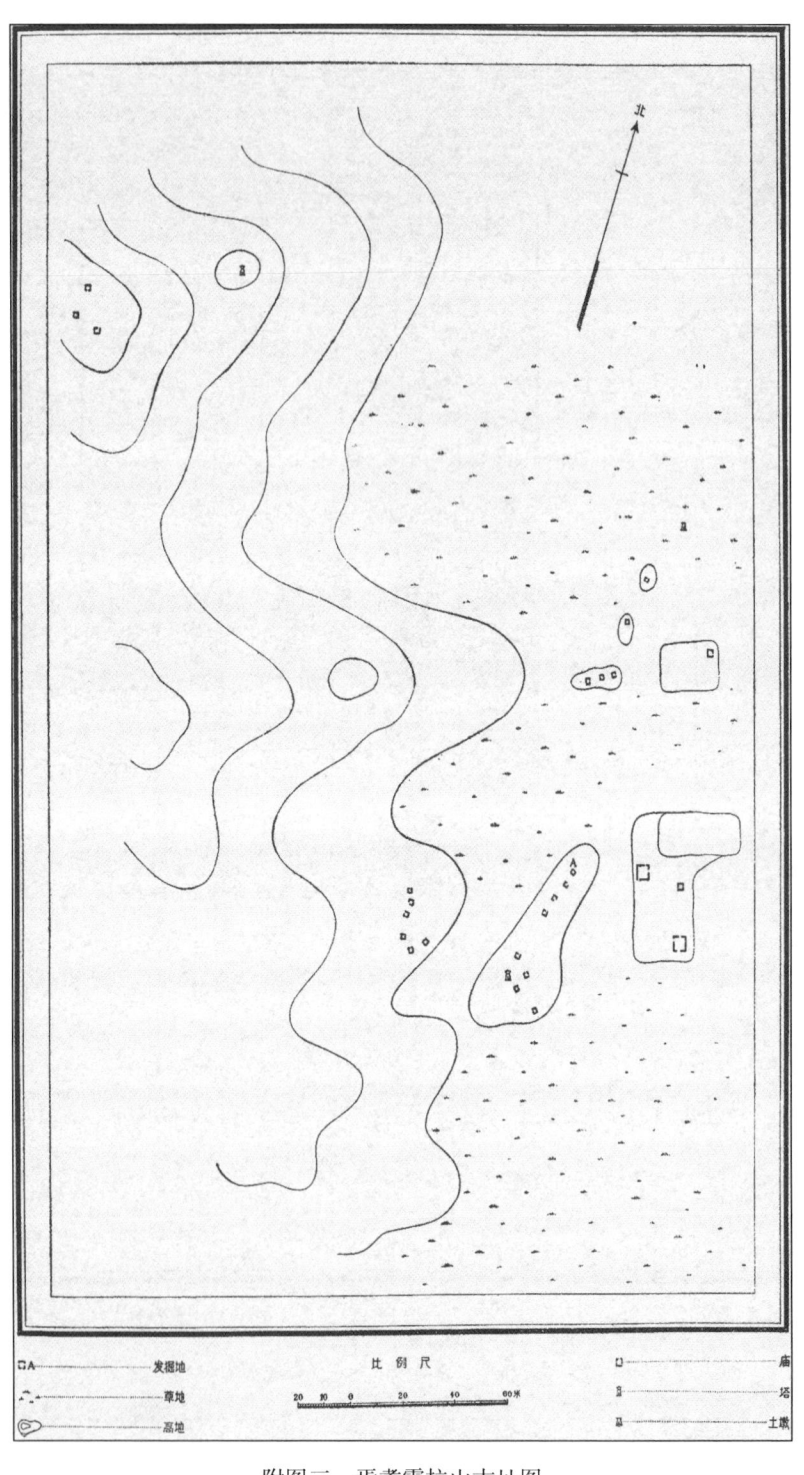

附图三　焉耆霍拉山古址图

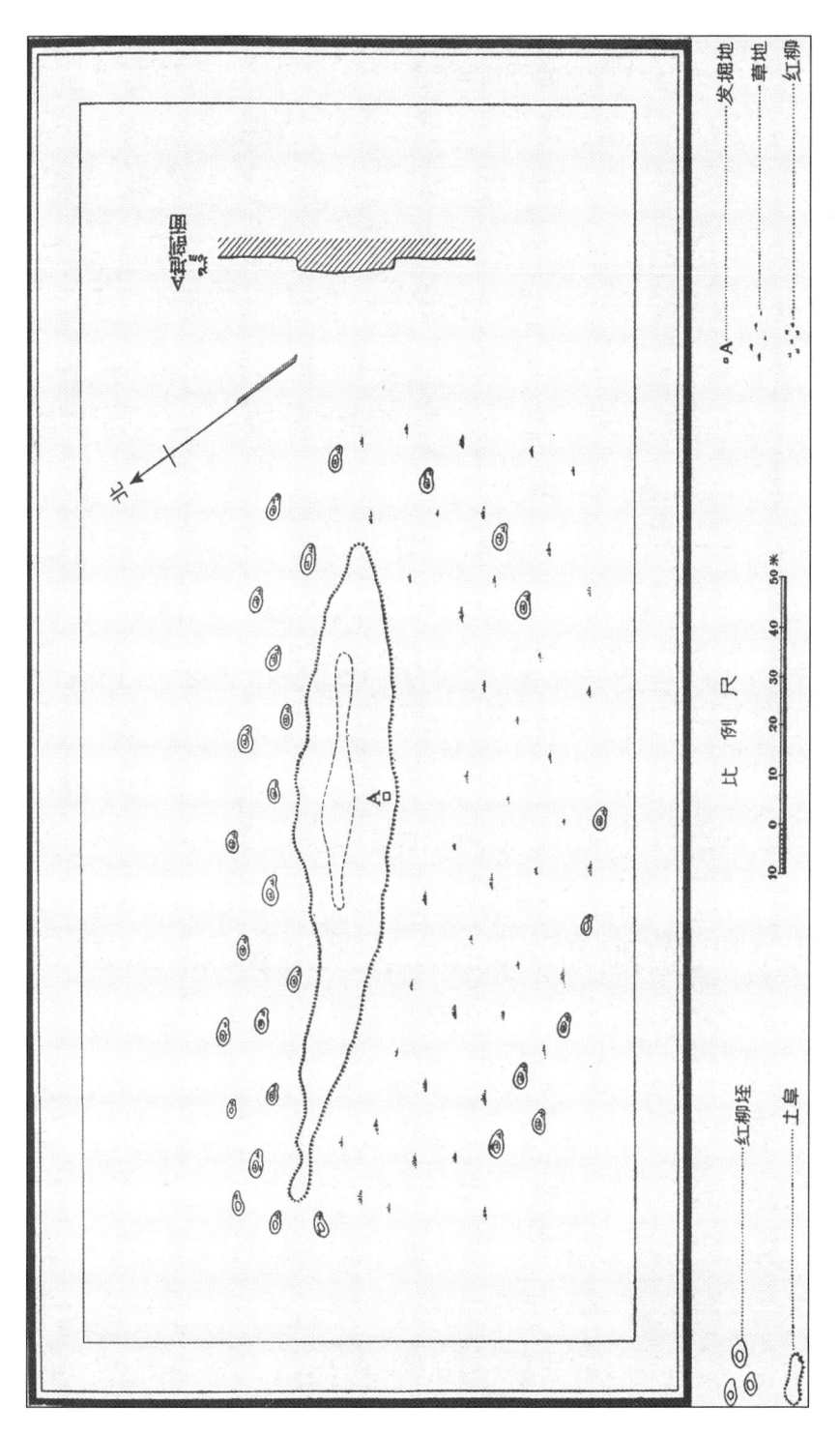

附图四　焉耆四十里城市盐湖畔古坟工作图

一　考察经过

1. 锡科沁旧城

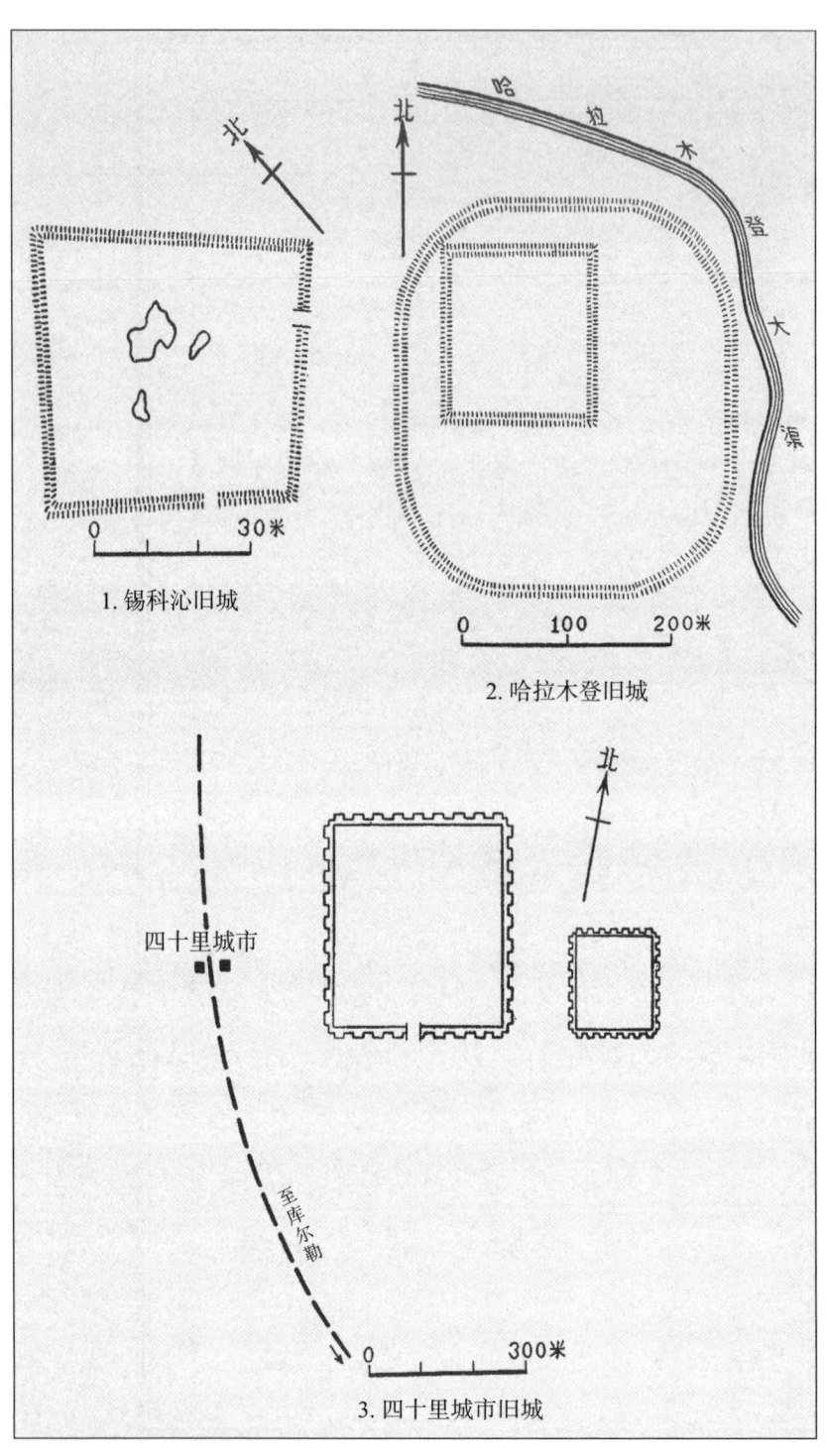

2. 哈拉木登旧城

四十里城市

至库尔勒

3. 四十里城市旧城

附图五

1. 黑太沁旧城

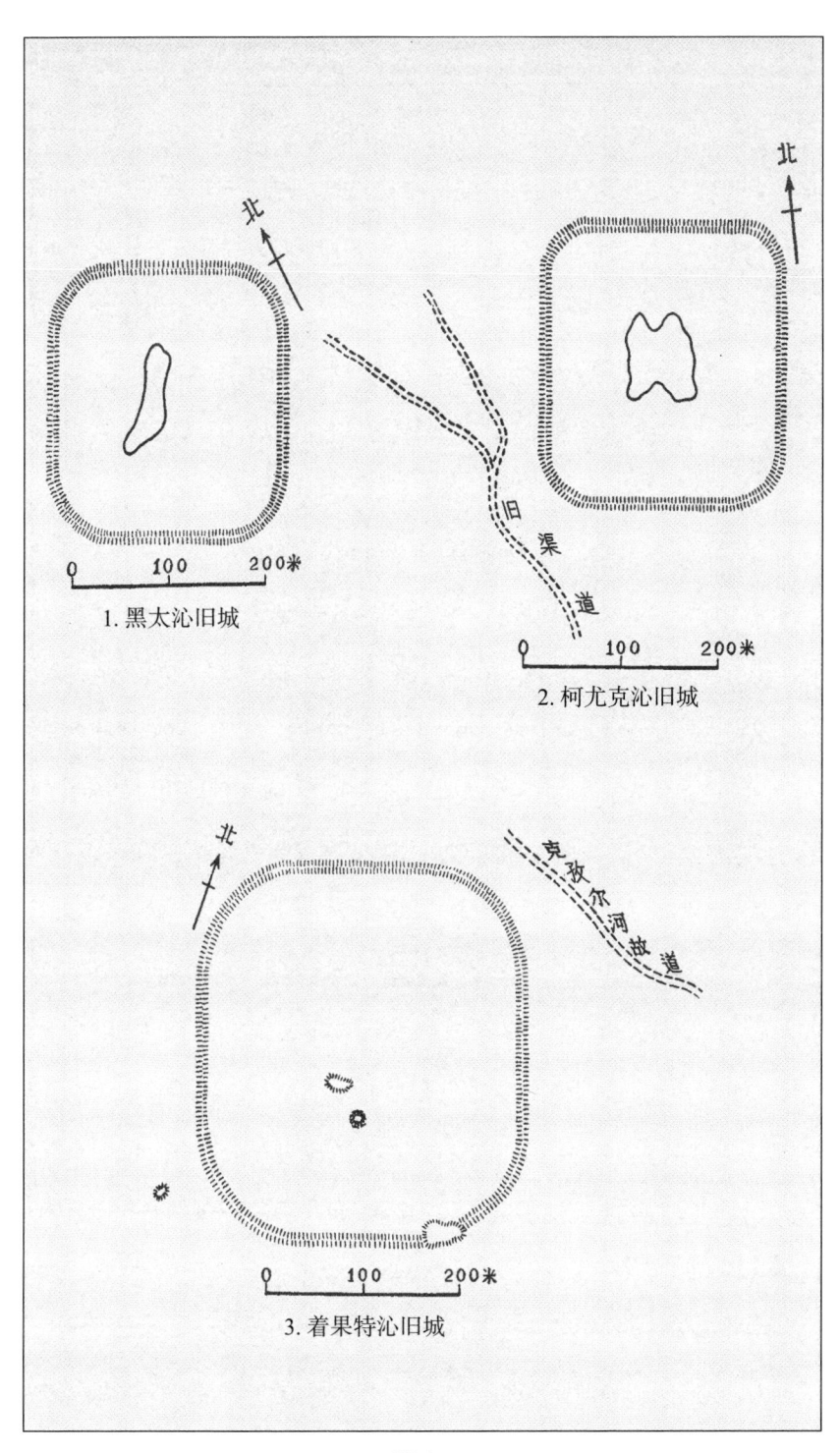

2. 柯尤克沁旧城

3. 着果特沁旧城

附图六

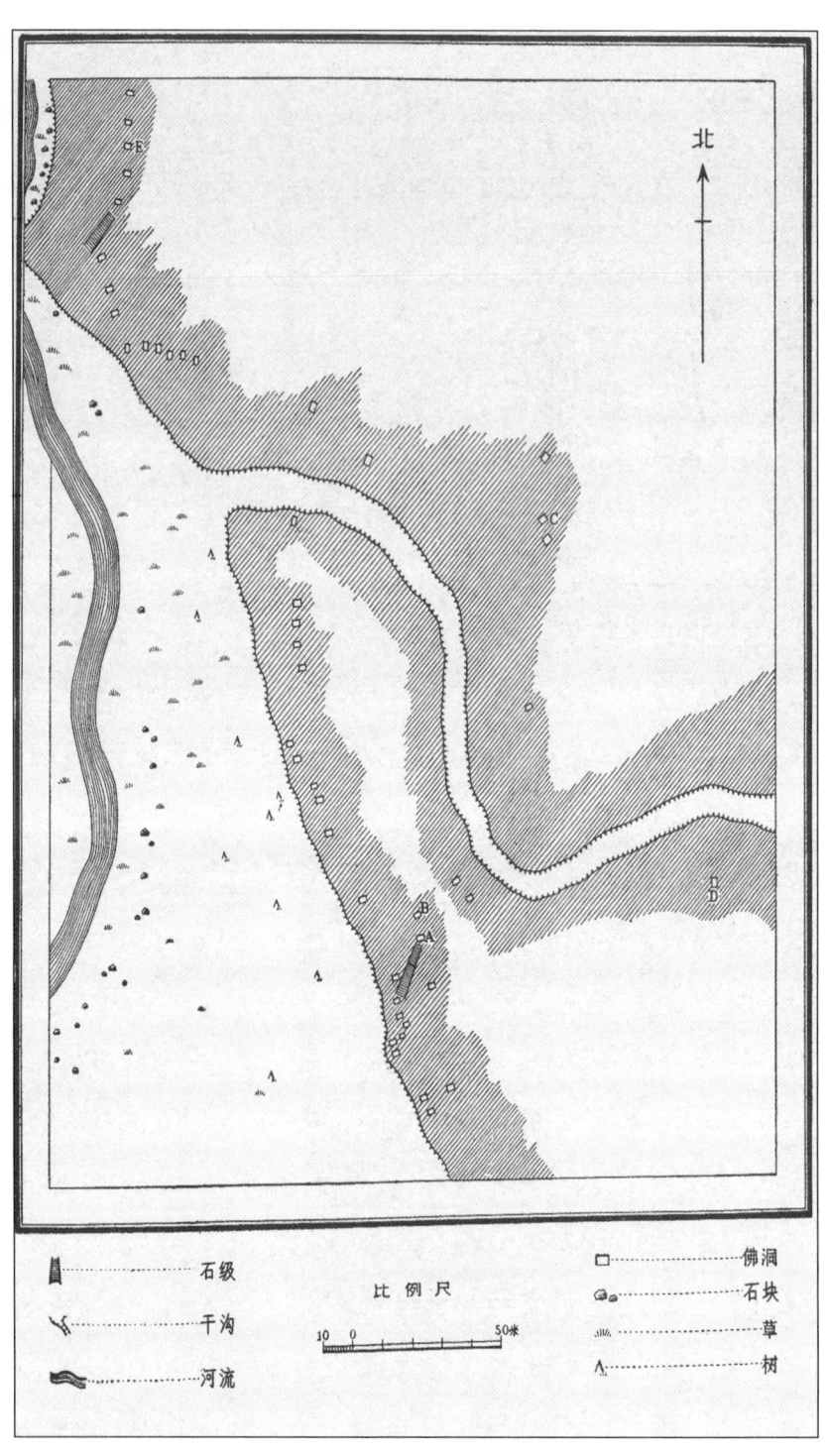

附图七 库木土拉千佛洞图

附图八 库木土拉佛洞写生（钢笔画）

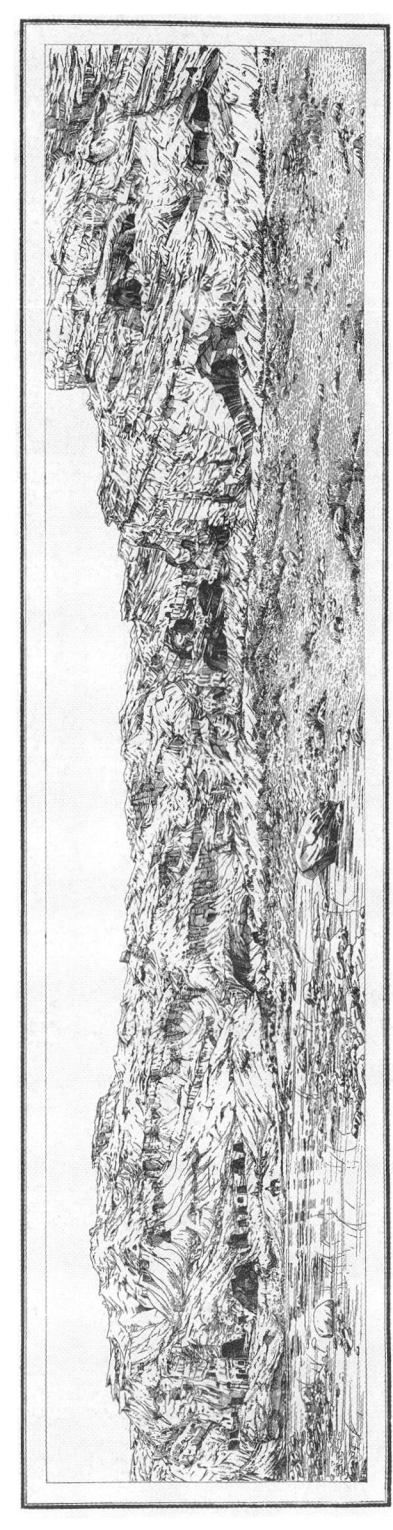

一 考察经过

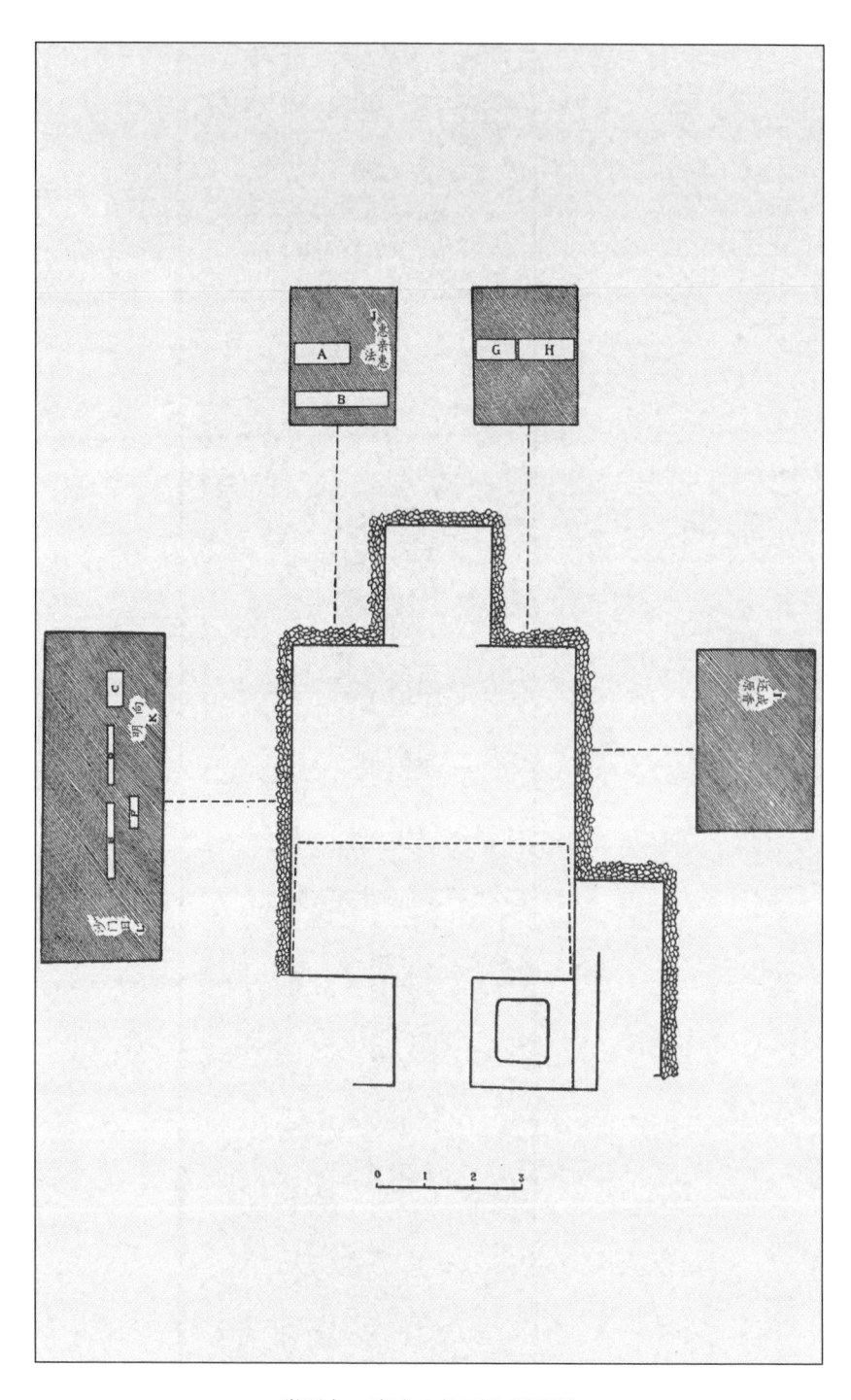

附图九　库木土拉石室刻石图

124　　　　　　　　　　　　　　　　　　　　　　塔里木盆地考古记

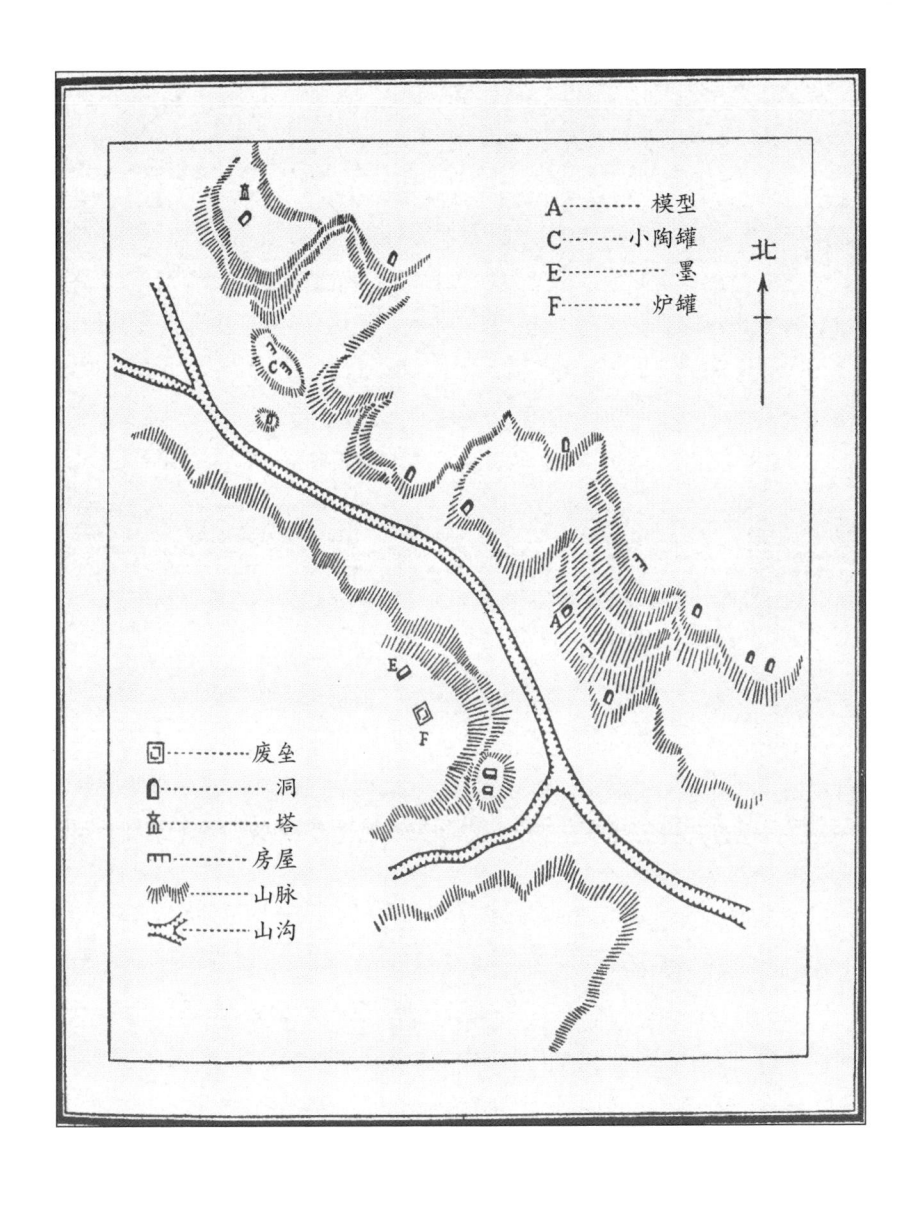

附图十　铁吉克千佛洞略图

1. 克子尔沁旧城

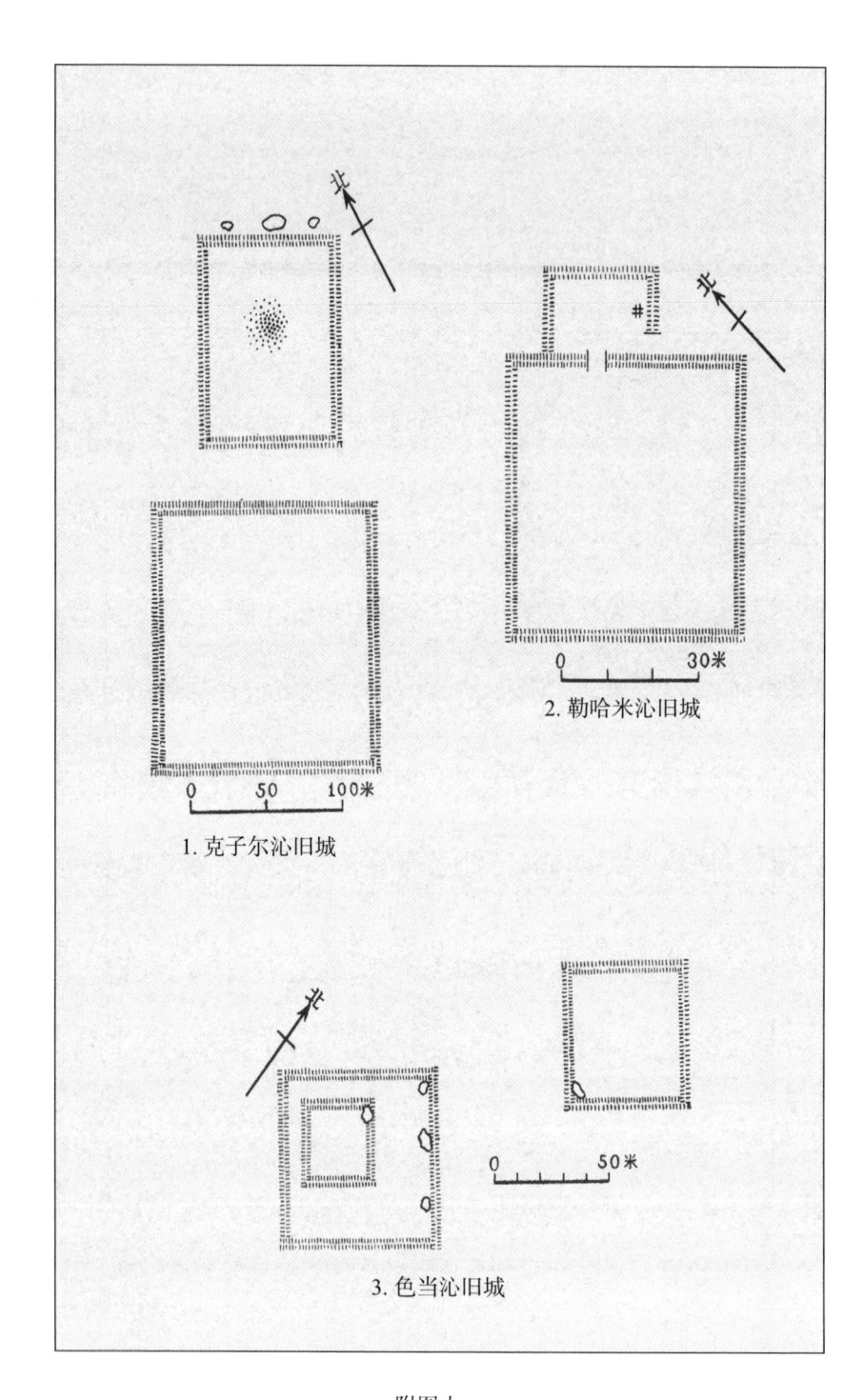

2. 勒哈米沁旧城

3. 色当沁旧城

附图十一

1. 通古斯巴什旧城

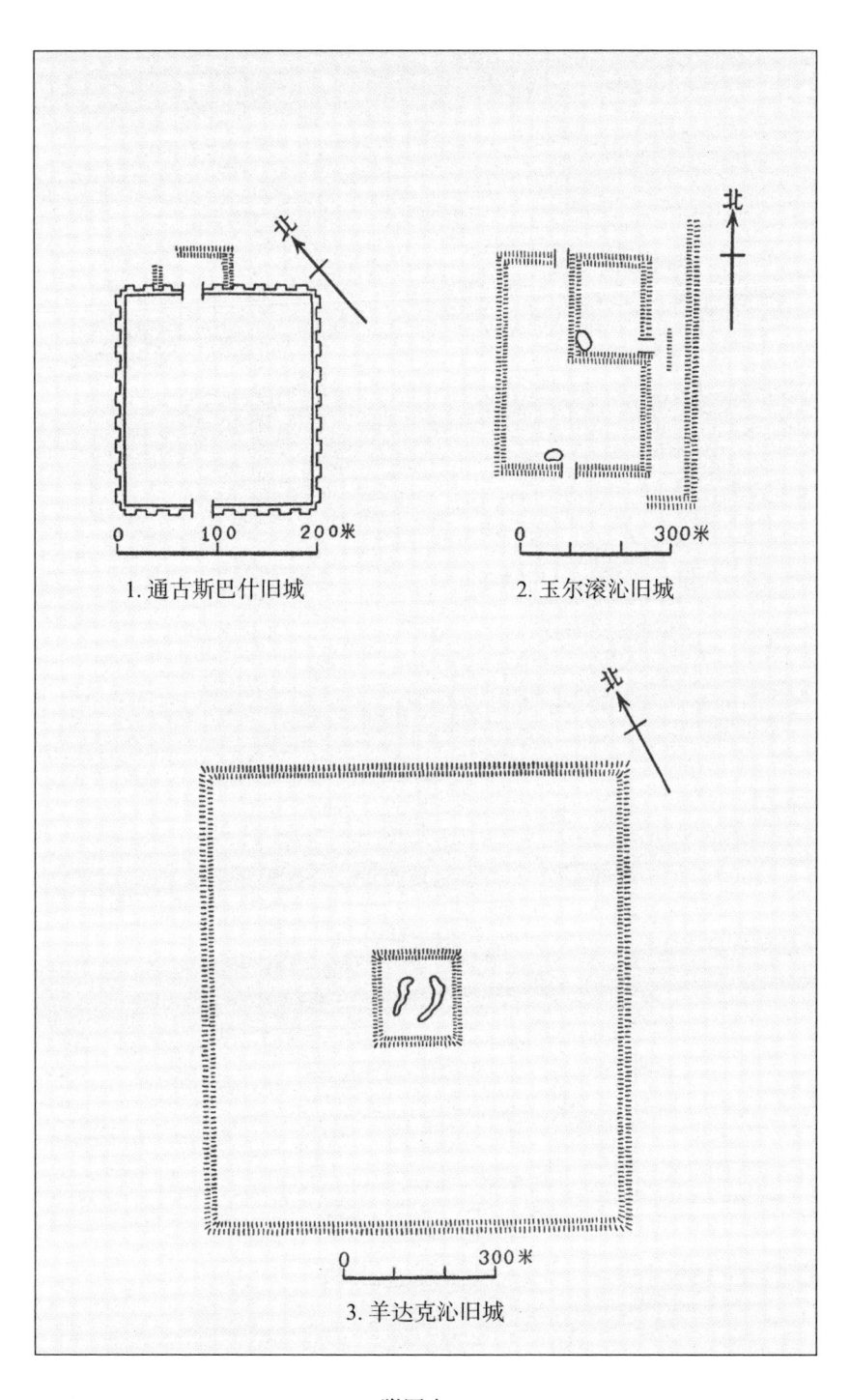

2. 玉尔滚沁旧城

3. 羊达克沁旧城

附图十二

1. 黑太沁旧城　　2. 月勒克沁旧城

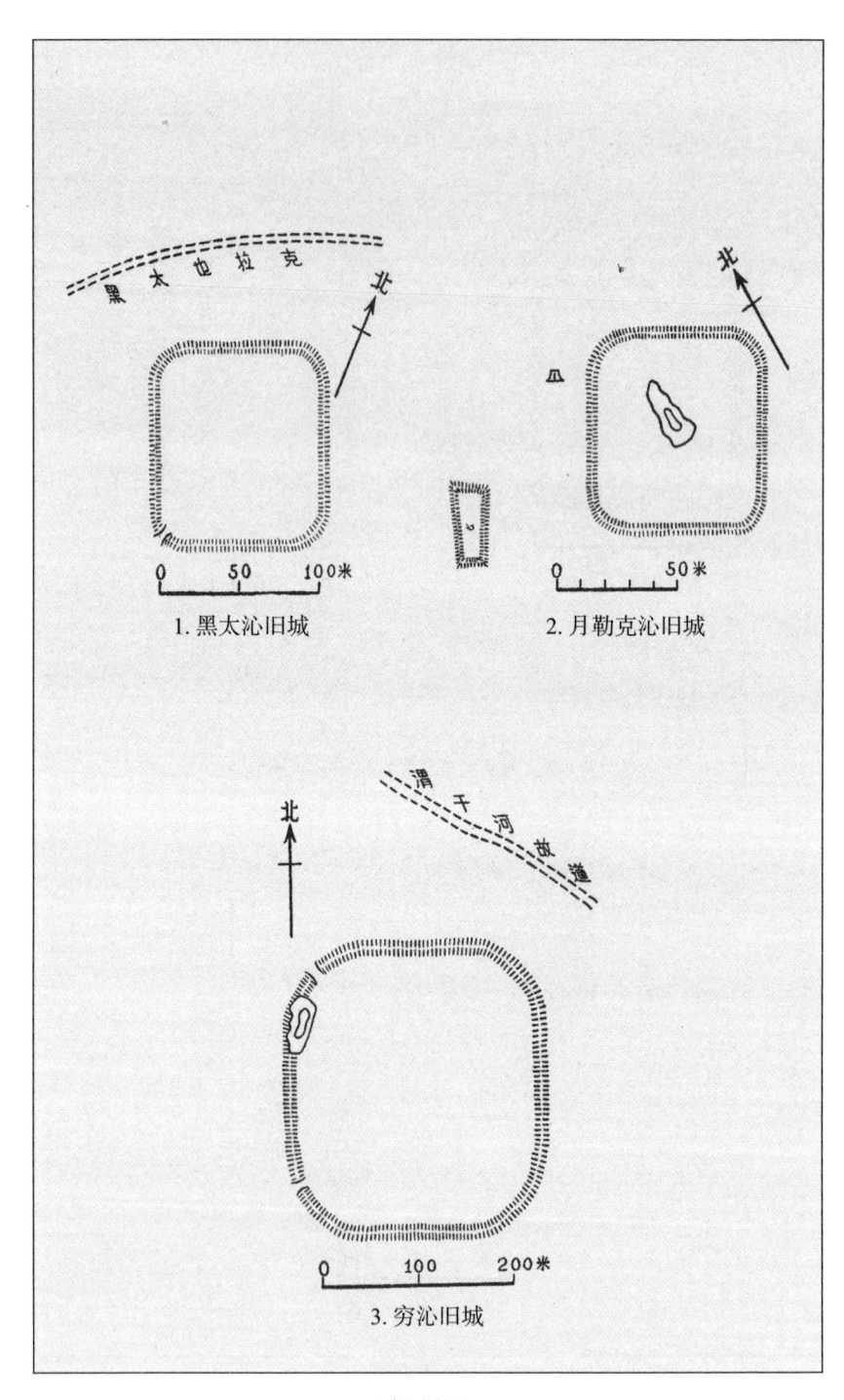

3. 穷沁旧城

附图十三

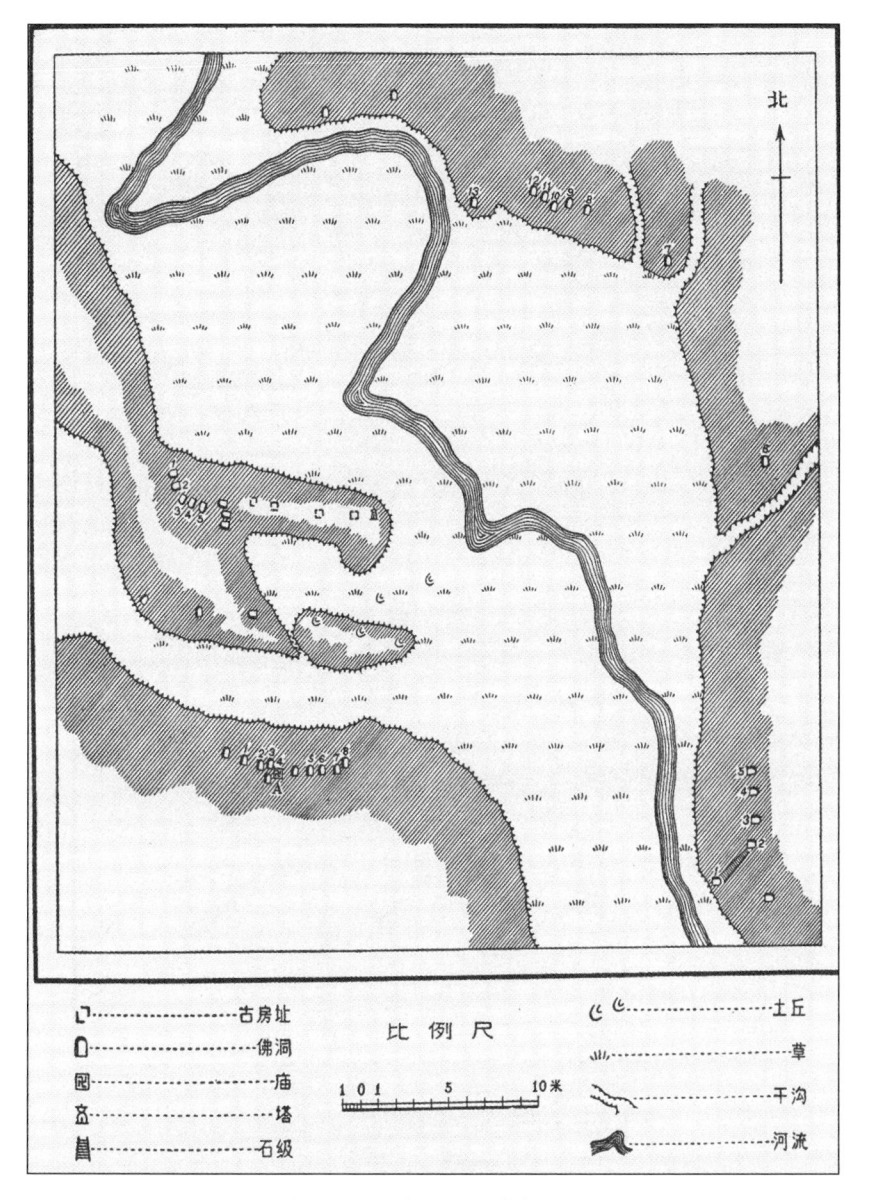

附图十四　库车克内什古址图

一　考察经过

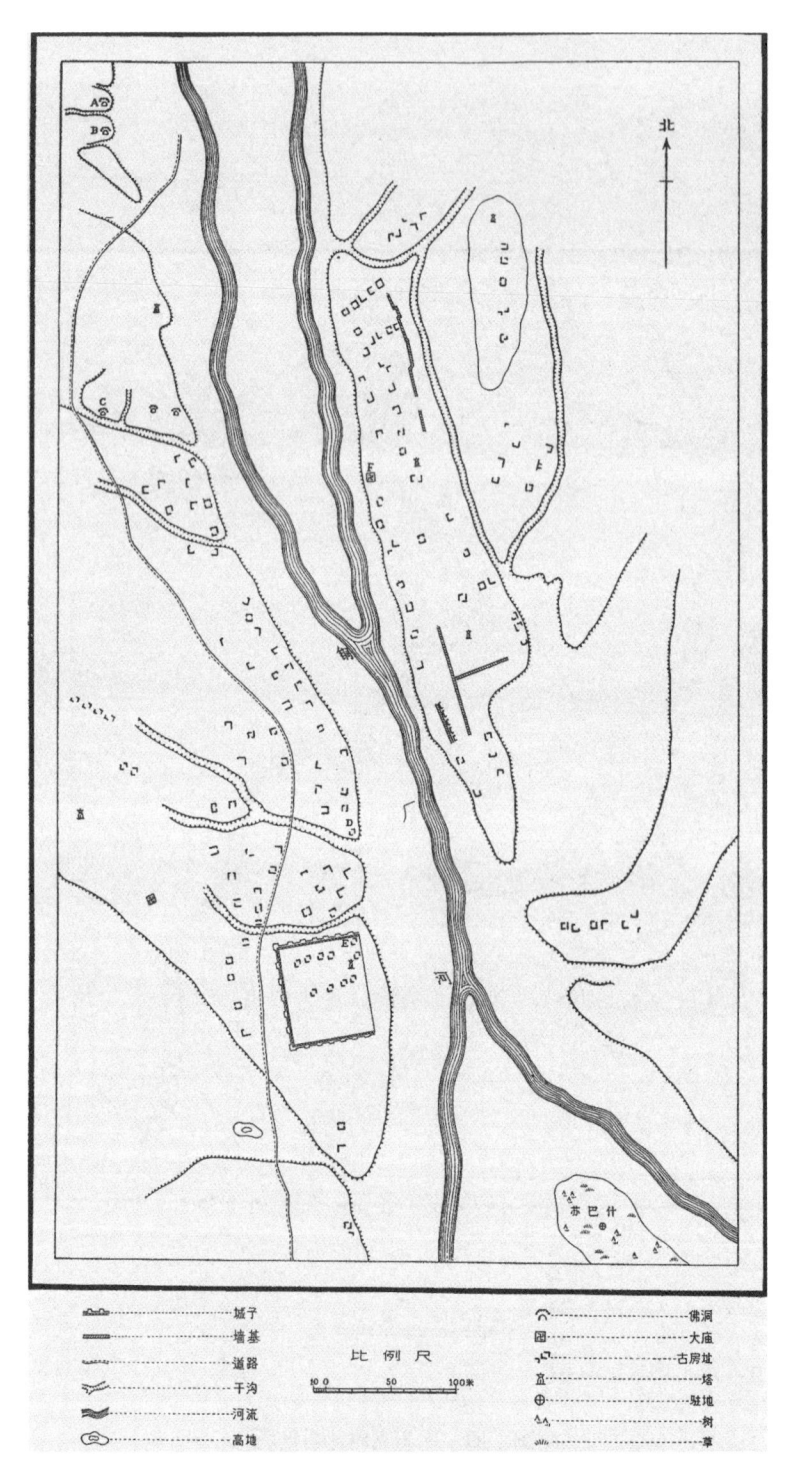

附图十五　库车苏巴什古城图

附图十六　克孜尔明屋佛洞分布图

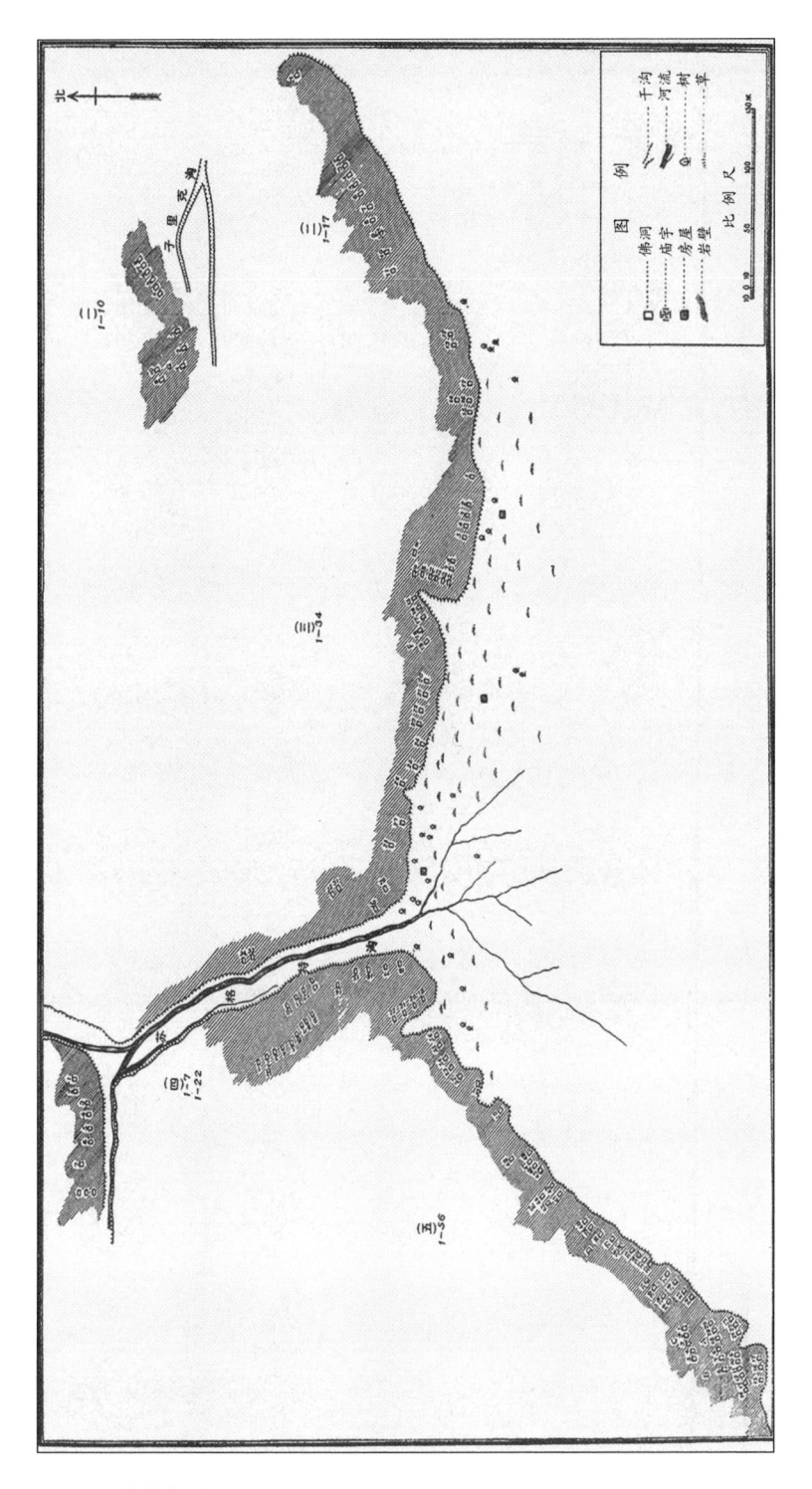

一　考察经过

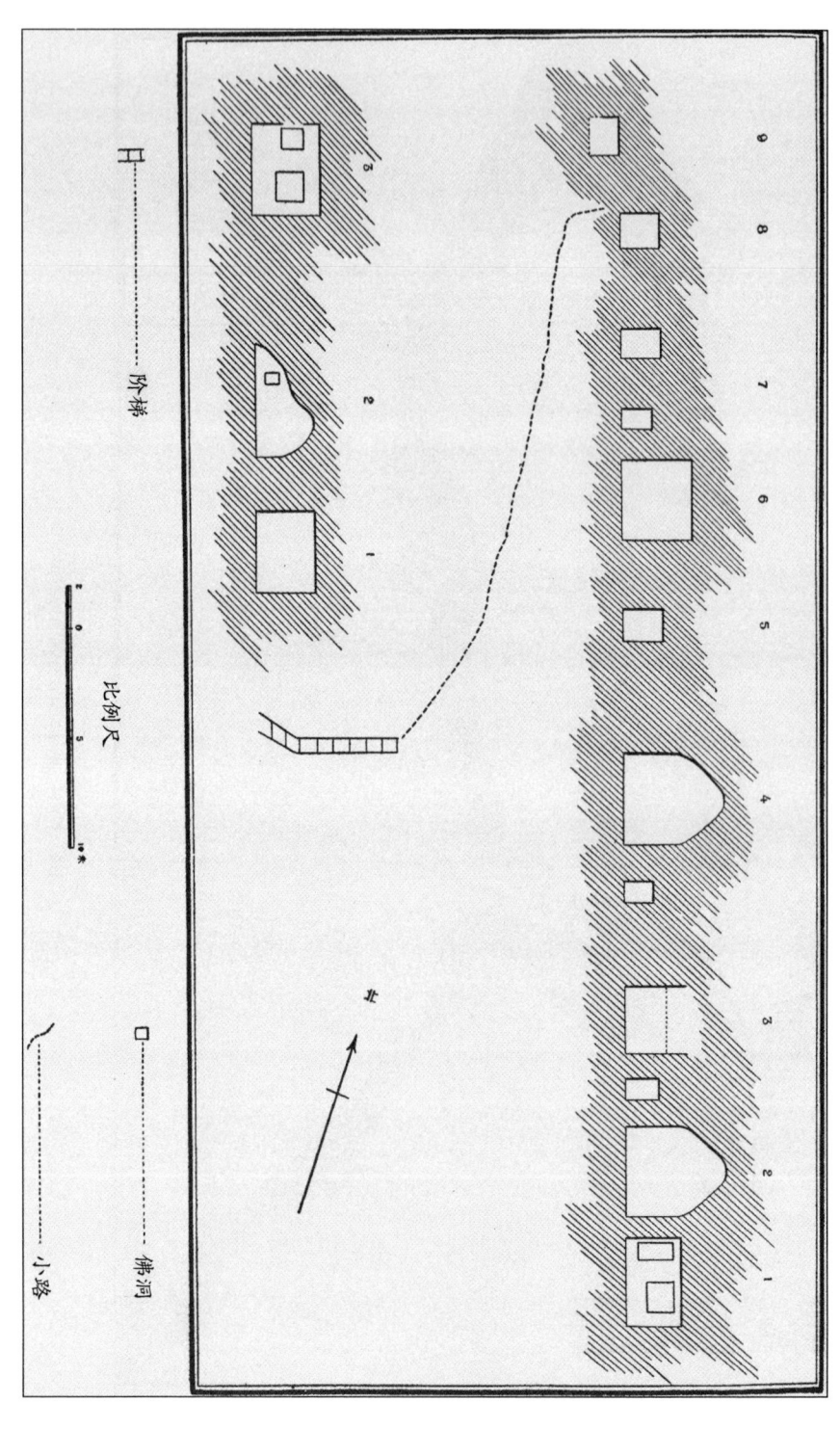

附图十七　克孜尔明屋苏格特沟西上下层佛洞排列图

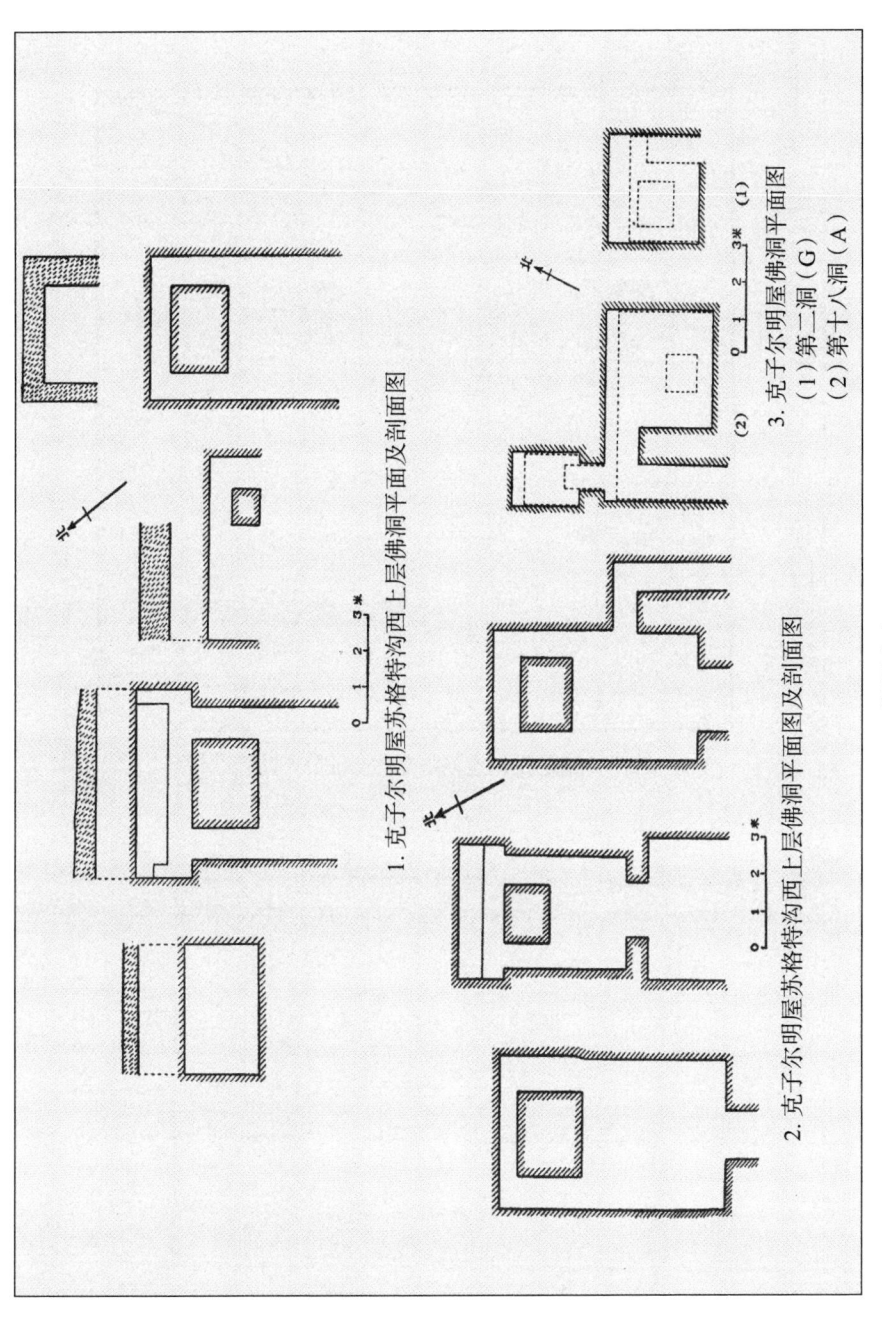

1. 克子尔明屋苏格特沟西上层佛洞平面及剖面图
2. 克子尔明屋苏格特沟西上层佛洞平面图及剖面图
3. 克子尔明屋佛洞平面图
   (1) 第二洞（G）
   (2) 第十八洞（A）

附图十八

一　考察经过

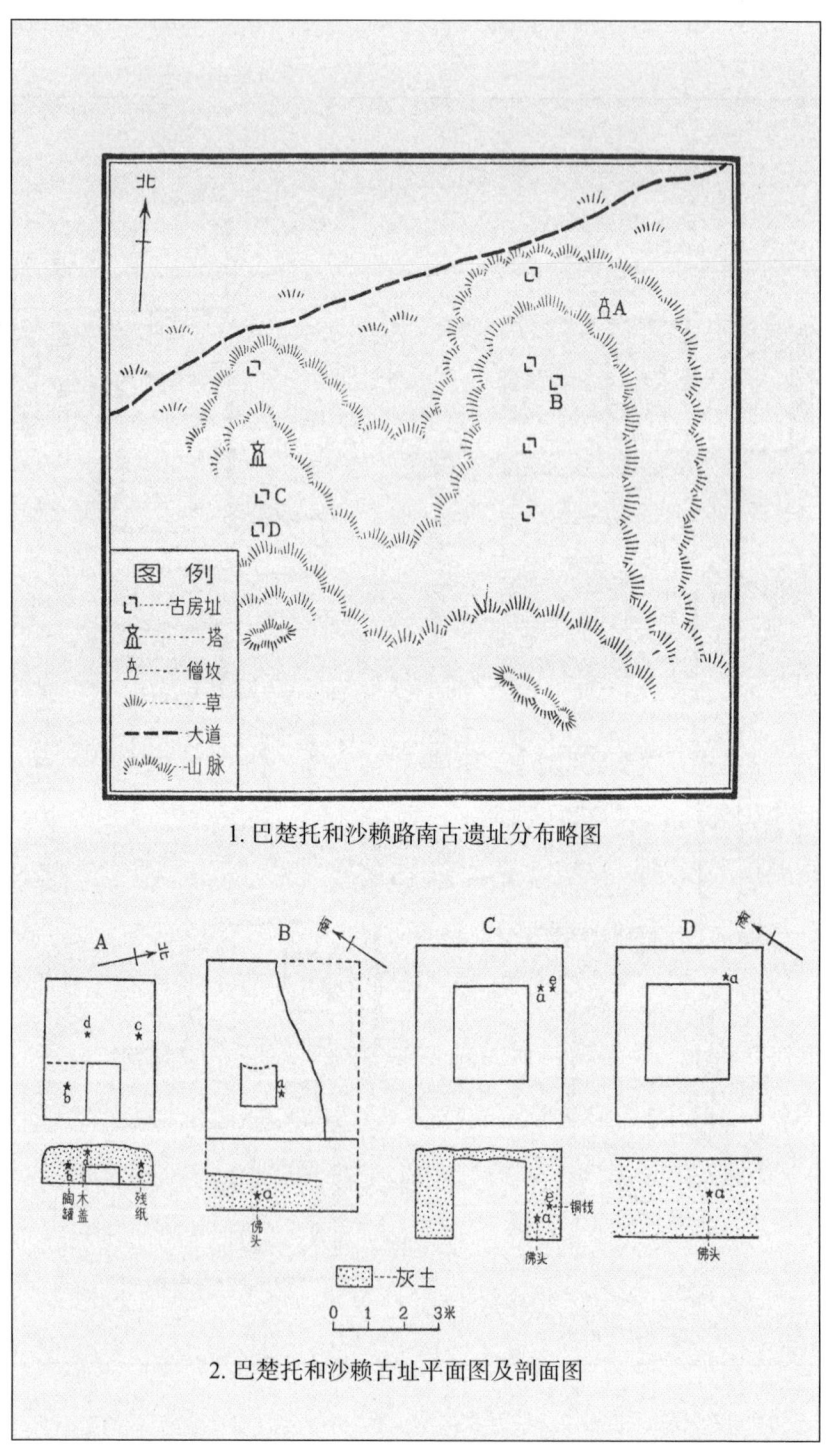

1. 巴楚托和沙赖路南古遗址分布略图

图例:
- 古房址
- 塔
- 僧坟
- 草
- 大道
- 山脉

2. 巴楚托和沙赖古址平面图及剖面图

灰土

0 1 2 3米

附图十九

二 遗物说明

第一部分
绘　画

此部分以壁画为主。壁画多半出于拜城克孜尔明屋洞中，一小部分出于库车库木土拉。不幸在抗战期间毁于兵燹，现原物无存。今根据照片及当时摹本作说明。其他各地出土之画件，如库车古城中出土之绢画残片、克孜尔洞中木版佛画残件以及焉耆明屋出土之纸本素描，亦列入本部分。克孜尔洞壁刻画亦附其末，藉明龟兹艺术之全貌。以下分次说明之。

一、壁画

（一）克孜尔明屋佛洞壁画残片

1. 佛画残片　图版一，图1

图1：释迦佛跌坐像，出拜城克孜尔明屋第二组第十九洞（下同，原编沟西五洞）。高二一·一，宽一八·三厘米。两手作定印，交置于脐下。两足盘坐，左腿处稍残，足掌尚可认出。巾带作绿色，缠绕两膀，下垂于前。面部及身体均以胡粉作底，并用红色勾描。笔法粗略，刚健有力，再用浅红色晕染，显示出肢体的凹凸面。此种画法与印度亚伽坦石窟寺第十七窟之鬼子母像用笔相似，与锡兰狮子岛之西克利亚残存之壁画亦

同一手法。此种画法疑出于中印度，后由中印度南入锡兰，北入龟兹，东至我国。如敦煌千佛洞现编二八五窟天井上人物及护墙脚伎乐天，亦用明暗法描写。同时在北壁上有题铭为大代大魏大统四年（公元五三八年）及五年（公元五三九年）。此外，在现编二五四窟、四二八窟等人物像，全用红色明暗法描绘，时中国本部南北交往隔绝，则敦煌艺术必由西域传来。自四世纪末叶鸠摩罗什东来传播佛教，则龟兹佛教艺术亦必随之东来，故敦煌佛洞中之明暗法，亦必自龟兹传来。敦煌绘画既在六世纪上半期，则龟兹当早有此种画法，故此画必是五世纪前后作品。

2. 佛教故事画残片　图版二—六，图2—9

图2—9：佛教故事画残片，出土地同上。

图2高二七·五，宽三○·六厘米。袒右肩，两腿交叉作踞坐像。右手曲置胸前，掌心向内，三指伸出；左手上举，手掌已残。身披棕色袈裟，但已变为灰色，下垂覆腿，衣纹轻薄。头向左微俯，与左像作对话状。面部胸部及手足一部分，用阴影画法描写。用笔粗略豪放，与图1同。左边踞坐一婆罗门像，上体现半身，露出肌肤，下体似有布巾缠绕。躯干用深、浅红色描绘，表示肌肉凹凸状，与右图同。头面向右，右手曲置胸前；左手微扬，与右像作对话状。画面颇生动而肃穆，时代疑与图1同。

图3两像均现半身，下部为廊下栏杆所遮。右边像似作踞坐姿态，左手曲置左腿，右手已残。脐下缠巾，作绿色。躯干及面貌均用朱笔勾写阴影，表示躯干轮廓，与图1同。头上有黑白色绘画，似为冠饰。顶出一绿色椭圆状物，不知何义。头部及身皆不具光圈。左边侍立像，举右手，稍残，似曲置腰际，下部同样为栏杆所遮。躯干及面部同样用朱笔勾勒作侧侍状，面向右，细腰赤体，两乳突出，脐下缠巾，与图1同。

图4高二四·九，宽一二·七厘米，作踞坐像。两腿交叉。面微

俯向左，手掌伸出，掌心向内，左手曲伸向左。全像不着衣，以白粉作底，朱笔勾描阴影，显示面貌及躯干轮廓。右膀似有绿色布巾绕腰膝，左边似有佛背光残迹，疑亦描写佛教故事。时代与图3同。

图5高二六・九，宽一七・二厘米，作行走状。右手曲置乳前，左手曲置腰际，掌心向内，面向右。面部及躯干均用阴影法，用朱笔勾勒轮廓。脐下缠巾，着蓝色。两膀缠有绿色巾带下垂及地。头上有绿色尖状物，类同冠饰，不具光圈，取义不明，亦疑为佛教故事画。

图6高二三，宽二二・八厘米，作踞坐状。头戴山形冠饰，面稍仰向右。右手曲置乳前，掌指下垂；左手曲置乳前，手执一物，类似金刚杵。露体，以朱笔勾勒轮廓。腰脐下具蓝色薄裳，用白细线描画衣纹。巾带缠绕两膀并下垂。头具蓝色光圈，疑亦为故事画之一。

图7高一六・三，宽一二・八厘米。头身仰置，左手曲置肩际，右手伸出，旁有一白色弧线，表示右手动作，左边残缺。额际画一皱纹，表示愁容。面部及躯干均用朱笔勾勒阴影，唯四周残缺过多，不能决其所写为何。据 A.Von Le Coq, *Auf Hellas Spuren in Ost-Turkostan* 插图43，在人像右边尚有天神，两手伸出，中间有一树，左边出一崖岸，表示猕猴出穷人于幽谷故事，若然，则此图为描写猕猴本生故事。图中之人像即困于幽谷中之穷人，尚有树上猕猴及天神像已被剥离耳。

图8高四〇・五厘米，宽三〇厘米。描绘一斑斓色鹿，前足向前，后足向后，走向山坡；另一人骑于鹿背上，两手前伸作伏势，旁有城垛状之白粉线，表示山坡。全像描写鹿王本生故事，被骑者即鹿王修凡，骑于背上者，即溺人也。《六度集经》卷六云："昔者菩萨化身为鹿王，名曰修凡。体毛九色，睹世希有。江边游戏，睹有溺人，呼天求救，鹿王愍之，曰：'援吾角，骑吾背，今自相济。'"即为此图故事所本。

图9高二五·四，宽二〇·九厘米。右边绘一鹿，作竞走状，首昂起，两目炯炯如珠，鹿角残缺。全部用深浅朱笔绘描阴影，后腿及臀部描写出斑斓色纹。左边另有一人像，现已残缺，仅可见右腿一部分及所披之巾带。周围用绿色树林作背景，又用蓝色花蕊状点缀其间，似描写山林故事，疑仍为鹿王本生故事中之兽像。

3. 比丘像残片　图版七，图10

图10：比丘像残片，出克孜尔明屋第二组第十九洞。高四〇·三，宽二四·一厘米。右手下垂，掌心向内；左手上举，手掌残缺，无法知其手势。颜面及胸膀，均白粉底用红色粗笔勾勒，再用浅红色渲染，显示出关节及凹凸象。眉眼鼻口亦用红笔勾勒。脸部涂淡红色，显出面部明暗。口作合字形，均与图1同。但两眉用淡墨勾成新月形，目眶再渲染淡红色，表示西域人深目之状，作风上稍有变化。身着轻薄衣，衣纹几不可见。原作棕色，现变为灰色。袒右肩，腰缠巾带，搭于左肩。头部具光圈。肢体用刻纹表出，显示出特别雄伟姿态。

4. 乐伎天像残片　图版八、九，图11、12

图11、12：乐伎天像残片。出克孜尔明屋佛洞第二组第十九洞。

图11高三一·一，宽五三·六厘米，二人骈联作舞蹈状。右像左手抱乐器，斜置胸际，右手作弹势，昂首向左，全身亦向左倾斜，头具发饰，有头光；左像右手向左伸出，手执舞具，左手上举，手掌残缺，不知手中所执何物。头具宝冠。面向右，身向右倾斜，巾带缠绕两膀及胸腹。两像面部及肢体，采用阴影法描绘。手掌及面部先用朱色细线勾勒轮廓，再用浅、深红色渲染阴影，笔法较以上数图流利。目眶在细线勾勒后，再渲染浅红色，表示深目之状。颊下用赭红色作浓厚渲染，表示须髯之多。《北史·西域传》"于阗"条称："自高昌以西诸国人皆深目高鼻多髭髯。"此画描写人像均作高鼻深目之状，显示出龟兹国人的特征。左像着衣，用淡蓝色表示衣纹

轻薄。右像面部及躯干皆用蓝色作底，再涂红色，与上数图以白色作底、用朱色渲染，有所不同。故其时代当较图1为晚。可能为六世纪至七世纪作品。

图12高一六·九，宽三三·六厘米。现仅存两像头部，躯干及手足均残缺。面部用朱线勾勒轮廓，再用浅红色渲染。深目多髭，与前图同。具首饰，有头光，疑亦为诸天供养像。时代与图11同。

5. 供养人像残片　图版十，图13；图版十二、十三，图16、17

图13：供养人像，出土地同前。高三五·七，宽三一·一厘米。头稍向左仰，两手合掌上举至胸前，两腿胡跪作敬礼状。身披璎珞下垂及腹，巾带缠绕腰际及右膀，下垂及地。面部及手足先用朱细线条勾描轮廓，再用红色渲染，作风与图11、12同。

深目高鼻，作胡跪状，显示出西域本地特征。以上三图均出二组九洞前室，作风大抵相同，可能为同一时期所绘。

图16、17：供养人像残片，出土地同前。图16高二四·一，宽一五·八厘米。下半残。头向左微俯，两手合拱置胸前，手指均伸出。两目向左注视，作敬礼状。面部及躯干用紫色线条勾写轮廓，再用淡红色渲染阴影，颇柔和匀净。唯手指特别纤长，向前伸出，是其特征。图17高二六·五，宽一四·一厘米，头发分披作童子形。头面向左，合掌拱手至胸前，作敬礼状。面部及肢体均用墨线勾轮廓，再加淡红色渲染阴影。一部分已变为灰色，巾带缠绕腋下及左腕。左腿蹲踞，右腿作跪状。具绿色下裳，衣纹用红线条勾勒。

6. 佛说法图残片　图版十一、十二，图14、15

图14、15：佛说法图残片，出十九洞前室。图14高二五·六，宽一七·六厘米。具头光及背光。袒右肩。右手腕曲向上举，掌心残缺；左手置胸前，掌心向上，曲拇指，作手印。身着赭色袈裟，衣纹及掌心均用黑线条勾描。衣下垂，露出右足。作踞坐形式。面方，低眉，中间出白毫，目半开作斜视状，鼻梁直通于额际。手足及胸、

项、面部均用淡墨色勾轮廓，再用浅红色渲阴影，显示出明暗作法。线条亦较柔和，已无前者泼辣刚劲之气。时代当稍晚，疑在八世纪前后所绘。图15高一八，宽一七·二厘米，作风及姿态均同图14。亦具有头光及背光，唯手印不同。此图右手置胸前，右边掌心向外，拇指与二指相捻，余指伸出。左手掌置胸前，右边掌心向上，因有残缺，不知其手指状态。勾勒法与图14同。同出第二组第十九洞，时代大抵相同。

7. 天部像残片　图版十四，图18

图18：天部像残片，出十九洞前室甬壁。高三四·五，宽一四·七厘米。人面用淡墨笔勾勒，面向左。头上出一兽头，亦用淡墨线勾勒，张口瞋眼，头亦向左。头上另出一用墨线勾勒类似龙头，向下作噬状。人面下作椭圆形躯干，不具手足。腹部用双紫线作条纹，中勾墨线，象征鳞纹，自项至尾，满涂蓝色。像左边尚存类似光圈残迹，右边亦有类似光圈痕迹，疑为诸天部中之水天，或者是难陀龙王。

8. 大头羊像残片　图版十五，图19、20

图19、20：大头羊残片，出十九洞前室。图19高二二·二，宽一七·七厘米。图20高二〇·六，宽二九·七厘米。均用墨线及紫线描绘羊像。羊角曲卷，特别长大，显示本地特征。图19作立势，头身向右。图20作奔跑势，向左。用笔俱极生动，均为故事画中之兽像也。

以上各图均出克子尔明屋二组十九洞。图1—9均出二组十九洞天井，大多描写佛本生故事。图10—13出十九洞，图14—17、19、20均出十九洞前室，图18出十九洞西旁甬壁。虽同出一洞，但所在地位不同，其作风亦显有区别。天井之画，着色多以朱绿两色为主。以胡粉作底，朱笔画轮廓，有强烈阴影，绿色作背影，或着蓝色轻薄衣。面部微圆，弯眉大鼻，鼻口逼近几相衔接。线条粗略刚劲，极近印象派作风。以敦煌二八五窟为例，时代当较早，我推定为五世纪前后所绘。图11—13亦用朱笔渲染强烈阴影，但面部兼用紫色或淡墨色细线条勾描轮廓。线条已趋柔和，尤其在眉眼方面，先用细线勾勒轮廓，再用淡红色或赭色渲染目眶，显示出深目状态。鼻梁亦略现弯曲，直达额际。按深目高鼻为西域人形貌特征，说明此时壁画作风已掺杂地方性风格，故时代当较前者稍晚，我推定为六世纪至七世纪所绘。图14—17亦出十九洞前室，虽亦采用阴影，但不强烈。周身轮廓及衣纹均用墨线勾勒，并兼用粉线勾勒衣纹。线条是在原色上加工，笔力颇为软弱。尤其面部丰盈，衣裳宽博，已失西域式衣裳紧凑作风，而掺杂唐代绘画风格。唐代势力播及西域在七、八世纪，故此画时代当更晚。我根据唐大历六年壁画（《西域考古图谱》32）推定为七世纪至八世纪所绘。按克子尔明屋佛洞创建于四世纪，迄九世纪尚在活动，绵长约六百年之久，不能不有损坏或修补，因此我疑天井之画，为早期遗存。前室及他处均有不同时期之修补，因此在一洞中表现出不同作风也。

9. 佛说法图残片　图版十六—二一，图21—26

图21：佛说法图断片，出克子尔明屋佛洞中。高四一·二，宽三五·五厘米。下部残缺，作说法姿势。身披红色袈裟，袒右肩，右手曲上举至胸前，掌心向外，拇指与次指相拈，作手印。左手曲置胸前，拇指次指伸出相捻，余指拳曲。两掌及指均用紫绛色细线勾勒轮廓。袈裟作朱红色，用细墨线条勾勒，衣纹及面部用红墨线双勾。面庞丰盈，长眉隆鼻，准如悬胆，压逼口边；口微开，目斜视，注视右边，作讲话姿态。具头光及通身光，均用绿、红、黄、蓝、白、灰六色组成，最里尚有一道宝钏式光圈为饰。头光上又出一半圆形绿色光，中间用朱笔描成Ⅱ形。在半圆形右边作灰色圆光，满布圆点，左作蓝色圆光，似表示天体形像。全像均用线条勾勒，不加阴影，而自然生动，线条亦匀净柔知，已扫除以上各图粗略生硬之弊，而达到烂熟境地。时代疑为七世纪前后作品。

图22：佛说法图断片，高三九·五，宽七六厘米。右端为一佛像，面向左，作说法姿态。身披红色袈裟，胸以下均残缺。面部眉眼口鼻，用紫绛色细线条勾描，作风与图21同。头具圆光及通身光，以红、绿、蓝、白、黑配合成彩，通身光里圈亦有一道宝钏式光圈，与图21同。左边中间为一菩萨像。头具发饰，面向右，眉目口鼻用紫色细线条勾勒，具耳环项钏。有头光。衣袒右肩。右手曲向上举，掌心向内，左手曲压置右腕，手执一斗状物。手指用紫线，衣纹用墨线勾勒。在菩萨像左右有众比丘及比丘尼等像，围绕在佛像左边。上端绘房屋建筑图案，两端并露出花布墙围，疑为说法图中之断片，构图紧张生动，线条亦匀净柔和，作风与图21相同。

图23：佛说法图残片，高五四·三，宽三一·四厘米。上一像为伎乐供养像。右手微扬，手执环圈；左手曲置乳前，手执一物，类似金刚杵。面向右作乐舞姿势。身披天衣，缠绕两腕，头戴宝钏，项饰、耳饰、胸饰、手饰俱全。头具圆光。下为一老者、一幼童像。老者头发作髻，胡须甚长，结于左边。发、须、眉、眼均用白粉作底，墨线描写，表示须眉皓白之容。面涂紫色，身着紫色衣，绿色巾带。踞坐，面向右，背后立一童子两手拱立，作敬礼状。右旁有佛背光一线，似为佛说法图残迹，则此为围绕佛左边之圣众也。全像均用细线勾描，作风与上图同。

图24—26：说法图残片。图24高三九·七，宽七〇·九厘米。作两比丘像。左像披蓝袈裟，袒右肩。右手大指与次指相捻，置胸前，左手携衣衿，踞坐。面向左，头稍仰。右像身披蓝袈裟，袒右肩。作胡跪状。右手大指与次指相捻，置肩际；左手置胸前。头向右。在右像后面，另有一踞坐像，着衣。衣纹用紫色线条描写。左右手举至胸际，作手印。头项部残缺。后面悬帷幔。右边出一栏杆式建筑。又有一台座装饰，座上似坐一像，趺坐。左手掌置膝上。全部构图，疑为说法图或经变中台阶下之圣众残片也。图25高四七·八，

宽三五·五厘米，作两供养人像。左像面向左，两手合掌置胸前，大指与中指相捻。着绿衣，袒右肩。右像面向右，两手掌交置脐下。身着衣，结于项下。左像下另出一人像头部，类比丘像，以下残缺。后面刷红色底，上缀蓝花，表示为墙壁上围幔，疑亦为说法图中围绕佛殿下之圣众。全像均用线条勾勒，作风与上各图同。图26高三七·三，宽六一·九厘米。左边画一人像，浮于水中。水深及胸，两手上扬，头部向右，张口作呼救状。旁站一立人像，具下裳，两足骈立，天衣下垂，上身残缺，不知作何形像。右画一高台座，上画一佛坐像交足，身着衣覆盖两膝，用双黑线描写衣纹，上部残。右边露出身光，疑亦为说法图中之断片。全像肉体均用黑线勾描轮廓，再用紫线重勾，然后用绛色渲染阴影。线纹亦刚劲有力，尚保存犍陀罗风格。但人面种型及台座装饰，仍保存西域式作风。例如本图台座上之鱼鳞纹及方格纹棹幔、台座两边之图案作斗栱及旋纹柱式。图25台座之图案亦与此同。又在焉耆及巴楚出土器物及建筑上亦有类似此纹样之雕刻或绘画。可见此种纹样为西域通行之风格。时代亦当在七世纪前后。

10. 佛教故事画残片　　图版二二，图27

图27：佛教故事画残片，高四八·四，宽三七·九厘米。画面出三人像，或坐或立。左边为一女像，作侧坐姿势，右手上举至肩际，指微拳。左手曲置腹下，腰缠巾带，具手饰、项饰、胸挂璎珞。面部向右微俯，两眼注视幼童，作沉思状。头发蓬乱，不具发饰。立于女人之旁者为一老者像。须眉皓白，头发作髻。右手上举，身干挺起，作欲打势。面微仰向右，皱眉愁容。右边为一幼童像，两目上翻作哭泣状。全像描写须大拏太子本生故事。构图紧凑热烈，线条匀净，作风与以上各图同。

自图21—27皆出于克孜尔明屋沟东洞中，但出于何洞，我已不能记忆。其作风大抵相同。皆用细线条勾描，线条亦匀净柔和，颇类敦煌壁画中隋唐之际或盛唐作品。又我在克子尔佛洞中，曾发现唐天宝十三载题记，洞中虽无壁画，但可证明此时龟兹佛教正当隆盛之时；玄奘、慧超过境时之记载，亦可证明此点。又观以上各图构图之富丽，线条之匀净，面庞之丰盈，已渗入了唐代若干风格，故推定以上各图约为七世纪至八世纪作品。

（二）库木土拉佛洞壁画残片

11. 千佛坐像残片　图版二三—二五，图28—32

图28—32：千佛坐像，库车库木土拉河坝洞出土。

图28高四六·六，宽三六·九厘米。面向右趺坐，袒右肩。右手上扬，掌心向外，大指与中指相捻，左手掌伏置左膝。外披红袈裟绕左肩及腿部，用淡墨色描衣纹，内着绿色衬衣，缠绕腰腹。面部及两手均用淡墨色勾描，眼鼻口耳作勾乙状，面庞丰盈，与唐代画妇女像作风相同，可称为典型唐式。时代均在八世纪至九世纪间。

图29高四八·六，宽三五·六厘米，出土地同前。披红袈裟，袒右肩，作风与上图同。左手上举至肩际，掌心向外，大指与次指相捻。右手曲置腹际，掌下垂。面庞丰盈，小口细眼，均与上图同，当为同时代所绘。

图30高五〇·五，宽三二厘米。左右肩着衣，袒胸，两手置脐下作定势。

图31高五四·三，宽二七·五厘米。左右肩均着衣下垂，包裹腿部，袒胸腹，着轻薄衣，手足均不外露。

图32高二六·七，宽三六厘米。现存像之上半截，下半截残缺，手势如何，已不可见，但其面部及线条作风，均与上各图同。

以上五图均出库木土拉佛洞中，手势虽各不同，但其姿势大体相同，均为趺坐作说法姿态。在河坝洞中同属一壁。彼此参差骈列，下为莲座，座下有浮云托住，表示如来凌空飞行之状。此种题材在中国织品及雕刻绘画上最爱采用。如汉唐人画神仙多如此。这是由于汉民族传说中滋生出来的，不仅在面部上、线条上，表示有唐人作风，而在题材上亦掺杂汉族的传说。因此，此洞壁画可能有唐代艺术家参加描绘。在龟兹有中国僧人在此出家，行大乘教法，已见慧超《行记》。在第八世纪初期，慧超自疏勒还，经龟兹称其国佛教云："此龟兹国足寺足僧，行小乘法。……汉僧行大乘法。"慧超过龟兹，在开元十五年，库木土拉佛洞中题记有惠超题名，不知与慧超是否为一人。同时在洞中觅出陶片一块，上写汉文"法诚"二字。又在一邻洞中，掘现汉文残卷，一面写《法华经》，一面写文书，以遗物及壁画参合来看，此洞必是汉人作住持。法诚或即住持僧之名。则壁画用唐代传统画风，乃极自然之事。同时余等在克孜尔佛洞中觅出天宝十三载题识，又在库木土拉觅出大顺五年题识（公元八九四年），则在九世纪之末，此寺尚存，故此画应在大顺以前，或为八世纪后半期至九世纪所绘也。

二、绘画及洞壁刻画

12. 绢画残片　图版二六、二七，图33、34

图33：绢画人像残片，出沙雅西北纳哈米沁旧城中，皆为碎片，不能观察出一较完整之形像。但其作风均用墨线描绘，在右上边可认出为一侧面人像，头部轮廓及眉、眼、鼻尚清晰可辨，胸肩一部分稍存，余均残缺。若干碎片中有台座及柱础等痕迹，可能是与佛教有关之画片。面部丰盈，细眼高眉，极类唐代画人像风格。

图34亦为绢画人像残片，与图33同地出土，作风亦与上图同。右边亦似为一人像，头发作髻，面向右，两手拱立，类似一童子像，但甚模糊，眉眼俱不清晰。其作风亦用墨线勾描，与图33同。在其旁碎片中，有一莲坐残画，可能为佛教中画片，残缺过甚，无法推测其完整形像也。

13.纸本墨画残片　图版二七，图35

图35：纸本墨画残件，出焉耆明屋大庙中，与泥塑像同时出土。高一四·三，宽七厘米。左边稍残缺，麻纸。所绘岩石花草均用墨色勾描，在右边岩石上，似立一樵夫，肩荷柴草。下绘一鸟，立于石旁，作撒翅状。腹及尾均染红色，东边岩石及花草，亦用红色点染。构图及用笔，完全同于宋元人山水画法。此画出于明屋佛洞，与"建中通宝"铜钱同出土。由是知此画为八世纪末期或九世纪遗物。

14.木版画像残件　图版二八，图36、37

图36、37：木版画佛像残件，出拜城克孜尔明屋佛洞。

图36高四二·六，上宽四·二，下宽三·六厘米，厚五毫米。原为一木版上彩画佛像，现仅存一部分。头光、背光右边部分尚可看出。头光作囫囵形。背光颜色分红、绿、红、白、黑五层。右手下垂，掌心向内，五指伸出。指下立一童子，似供养佛者，但多已剥蚀。佛像右腿部分尚可看出，疑原画为一立佛像，现残缺不全耳。全画用墨线勾勒轮廓和衣纹再填色，线条刚强有力。手膀及掌渲染赭红色，表示凹凸面。虽然画面不全，但就一部分线条及作风来说，已能窥见此画之优美。时代疑为七世纪至八世纪遗物。像上及背面均有民族古文字题词，我不认识，今依样写于旁以供专家研究。

图37残木版画片，高一七厘米，上宽二·七，下宽一·四厘米，厚六毫米。为一残破木版，其上用黑、红、蓝等色彩绘之，因残缺过甚，不能窥测其意义。

15.洞壁刻画拓本　图版二九—三一，图38—44

图38：洞壁刻故事画，出拜城克孜尔明屋佛洞一组二洞东壁。高三四·三，宽六二·七厘米。刻画一狮子，张口舞爪，两足前伸，作猛扑状。前有一人危坐，屹然不动，姿态生动活泼，非近代人手笔。又同壁刻有"天宝十三载"年号，故此画亦当为同时所刻。

图39—41：洞壁刻走马图，出克孜尔明屋第五组三十五洞。均

用木具或金属具在墙壁上刻画人马像，涂绘满壁。有人骑在马上手执旗帜，或横或竖；亦有人立马背者，倒顺不一；或作走势，或作奔腾势，或尾随一马驹或犬，紧凑热烈，疑为游牧民族走马为乐之游戏图。图39上边出一类似毡房之图画。图顶侧透出一曲线纹，所有人马均围绕此毡房左右。在下边划汉文"采庭"二字，疑为"番庭"二字之省写。如所推测不误，则此画必为仿游牧民族之游戏绘画。又洞中题有"惠灯""坚行""法兴"等题记，与库木土拉C洞题记同名，必为一人同时所题。在C洞有唐大顺五年年号，已届唐之末叶。此画想必与之同时。

图42—44：石刻兽形图，出克孜尔明屋佛洞西二十里，亦狭克沟洞中。图42为一大头羊、图43为骆驼、图44为黄羊，均刻在洞中石壁上。同时尚刻有民族古文字，但无壁画。疑此地为过往人士之驿站，此刻画即为过此商侣所为。依南一洞中尚刻有维文云："听说此洞有十二驼白银，余等四人系来掘取金银者"，更可证此处为古驿站。据此地人言：由此处有径道通库木土拉半日可达，又此沟旧有路直至盐水沟，现绕道克孜尔巴杂乃近代事也，则此地仍为交通要道，不必专为僧侣朝拜之所也。

第二部分
泥塑像及陶范

此类泥塑像，大部分是我于一九二八年在焉耆明屋废庙中掘出者。共掘出佛像完整者十余件，头部百余件，残肢体二千余件，陶范三十余件，木雕数十件，在抗日期中运存汉口被毁。胜利后，又在被灾故墟掘出佛像及头部数十件，今择其重要者，并结合以前所摄影片现无实物者印出，库车出土之泥塑像及陶范一并付印，作以下之说明。

一、泥塑像

1. 佛立像及头部　图版三二、三三，图1—7

图1：如来佛立像，出焉耆明屋废庙中。高四六·二，宽二七·六，厚六·七厘米。右手微扬，伸展五指，掌心向上作说法像；左手下垂握衣衿，腕披巾带，全身着衣，紧贴肉体。衣纹皱褶结于项下，为犍陀罗艺术一贯作风。头发作波纹。眉细，眼微开，额宽，鼻梁直通额际，圆准。合口、薄唇，作微笑状。面相圆好而柔和，头光作半圆形。全像附着一长方泥板上，疑作一般供养之用。

图2：佛像头部，高约九·六，宽约六·二，厚约六

厘米左右。头顶发髻及面相均同图1，或为一型所出。背后均有泥板残迹。疑全像均附着一泥板与图1同。

图3、4：佛像头部。图3高一三·五，宽七·三，厚八·七厘米。当初出土时，面敷白粉，顶涂蓝色，现顶部已残。发卷曲作波纹，直通脑后，疑为独体像，不附着于墙壁或泥板者。眉细长，两目半开，鼻隆起直通额际，口合唇厚而小，面相丰满严肃，与上图作风稍异。图4发髻面相略同图3。

图5：佛像头部，高一一·三，宽六·六，厚八厘米。初出土时，面敷白粉，顶涂蓝色，现已剥蚀，顶部已残。头部不作纹饰，面相美好，画眉作柳叶形，眼微开，口小唇厚，作静默之容，可称杰作。以上均在焉耆明屋出土。

图6、7：佛像头部，此二件出和阗什斯比尔古城南十五里一废寺中。同时发现有数枚，颇大，因难于搬运，只取两枚而归，余仍埋土中。头部全作螺发，眼微张，睛似突出，口唇薄而微向上。额宽，鼻梁微隆，直通于额际，而鼻准稍圆，显然与焉耆所出佛像全属卷发者有异。但额宽鼻直，仍具犍陀罗特征，与焉耆、库车所出者仍是同一来源。

2. 菩萨立像及头部　　图版三四—三六，图8—17

图8：菩萨立像，出焉耆明屋。为一全身像，高七一·四，肩宽二七·三，胸厚一二·四厘米。右膀残，左手掌残，头发作髻，并具发饰。初出土时，顶部蓝色尚存。两耳饰下垂及肩，项饰系一宝相花饰物，下垂胸前。身挂双重璎珞，缀以花饰。右膀残，左膀具环钏。发披两肩，背具身光已残，现存右边身光痕迹。下部作圆柱状，不露足。眉目细长，眼微开，合口，唇薄，面相圆好，为犍陀罗式菩萨像一般风格。

图9、10：菩萨立像，库车克里什佛洞出土。图9高五九·四，

肩宽二六·三，胸厚一〇·二厘米。现存头部及胸部，下部残。草制原形尚存。其法先用木棍，再附苇草，曲成所欲塑之式样，以麻绳缠绕，再涂泥浆。此像两手及下部泥浆已脱落，但由草型尚可推测出当时姿势。草型右手置胸前，手掌已脱落，掌心向外、向上或执器物，均无由知。左手曲置腰际，是否手携衣衿或他物，亦不可知。但由此草型表示，显然是一种说法姿势。头发作髻，具发饰，上部已残。发下垂两肩，具项饰，身披双重璎珞，为犍陀罗式菩萨像一般作法。面部眉眼细长，目不点珠，高鼻通于额际，人中短，唇薄，口合，颐下丰满，表示庄严怡悦之容，与焉耆明屋早期泥塑像大致相同，时代亦略相当。图10高二三·九，宽一六·六，胸厚七厘米，形态及作法，大抵与图9相似。现草型已毁，仅存泥塑上部，但当时草型痕迹尚可见也。

图11：天女像，焉耆明屋出土。高三五·四，肩宽一七·三，胸厚一〇·二厘米。现存头部及躯干，两膀及下部残毁。手势如何无法知悉。头发作髻，具饰。面相圆好端丽，仅戴项饰，身体不加装饰，两乳突出，而用刀具刻划衣纹，紧绕乳际及胸部，疑为天女供养像。

图12—15：菩萨像头部，出土地同上。图12高一五，宽一二厘米。图13高一七，宽一三厘米。图14高一七，宽一〇·六厘米。图15高宽略同上图。以上四图，面部作风大抵相同。发均作髻，除图12顶部发饰已失外，余皆保存。

图16、17：菩萨像头部，出土地同上。图16高一六·六，宽八·六，厚九·四厘米。头部发髻上加戴花蕊状饰物三颗。鼻耳均有残缺，右目张，左目微开，中点黑珠，作风微异。图17高一四·七，顶宽一五，面宽六·八厘米。头部发饰上现花蕊状饰物，后具头光已残。面相圆好但多模糊。背后为平板状，周围残断，必系镶嵌于他物者。斯坦因在明屋掘一方形烧砖，中嵌一菩萨像与此像同，似一模所出（*Ruins of Desert Cathay* 插图二七四，10）。则此图亦必为方

砖上之饰物，用之于建筑上也。

3. 童子像头部　图版三七，图18—22

图18—22：童子像头部，出土地同上。图18高二〇，宽一三·六，厚一四·五厘米。头发下披齐额，两旁发下垂及耳，均用刻划直线纹表示之，颇为特殊。细眉高耸，两目无珠，眼微开，额宽，鼻梁直通额际，口合、唇薄，两口角出现涡状。面目圆好都丽，可称杰作。

图19—21高约八·九，宽约五·三厘米左右，均为童子像。发披及额，作半圆形，无刻纹。眉细，眼半开，与上图同。

图22头戴半圆形便帽，类似皮质，头发露出齐额，眉用墨画作弯月形，两目刻珠，尤其眉眼作风，显受东方艺术所感染。时代稍晚。

4. 武士像头部　图版三七，图23、24

图23、24：武士像头部，出土地同上。图23高九·八，宽四·五厘米。头戴兜鍪，帽缨下垂绕及领下，鍪前出一舌状物，鍪顶微残。初出土时尚存金片痕迹。两眉钩曲，瞋目怒视，表示威武姿态。鼻梁中洼不通于额际，口合、唇薄，面作长方形，与上述各图作风稍异。由于兜鍪作风，疑为古代中亚武士之普遍式样。图24高九·六，宽五·四，厚七·四厘米。作法与图23大抵相同，必系同一来源。

5. 比丘像头部　图版三七，图25、26

图25、26：比丘像头部，出土地同上。图25高二一·二，宽一三，厚一四厘米。头顶微损，眉眼细长，鼻通于额际，口合唇薄，口角略向上。长头，面相作微笑状。图26亦为比丘像，高一五·三，宽一一·七，厚一二·七厘米。秃首，眉略弯曲，眼半开，鼻梁稍损。初出土时面部涂白粉，发部涂蓝色，现已剥蚀矣。

6. 魔鬼像头部　图版三八，图27—30

图27—30：魔鬼像头部，出土地同上。图27高三四，宽一二·七，

厚一四·三厘米。首具头巾，发外露，面长，须髯下垂作锐角形，张口瞋目，额际刻三皱纹，表示老者形貌。图28高一二·九，宽五·三，厚七·八厘米。首具头巾，结法略同图27。但无须髯，张口怒目，表示青年容颜。图29高一七·二，宽七·六，厚九·二厘米。首具头巾及发饰，须髯卷曲。初出土时微存蓝色，张口怒目，与上各图皆同。图30高一二·四，宽五·七，厚七·八厘米，头戴山形尖帽，发露出，须髯卷曲，额际刻皱纹两道，表示老年容貌。张口怒目，与上各图同。以上四图，均作俗人装束，体现地方色彩。但张口怒目，疑是魔鬼之属。

7. 供养人像头部　图版三八，图31—35

图31—35：供养人像，出土地同上。图31高一二，宽六二，厚六一厘米。首部具头巾，额宽，鼻直，通于额际。眉长，眼半开，合口，鬓髯作卷曲形。图32尺寸与图31略同。合口，具鬓髯，亦与图31同，头巾缠法亦类似，唯面部钩眉瞋目作怒容稍异耳。图33高一〇·九，头宽五·九，厚七·五厘米。头巾及鬓髯同于上二图。右边耳饰尚存。初出土时，头顶及耳饰原敷金片，现已剥离。眉长，目半开，额宽，鼻直通于额际，与图32同。右部泥版尚残存一部分。图34高一二·一，宽六·一，厚六厘米。头部不缠巾，顶部发直立，额刻横纹三，表示老者容貌。钩眉、目开、鼻梁中低，鬓髯卷曲，与图31—33同，类似一型所出。

以上四图，虽作法及表情各有差异，但鬓髯相同，头巾除图34外，余三图皆一致为俗人装束，显示地方性色彩，故我疑为供养人像。因躯干手足不具，无法推断其性质耳。

图35高一六·二，宽一〇·一，厚一一·二厘米。不具头巾，头发偏分，酷似现在西式头。鬓髯短曲，唇须两分，低眉目开，鼻梁中低。由于头部表情显示出与上各图不同风习，由此可知当时各地区种型之差异性。

8. 明王及护法神将头部　图版三九，图36—42

图36—38：明王像头部，出土地同上。图36高一二·八，宽一〇·六厘米。三面像，皆瞋目，中间像张口，两旁像合口，发直竖立，如火焰形，作愤怒叫唤姿态，疑为降三世明王(《大藏经》图像第三卷图八三)。但据图像，降三世明王齿外露，犬牙外出竖立，此像正面张口，两侧像合口，均不露齿为异耳。图37高三〇·九，宽一三·三，厚一四·八厘米。两睛突出，眉眶隆起。头发直竖立如火焰。面长合口，鼻梁中低，作愤怒姿态。图38高一六，宽六·四，厚三·四厘米。瞋目低眉，露齿，发直立，作愤怒形。疑为不动明王（参考《大藏经》图像三四八—三六五页，《别尊杂记》卷三十二不动)。

图39—42：护法神将头部。图39高二二·七，宽一一·一，厚一〇·九厘米。头发蓬卷，顶出一髑髅，瞋目低眉，鼻口残缺。初出土时面涂蓝色，疑为深沙神将头部。图40高一三·九，宽八，厚八·九厘米。发式剥离，就其现存部分观察，疑与图39同，唯顶部发作火焰形，不出髑髅，瞋目钩眉，鼻孔向前，鼻梁中低，张口露齿，作愤怒容。初出土时，面涂紫色。图41头长一四·一，宽九，厚一二·二厘米。发披两旁，目张眉细，鼻孔向前，鼻梁中低，合口，犬牙向上。初出土时，面作灰色（疑原为青色）。图42高一八·七，宽一〇·三，厚一二·一厘米。发作髻，顶具发饰，右耳具耳饰，张目，犬牙向上，作愤怒之状。初出土时面涂青色。

以上四图，疑均为护法诸神将，因手足身体皆残缺，仅据头部观察，不能作肯定解释。

9. 怪兽像头部　图版三九、四十，图43—46

图43—46：怪兽像头部，出土地同上。图43高二〇，宽二·二厘米。顶毛竖立，两耳向上，眉低压目，眼球突出，鼻梁中低，鼻

二　遗物说明

孔向前，唇向外，大口露齿，舌吐出上卷作怪兽状。头后部及左旁均有残断痕迹，舌下部全缺。似原附着一物体被残断者。图44高一三，宽一〇·五厘米。做法同上，而残缺过之，长舌以下均残缺。图45高二五，宽一二厘米。毛竖立，两目露出，鼻部作刻纹两道，无鼻孔，齿外露，舌吐出上卷，做怪兽状。图46高一八，宽一一，厚一二厘米，全形成圆柱状。做法相同，唯上唇尖上卷成孔，代作鼻孔。以上四件仅存头部，下部残缺，可能是武士像或天王像肩甲上饰物。

10. 泥塑兽像残体　图版四十，图47、48

图47：马像残体，出土地同上。身高三二·五，身长五五·七厘米，缺足。头部项部及躯干均具带饰，臀部带饰系铃，背配马鞍，其式样酷似新疆焉耆、库车一带马饰，由此可知当时当地风习。

图48：犬像头部，出土地同上。高一二·一，宽八·七厘米。可能是犬类。圆睛，鼻口向前伸出，张口露齿，两耳竖起，表示凶狠之状。

11. 泥塑像残体　图版四一、四二，图49—55

图49—55：塑像残体，出土地同上。

图49为佛像残体，高九，宽一一厘米。周身刻划衣纹集结于项下，与图1佛像衣纹作法完全相同。

图50：菩萨像残体，高三〇，宽二〇·四厘米。满披璎珞，与上各图作法相同。

图51高二二·五，宽一九厘米。以髑髅为璎珞，交叉于胸前，疑为深沙神残体。婆罗门外道亦有以髑髅为饰者，详《大唐西域记·印度总说》，在佛教仪轨中诸天神将多以髑髅为饰也。

图52高一一，宽九·八厘米，身披璎珞，巾带结于项下。

图53高二六·八，宽二四·八，厚一六厘米。中空，背后光平，必原为立像。项饰系铃，巾带缠绕胸前，达于背后，疑为诸天部观音二十八部众中之紧那罗（乐伎）像残体，惜两手残缺。

图54高二一，宽一九·五厘米。具项饰，璎珞交挂于胸际。发披及肩，两手屈向胸前。两膀具环钏，巾带缠绕两腕。上身全露出，脐下似围布巾，疑为菩萨供养像。以上诸残体，皆作立体势。背后或光平如图49，或残破如图52，或背后有附着墙壁痕迹。背面皆为素面，无任何花纹及装饰也。

图55：武士像残体，出土地同上。高八六·五，中宽三五·五厘米，胸部以上残缺。遍体作鳞状叶片形，细腰束带，腰下由方块饰物组成玉带，曲挂腹前，缀系甲形片状物三块，下为裳，左右两块，以连珠纹为带作边缘，显为一武士装束，或即天王像之残体。吐鲁番哈拉和卓古坟中出土之唐代武士俑彩绘鳞状饰物与此相似。可知武士装束在古代西域各国有同一手法。鳞状物用何质料，据吾人在新疆采集有类似铜片出现，当时或以铜片或皮革为之。下裳边缘有宽边，开前，中留空隙，体现当时武士装束之一般手法。

二、陶范

我所掘出陶范，共二十余件，除图1出于库车苏巴什古城外，余皆出于焉耆明屋，与泥塑佛像同出土。皆属于佛教仪像母模。内分头部躯干和纹饰，各为一模。从陶范形式与泥塑像形式及花纹作风多相同，而知泥塑像各种形式及装饰，都是由陶范铸出后再按一定部位配合成像。模范为石膏质，经火烘干后变为陶质，极为坚结。所雕各像，皆为阴面，故泥像印出后，变为阳面。故在雕刻泥像母模时，必须有卓越技术，方能显示所欲表达之各种形态。其制造雏形及组合成分，尤具匠心。但内各塑像出于母模，而母模或因流传，或由外来，变化甚少，不能如壁画每一画都能表现画师之天才也。现将我所掘拾之佛范，述说于下。原物无存，现就发现时影片作说明。

12.佛半身像范 图版四三,图1

图1:出库车东北铜厂河畔苏巴什古城。现存头部及项胸一部分,以下残缺。长三一·七,下宽三八·四,厚一四·五,深一〇·五厘米。眉、眼、耳、口、鼻及头式俱全。胸项衣纹尚存一部分,由面相发式及衣纹观察,显系雕塑一佛像,因胸下残缺,作何手势及立坐姿势,均无从知悉。又此像仅系头部之前半,无后部,如塑一头部全像,必须表示头后部之发饰时(如图12菩萨像头部),则需由两范合成。但亦有后面涂泥者,随所需要而异其形。此范下部残缺,或原为一佛像全身而残其下部耳。眉目细长,小口隆鼻,面相圆好,庄严柔和,兼擅其美。衣纹皱襞结于项下,皆表现犍陀罗作风,与图1、2泥塑佛立像虽表情不尽一致,而作风则大抵相同。故知焉耆龟兹在初期佛教艺术中,或为同一来源也。

13.菩萨像及其他型范 图版四三—四六,图2—11

图2:菩萨半身像,焉耆明屋出土。高五三·二,宽三四·四,厚一四,深一一·二厘米。头发作髻,具发饰,面相圆好,疑为菩萨母范。现存项胸一部分,不凿纹饰,疑此模仅出躯干,身上璎珞另范印铸。同时我等尚发现各种纹饰范可证也。

图3:菩萨像头部,出土地同上。高一九·七,宽一六·九,厚八·四,深五·二厘米。两面刻,正面凹入刻菩萨像,头发作髻,具发饰,面相圆好,疑为一菩萨头部;背平面刻婆罗谜字体,内容如何,尚待进一步研究。

图4:出土地同上。高一九·一,宽二二·六,厚六,深四·八厘米。作椭圆形,两面刻。正面刻两像头部,右像绾发作髻,具发饰,可能为菩萨像头部;左像不清晰,不能决定为何像。背平面刻婆罗谜字体,与图3同。

图5:髑髅像饰件,出土地同上。高二五·三,宽二八·五,厚九·二厘米。略作方形,两面刻。正面凹入,刻两髑髅像,左像略小,

作法相同。背平面刻字，已多剥蚀。

图6：人面像残件，出土地同上。现存半面。高二七·七，宽一三·八，厚一三，深一〇·一厘米。两面刻。正面凹入，刻像现存人面像一半，不能决定其为何像，背平面所刻纹样不全，不能决定其为字抑为花纹。

图7：武士像头部，出土地同上。高二三·三，宽一八·八，厚一三·九，深一一·一厘米。作椭圆形，正面凹入，稍残，一面刻像。钩眉瞋目，张口露齿，作忿怒状，疑为武士像头部。

图8：佛像头部，出土地同上。高二六·七，宽二〇·五，厚一〇，深六·九厘米。作椭圆形，一面刻，正面凹入刻像，唯面部残破，无法推知其形像，头部作髻，与佛像头部略同，疑为佛像也。

图9：飞天像残件，出土地同上。高一·一，宽三二·六厘米。作横条形，半残破。正面刻头部及躯干均横置，疑为一飞天像残件。

图10：塑像母范，出土地同上。高一八·七，下宽二五·九，厚七，深三·四厘米。现存上半截，头部作圆柱状，可能为置头部之柱。胸前璎珞，尚清晰，下残。

图11：塑像母范，出土地同上。高三〇·一，宽二四·二，厚六·六，深三·一厘米。作半圆形，两面刻。正面刻像，头部及两手均作圆柱状，两手下垂，连同上图，皆为塑像之母范。头部及手掌，皆以后配合。由此雏形之细腰露脐，下部缠巾，两腿露出肉体，极具美感，与印度阿旃陀石窟寺石刻佛像作风略同。疑此为焉耆佛教艺术中之早期作品，当在公元五世纪前后。背面刻婆罗谜文字。

14. 各种纹饰范　图版四六、四七，图12—17

图12：火焰纹范，出土地同上。高四七·六，宽三一·一，厚六·二，深一·八厘米。作板状椭圆形，两面刻。正面刻火焰形纹样，分三组，上、中、下各一，背面刻婆罗谜字体。

图13—17：为各种纹饰范，皆在焉耆明屋出土。大小不一，均

为平板状。上刻阴文，均已残缺不全。图15为两面刻，正面刻花纹，背面刻婆罗谜文；余均一面刻。花纹中有莲花形、叶形、花瓣、宝石、卷草等等，皆用以装饰塑像或作山景图案之用。根据所刻佛范及纹饰，一像之完成，必须有多样纹范相配合。当然母范或由外来，但配合组成，焉耆人实具有艺术天才。

  其次，关于塑像时代问题。焉耆佛教创始于何时，已难有一确切之解决。但晋释法显赴印度路过焉耆时，已称"有佛四千余人，皆小乘学"。法显以隆安三年（公元三九九年）发迹长安，过焉耆当在隆安四年年底，则焉耆有佛教，当在法显西游以前，或第四世纪初期。我等在明屋佛洞中又发现有唐建中钱一枚，建中为唐德宗年号（公元七八〇—七八三年），此处寺庙，在公元第四世纪初期至八世纪末期之四百年间，都有活动。现欲解决塑像时代问题，既无铭文作依据，欲求每一件之真确年代，势不可能。但历时既久，在作风上不能无变化，故现就艺术作风，分为早晚两期。吾人知道佛教初入塔里木盆地，是由大月氏王伽腻色迦二世之介绍。而伽腻色迦王传播佛教，是以犍陀罗为中心，向四方传播，势力及于塔里木盆地当在纪元后二世纪，发荣滋长当在三世纪以后。焉耆佛教当不能例外，故焉耆佛教艺术早期均带有犍陀罗作风者因此。例如图1、2之佛立像，额宽，鼻直，薄唇，周身衣纹线条强而结于左边，菩萨像虽多表现西域式风格，然鼻梁直通额际，鼻端钩曲，仍保有犍陀罗风格成分在内。尤其图18毛发下披，额宽鼻直唇薄眼半开无珠，可称为犍陀罗作风代表品，其时代当在五世纪前后。自佛教艺术传入新疆后，又与本地艺术混合而成为焉耆艺术。例如菩萨像中图12—15，虽然额宽、鼻直，但唇厚、口方，已具民族风格，较之犍陀罗时代之作薄口，口角向上，时代已稍晚，当在六世纪至七世纪上半期。及至第七世纪中期，唐代势力及于塔里木盆地，其艺术作风当亦随政治势力传至西域。焉耆与唐西州相接，在佛教艺术后期，渐受唐艺术感染，极为可能。例如图22在发式及巾帽上虽具本地民族风格，但两目有珠，柳叶式画眉，唇厚，人中凹陷，确具东方人形貌。故焉耆晚期艺术必在八世纪前后。当然，此仅就作风判断时代，不是较完善之法，但提供线索，对于将来作进一步之研究，亦属有益也。

第三部分
木陶残件

本部分有木雕木画及彩陶残片。关于木雕大部分出于焉耆明屋及霍拉山废寺中。木画出于巴楚托和沙赖古僧坟中。每件均有彩画，同时尚有彩陶片，与木画同坑出土，可能是同时遗存，两者互有关系，故一并列入。现原物无存，今据照片及摹本作说明。

一、木雕残件

1. 木雕人像残件　图版四八，图 1

图 1：木雕人像腿部，出焉耆明屋。长二五·三厘米。为一立像腿部，掌指稍残。初出土时，尚留存金片少许，外包金箔。光润柔和，表现出肌肤之美丽。

2. 木雕建筑饰件　图版四八，图 2—8

图 2：木雕舞者像，出土地同上。高九·二，宽四，厚二·七厘米。在一木板上浮雕一立人像，两手扬起长袖，显为一舞者姿态。上具一柄，高一·八，宽二·三，厚一·四厘米。疑装饰于器物或建筑上者，柄所以入木也。

图 3：木雕卧兽像，出土地同上。长一七·三，高九·二，厚四·一厘米。头部残缺。初出土时，全

身涂朱色。头顶昂起，两腿卷曲，作卧形，疑为器物或建筑上之装饰品。

图4：木雕窗棂，出土地同上。高三九·五，宽四五·四厘米。由九根木材组成，上下左右四根稍宽，上下宽七·七，左右宽六·二厘米，中间纳入约二·二厘米见方之木窗棂五根，斜角排比，中间留有空隙，以便流通空气，显明用于房屋墙壁间也。

图5—8：木雕圆锥形带柄残件，出土地同前。共有四枚，形式相同。头有圆锥形饰物，高约一一至一二·八，宽约七·一至八·一厘米不等。下皆有柄，长短不等，柄尾均作尖锐状，疑为建筑或纺织器物上之零件。

3. 木器残件　图版四九，图9—14

图9、10：木雕灯盘，出土地同前。图9高七·四，宽一七·一，厚三·六厘米。略作方形。中间雕有圆形凹槽，直径约一三，槽深约二·二厘米。中心有一圆心，直径四·九厘米。中心有孔，以纳蜡烛。现破为二块，全形颇类似现在折叠式灯笼盘。图10形式大小与图9略同，但图9稍有残缺。

图11、12：木雕圆底钵残件，出土地同前。图11高四·九，口径一四·六，深三·一厘米，作圆形。但口部略有残缺，中间凹入，疑为饮食容器之类。吐鲁番雅尔湖沟北出土圆底浅钵，形式与此同。图12形状略与上图同，但已残缺过半。

图13、14：画版残件，出土地同前。图13为一不规则之版状物。高约一八·六，宽八·七，厚一·八厘米。下部有榫头，长二·三，厚〇·八厘米，显为器物上之镶版。下部之榫头，即为纳入其他器物之用，但形状颇不规则，疑为后人所残破。版上彩绘已剥蚀，但彩色痕迹尚存。图14为一长方形版状物。高一四·九，宽一〇·一，厚一厘米。上下皆出榫头，高约一·四，宽约五·八厘米，显然为器物上之镶版。上有彩画，但已十分模糊，窥其痕迹似为叶状纹样组成图

案者。

以上木件与灯盘圆底钵，同出焉耆明屋一小庙中，疑此处为僧侣住宅。凡此木器，皆僧侣等日常之用品也。

4. 木雕立人像　图版四九，图15

图15：木雕立人像，霍拉山废寺中出土。高一九·六，腰宽四·九，胸厚三·一厘米，作立人形。头高约四·八，宽约二·五厘米。头戴高冠，两目闭，鼻梁低陷，合口，口角略向上。面部丰满。两手合拱，中间有孔，以纳香炷。身着衣，大袖齐裳，不露足，形式极似中国古坟前之翁仲。翁仲石质，形体甚大，此为木质而小，疑为香柱也。

5. 车旋木具　图版四九、五十，图16—30

图16：车轮形木具。中间轮稍大，径约二·八厘米。两旁稍小，径约六·七，轴长一〇·三厘米。皆用车旋法作成轮形，疑为建筑上零件。

图17—30：车旋圆柱子状木具。

图17—20：顶为半圆形，下出轴心，中间有旋纹两道。高约一〇·六至一六·三厘米不等，底径五·四至八·一厘米，榫头长约二·三至二·七厘米。但有残断者，疑为建筑上或器物上饰件。

图21长三九·二，径八·七厘米，作圆柱状。有柄，顶作半圆形，有旋纹二道，疑为拉手或捶件。

图22长二〇·六，径五·二厘米。顶作半圆形，中隆起旋纹一道，下又有旋纹十一道。

图23长一四·三，底径五·二，顶径二·三厘米，作圆锥状，中有旋纹十五道。斯文赫定在楼兰搜集品中，亦有同样物件（August Conrady, *Die Chinesischen Handschriften-und Sonstigen Kleinfunde Sven Hedins in Lou-Lan* Pl.VII.4）。同地还发现有一小塔，旋纹作伞盖形。故我疑此件，由底向上盘旋，递次减小，颇类似塔上相轮，

但不能决定即为塔上之相轮也。

图24长一一·四厘米,略作方形,上宽三·四,上厚三·一厘米。中有旋纹十道,下出榫头,作风与图23大致相同。但下出榫头,必附着其他物体也。

图25长一八·八,底径六·八厘米。作圆柱状,顶作半圆形,中有旋纹一道。

图26长一七·一,径三·三厘米。顶作半圆形,下作圆柱形,颇类似驴马鼻轴。以上各件,疑皆为器物上或纺织用具上零件。

图27—30,下皆有榫头,或上下均有榫头。中间隆起旋成圆柱状,皆为器具或建筑上之配件。

以上各件,皆出自霍拉山废寺中。同时出土者,还有磁砖。关于时代问题,因未发现有文字记载,无法知其绝对年代,但我等以他处出土类似之遗物推比,亦可得其仿佛,斯文·赫定在楼兰故墟发现许多车旋纹木具,形式大抵与此处同。楼兰同时发现有木简,上有泰始年号,则此类木具可能是第三世纪后半期遗物。英人斯坦因亦在尼雅及麻札塔哈发现同样木具,尼雅年代同于楼兰,而麻札塔哈则为第七世纪后半期之遗物,说明车旋纹木具,自第三世纪中期至第七世纪中期在西域各地曾流行。而霍拉山之木具当在何时,次当论及。焉耆西与库车为邻,即古之龟兹,东南与罗布淖尔相接,即古之楼兰、鄯善。在四世纪末期,晋释法显赴印度,是由鄯善且末北行至焉耆,再西南行至和阗,因此知鄯善至焉耆必有一径道。在此前后,若后凉吕光至龟兹,沮渠无讳称王高昌,北魏万度归疆理西域,皆自鄯善北行,必此时楼兰已成故墟,无人行走,故法显等皆绕道鄯善,不取道楼兰。我订楼兰放弃在公元三七六年(《罗布淖尔考古记》二七页),则楼兰与焉耆建筑艺术之互为影响可能在四世纪初期。但在焉耆发荣滋长,时间可能延长,然亦不能晚于第五世纪。又同时出土有泥塑佛像，则车旋纹式或随佛教艺术东来，与明屋出土之早期泥塑像同一时期也。

二、木画残件

余等在托和沙赖古坟中，发现若干丝织品。与丝织品同时出土者，尚有若干木件，皆具彩色花纹。因原物无存，兹就模本照片编入，略加说明。又同时出土者，尚有陶器及残陶片，亦具彩绘。因与木件同出，故亦并附于编后。

6. 彩绘木盖 图版五一——五三，图1—9

图1—8：彩绘圆木盖，出托和沙赖古坟中。均作圆形，径约一九—二三厘米，里面凹入，外表隆起，高约三·八至八·七厘米不等。顶穿一孔，所以系绳索以便提携，亦有绳索尚存者（如图1）。又我在托和沙赖古坟中，掘出一完整陶器，内陈牙骨灰，木盖尚存。据此，知木盖为陶器上作盖之用。每盖上均有彩绘美丽图案，出土后花纹色彩，略可辨识，故能按照原样摹出，现述于下。

图1交织莲花纹，在粉红色底上用墨线勾勒。图2珠粒点纹，在粉底上满布红黑圆点，错杂成纹。图4灰底上散布红、绿、黑三色四瓣花纹，红色边缘。图5、6素底，用蓝红两色彩绘重叠式宝相花瓣。图7亦为宝相花，红、蓝、红三层重叠作底，用黑白线条勾勒花瓣，边为蓝底，着白粉点成连珠纹。图8残缺，由其现存部分，尚可见蓝色圆圈。在各图中顶部，均有一着色圆光。图1、4、5、6为黄色圆光。图7中心底为黄色，周绘红星黑线双环圈。中心白底黑线，象征星光四射。图8为红色圆光。图3亦为红色圆光加黑圈。图2中心不另着色。但器中心穿一孔，则各件均同。

图9：彩绘方木盖，与上圆木盖同时出土。略作方形，底大顶小，底约二十厘米见方，顶约七厘米见方，高六厘米。里面凹入，中穿一孔，与上各图同。亦必为器物上之盖。而器物之口部，亦必为方

形也。现我所复原之陶器口部，均为圆形。此方盖是否为陶器上之盖，未能决定。同时墓中尚出现许多彩绘方木板，疑为方形器物之零片，如木盒之类，则此盖或即木盒上之盖。盖上花纹均在蓝绿色底上绘白线组成方格纹，中出梅花瓣及圆点纹，顶部满涂黄色，与木板上所绘花纹同一体系，而与陶器上花纹稍殊，由此亦可证明为方木器上之盖，而非陶器上之盖也。

7. 彩绘木器残件　图版五三—五五，图10—21

图10—13：彩绘方木板，与上件同出土。当时在古坟中发现方板约三十余件，或无花纹，或花纹已剥蚀致不可识。兹就其花纹尚可辨识而有摹本者作说明。图10高一九·四，宽一二·九，厚一厘米。图11高二〇·五，宽九厘米。图12高一九·二，宽九厘米。图13高一九·二，宽六·七厘米，厚均五·一厘米。以上四件，疑均为一器物上之零件。唯图11长出一·二厘米，盖多出一梢头或为器物之底部。四件花纹，皆蓝底白线起方格纹，中绘梅花瓣，与图9之方盖花纹一致，可能为同一器物之零片。但木板面残缺，无法恢复原形。

图14略作方形，高二一·二，宽二〇·四，厚一·三厘米。黑底。以白粉线构成斜方格纹，中缀红、白、黄构成之花蕊。边缘红底，用白线绘椭圆圈夹点，与中心色彩亦能调和。全部构图颇完整，疑为器物之一面。

图15色彩花纹同图14，只存半面。高二一·三，宽一·一，厚一·三厘米。与图14长厚相同，必与图14为同一器物之断片。边出一槽，钉眼尚存，可能是与其他面配合者。惜仅存半面，无法断定原器之形状大小。

图16为另一器物上之长方形木板。高二四·三，宽一六·八，厚一·五厘米。边缘有破损痕迹，必非完整之一面。但其花纹构图已完整。是所缺仅边缘部分。此片构图取材，同于以上各图，惟着色稍异。此片系以蓝色为底，黑线白点作方格纹，中间以白点红黄心作

花蕊，在蓝底上显出异常美丽，边作紫红色，边里具槽，亦必与他物缀合者。

图17为另一器之断片。高二〇·八，宽一三·七，厚一·一厘米。右边有破损痕迹，必非完整之一面。边缘有钉眼，亦系与他而相结合者。花纹亦以菱形斜方格纹为主要构图内容，但以黑色为底，白粉线画方格，中着白粉点四粒，外以紫红色作边缘，构图颇简单，非若其他各片之富丽。

图18亦为残缺之一面。高一九·五，宽一二·六，厚一·六厘米。花纹多剥蚀，唯中间尚可识其形样。构图着色与图14、15相同。但边缘不着白粉圈点，故仍为另一器物之断片。下出一梢头，仍为与他物缀合之具也。

图19、20为方形木板，出土地同上。图19高一六·三，宽一三·二，厚一·四厘米。中间钻一孔，具丝线带。背面上下均有槽，必为木盒上之盖。图20高一九·六，宽一八·六，厚一·一厘米。中间不具带，边缘尚存钉眼，可能是木盒上四壁之断片。疑原物面上仍有花纹，边缘线纹尚可见其痕迹，但因极端模糊，无法临摹耳。

图21为彩绘残木桶，出土地同上。此系由两件拼合而成圆桶形。高二一·八，厚一·二厘米，口径上二一·三，下一九·五厘米。缺底、缺盖，壁缺一部分。彩绘已脱，但尚可见其形迹。上下有栏，中作斜方格纹。中填花蕊，其作风类似图13。因当时无摹本，不知其着色如何。

8. 木器残件　图版五五，图22—27

图22、23：木碗，出土地同上。图22高四·九，深四·四，口径一三·五厘米。图23高四·一，深三，口径一一·四厘米。盖由一完整木料车旋而成。纯素无纹，疑当时作饮食之用。现内蒙古、新疆人民仍有用木器作饮食之具者。在冶金及陶瓷术不发达地区类多如此，不徒边区为然。

图24、25：木栉，出土地同前。图24高八·五，宽一一，厚一厘米。图25高七·五，宽一〇·六，厚一·一厘米。均为一面细齿，一面疏齿，细齿者为篦，疏齿者为栉，皆为理发之用，与现在内地之梳篦相同。我在罗布淖尔曾拾梳篦各一，因有汉简同出土，故我断定为汉代遗物（《罗布淖尔考古记》图版一八，图13—16）。则此一件两面有齿，具梳篦两用，时代疑稍晚，但其来源则一也。

图26、27：木提吊，出土地同上。图26有长柄，下附桶状形物。高五·九，深三·九，口径四·六，底径五·一，柄长八·八厘米。为量油汁之用。图27柄残，下存桶状物。高九，深三·八，口径五，底径五·九厘米，亦为量油汁者。现本地人量油汁亦用此法，在内地乡村中亦如此。

三、彩绘陶器及残片

9. 彩绘陶器　图版五六，图1

图1：彩绘带盖陶器，出托和沙赖古僧坟中。高一九·三，盖高三·二厘米，口径一二·二厘米。陶器周围彩绘，以蓝色作底，用朱笔绘莲瓣式图案，盖为木质，涂白粉，上绘红色线条十四道，表示星光。中穿一孔，所系之黄色丝线尚存。当出土时，中盛骨灰及舍利袋，可证此类陶器，皆僧侣辈死后，储盛骨灰之用。

10. 彩绘陶器残片　图版五六—五九，图2—21

我在此地除采集一完整陶器外，尚掘拾彩绘木盖及彩绘陶片多件。由上件例证，可能皆为同样陶器之残片，现按碎片之花纹及形式，恢复器之原形，可得六件。今将零片按组分述于下。

图2—5：彩绘花枝鳞纹陶器残片，此四件同为一器上之物。图2、3、5为腹部周围之残片。现按花纹拼合为一件。周围花纹，是上下有连环纹作栏。中腹用粉点墨线绘鱼鳞纹，再填倒影花枝，以浅蓝色作底，再配合深蓝、红、紫、黑、百作图，色彩颇为调

和。图4为肩部图案，满作鱼鳞纹，与腹部花纹亦能相称，由此可以表现西域艺术家绘画之卓越成就。

图6—9：彩绘三角连珠环纹陶器残片，此四件同为一器之零片。图6—8为腹部周围之花纹，上下有栏，作水波纹。中腹在墨底上用粉点及黄圈绘作环状。环与环相连，中缀以对称之三角形。用笔深厚。图9肩部碎片共四块，在红蓝色圈上，用墨线画宝相花瓣，着色及纹样，亦与全器谐和。

图10、11：彩绘蓝底连珠纹陶器残片，为器壁及肩部零片。腹上栏紫底粉环加点，中腹蓝底，绘红色宝珠，再加粉点，象征在一蓝色天空中，星光闪闪。

图12：彩绘黑底菱纹花蕊陶片，两片为同一器上之物。图12为三块拼合而成，为器腹周围及肩部零片。在器腹上下有栏，上栏以紫色为底，上出黄色麦穗纹；下栏同样以紫色为底，出黄色宝珠纹，中腹以黑色作底，用粉点绘菱纹，内填粉色花蕊，用色显出温和而严肃姿态。

图13、14：彩绘黑底菱纹加草穗陶片。图14为腹部零片。花纹通作黑底，上下栏以粉点及浅红圆点组成带纹，中腹在黑底上用白粉线绘菱形纹，中填红色草穗。图13肩部用白粉线绘莲瓣纹，在一片青色和红色刚坚气氛中，缀以粉白线条，表现出刚坚而明快姿态。

图15：蓝底绘鳞纹陶片。存中腹及肩部，下部残缺。腹部满涂蓝色，上栏用紫及浅红色作带，不加文饰，肩部用黑线绘鳞纹，构图虽甚简单，但用色调和，反显出匀净优美。

图16—20：彩绘陶片。以上各图皆有摹本，参合照片，可以组成器物原形。其他尚有若干带彩陶片，因无摹本而又零碎，无法判断其位置。兹择照片中比较清楚者附次于此。

图21：陶器盖。圆形，径九·八厘米，中间隆起，高二·七厘米，边厚八毫米。面涂白粉，中穿一孔，以系绳索。周围绘彩色圆点七

粒，边有栏纹两道，边缘绘不规则直线若干。除此以外，尚有素底陶器盖数件，均与陶器零片同出土，可能为同墓中陶器上之盖。但有作木质者，如前面所举。

以上彩绘木器与陶器，均出于同一冢中，因陶器中有骨灰及舍利袋之发现，及散布之骨灰，故推定为盛骨灰之用。至木器因未觅得成形木器，但由于木板上之钉眼及槽，可能是木盒之零片，是否亦为盛骨灰之用，现无法决定。木陶器上花纹，概属于同一系统。例如木器上大多数是以菱形方格纹及连环纹为主要题材，在陶器上亦有以同样菱形方格纹作构图基础者，如图12—14皆如此，不过配色及中心花纹或有区别耳。此种菱形方格纹，又见于壁画中，在拜城克子尔佛洞壁画上曾见在菱形方格纹中绘佛本生故事。亦有作图案画或装饰画者，此种格式，唯见于龟兹境内壁画中，其他各地如吐鲁番等地，则不多见。故此式为龟兹特有风格，此地陶器上菱形方格纹，疑亦从龟兹壁画中传习而来。此地属唐代龟兹国西境，则龟兹艺术用画壁画方式运用于陶器上，本极自然之事也。至于来源问题，其说不一，有谓是受印度影响。我以为菱形方格纹起于编织，古人以树枝或草茎在各种建筑上或器物上编织菱形方格纹，尤其在织品上，此种纹样最为普遍，后人发展于绘画，并施之于器物耳，不能谓为完全受外来影响。其次要谈到年代问题。在此冢中同时尚发现有民族古文字及丝织品，尚有龟兹铜钱，因文字未译出，不能决定其真确年代。此地出现之丝织品，尤其出现绢一匹，与唐绢规格一致，当为唐代遗物。至于龟兹铜钱，在库车、沙雅各遗址中散布最广，流通之时代亦长，大约自纪元四世纪至八世纪皆流通。因此陶器和木器时代，不能越出这个范围。又我根据陶器上之花纹，在壁画中作菱形方格纹，自五世纪至六世纪间皆曾沿用，八世纪以后壁画中即不多见。可见用菱形方格纹作装饰，为五世纪至六世纪产物。其次为鳞纹、莲纹及连珠纹，我在吐鲁番雅尔湖古坟中发现八百多件陶器，大部分均用朱笔在陶器上绘各种纹样，而以鳞纹、莲纹或连珠纹为最多，例如《高昌陶集》二五、二六、三七、四四各图，这些陶器的时代均在第六世纪前后，多属于高昌麴氏有国时期。唐灭高昌以后，陶器上此种纹样即不多见。因此我根据花纹推定此地木器及陶器之时代，亦不出公元六世纪至七世纪。

第四部分
织　品

这些织品，大部分是出于巴楚托和沙赖、苏巴什古坟与克子尔明屋佛洞中。托和沙赖路南一废寺中，出现一整匹素绢最可珍异。同时又在一僧坟中发现数件舍利袋，缝纫颇精致，可以看出当时手工艺之优越。其次在苏巴什古坟中及克子尔明屋佛洞中，出现之织品大部分为衣饰残片，数量颇多，还有库车其他遗址中亦出现若干丝织品残片。今仅择其质料花色不同者作代表介绍。尤其在克子尔明屋所出现之五彩织锦，虽为零片，但颜色鲜艳，今着色印出，为研究当时丝织工业之参考资料。

1.整匹素绢　图版六十，图1

图1：唐绢，出巴楚托和沙赖遗址中。长一一·六米，幅宽五八·五厘米。出土时，双幅折叠为十六开，每开长约七一厘米，合卷为一匹，宽约二八·五厘米。出土时匹端尚有朱红绫边，现已剥落无存。质料稀薄粗糙而不熟练。颜色微黄，与今河南绢绸略相仿佛。此绢出寺庙遗址小房中，当为僧侣服用之物。根据同地出土其他遗物知时代约相当于唐。再以唐制绢匹尺度为证，此绢尺度亦略相符。试以唐尺一尺合三一·一厘米计算（据吴承洛《中国度量衡史》六五页），则此匹长合唐尺三丈

七尺三寸，阔一尺八寸八分。按唐开元制，每匹"阔尺八寸，长四丈"（《通典》卷六，页二），但此是公令规定，而民间所用仍长短不一。据敦煌出土文献，一匹"长三丈八尺五寸，幅宽一尺九寸"；又有作"长三丈九尺，幅宽一尺九寸"（《琐》五〇）；或有作"长三丈七尺五寸"（《琐》五五 ）；又有作"长三丈五尺四寸"（《敦煌掇琐》六六）者，上引《琐》五〇、《琐》五五，均无年号，《琐》六六文献尾有"右给当军天宝四载"字样，可证是唐中叶产品。《琐》五〇、五五虽无年号，亦当为唐代产品，可能稍晚。在《琐》六六文献中，又有每匹估价四百六十五文者，可能是敦煌唐驻军携往敦煌之商品。此匹尺度，宽度较《琐》五〇仅差二分，长度较《琐》五五只差二寸，年代久远，布匹可能有伸缩，但基本上与唐尺度相合。尺度既遵循唐例，则此绢必为唐地制品，可能是由唐地运往龟兹之商品。又此地为当时东西交通咽喉，在垒勒山上并有古城古道及烽燧遗址，是古代交通大道可能由此经过，而此匹绢即由过往人士所遗留也。

2. 舍利袋 图版六十一—六二，图2—7

图2：舍利袋，出托和沙赖古僧坟中（B），系由几种不同颜色、不同花纹之丝织品拼合成一对角方形口袋。上下对角一〇·五厘米，左右对角九·五厘米，两面相同。对角以上为口，下为底部。口上有黑色绸带，长一八厘米，系接于两角，以便提携。口袋本身为黄、红、青三色绸缎组合而成。袋底及面为提花黄绸。边缘为青绸，再以红底白花及黄底紫花锦缎与青绸缝纫成三角形带饰，做工精细，颜色鲜艳，可以想见当时劳动人民手工艺之优越。当出土时满盛舍利即牙骨灰数十粒，与其他各件均盛于一陶罐中，在罐中尚有散置骨灰若干。佛教循印度习俗，死用火葬，僧侣火葬后，盛骨灰于罐中，造塔储之。但也有不起塔，仅作一穹隆形建筑俗称"拱巴仔"，埋藏僧侣骨灰，在新疆所见者多类此，此其一也。

图3—5：舍利袋，出土地同上。形式均作斜方形袋，与图2同。上下对角约一〇至一四，左右对角约九至一二，口宽约四至六厘米不等。图3系用提花黄绸质料缝纫而成。图4、5均为白绸，单层无里。图3、4均具带，图5带已失去。出土时袋中均盛牙骨灰。

图6：上下左右对称，均为一〇·五厘米。双层，以红粗绢为里。面覆提花红绸及青绸，四周以红绸为边缘，中出四厘米宽之三角形带饰，两面均同，但已残破。口宽五·五厘米，口部稍小无带。中空。

图7：较上略小，上下左右对称，均作七厘米。里为素绸，面为白绫而以黄绫镶黑边之三角纹分列四隅，重叠成彩。惜中间残破，无法了解其全部纹样组织。口宽四·五厘米，中空无带，但两角有具带残迹，或原有带，以后遗失耳。以上二者，出土时中空无存。但与图2—5同出，式样相同必原为存骨灰之用，后因骨灰散出，故成空袋，在罐中尚盛有若干骨灰可证也。

以上均出巴楚托和沙赖一僧坟中。同时出土者，尚有龟兹小铜钱，民族古文字残纸及彩画陶器。根据其纹样，我推定为六世纪至七世纪遗物。则此织品，或与之同时。

3. 织品残片　图版六三—六五，图8—20

图8：朱红丝织残片，出拜城克子尔明屋佛洞中。为一长方形残片，宽二四厘米，长一七厘米。朱红色，无花纹，疑为服御物上之碎片。左边缘尚有一白线头，必为缝纫痕迹，或当时作衣里之用。

图9：袋状衣饰残片，出拜城克子尔明屋佛洞中。作袋形，长一四·五，宽六·八，口径三·二厘米。米色细绢，现存一面。另一面仅存缝纫痕迹及一部分绢片，颜色较黄，口缘镶五毫米之青绸，边有一丝线系之，线头尚存，可能是领缘或衿袴之残片。

图10：方块青白丝织衣饰残片，出土地同上。作带形，外镶有一·五厘米之边缘。左为青绸，长二二厘米。右为白绸，长二三厘米。中间为白绸方块，长一〇，宽一〇·五厘米。但上有紫色绸遗存

二　遗物说明

痕迹，下有与中间同样白绸痕迹，可能为僧衣残片，由三样不同色之方块丝绸缀合交错而成。在库车壁画中所绘高僧之袈裟，每用不同颜色布条交错缀成纹彩（《敦煌画之研究》图像插图一三八）。俗谓之衲袈裟，为宣扬法教时披之。《三藏法师传》："唐太宗赐玄奘衲袈裟一领，价值百金。道慕法师作诗云：'不持金作缕，还用彩成文。朱青自映掩，翠绮相氤氲。独有离离叶，恒向稻畦分。'"（卷七，页六）盖谓此也。不过玄奘之衲袈裟，特别美丽工巧耳。

图11：丝织长条形残片，长一七，宽六厘米。用黄、清、红、紫四种不同色方块绸料补缀而成带形。青、红、黄三块长约三·五，宽约五·四厘米，显为一有意义之补缀。上为黄绸已残，下为紫色，无接缝，但右边仍出黄绸，可能由多种不同色绸块交错成纹，疑与图10同为衲袈裟之残片。一说为帷幔飘带残片。在龟兹壁画中，有帷幔图案，亦有用不同色之方块补缀成文者（《敦煌画之研究》画像插图一四五）。但亦必由衲袈裟感染而成，表示具足福田之义。此制创于释迦牟尼，故为佛教所特有，东传至西域及中土也。

图12、13：方块红绸残片，出土地同上。图12长七，上宽七·五厘米。中为红色绸残片，边缘及线缝中尚有紫绢及黄绢碎片，可能为上下所拼接之材料。图13长五·五，下宽五·七厘米，为红绸残片，缝线尚存。

图14：提花回纹红绸残片，出土地同上。通长五·五，宽六·二厘米，为一方块提花回纹红绸残片。上下拼接用浅黄绸，左右两边缝线尚存。可证当时用不同色而形相等之方块绸连缀而成，作用与上各图同。

图15：方块素绢残片，通长八，宽六·五厘米。下为方形浅黄绸，长四·五厘米。上接一三角形紫黄绸，长三·五厘米，缝线尚存。

图16：提花菱纹绸残片，长七，宽一六厘米，为提花菱纹绿绸残片，边缘尚存浅黄绸残片，可能是彩绸上部拼接之绸，接线尚存。

图17：带形绢片，通长一二·五，宽三·三厘米。由不同色之绸绢块拼凑成带形。首为素绢成米色，下接朱红绸方块，但边缘尚存朱红绸残片。疑上下所接者均为朱红绸，接下者又为素绢，质色与上块相同，相间拼缀为彩。下接两条残巾，左为长六厘米之紫绸，右为长四·五厘米之白绢，但残破已甚。

图18：印花残绢。长五·六，宽四·七厘米，方块绢残片。上印有白色花朵二处，左右均有拼接线缝，上部尚存拼接黄绸残片。

图19：提花谷纹黄绸残片。长二，宽四·四厘米，均为黄绸上提谷纹。两块大略相同，质色花纹亦一致，必原为一块，后残破为二者，疑为衣袴上残片。

图20：衣饰缝纫残片。右边接缝残片为紫色绸，长约五厘米，宽约四厘米，颇残破。左边接缝残片为浅黄绸，大部分已残，中间宽约四厘米，长一一·五厘米。紫色绸之中脊线，缝纫痕迹尚存，在中线两边尚可见红绸与紫绸残片，则当初亦必为不同色之绸料拼缀而成者，但大部分已残失。

图9—20皆属衣饰残片。均出拜城克子尔明屋佛洞。由于每件均有缝纫痕迹，可能为衣服破乱之零片。大部分均用不同色的方块绸料或绢片拼合而成，彼此间杂，构成纹彩，如衲袈裟之类。疑此为西域特有风格，初源于佛教徒之衲袈婆，本含求福之义，后遂以为美观，用作图案，应用于一切日用物品如帷幔等。我等在巴楚亦发现舍利袋数件，其中亦有用不同色绸补缀者，制作甚精巧，可证这些拼缀残片仍属于手工艺之一种形式。同时在佛洞中尚掘出唐"大历"及"建中"钱币，皆为八世纪遗物，此绸片可能与之同时。

4.毛织残片 图版六六，图21

图21：毛毯残片，克子尔明屋佛洞中出土。长一一，宽一〇厘米。以麻布作底，上突起以毛绒组成之花纹，多已脱落，现仅存蓝、红两色毛绒残迹，疑为当时作地毯或挂毯之用。按毛毯为古西域名

产，称为氍毹，以大月氏国所出者最佳。汉班固与班超书云："月氏氍毹大小相杂，但细好而已。"(《御览》七〇八卷引)《考声》云"氍毹西域织毛为文彩也"(慧琳《一切经音义》卷八四，页四引)可证。现新疆和阗、喀什等地，亦产地毯，用之铺地为坐卧之用。颜色鲜艳，永不褪色，但工巧细好不如西方所出耳。

5. 织锦残片　图版六七—六八，图22—26

图22：绛底双鱼纹锦残片，出克子尔明屋佛洞中。三角形，两边长五·六，底边四·四厘米。紫绛色底，中间组成团状花，用蓝色作底，用红黄二色组成双鱼纹，与另一团状花交映成彩。

图23：绀底云纹锦残片，出土地同上。作长方形，宽五，长一·八厘米。以淡黄线作底，与蓝红线交织成黄金色；再透出蓝黄色云纹，极尽美丽工巧。后人多以之装潢书皮，或包裹木匣之用。上接缝长一厘米，宽五厘米之绛底白花锦，用途不明；但必为服御物之装饰品。《新唐书·西域传》龟兹条称"王以锦冒顶，锦袍宝带，岁朔，斗羊、马、橐它七日，观胜负以卜岁盈耗"(卷二百二十一上，页十九)，则锦为龟兹人日常服御之物，此件或为服饰上之零片也。

图24：黄底绿花纹锦带式残片，出土地同上。长三·四，宽三·二厘米。一边缝纫线头尚存，当亦为服御物之装饰残片。

图25：黄底波纹锦带式残片，出土地同上。长十二，宽三·四厘米。原为一带式，现断为两截。以黄红线交织作底，中透出皂绿色双重波状纹。原物当甚长，疑为巾带或束缚之用。

图26为一小零片，疑亦带属。

以上五件皆属锦类，均出拜城克子尔明屋佛洞中。由其花纹体系看，如图22、23，与内地古锦大致相同。故此锦残片，疑自唐地运往龟兹，而为龟兹僧侣和贵族所服用。颜色鲜丽，织纹工巧，唐代工艺之优越，由此可见。

6. 麻织残片　图版六八，图27

图27：黑底印花残片，出土地同上。宽三〇，长二六厘米。麻质、黑底，上印若干白色花朵及枝叶，错杂成文，两面相同。质地颇粗糙，疑为包裹或作帷幔之用。

7. 提花丝织残片　图版六九，图28、29

图28：紫绸提花残片，出土地同上。为一不规则之零片，宽约一五，长约三至九厘米不等。必为衣服上之剪裁零片。

图29：朱红绸提花残片，出土地同上。长约八，宽约六厘米。残破过甚，亦衣衿之零片也。

8. 罗织残片　图版六九，图30

图30：罗纹罗残片，出通古斯巴什旧城。作不等边三角形，两边宽九·五，斜面宽一二·五厘米。两边均有淡墨素描花朵痕迹，可能当时为绘画之用。

9. 衣饰残片　图版六九、七十，图31—34

图31：提花黄绸衣饰残片，出苏巴什古墓中。分两块：左长二〇，宽约四至七厘米不等；右长一六，宽四至八·五厘米不等。黄绸上提花纹，两块相同，盖为死者同一衣服上之碎片。在此坟中发现甚多之丝织残片。除此外尚有红、黄、朱各种丝织残片甚多，皆为素面，上均有污渍痕迹，可能为死者尸体腐化渍染所致。由此可以证明残片为死者服御之物。出土时，此类碎片遍布洞中。与此残片同时出土者尚有陶罐（图版二四，图7），作粉红色，形制与各地唐代陶片同，此残片与之同地出土，则此丝织残片可能亦为唐代产品。

图32、33：红绸方格纹衣饰残片，出土地同上。图32长二一·五，宽二五·五厘米。一部分以朱红绸为里，表用红绸隆起方格纹，约一·五厘米见方。由极细同色线缝纫而成，脱线处露出白粉线痕迹，可能先画方格，再照格缝纫。但其中包裹何物，迄今尚为一谜。质体较轻，颜色焦紫，可能是一种植物之花。另一部分

提花黄绸残片，与红绸夹衣缝在一起，可能有脱落。图33出土地同上。长三四·五，宽四·一厘米，用五至七厘米宽度不等之六条黄绸拼合而成。有经过缝纫隆起之方格纹者三条，与素面三条相间拼合，每条均用六至七毫米宽度之青绸镶边，骈列成文，隆起方格纹与上图同，但格中包裹之物及裹布已脱遗。此两残片均有污秽渍染痕迹，与图22同出一坟中，可能均属于死者服御之衣服残片。

图34为红绸方格纹带残片，出土地同上。通长四五，宽六·五厘米。为一红绸残带，上起黄色方格纹。作两截，下截为红绸，颜色甚鲜，长二八·五厘米，末端为三角形向下垂。上截以宽四毫米之朱红绸为边缘，中镶隆起方格纹之黄绸，长一八厘米。上残，表里相同，疑为衣服之衿带。质料、颜色花纹均同图32、33，必为死者同时所服之衣饰残片。作法工巧，颜色鲜丽，由此可见西域人手工艺之优越。

第五部分

汉文及民族古文字

此次所采掘之文字类，有汉文及民族古文字。大多出于克子尔明屋佛洞中及库车古城中，焉耆废寺中亦出现一部分。关于民族古文字语文，内容大部分未译出，并有不知其种类者，今按地点分别印出以供专家研究。其他尚有岩石及洞壁刻辞，亦有汉文及民族古文字，尤其在克子尔明屋及库木土拉佛洞中发现有唐代年号的题记，此对于研究洞窟历史是有帮助的。今亦一并印出，并略加说明如次。

一、汉文及民族古文字写本及印本

1. 汉文写本　图版七一、七二，图1—5

图1：李明达借粮契残纸，出沙雅西北通古斯巴什旧城中。长二七·七，宽一七厘米，起"大历"，讫"为限不"。文云：

　　大历十五年四月十二日李明达为无粮用
　　遂于蔡明义边便青麦一石七斗
　　粟一石六斗其麦限至八月内□□□
　　付其粟限至十月……………

□麦一取上好……
　　……如取麦已……
　　如为限不……

　　按大历为唐代宗年号。大历仅十四年，十五年为德宗建中元年，是时西域人尚不知，故仍用大历年号。盖北庭、安西自吐蕃陷河陇后，声闻隔绝不通者十余年，至建中二年，安西、北庭节度使李元忠，四镇留后郭昕遣使间道奉表，声问方达。李明达、蔡明义皆为汉人，由内地迁往龟兹，以耕种为业。此纸述李明达向蔡明义借麦粟，四月出借，八月、十月分别偿还。按四月青黄不接故出借，八月、十月秋熟，故分别偿还，情形与内地同。其借贷方式如立契款式等，均同于内地。此纸出通古斯巴什旧城。同时出土者尚有鞋履及木楠之类，皆汉人服饰用品，故此城或为唐代汉人所驻之城也。

　　图2：白苏毕梨领屯米状，出土地同上。长二五·五，宽八厘米。起"历十"，讫"五𰀉"。文云：

　　□历十四年米□□三月二十三日白苏毕梨领得
　　□屯米四𬪋半麨（麪）一硕八𬪋䐈一
　　□油三𰀉 酱□𰀉 酢五𰀉

　　按"历"字上半缺笔，可能是"历"字。则"历"前应是"大"字，唐代年号中有十四年者，唯以大历年号为近似。在年月之间又中缀"米□数"三字，不知何义。白苏毕梨当为人名，首冠白字。据《新唐书》云"龟兹王姓白"，则白苏毕梨当为龟兹国人。"领得屯米……"疑白苏毕梨亦为屯田戍卒。据《资治通鉴》云："唐自武德以来，开拓边境，地连西域，皆置都督府州县。开元中，置朔方、陇右、河西、安西、北庭诸节度使以统之。岁发山东丁壮为戍卒，缯帛为军资，开屯田供粮粮，设监牧畜马牛。军城戍逻，万里相望。"（卷二百二十三）按自武周长寿元年王孝杰恢复四镇后，移安西都护府于龟兹，以兵三万镇守，则粮粮供给必赖屯垦。现在渭干河旧河床沿岸，尚可见唐时屯垦遗迹。不过自安禄山之乱后，边兵被征入援，广德后，吐蕃取河陇，中外隔绝不通，屯田戍卒乃用本地人充之，由此残纸可得一证明也。

图3：将军妣闰奴烽子钱残纸，出土地同上。长二二·五，宽四·二厘米。起"将军"，讫"□抄"。文云：

将军妣闰奴丙午年烽子钱五百文支付……
大铺丙午年三月十一日王（？）思□抄……

按此文称丙午年，以干支纪年而无年号，必唐在西域已失统治势力，故此纸当在唐末或五代时所写。时回鹘人已入新疆，龟兹亦已属于回鹘，文书虽仍用汉文，但不奉内地正朔，故以干支纪年，回鹘蒙古均如此。妣闰奴亦非汉人名字，"烽子钱"疑为供给烽卒之柴草费。"唐凡烽侯之所，有烽帅、烽副、烽子，盖守烽之卒，候望警急，而举烽者也。杜佑曰：一烽六人，五人为烽子，递知更刻，观视动静，一人烽卒，知文书符辞转牒。"（《通鉴》卷二四〇，页八，胡注）据此，"烽子钱"为摊派给烽子之柴草费，大铺当是烽子，王思□疑为烽卒，而将军妣闰奴或即其烽帅也。回鹘制度，多取法于唐，此其一例。

图4：杨思礼残牒，出拜城克子尔明屋佛洞。长一四·二，宽一一·四厘米。起"碛行"，讫"被问依"。文云：

碛行军押官杨思礼请取……
阗镇军库讫被问依……
更问

按此残纸为押官杨思礼赴于阗镇军库文书，惜多残破，仅存两行，然亦足够珍贵。第一行首"碛"字旁，有一"V"为倒字记号，则"碛"上当有一字，仍着向下记号。然碛上何字？我以为是"西"字，盖指碛西行军，且亦因沿碛西节度使而得名。《唐六典·兵部》云："其西曰碛西节度使。其统有安西、疏勒、于阗、焉耆为四镇经略使……"（卷五，八页）又据《唐会要》："安西四镇节度使……开元十二年以后，或称碛西节度使，或称四镇节度使。至二十一年王斛斯除安西四镇节度使，遂为定额。"（卷七十八，页十三）按《通鉴》称："开元十二年三月起杜暹为安西副大都护碛西节度使，为有碛西节度使之始。以后赵颐贞、盖嘉运均领斯职。开元二十七年碛西节度使盖嘉运擒突骑斯可汗吐火仙，分遣疏勒镇守使夫蒙灵察与拔汗那王阿羌烂达干，潜引兵入怛逻斯城，擒黑姓可汗尔微，威镇西陲。"（《资治通鉴》卷二一四，页二一、二二）。由此知开元二十七年安西都护仍兼碛西节度使之号。此纸"碛"上如为"西"字，则碛西行军押官必指开元间安西都护与突骑施相攻战时之行军押官。唐制一军分若干队，每队有押官一人；队头一人，副二人；旗头一人，副二人；火长五人（《通典》卷一四页八，页六）。而杨思礼即碛西行军中之押官派往于阗镇军库取械，并已办讫呈报之文书，观下文"于阗镇军库讫被问依"之语可证。是此纸当为唐开元时所写。其次，此纸"阗"上缺字，按"阗"上当为"于"字。于阗镇为安西四镇之一。《新唐书·地理志》云："咸亨元年，吐蕃陷安西，因罢四镇。长寿二年复置。"（卷三三下）按四镇即龟兹、于阗、焉耆、疏勒，初设都督府。龟兹为龟兹都督府，于阗为毗沙都督府，焉耆为焉耆都督府（后移置碎叶），疏勒为疏勒都督府，统属于安西都护，并以唐兵三万戍之（《通鉴》天宝元年作二万四千）。开元中复置碛西节度使，统摄四镇。所以南备吐蕃，北防突骑施。每镇设有镇守使一人，戍卒若干人。慧超《往五天竺国传》残卷略云："又从葱岭步入一月至疏勒，外国自呼名伽师祇离国，此亦汉军马守促。又从疏勒东行一月至龟兹国，即是安西大都护府，汉国兵马大多集处。又安西南去于阗国二千里，亦是汉军马领押。又从安西东至乌耆国（即焉耆国），是汉军兵马领押。"(《敦煌石室遗书》第一册）按慧超往五天竺国，返过四镇，为开元十五年，据称"于时节度大使赵君"（同上书引），盖指赵颐贞。称四镇均有汉军马领押，可证四镇均有戍兵。又贞元四年悟空由天竺返唐过四镇，时疏勒镇守使鲁阳、于阗镇守使郑据、安西四镇节度使郭昕、焉耆镇守使杨日祐（见圆照《新译十地等经记·十力经序》）据此是唐代四镇制度，自开元至贞元其制不变。此纸称于阗镇军库，必为于阗镇储藏军械之所。不过于阗镇遗址尚未发现。

图5：杨囗亨课程钱残纸，出库木土拉佛洞中。长一八，宽三四厘米。现存下半段。汉文字两行，蒙文字三行。第一行为汉文"……十年二月吏杨囗（道）亨廷"；第二行为新蒙文；第三行为汉文"……分课程尒（钱）"；四行、五行仍为新蒙文，皆用活字排印。新蒙文为元至元六年八思巴依据藏文字母制成，除钱币及文书应用外，民间并不通行。此纸与古维文土尔迷失的斤卖地契同出库木土拉佛洞中，必为同一时代之物。自成吉思汗灭西辽后，此地已属于元朝，故一切公文程式悉遵元式也。

2. 民族古文字写本及印本　　图版七三—九三，图6—32

图6：婆罗谜文写本残纸，出巴楚托和沙赖古坟中。原为四片，现裱合为一。第一片宽四二·五，第二片宽四二·八，第三片宽四二·八，第四片宽三二·五厘米；通长二九厘米。第四片下残。其书体系以婆罗谜草体字写当地语言。《大唐西域记》"屈支国"条云："文字取则印度，粗有改变。"（卷一）由此纸可以证明其然。此纸出巴楚托和沙赖古坟中。此地有一旧城，俗呼为唐王城，并有若干废寺，古坟即在一废寺旁。同时在此地出土者，尚有龟兹小铜钱及丝

织品木器之类，皆为第七世纪前后遗物，此纸谅亦写于斯时。余初发现时，原订为佉沙语文，以为此遗址属于古疏勒国，后经仔细研究，据贾耽《道里记》属龟兹西境。《道里记》云："又六十里至据史德城，龟兹境也。一曰郁头州在赤河北岸孤石山。"(《新唐书·地理志》卷三十三下，页十六）赤河即今克子尔河，亦即喀什噶尔河，孤石山即傍赤河之垒勒山。此遗址即在山麓，山旁尚有古道遗迹，为龟兹至疏勒之通途。故此地当为唐据史德城，属龟兹西境，则此纸当用龟兹语书写。坟中同时出土之铜钱与裕勒都司一带古遗址中所拾之小铜钱相同，当同为龟兹人所通用之钱币，则一切公文往来用龟兹语书写，极为可能。至其内容为何，有待于进一步之研究。由书写程式观之，可能是一种契约，然非将全部文义译出不能明也。

图7：龟兹语文木简，库车苏巴什古城中出土。长二七·五厘米，宽三·六厘米，厚七毫米。两面书写，是何种文字现尚在研究中。唯此木简出库车苏巴什古城，此城我疑为龟兹国唐代都城，即伊逻卢城，则所用的语言文字可能属于龟兹系统，因原简字迹模糊，不能作决定。

图8—11：婆罗谜文残纸，出焉耆锡科沁明屋废寺中。图8长二三·五厘米，宽六·八厘米。残纸系用婆罗谜字体拼写，两面接读。《大唐西域记》"阿耆尼国"条云"文字取则印度，微有增损"，阿耆尼国即焉耆也。又云"经教律仪既遵佛教，诸学习者即其文而玩之"（卷一）。此残纸出焉耆寺庙中，可能是写佛教经典。又同时出土者尚有泥塑像残件，皆为五至八世纪遗物，此残纸或与之同时所写。图9出土地同上。长八·二，下宽七厘米。图10宽七·四，长六厘米。图11宽四，长六·二厘米。出土地皆同上。字体略与上同，疑皆同时所写。

图12：吐货逻文残纸，出土地同上。长二一·七，宽五厘米。初出土时卷成一卷，稍残。据专家鉴定，可能是吐货逻文，内容尚

需作进一步研究。

图13：贝叶写婆罗谜文字，出土地同上。长三·七，宽六·八厘米。用贝叶两面写。新疆不产贝树，此纸或亦由印度传来。

图14：摩尼教文字残纸，出土地同上。宽五，长一四·五厘米。此残纸两面书写，自上而下竖读其文，与上面文字横读者有别。盖为摩尼教人所用的一种文字，乃借叙利亚文而改变者。故此纸虽出焉耆，但非本地所产，可能是外来商人或摩尼教师路焉耆时所遗留。

图15—17：古和阗文印本，此件出和阗北砂碛中。图15长二二·七，宽二九·五厘米。两面书写。图16长二二·五，宽二八·二厘米。图17长一七，宽二七·二厘米。均是两面书写。此残纸系我在和阗时购自本地农民亦不拉因之手。据云出和阗北一废塔中。纸料颇粗糙。上面的文字据季羡林教授初步鉴定，可能是古和阗文字，内容不明。此纸系采用活字雕版排印，连接几个独体活字拼成一字。每一字组成界域颇为明显，作法与内地古时活字版相似，可为研究我国活字印刷术之良好资料。

图18—27：不知名民族古文字写本，出和阗北沙碛中。图18宽九七，长三一·四厘米。一面写，横书，由两种文字对照而成。一行为印体，一行为写体，两相对照。此纸系我于一九三〇年在乌鲁木齐市购自一商人，据说得之和阗一农民之手，传说为于阗文。当然商人之言不可尽信，但其中印体字，与我在和阗所得之古和阗文字体大略相仿（图15—17），可以证明此纸必出于和阗。但和阗真确地点现尚不明。图19出土地同上。长三五厘米，宽二一厘米。共十四行，均是写体，一面写。图20出土地同上。长二一厘米，宽二〇·五厘米。共七行，写体、字形与上图同。唯本文尾有签署之"孫"字，疑为汉文日月之速写。或为人名。有签署者共三张（图20—22），所签之字皆同，可能是同一时期所写。图21长一九·五厘米，宽二〇·五厘米。共八行，字体及签署与上同。图22高二一·五厘米，

宽一七·五厘米。正面为红色，有字，背面无字，共七行。纸之尾端有签署文字，与上图同。但在民族古文字中间，有两行字迹与他行不类，似为汉字。左行七字疑为"□函奉万问升拾"。右行八字"□□重书帚月廿门"，第一、二字不可识。三至八字疑为"重书三月廿日"六字，是否如此，未敢臆断。但其书写工具均用木笔，与写民族古文字同，可信其为同时所写，或为两常字之对照。此纸之尺寸大小行款，均与图23—27五片相同，可能是同一种文献之首页。图23长二七厘米，宽一七厘米。图24长二〇·六厘米，宽一七厘米。图25长二一·五厘米，宽一七·二厘米。图26长二一厘米，宽一七厘米。图27长二一厘米，宽一七厘米。以上五图，均一纸两面书写。面染红色。每面七行，正面与反面字体约略相似。但与以上各图是否同为一种字体，现尚在研究中。

图28—31：龟兹语文木简残件，出克子尔明屋佛洞E洞中。

图28长二四·七厘米，上宽六·四厘米，下宽四厘米，厚五毫米。中心穿一小孔，以系绳索。一面书民族古文字，在穿孔周围不书字。一端为空白，疑为当时作函牍之用。原断为数块，现胶合而为一。

图29出土地同上。长八·一厘米，宽六·四厘米，厚五毫米，两面均写民族古文字，与上各简同。残缺颇多，原简当与图31同。

图30出土地同上。长一八·五厘米，上宽一一厘米，下宽七·八厘米，厚五毫米。两面均书有民族古文字，原断为四，现整合为一。

图31出土地同上。长一八·三厘米，宽八厘米，厚五毫米。两面均写民族古文字。原断为四，现整合为一。一端有残缺，原简当较现存为长。

以上四件，均出克子尔明屋E洞中，文字亦相同，疑为同一种文件。法人伯希和于一九〇七年在库车盐水沟佛洞中亦发现有同样木简。据法国烈维译出认为所书的文字为吐货逻语B，亦即龟兹语，他的性质是给予商队通过关卡的通行证（《亚洲报》一九一三年九、十月刊，冯承钧译载《史地论丛》），此简性质疑亦与之同。但彼简出现地在盐水沟，据译文"在盐关，汝自适用此符"是盐水沟即古盐关所在地。则此处应为何地？俟将来简文译出后对于解决此一问题或有帮助。

图32：民族古文字木简残片，出和阗河畔麻札塔哈石洞中。长一三·八厘米，宽一·二厘米，厚三毫米。两面书民族古文字。中间残断，现仅存一半。原文尚未译出。洞中同时尚出现唐乾元钱及粉红色陶片，皆唐代物，故此木简当亦与之同时。石洞在岩坡下，在山顶上尚有古城遗址及古道遗迹，则此地可能是东西大道旁之防御所，唐代置戍兵于此。木简即过往人员所遗，洞中顶部尚有梵汉题字可证。

二、岩石及洞壁刻辞拓本

3. 汉文岩石刻辞　图版九四、九五，图1—3

图1、2：刘平国治关城诵，出拜城东北约二百里，喀拉达格山麓、博者克拉格沟口岩石上。凿字者凡二处：北为题识（图1），有字处长一八·三，宽一六·六厘米。三行，第一、二行各四字。第三行三字，隶体，每字四·二厘米见方；南为诵文（图2），有字处长四八·三，宽四〇厘米。隶体，每字约三·四厘米见方，凡八行，行十二字至十六字不等，镂刻颇工。

按此碑为清光绪三年刘锦棠部将徐万福所发现，并椎拓若干纸，传播于世。叶昌炽、王仁俊均有释文（见王树枏《访古录》），王树枏《访古录》及罗振玉《西陲石刻录》并录其文。但诸先生未亲至其地，又字迹漶漫，因多推测之辞。现碑文又损毁若干字，较原拓本更为模糊。余于一九二八年亲至该处，考察形势，并手拓数纸。知前人颇多误解，例如叶昌炽作"刘平国开道记"，《访古录》作"汉乌垒摩岩石刻"，皆不真确。今据我之实地调查，参合旧拓，重释如下：

图1：题辞

京兆长□

淳于伯隗

作此诵

按叶昌炽释文第一行"京兆长"，第二行"淳于伯隗"，第三行"作此诵"。王仁俊释文第一行"京□□"，第二行"淳于□"，第三行"作此诵"。按现拓本第一行四字，"长"下尚有一字；第二行四字，"淳于"下当有二字，王误。《访古录》释"首行第一字似'乌'"，第二字当是"垒"，第三字缺，当是官名，完全错误。按题辞第一行"京兆"二字甚明晰，为何误解为"乌垒"二字。第三字我疑为"长"字，第四字剥蚀不可识，可能是"安"字，或"陵"字。因长安长陵后汉皆属京兆郡，言淳于伯隗为京兆郡长安县或长陵县人也。《西陲石刻录》直释为"安"字，未知何据。又第二行，《访古录》释为：第一字是"淳"，第二字"诵于"，第三字缺，当是人名，或云即诵文忠建字。此又大谬。"淳于"为姓，二字相联，极为清楚，何为中间夹一"诵"字。此云"作诵"，即后人作铭之义，为何误释为"诵文忠"耶？又题名在诵文北首，相距约一·六米，乃作诵人自题名，并非造关城之人，而《访古录》称为额文，非是。

图2：诵释

龟兹左将军刘平国以七月廿六日发家

从□人孟伯山狄雩贵赵□甲□羌

亘（石）□□程阿□（羌）等六人共来作□□□

关八月一日始斫岩作孔□扣日

□固万岁人民喜长寿亿年宜
子孙永寿四年八月甲戌朔十二日
乙酉直建纪此东乌累关城皆
　将军所作也□披□

　　此碑自发现后，各家解释颇多臆测。今按实地勘查及新旧拓本作一辨订。第一行"龟兹左将军刘平国"各家及新旧拓本皆同。"以七月"新拓模糊。"廿六日发家"各家所释不同，叶昌炽作一"二十九日发家"，王仁俊作"廿六日发众"，今据新拓本，当作"廿六日发家"。碑文甚清晰可辨，叶、王均误。第二行新拓甚模糊，旧拓"从□人孟伯山狄需贲"，从下叶昌炽、王仁俊均释作"秦"字，"今石本剥落，毫无形似"（《访古录》引），除此字模糊外，余八字尚可辨识。"赵"下四字均模糊，叶作"当卑乜"三字，王作"当卑莫羌"四字。按新拓碑文"赵"下当是四字，碑文不清楚，诸家皆臆测。《访古录》"当"作"常"，亦不确。据新拓行末"羌"字尚可见其仿佛。第三行字迹模糊，各家所释多异。叶作"右当卑程阿羌等六人共来作利亭从"；王作"刁省车程阿羌等六人共来作州亭得"；《访古录》作"□□□程何□□六人共来升□□□"。按据新旧拓"程阿□等六人共来作"九字，尚可辨识，余均不清晰。《访古录》"阿"作"何"，"孔"作"升"均误，新旧拓本此二字颇明晰。第四行叶作"寸谷关八月一日始斫（一作凿）岩作比（一作孔）至八日"；王作"旨谷关八月一日始斫山石作孔至廿日"；《访古录》"□□□关八月一日始斫岩作孔□□"；《西陲石刻录》作"谷关八月一日始斫岩作孔至十日"，按据新旧拓本，只有"关八月一日始斫岩作孔"十字尚可辨识，余字均不清楚。"关"上"谷"字不确，"孔"下"至"字不类，下一字缺，"日"字疑为"皆"字下半，各家所释均臆测。叶作"斫岩作比"，王作"斫山石"，均误，现"斲岩作孔"四字颇清楚。余于一九二八年前往调查时，在西岩刻字附近，发现一石孔，圆径周约一·六，深约一·三米；又沟东半山岩，亦凿有石孔，岩下碎石甚多，必为凿岩遗屑。古人在此建关，在岩石上凿孔，以安木闩或栅栏，日开夜闭，以稽行人、御外敌，若非亲见，竟不识碑文中凿孔之义也。第五行叶、王均作"以坚固万岁人民喜长寿亿年宜"十三字，按现拓及旧拓"万"字可见其仿佛，"人民喜长寿亿年宜"尚清晰可辨，余均模糊。《访古录》"宜"下有"子"字误，现碑石"宜"下无字。第六行叶、王均作"子孙永寿四年八月甲戌朔十二日"十四字；《访古录》作"孙永寿四年八月甲戌朔□二日"十三字。按现拓及旧拓"孙"上似有一字，可能是"子"字，宜子孙为句。"十二日"各家均同，按现拓"十二"两字不清晰。第七行"酉"上亦缺一字，按碑文八月甲戌朔，则十二日为乙酉，酉上当是"乙"字，二上当是"十"字。如碑文八月二日开始凿孔，十二日完工，共十二天凿孔安闩，于理可能。《访古录》谓凿山开道，绝非八日之工。按此是凿孔设关，并非凿山开道，《访古录》误也。第七行叶作"乙酉直建纪此东乌垒关城□"；王作"乙酉直建纪屯乌累关城比"，按现拓作"吧"，疑是"此"字，叶释是。"城"下叶作"吅"，王作"比"，《西陲石刻录》及《访古录》均缺。按新旧拓"城"下为"皆"字，甚清楚，与下文"皆将军所作也"为句。第八行叶作"将军所作也亻披"；王作"将军所作也从披"。按现拓本"也"字下不全，"披"字尚清楚，"□披"疑为刻字工人。在设关处往南约六十里，克衣巴杂附近，有古城遗址，以城中所出陶片证之，为公元二世纪所遗。与东乌累、关城修建年代相当，必为同时所建。若然，则刘平国既建乌垒又建关城。故碑文云："皆将军所作也"，各家释此，均略去"城"字，似未允当。

又碑文中有"东乌累关城"字样，《访古录》遂谓刘平国所治之关城，即乌累国之关城，又谓其国属地当北至今拜属之明布拉克山，而建关于此。按乌垒国在轮台之东策特尔南，决不能至龟兹北境建关。又此关在龟兹国东、乌垒西北，此若是乌垒国之关，当云西乌垒关，不得云东，《访古录》误也。

又王国维、刘平国治□谷关颂跋云："盖治关之诵本至'纪此'二字而止。东乌累以下因此关而旁记前作他关事，非此关又名东乌累也。"（《观堂集林》卷二十，十一页）按王国维以"纪此"断句，文义虽可通，但不如以"纪"字断句，"此"字属下文，文意较妥。碑文云"十二日乙酉直建纪"，此处"纪"字虽可解作记事，但不如解作纪纲或次序较妥。汉历每日之下纪建除并所值神杀，"历家以建除满平，定执破危，成收开闭凡十二日，周而复始，观所值以定吉凶。"（《协纪辨方》引《历书》，《流沙坠简》释一，页八转引）此言"直建纪"，言十二日正轮次"建日"也，《淮南·天文训》言："建除满平主生"是"建日"为吉日，利于修建，故碑文言之。至是文义已完。"此"字当属下文，与"皆"字相应。"此东"为一逗点，言此关之东，尚有乌累与关城，皆为将军所作，乌累疑指博者克拉格沟水畔之石垒，以其色黑故称乌累，与"白屋""紫云""黑城"以建筑物之颜色而得名者，同一意义，并非此关之名称，与西汉时轮台东之乌垒国为汉都护驻所毫无关系。关城当即指克衣巴杂附近之旧城，名黑太沁尔，义谓汉人城，城距建关处约六十里，在关之南偏东，均傍博者克拉格沟水，沿岸之石垒亦在此线上，因沟旁均为石碛，不适宜于建城，故建关于沟口，而建城于平野。我又根据城中陶片，断为纪元后二世纪之遗物，是城与关修建时代约略相当（设关在永寿四年公元一五八年）。因此，则此城与关及沿岸之石累，必为同时所建。如关为刘平国所建，则此累及城亦必为刘平国所建。碑文"皆将军所作也"，用一"皆"字，可证刘平国不仅作关，还作城与累，故用"皆"字以统之。王氏未见原拓本，认为城下缺字当是"亦左"或"并左"二字，今据旧拓，"皆"字甚明晰，王氏误也。

其次，谈到乌累与乌垒国问题。《新疆访古录》及王国维均以乌累由乌垒国而得名。《访古录》谓此地即西汉乌垒国所建之关，当然错误，已见前条。王国维谓东汉时莎车王贤分龟兹为乌垒国，乌垒仍属龟兹，故仍有建关之事，但未说明东汉时刘平国所建之东乌垒关究在何地，今以时考之，似不相及。莎车王贤灭龟兹，分龟兹为乌垒国，是建武二十二年（公元四六年）事，刘平国建关，为永寿四年（公元一五八年）事，相距一百一十二年。如刘平国在莎车王贤时曾为之建关，则刘平国当时至少有三十至四十岁，至建博者克拉格沟之关时，刘平国当已有百五十岁左右，恐刘平国无此长寿也。今不从。

图3：石鼓刻辞，出轮台西北二十里卡尔雅河畔。半埋土中，半露地面。作半圆形，围约一·五，宽〇·六米。字体不可识，其曲折状颇类古籀文。据本地人称，一半为蒙文，一半为汉文，是露地面者为蒙文，而汉文尚埋于地中也。

4.汉文洞壁刻辞　图版九六—九九，图4—11

图4、5：天宝十三载题记，出拜城克子尔明屋一组二洞东壁。图4高三七·八，宽四〇·五厘米。图5高三六·二，宽四四厘米。两件原为一块，上用木具或铁具划字；共三行，二件同，今合并释之。第一行为"□宝十三载三月十五"；第二行为"□昌（？）□共（？）礼拜"；第三行为"□母长命无□"。按"宝"上当是"天"字，据《通鉴》玄宗天宝三年改年为载，肃宗乾元元年复以载为年（《通鉴》卷二一五）。此处称十三载，当仍是天宝年号。又据当时考察笔记，在同一墙壁上，尚有贞元十年字样。是此洞从天宝十三载（公元七五四年）至贞元十年（公元七九四年），四十年间均为过往僧侣礼拜之所。

图6—8：洪信等题记。图6刻画"洪信"二字，高一九·四厘米，宽一二厘米。出东壁。图7有"惠岳"二字，高二一厘米，宽一六·六厘米。出西壁。在二组第四洞亦有"惠岳"题名，与此想为

一人。同时北壁、东壁尚刻有民族古文字题记甚多，想亦过往僧侣之题名，未一一俱录。

图8在洞口岩石上刻有若干汉字，可识者"惠要（？）""法兴""明进超""惠泉（？）""二年""四年"等字，亦为僧侣题名。此外题字尚多，因下临悬岩不能尽拓也。

图9、10：石室刻回文图，出库木土拉千佛洞石室（E）洞中。图9为石室东壁刻辞。在东壁除刻有"成香""还原"汉文题记外，尚有类似回文刻辞。有左右两图，唯剥蚀过甚，字迹非常模糊，甚难辨识。据日人渡边哲信《西域旅行日记》（《新西域记》三三五页）所载，外廓尚见"法轮常转""明惠都统"字样，余至时，此数字已模糊不清。内廓尚可见若干字迹，比渡边哲信多认识"无""闻""至乐"等四字，但亦不能决定，仅是猜度而已。《新西域记》无拓本可比验，仅凭作者抄录，今据我所拓并参考彼释，重摹绘回文图（见图版九八），左图外廓有"明惠都统""法轮常转"字样。按"明惠都统"为管理僧侣之僧官，吐鲁番巴则克里克壁画中有"法惠都统之像""进惠都统之像""智惠都统之像"（《高昌壁画精华》）。旁有回鹘文字，则壁画应在唐末回鹘人入新疆以后所画，故此石刻时代，如以巴则克里克壁画为例，亦当在唐末，即九世纪后半期也。至轮廓中所刻之字，因字不清晰，遗缺甚多，无法追求其意义。或为抄刻《佛经》中语如《心经》之类杂凑而成。图10在图9右边，右图与左图相连，性质相同，亦为回文，皆为写刻佛经中语，如左图所刻。不过左图是圆盘，右图是方盘。左图外廓引线向内心集中，右图方形，引线则用回旋式，形式不同，但内容大体一致，想为一人所刻，不过字多模糊耳。同壁尚刻有汉文"成香""还原"四字，渡边作"戒香""还源"。按"还原"即"还愿"，"戒香"即"成香"之讹，还愿为中土奉佛流传甚久之习俗。此刻作回文，或亦暗示还愿之义也。

图11：石室刻插瓶及花草图案，出土地同上。高宽约四六厘米，

图仍在东壁。上二图附近，中刻一瓶，瓶中插有菊花二朵，瓶左有荷叶二片，右有一云状物，附一横置曲柄伸至瓶左，类似今之如意。图案疑取象"吉祥如意"之义。四廓外尚有卷草纹样。从整个构图来观察，显似东方人思想特征。所刻之瓶亦为汉式，瓶中插菊，亦为东方人特有之习俗。显然为内地文化传入龟兹以后，为龟兹艺人所感染，或即内地艺人所作。

5. 民族古文字洞壁刻辞　图版九九——一〇一，图12—18

图12—18：石室刻民族古文字，出土地同上。图12B高三二厘米，长六四·四厘米。双行刻，内外均有线作栏，文字亦用婆罗谜文字体拼写。同壁尚刻有"惠亲惠""法"等汉字，疑"惠"下"法"下尚有字，应作"惠亲""惠□""法□"，或横读为"法惠"，均为题记人名，但已剥蚀耳。图13A高一九·五厘米，长一三四厘米。用婆罗谜文字体拼写者，刻在后壁两边，单行。右首有汉文题字，现可认出者为"冰时"或"来时"二字，上下尚有字，但已模糊耳。图14G高三〇厘米，长九六厘米。字作双行刻，有石线作栏。图15H高二九·五厘米，长九九·四厘米。仍为双行刻，但无石线作栏，两图衔接，疑为一人同时所题。图10左末有古回鹘文，不知是题记人名否？若然是此石刻，当在九世纪末或十世纪上半期也。以上四图均刻在后壁东西边。图16C高三〇，长六一厘米。作长方形。左端类似柄部，手可把握，上下边缘有类似卷草纹样，中间仿佛以字体组成的花纹，但不知为何种字体。图17E高一七厘米，长一一六厘米。双行刻，无石线作栏。图18F高一二厘米，长四七厘米。一行刻，字体与上各图同。图19D缺拓本，均在西壁。同壁尚刻有汉文"沙门日""向明"等字，日人渡边作"向清"，恐误。以上均在库木土拉佛洞E室中，有塑像残迹，但无壁书。

第六部分
古钱币

此次所采掘之古钱币分有孔及无孔铜钱两种。有孔铜钱各地都有出现，要以库车、叶城、和阗所出者较多，汉、唐、宋、元钱均有采获，由此可以看出古代内地与西域经济关系之密切而悠久。其次为无孔铜钱，此次采集数量颇多，大部分出叶城、喀什噶尔、和阗、库车等地，时代大概在宋以后。因内容尚未译出，不能决定其真确年代。今择其品种不同者作介绍，以供专家研究，并略加说明如次。

一、有孔铜钱

1. 汉及六朝铜钱　图版一〇二，图 1—12

图1—3：五铢钱，出库车额济勒克一带。图1红铜质。径二·四厘米，约合汉建初尺一寸，孔径一厘米，重三克。面镌篆文"五铢"二字。宽广适度。面有外廓无内廓，背有内外周廓。刻文颇细，金旁首作锐角，四点作长方形，疑为东汉五铢。《后汉书·光武帝纪》建武十六年云："始行五铢钱。"又此钱出达望库木额济勒克一带，此地为东汉时汉都护所驻地，故汉钱因之而流入西域。图2宽广同前，重二·二克。篆文"五"字交叉

下出一星点，大概亦为东汉物。图3五铢钱，出土地同上。红铜质。径二·六，孔径一厘米，重三克。面背有周廓，宽约一毫米。正面镌篆文"五铢"二字。字体严整，"五"字交叉接上下两画处，微向内缩，穿上多一横画，穿下无半星。据神爵二年钱范（《东亚钱志》卷七，页二八），此类体制，为宣帝时所铸，但王莽时五铢钱亦有类此形制者，颇难分辨。但此钱必为西汉遗物，然出于东汉遗址地带，可能西汉钱到东汉仍流行西域也。

图4—6：大泉五十，出库车额济勒克旧城。图4红铜质。圆径二·八厘米，合汉建初尺一寸二分，孔径一厘米。面背内外有周廓。面镌篆文"大泉五十"四字，上下左右连读。右面稍缺。图5宽广书法同图4。重五·五克，完整无缺。图6出土地同上。圆径二·三厘米，合汉建初尺一寸弱。孔径一·二厘米，重二克。面背内外有周廓，而内廓稍细。上镌篆文"大泉五十"。但图6比图5圆径稍小而微薄，孔径比图5大二毫米，篆法亦微不同。例如图5"泉"字中作"丁"字形，而图6"丁"形几不可见，字体微扁，篆文"五"字缩短。显为不同时代钱范所铸。《汉书·食货志》云："王莽居摄变汉制，以周钱有子母相权，于是更铸大钱，径寸二分，重十二铢，文曰：大钱五十。"按王莽大泉五十，轻重大小不等。图4、5径合建初尺一寸二分，盖为最初所铸。《王莽传》居摄二年造大钱一直五十，与五铢并行。则此二图为居摄二年所造也。图6圆径二·三厘米，合建初尺九分，或为天凤以后所铸。

图7、8：货泉。此钱系我在库车搜集，据说出库车一带，详细地点不详。图7径二·二厘米，合汉建初尺九分，孔径八毫米，重三·四克。面背内外有周廓。上镌篆文"货泉"二字，文颇浅。图8宽广同图7，重四·二克。面外廓稍宽，无内廓，背内外有周廓，穿上有一星，篆文"货泉"二字，文较粗，"泉"字一下断，钱身亦较图7为厚。据《汉书·食货志》："天凤元年……罢大小钱，改作货

布……直货泉二十五。货钱径一寸，重五铢，文右曰货，左曰泉，枚直一，与货布二品并行。"则此钱亦王莽天凤以后所铸也。与大泉五十同时流入西域。

图9—11：小五铢钱，亦称对文五铢。出新和县西南色当沁一带。图9圆径一·七厘米，孔径一·一厘米，重一·一克。面内外无廓，背有内廓，无外廓。而镌篆文"五铢"二字，仅存半形，下廓稍突出成三角形。图10圆径一·八厘米，孔径一·一厘米，重一·二克。图11圆径一·八厘米，孔径九毫米，重一·六克；篆文均同图9。"五铢"二字，仅存半面，唯下廓不突出，形制颇完整。按《隋书·食货志》云："梁初有五铢对文。梁顾烜曰：对文钱剪五铢之所成也，民利古钱多铜，剪凿取其轮廓，所余甚轻小，今世行之，其源始未闻也。"（《东亚钱志》卷八，页四三）此钱均无外廓，尤其图9，下廓尚突出，表示其仿剪边而作。俗又称为剪边钱，或鹅眼钱，盖初行或剪边，以后仿其制而铸耳。图10周围圆整，绝非铸成后所剪也。但《宋书·颜竣传》云："剪凿古钱以取其铜，钱转薄小，稍违官式……乃立品格薄小无轮廓者，悉加禁断。"（卷七五，页十四）是对文五铢，起于宋孝武帝时，盖纪元第五世纪中叶遗物也。

图12：小五铢。圆径一·八厘米，孔径九毫米，重一·六克。而镌篆文"五铢"二字。但穿上有类似"3"字形，穿下有一圈，不见著录。面部内外有廓，甚浅，颇类似梁时四柱五铢钱。《梁书·敬帝纪》："太平二年夏四月己卯，铸四柱钱。一准二十，壬辰改一准十，丙申复同细钱。"（《东亚钱志》卷八，页四九）但彼为四圈上下骈列，各不相连，与此不类，故我疑此钱穿上下文为民族古文字母，尚需专家研究。

2. 龟兹小铜钱　图版一〇二，图13、14

图13、14：龟兹小铜钱。此类钱币，在塔里木盆地散布极广。塔里木盆地北部，库车裕勒都司巴克一带遗址，尤其大望库木、色

当沁一带最多。在塔里木盆地南部，如于阗哈拉敦、和阗达摩戈北沙碛中，均有广泛散布。我在巴楚图木舒克古僧坟中，得小钱约数十枚，出土时尚有麻绳贯串，可证此种铜钱为本地人当时通用钱币。多为红铜质，有孔、圆形、薄小。普通圆径均在一·五厘米左右，大者达一·八厘米，重约五克至八克。均有孔，径约八毫米至一厘米不等。无字，亦无轮廓。我疑仿晋宋时小五铢，即剪边钱制造。两汉时流入西域五铢钱甚多，以后汉钱输入减少，本地乃改铸小钱通用，故此钱时代，当在第五世纪以后，亦是西域文化正达隆盛时期，直至第八世纪均在通用，在唐代遗址中，如库车苏巴什古城亦出现类此小钱可证。此钱我疑为龟兹制造。据《大唐西域记》"屈支国货用金银、小铜钱"，焉耆国亦云"货用金银铜钱及小铜钱"，但我所发现的一部分铜钱，均在古龟兹国境，焉耆境内我无采集，或者是遗漏。古于阗是否亦通用小铜钱，《大唐西域记》虽无说明，今据出土遗物，是古于阗国亦通用小铜钱。据其式样与龟兹相同，可能为龟兹所铸流通至于阗者。自宋以后，通用无孔钱，而此钱遂废矣。

3. 唐铜钱　图版一〇三，图15—21

图15—20：唐钱，出库车一带。唐钱在新疆南部散布极广，我所采获者，有"开元通宝""乾元重宝""大历元宝""建中通宝"四品。开元钱散布于库车裕勒都司巴克一带较多，如色当沁、卡勒克沁、砖头城及库车东北苏巴什古城，均有发现。而焉耆四十里城市旧城及吐鲁番三堡旧城亦有出土，大多在唐代遗址中。"乾元重宝"是在库车城附近遗址中所拾；"大历元宝"是在大羊达克沁及拜城和色尔佛洞中掘出；"建中通宝"出库车克里什千佛洞及焉耆明屋。此就我所采拾地点而言，唐钱流通绝不止于此数地也。按图15、16"开元通宝"径二·三厘米，重三·二克，为唐高祖武德四年（公元六二一年）所铸。图17、18"乾元重宝"径二·六厘米，重七克，为肃宗乾元元年七月所铸。图19"大历元宝"径二·三厘米，重三·五克，为

代宗大历四年所铸。图20"建中通宝"径二厘米，重一·九克，为唐德宗建中元年（公元七八〇年）所铸。均为真书环读。自武德四年至建中元年约一百六十年间，唐朝所铸之钱币，流入西域，亦足以证明唐代在第八世纪与西域经济关系仍甚密切。唐代自高宗显庆三年（公元六五八年）徙安西都护府于龟兹，统四镇十六府州之地，而龟兹遂为唐代在西域的政治中心区和经济中心区。唐钱多在库车一带及四镇之地出现，其原因在此。及天宝十载，怛逻斯一役，高仙芝败于大食，尽失葱岭以西之控制力，但葱岭以东诸国仍属于唐。贞元四年，悟空游历天竺后返唐至安西时，安西之四镇节度使为郭昕，可证在第八世纪后半期，唐代尚能维持安西四镇之地。至唐贞元六年（公元七九〇年），吐蕃陷安西北庭，唐代在西域势力遂完全失掉，故唐钱仅止于建中者此也。至武宗会昌五年所铸之钱，如"开元通宝"及"乾元重宝"背后代字者，即不见于西域。可能当时所铸之钱不多，但自建中以后，内外隔绝，交通阻塞，唐钱不能流入，亦是事实。

图21：突骑施铜钱。青铜质。我在库车搜集。据本地农民云，出库车色当沁附近。圆径二·四厘米，孔径七毫米，重五·六克。内外有周廓，正面镌民族古文字，背面类似一蛇文。据《东亚钱志》卷九附载一突骑施钱币，形式文字与此钱相同，必为同一品种。据《东亚钱志》引 F.W.Müller 语：谓"面所镌之字为回鹘文，系突骑施可汗及可汗名字"（卷九，页五十）。但究为何人所铸，尚需进一步研究。按钱之形制大小，略仿唐"开元通宝"钱，故此钱如为突骑施钱币，可能是唐之中叶。必在唐开元钱输入以后，仿唐钱铸造。此钱出色当沁，同时尚拾有开元钱可证。时突骑施正强雄于天山以北。据《新唐书·突厥传》"突骑施"条："突骑施乌质勒尽有斛瑟罗地。置大牙于碎叶川，小牙于弓月城伊丽水。其地东邻北突厥，西诸胡，东直西庭州。"（《新唐书》卷一百四十下）按《新疆图志·建置志》指

今伊犁塔勒奇旧城为唐弓月城。若然，时突骑施疆域南与龟兹相接。《新唐书》又云："突骑施别种车鼻施啜苏录者，自为可汗……后雄西域。开元五年始来朝，授武卫大将军突骑施都督……进号忠顺可汗。"（同上，九页）据此，是突骑施自苏录始称可汗，疑此钱为唐开元时车鼻施啜苏录所铸。时苏录与唐通婚姻，又尝与安西互市，突骑施钱币，可能因此输入于龟兹也。

4. 宋元铜钱　图版一〇三、一〇四，图22—31

图22—29：宋钱，出叶城拉一普遗址。我所得宋钱约十余枚，大部分是在叶城东北拉一普及锡衣提牙两地。与之同时出土者，尚有无孔铜钱。宋钱共有七品。

图22：为"天禧通宝"。圆径二·三厘米，重三·九克。楷书环读。宋真宗天禧年间所铸。

图23：为"景祐元宝"。圆径二·四厘米，重三·二克。为宋仁宗景祐元年所铸。篆书环读。

图24：为"皇宋通宝"。圆径二·三厘米，重三·二克。上下左右对读，楷书。宋仁宗宝元二年三月所铸。马端临《文献通考》云："国朝钱文，皆用元宝，而冠以年号；及改元宝元，文当曰宝元元宝，诏学士议。因请改曰'丰济元宝'。"仁宗特命以"皇宋通宝"为文。庆历以后，"复冠以年号"（卷九，页七）。有真篆两种，此为真书。

图25："熙宁重宝"折二钱。圆径二·八厘米，重七·四克。神宗熙宁六年所铸。《宋史·食货志》云："熙宁四年皮公弼奏行当二钱，诏听之。自是折二钱行于天下。"有真篆两种，此为篆书。尚有"熙宁元宝"，为熙宁元年所铸，我无采集。

图26："元丰通宝"折二钱。圆径二·七厘米，重七克。行书环读。《宋史·食货志》又云："元丰以后，西师大举，边用匮阙，徐州置宝丰下监，岁铸折二钱二十万缗。"（卷一百八十，九页）按折二钱与"元丰通宝"当一钱文相同，但边较宽，面较阔，有行篆两种，此为行书。

图27:"元符通宝"折二钱。圆径三厘米,重六·六克。篆书环读。宋哲宗元符元年铸。

图28:"圣宋元宝"折二钱。圆径二·九厘米,重五·九克。篆书环读。徽宗建中靖国元年所铸。

图29:"崇宁重宝"当十钱。圆径三·四厘米,重三·三克。楷书,上下左右对读。宋徽宗崇宁三年所铸。《宋史·徽宗本纪》:"崇宁三年正月……戊子铸当十大钱。"按崇宁当十大钱有两种:一为"崇宁通宝",真书环读,为徽宗所书,劲健秀逸;一为"崇宁重宝",与"崇宁通宝"同时所铸,圆径相同,边较宽,字体微带篆意,与通宝书体略异也。

自天禧元年(公元一〇一七年)所铸之"天禧通宝",至宋徽宗建中靖国元年(公元一一〇一年)所铸之"崇宁重宝",共八十余年,皆属北宋。南宋钱不一见。则此钱之输入拉一普必在宋徽宗时或稍后。时宋与西域隔绝不通,在经济上不一定有任何联系,故此钱输入,或非宋人自输入,而必假手于他国。时宋年贡岁币于辽,故宋钱流入辽者甚多。自金天会初(公元一一二三年),金灭辽,辽耶律大石出走西域,建都巴剌沙贡,称西辽;时葱岭以东诸国,如喀什噶尔、和阗、库车皆附属于西辽。此钱出和阗与喀什噶尔中间之叶城,故可能由西辽输入。据《古钱杂咏》称:"西辽直鲁古铸'天禧通宝'钱,三篆一真,通字真书,余三字作篆,天亦作天咒。"(丁福保《古钱大辞典》下编,一一五页)其钱未见传品,现此钱四字均真书,仍为宋真宗时所铸。由此可知西辽铸钱一仿宋制,则宋钱流通于西辽境内,极为可能。

图30:"至正通宝"当三钱。出沙雅西北喀拉马克沁一带,为突厥语"蒙古城"之义。圆径三·三厘米,重一〇·二克。面镌"至正通宝"四字。楷书,背镌新蒙古文,表明年代。据《东洋钱志》所录,背所镌蒙古字当为汉文辰字,至正十二年所铸,是年为壬辰也(《钱

志》卷十一，六二页，图三）。

图31：压胜钱，出土地同上。圆径五·四厘米，重四八·六克。正面穿旁镌新蒙古文组成两串钱文图案；背面镌一人像，及神仙云气等，显然是在内地制造。由本地人携带输入新疆，作佩戴之用，不必流通市面。

以上各钱，皆铜质，有孔，由内地制造；或仿汉钱制造输入新疆者，如突骑施钱币是其一例。其次，塔里木盆地尚出现若干无孔钱币，或为银质，或为铜质，或钱面为人像兽像，或镌当时通行文字，大概出现于吐鲁番、库车、喀什噶尔、叶城、和阗一带，尤以喀什噶尔及叶城出现之多几不可胜数。在喀什噶尔哈奈旧城中，据说一次出现在百斤以上。我在叶城拉一普亦采得百数十枚，皆与宋钱掺杂出现。显然这钱是代表另一来源，或另一时期，对于研究本地民族历史，是有帮助的。但文字多不识，现正由专家研究中，将来必有良好结果。

二、无孔铜钱及银钱

5. 民族古铜钱及银钱　图版一〇五——一〇八，图32—53

图32：和阗马钱，出和阗北阿克斯比尔旧城。红铜质。圆径二·四厘米，厚四毫米，重一四·八克。无孔，亦无周廓，面镌一圆圈，圈内刻一马像作走势。圈外似有字迹，但甚模糊。背面中心刻一叶状形，外围似有一半圆形图案；中间刻字，字颇模糊，似有篆文"四铢"二字。"四"字倒写在右，"铢"字在左，颇类似孝建"四铢"钱。当然，此钱形制完全为西域式，无孔而厚，与内地有孔钱不同。但中杂汉字，是亦有趣问题。斯坦因在和阗亦觅得同样古钱，一面有汉文"四铢"二字，同在一边顺写；一面为马及佉卢文，与此钱大致近似而稍大。据斯坦因解说，时代约在公元后一七〇—二〇〇年（《亚洲腹部》图版CXIX，图4）。不过此钱"四"字倒写，与"铢"

字左右分离，似与彼不同一型范，是否为同一时代钱币，尚需作进一步之研究。

图33：波斯银钱，出库车苏巴什古城中。银质，无孔。圆径二·三厘米，重一·八克。正面为一半身王者像，首戴宝冠，高鼻大目，有须。外廓有双线圆圈，被剪边。冠两旁均有钵罗婆文字。据夏鼐同志鉴定：左侧是祈祷辞，即"皇运昌盛"之义。右侧是王名，即库思老，背面是袄教祭坛，坛上有圣火，坛两旁有祭司各一侍立，两侧亦有钵罗婆文铭辞。左侧是纪年（二九），可能是伊嗣侯纪元二九年，即回历四十年，公元六六〇年（唐高宗显庆五年）。右侧是地名，不甚清楚，可能是波斯基尔曼省的喜拉查。夏鼐同志根据此币被剪边及质量轻薄（等于半德拉克麦），可能是翁米亚王朝驻波斯总督。在六五一——七〇二年间所仿制，所谓库思老二世式样银币也。流通于达布里斯坦即《新唐书·西域传》之陀拔斯单，辗转传入新疆者（详见《考古学报》一九五七年第二期）。按此币在库车苏巴什古城出土。我根据《新唐书》所述龟兹都城之方位距离，推定此城为唐时龟兹国都城即伊逻卢城，为东西交通线上所必经之地。又据《册府元龟》记载：在唐天宝间，唐与陀拔斯单交往常密，此币可能为陀拔斯单使臣或商人来唐，路过龟兹时所遗。

图34—36：叶城铜钱，出叶城东北二十里拉一普附近及锡衣提牙两地。捡拾百余枚，今择其文字比较清楚不重复者入录。大部皆为圆形，红铜质，无孔。图34 直径约二·四，横径约二·一厘米，为一不规则圆形，厚一毫米，重六克。内外有一圈，圈外无字，圈内有用阿拉伯文拼写之古文字，横行，一面为三行，一面为四行。我在拉一普所得者，约近百枚，皆以此钱为最多，文皆相同，可能此地当时是铸钱之所或钱库。图35、36形制大小相同，但稍薄。图35重五克。图36重三·五克。图35圈外似有字，但甚模糊。图36圈外为点纹无字，但圈内两图均有四行阿拉伯字体与图34

同，或为同一朝代之钱。与此钱同时出土者，尚有宋钱十余枚，见上面所述，故此钱当为十二世纪初期之物。时沙特克博古拉汗曾在喀什噶尔建立喀拉汗王朝，向东扩展，此钱或即其所铸，通行于叶尔羌、和阗一带也。

图37—41：喀什铜钱，出叶城、锡衣提牙及喀什噶尔一带。红铜质，略作圆形，无孔，较上图稍薄。图37、38重三·一——三·三克。图39—41重二·五克，圆径略作二——二·三厘米不等。形制略同，两面刻文。一面中有圈，圈内有环状形花纹。图39环状上有一小圈，疑取象于星月。图37、40环状外为圆圈纹，圈外有字。图38环状外为圆点纹。图39、40环状外无纹，而圈外有字皆同。另一面中心为圆圈，圈内有字。圈外除图38有字外，余均无字，作点纹或圈纹，圈内所有之字写法不尽相同，但同属于阿拉伯文系统则一也。其内容如何，尚待专家研究。

图42—44：民族古铜钱出喀什噶尔哈奈古城中。图42出土地分布甚广，除喀什噶尔大批出土外，和阗沙碛中吴路札提麻札附近，我亦捡拾数枚，库车附近亦有散布者。均为红铜质，圆形而薄。圆径略作三·八厘米，重八·六克。两面有文，一面为圆圈，内有字，四行横排，成方形，圈外亦有字；另一面边为圆圈，圈外有字，内为方圈，四面各出凸形花纹，方圈内字作三行，横排列。图43两面均作双线圈，圈内外均有字，边穿一孔，想为穿系之用。圆径约二·七厘米，重四·一克。图44两面有圈，圈内外有字，字体与上图微异。圆径作二·三厘米。

图45、46：民族古铜钱出喀什噶尔哈奈旧城中，与上件同出。两面边缘均作双线圈。图45圈内有字，圈外无字。图46圈内外均有字，圈内字均作三行横排。图46圈外字环列边缘。此钱出土数量甚多。字体皆属于柯斐体，但重复甚多，可能是喀拉汗王朝在喀什噶尔设厂铸造，将来由专家译出后，对于研究喀拉汗王朝历史必有帮助。

图47—51：高昌银钱，出吐鲁番三堡旧城中。银质，圆形。圆径约一·九厘米，重三·一——四克不等。两面有文，一面作双线圈，点圈，圈内有文及花纹；另一面仍作双线圈，点圈。唯图49无圈，均有文字，体势大抵相同。图51一面作双曲线椭圆圈，圈内有文，一面无圈有文，体势与上图略异，疑非本地所铸。此地所出者大多数皆作点圈双圈。正面中间均有IU形。据本地人言，此钱出三堡旧城中。一九三一年当地人在城中掘土发现大批古钱，除大部分送省政府保存外，一部分散在民间。一九三四年我再赴吐鲁番时，亦购得数十枚，形制大略相同。斯坦因亦在库车拾得同样银钱三枚（《亚洲腹部》图版CXX，图21—23），据称为十四世纪之物，适当元至正间也。

图52、53：附桃仁形铜钱，出叶城北约四十里苏唐阿一克庄。据说出土时，有一白布口袋装盛，重十余斤，但我去考察时，其地全为田园，并无遗址或其他遗物，疑为过路人所遗。钱作桃仁形。横一·四，直一·八厘米，重约七·五—六克。两面刻维文，疑为近代之物。

以上无孔古钱币，大多出自喀什噶尔、叶尔羌、和阗一带，库车亦拾得少许，焉耆以东即不多见。时代自十一世纪初期起，此时正值喀拉汗王朝在喀什噶尔建立汗国时期，大部分可能是该朝所铸。其钱文均用阿拉伯字母拼写，无孔，与内地所出之有孔铜钱殊异。由此可知，此地在十一世纪伊斯兰教传入新疆后，新疆的经济及文化似起了若干变化，此为研究西域史之有趣问题也。

第七部分
铜、石等件

此次所采集之铜石等零件,大都出于沙雅西北裕勒都斯巴克一带,皆在地面上采拾。此一带为沙漠地区,遗址久埋沙中,风吹沙去,古物出现,似未经人为扰乱。有时与铜钱并存,亦可推知其大概的时代。每件均有花纹和文字,大部分是当时人民一种佩饰或装饰品,分别介绍于后。

一、铜件

1. 铜印章 图版一〇九,图1—5

图1—4:汉铜印,出沙雅裕勒都司巴克一带。图1底约二三厘米见方,厚六毫米。纽作龟形,中空,高九毫米,两边高六毫米。左右各穿一孔。径七毫米。前有两孔径约四毫米,像龟目。后一孔作长方形,径六毫米,像龟尾。底镌汉文篆书"常公之印"四字。图2形式及刻字均与图1同而稍小。底约二厘米见方,厚九毫米。纽作龟形,高约九毫米,与图1同。此两印均为阴文反文,当是同时一人所用。日本橘瑞超在库车库木土拉亦拾类此式铜印一方,而常下"公"字作"闹"似非公字(《西域考古图谱·杂品》图版10)。但决为人名;且其

龟纽及书体均为汉式，确为汉代遗物也。图3出土地同上。约一·三厘米见方，厚七毫米。纽作半圆形，孔径六毫米。底镌篆书阴文共六字，可识者"李崇之印"四字，余二字不明。李崇不知是否即王莽时西域都护李崇？《汉书·西域传》称："王莽天凤三年崇还保龟兹，数年莽死，崇遂没，西域因绝"（《汉书》卷九十六下，三十五页），则李崇在当时是以龟兹为根据地，故此印或为李崇退保龟兹时所遗留亦可能也。三行尚有二字，上一字类似"副"字，下一字不可识。但"李崇之印"文义已完，为何又赘二字，不可解也。图4同式较大。约一·七厘米见方，厚约七毫米，纽高八毫米。底无字。或原有字，以后磨去，或为未刻字之原料，亦未可知也。

图5：铜牌，出土地同上。作长方形，长五·九，宽二·七厘米，厚二毫米。底镌阴文篆书，不可识。类似"李（？）耕（？）糠（？）"三字，或为人名。背有柄，高五毫米，宽一厘米。无孔，亦为印属，时代或较晚。

2. 铜花押、铜章　图版一〇九、一一〇，图6—24

图6—10：铜花押，出土地同上。图6作斜方形，约二·四厘米见方。背有方柄，高九毫米，宽一·二厘米。中空以穿绳索；底镌阴文作鸟形，颇类二人坐在鸟背上，手向前伸。图7作三角形，上残缺。宽二·三，高二·七厘米。背具方柄，高七毫米，宽一·五厘米，中空，形式作用与上图同；底镌阳文，作兽头形，眉眼口鼻均全，耳部缺。图8为两件共一轴。右为三角形，宽一·五，高二·一厘米；面镌一猫头阳文，双目炯炯，两耳上竖，形态颇生动。左略作方形，约一·六厘米见方，上镌图案式花纹，中央一轴，长一·二厘米，疑以系绳索。图9作斜方形，约一·四厘米见方。背有柄，高七毫米，宽一·二厘米，中空以穿绳索，与图6、7同。底镌阳文，作旋云纹。图10作六角形。背柄高五毫米，中有孔以穿系绳索。底作圆心，径二·四厘米。边出六角，长九毫米，象征星光四射之状。以上五图，

除图8中心有轴外，余皆具方柄，必是系绳索以便携带，面镌各种花纹，疑此作签署文契之用。至于时代问题，因均是地面采集，或购自农民之手，无确定地层关系，欲定其绝对年代比较困难。但其铜质均为红铜质，满生绿锈，与汉铜印质色相同，或同为一时期之遗物。图7、图8花纹作兽头形，类似汉铜器或陶器上兽头衔环，或西域人受其感染而作。又据本地人云，此铜零件均用出额济勒克沁，此一带为汉代遗址，因尚有"五铢钱"及"大泉五十"出现。若然，则此零件，或为纪元后一世纪至二世纪之遗物。

图11—15：刻人像铜花押，出土地同上。图11圆形。径二·二厘米，厚二毫米。背有柄，高七毫米，宽一·二厘米。中穿一孔，径三毫米，为穿线之用。底镌一人作胡跪状，小袖，细腰，革履，发后披，右手持弓，左手作拉势，描写射出状。边缘周以连珠纹作图案。图12圆形。径一·二厘米，厚二毫米。背有柄，高四毫米，宽七毫米。中有孔，径约二毫米。底镌阴文，作人骑马像。手执一物类弓，马前所刻不明晰，颇类树林岩石。人作细腰，小袖，与上图同。图13圆形。底径一·二厘米，厚二毫米。背柄高七毫米，中穿孔。底镌一人，作踞坐状，左手抚膝，右手上举；手执一物头戴山形帽，类似一王者像。图14作半规形，高一·二，宽一·八厘米。背柄高六毫米，有孔。底镌一人盘足坐，类似如来佛跌坐状，左手抚膝，右手残。左边置一瓶，右边不知置何物。四周凿连珠纹。图15亦作半规形。高二·五，宽二·一厘米。背柄高四毫米。底镌花纹颇模糊，类似人像。以上五件所表现人像，均作细腰，小袖，革履，显然是描写本地人形貌。

图16—22：刻动物像铜花押，出土地同上。图16圆形。底径二·二厘米，背柄高七毫米。底镌兽像，作双鹿对称。图17椭圆形。高一·五，宽二厘米。背柄高八毫米。底镌兽像，作奔马势。图18圆形。径二·一厘米，背柄残。底镌虫文类似蜈蚣或虾。图19椭圆

形。高一·二，宽一·五厘米。柄残，底镌兽像类似一立象。图20作半球形。底径一·五厘米，背柄六毫米。底镌一狮子，昂首竖尾，颇具雄姿。图21作四方形。约一·九厘米见方，柄残，底刻花纹颇模糊，类似孔雀。图22底作斜方形。径二·五厘米，背柄高七毫米。有孔，底镌花纹，类似鸟形，但颇模糊，边缘作连珠纹，用途与上同。

图23、24：铜章。图23锥形，底略作方形，约一·五厘米见方，高一厘米。柄残。满生绿锈，底镌文样，类似民族古文字。图24圆形，底径一，背柄高四厘米。有孔。底镌文样，疑亦为民族古文字，边缘镌连珠纹一串，与图23疑皆作名章之用。

以上八件，除图16、20、24为青铜质外，余均为红铜质，且满生绿锈，时代当稍早，疑与图11、12同期。而图16、20、24之青铜章，疑与图13、14同期或更晚。又以上诸件，皆镌阴文，疑皆作印记之用。英人斯坦因在尼雅发现木牍上之封泥印记，形式与此相同，可证当时必有一阴文铜印盖在封泥上，如我所采集者，但亦作签署文契之用。

3. 铜饰具　图版一一〇，图25—30

图25：铜佩饰，作一小铜人立像。通高二·五厘米。头发下披及额，作童子形，两手合拱，中捧一物。左右胁穿孔，以系绳索，为儿童佩戴之具。

图26：铜帽饰，作斜方形薄铜片。直径三·五厘米。中突起一佛坐像，两手合掌，盘足，下突起一支桂柱，四隅有针眼，疑为儿童帽饰。

图27：铜指饰，已残，青铜质，曲卷作环状。侧为椭圆形之宽面，高一·六，宽二·七厘米，刻文模糊。余在库车只拾此一件，但在罗布淖尔拾指饰数件，形式相同。或侧作鸟形，或作梅花形，盖为西域人日常佩饰之物。但因为均是青铜质，以佛像作题材，如图26时代较晚，疑均在四世纪后也。

图28：铜饰，作椭圆形厚铜片。高二·四，宽二·五厘米。中穿长方形孔，横径一·六厘米，直径八毫米。背具三钉，一钉已残失，疑为木质匣上饰物，三钉所以缀系器物者。中间之长方孔，或为备锁钥之用。

图29、30：铜环，一为圆环，中空，径一·五厘米，一为长方环，中空，径一·四厘米，疑作链索之用，驯养家畜多用之。

罗布淖尔亦发现有类此之物，盖为西域人日常用具，应用时间颇长，不能决定其确切年代。

二、石饰件

4. 发饰　图版一一一，图31—50

图31：发饰，圆饼形。径四厘米，厚一·五厘米。两侧穿孔，径三毫米，备系纲索之用。面漆黑光滑，两面均刻花纹，以点线组成图案，颇工巧而美丽，疑为西域妇女发饰。

图32：圆形，径一·六厘米，厚五毫米。两面刻花纹不明。

图33：斜方形，宽二厘米，高一·七厘米，厚七毫米。两面刻：一面刻涡纹；一面刻四瓣莲纹。

图34：正方形，约二厘米见方，厚六毫米。两面刻：一面刻六瓣莲纹，一面刻纹不明。

图35：椭圆形，高二厘米，宽二·五厘米，厚五毫米。两面刻，均作四瓣莲纹。

图36：三角形，底宽二厘米，两面宽二·四厘米，厚八毫米。两面刻：一面刻四瓣莲纹；一面刻涡纹，边稍剥蚀。

图37、38：作漏斗状，底作方形。图37底约二·二厘米见方，厚一·四厘米。图38底约一·九见方，厚一·二厘米，底刻六瓣莲纹。

图39：圆形，径一·二厘米，厚三毫米。两面均刻花瓣纹，

但不明晰。

图40—43：均作椭圆形。图40高一·七厘米，宽二厘米，厚七毫米。两面刻动物像。一面刻虫，类似草虫；一面刻一禽类，颇生动。图41高一·七厘米，宽二厘米，厚八毫米。两面刻：一面刻虫纹，周围缀以圆点，一面刻涡纹，具极工巧。图42底椭圆形，作漏斗状。宽二·四厘米，高一·六厘米，厚一·五厘米。底刻花纹，一部作涡纹，一部残。图43作椭圆形，高一·八厘米，宽二·八厘米，厚七毫米。两面刻：一面刻目睛形，一面模糊。

图44：方形，高二厘米，宽二·二厘米。残破，现存一半，尚可见中间穿孔痕迹。一面刻文不明。

图45：方形，高宽各一·七厘米。两面刻：一面刻涡纹；一面残破。

图46：方形，一·二厘米见方，厚五毫米。底刻旋云纹，背隆起骈行两条状物，高二毫米，长九毫米，不知何用。

图47：蝉状物，宽一·二厘米，高一·六厘米，厚七毫米。两面刻：一面下刻涡纹，上刻三角纹；一面残。

图48：正方形，约二·四厘米见方。刻文模糊，一面残。

自图31—48：方圆大小不一。皆石制，漆黑面光滑。两侧均穿一孔，备穿系绳索，疑皆妇女发饰或佩系之用。图37、38、42，或兼作印记之用。

图49：半圆形，玛瑙质。高一·五厘米，宽一·八厘米。底一鸟，作用与图37等同。

图50：陶质，圆形。径二厘米，厚七毫米。灰白色。两面刻，中穿一孔，作用与上各图同。但刻文颇特别。一面刻一人像，一手前伸，一手后曲，手中均持有物，疑为兵器。细腰，革履，头发后披，短衣蔽膝，类似一武士像。作风均表示其为西域形式。一面刻一兽形，俗称天鹿，昂首长尾，首上出一角，尾竖起，腰间出翅，

作飞状。《汉书·西域传》"乌弋山离"条云:"有挑拔师子犀牛。"注引孟康曰:"挑拔一名符拔,似鹿,长尾,一角者或为天鹿,两角者或为辟邪。"按此件首出一角,当为天鹿,相传为神兽。古代雕塑家每用为题材,例如四川宗资墓前、南京萧梁墓前,皆刻有伟大石兽。每兽腰间均着两翼,显然受波斯萨珊王朝艺术影响。此刻亦着两翼,当与国内所刻墓前石兽同一来源也。

以上诸件,均出于裕勒都司巴克一带,大望库木及额济勒克两地附近,同时还有五铢钱及小铜钱,我推定此一带遗址之活动时期是自纪元后二世纪至四世纪末叶。故此遗物亦当为此时所遗留。再就其花纹言之,大略可分为两类:一为植物;一为动物。在植物方面,以四瓣莲花纹为最多,例如图34—38,或两面刻,或一面刻,其作风大略相同,均以莲花为题材。此种作风,在西域雕刻方面最为普遍。试检尼雅出土木雕,在一托架梁上,两端均刻四瓣莲花(向译斯坦因《西域考古记》插图第四三,六三页前)。又一木椅上,周围亦均刻四瓣莲花(同上第四一图木椅五九页前),作法与此刻完全一致。尼雅为古精绝国遗址,在东汉时为鄯善所统。尼雅曾发现一汉文"鄯善都尉"印记及木简,要皆为纪元后二世纪至四世纪之遗物。龟兹与鄯善现虽隔一大沙漠,但在古时有径路可通,可能彼此互相传习,故龟兹运用莲纹当亦在斯时。且莲花出于印度必是佛教由印度传入鄯善及龟兹后,龟兹及鄯善艺术家采用以莲花为题材作装饰品也。在动物方面以鸟类为特征,例如图40,一面刻一草虫一面刻一鸡类,表示农村中田野生活。龟兹人之社会习俗,由此可得一初步认识。尤其图50之人像及翼兽,如上文所述,可以窥见龟兹艺术特征。

5. 耳饰及玩具　图版一一一，图51—55

图51—53：耳饰。黑色，表面光滑。图51木质，黑色耳坠，长二·九厘米。穿孔，孔径四毫米，中间隆起成鼓形。图52石质，黑色耳环。残。孔径一·五，厚一·五厘米，上缺。磨制光滑，疑为耳饰，或另有一金属物附系于耳。图53作圆锥体形。高二厘米，下宽一厘米，上宽四厘米，上穿一孔，孔径三毫米，备系绳索，疑为耳饰或佩饰之用。

图54、55：玩具，石质黑色。图54环状物，径三·八厘米，中穿孔，径三·四厘米，厚六毫米。面已风化，起皱纹，疑为纺织用具，或作儿童玩物。图55兽立像，通高三·六，长五，额宽二·四厘米。圆睛，大口，两耳上竖，尾下垂，四足两两骈立，类似狗熊。刀法精简，而生气昂然。

以上五件亦出裕勒都司巴克一带，与以上各件同地，均为耳饰或玩具。时代与各件大致相似，尤其图54脱胎于泥质纺轮，而图55采用了汉人原雕法，不特时代相当于汉，而作风亦取法于汉也。

三、石、骨、玻璃等饰件

6. 帽饰及佩饰　图版一一二，图56、57

图56：帽饰，出库车苏巴什古坟中。半透明，红色中透金色冰裂文若鱼子，明莹光洁。一面平，形如鸡心，俗称金星石，高三厘米，中宽二·一厘米，系在坟中女人头部取得，疑为帽上饰物。同时出土者尚有丝绸残片甚多，并有两陶罐，作粉红色，显然为唐代遗物，则此宝石时代亦相当于唐。

图57：佩饰，出沙雅西北大望库木沙碛中。长方形，黑如漆，面光滑，不透明。高二·二，宽二·四厘米，厚四毫米。上凿一圆孔，孔径六毫米，为穿系绳索之用。疑为女人或儿童佩饰。此件与第二节所述铜角诸件均在一地所拾，时代亦大略相同，最晚不出纪元后四世纪。

7. 耳饰　图版一一二，图58—67

图58—63：椭圆形耳饰，出沙雅裕勒都司巴克一带。图58鸡血石质，椭圆形，面扁平。高二·三厘米，宽九毫米。中穿一孔，径二毫米。图59绿玻璃质，半透明，扁圆形。高二厘米，宽一·五厘米。中穿孔，径二毫米。图60形同上。玻璃质，不透明。黑色，起白曲线纹，中夹圆圈，两端均有一道白线作栏，类似人工造作。图61—63，椭圆形，玛瑙质。半透明，紫绛白黄相间成文。《格古要论》称为缠丝玛瑙。高二·四至三·五厘米不等。中穿一孔，径三毫米。以上诸件，皆椭圆形，中穿一孔，显为穿系细索下垂于耳者。通称耳坠，以其垂于耳旁也。我在罗布淖尔土垠拾扁形耳饰五枚：1、2为玉质，3为玛瑙，4、5为玻璃质，形式均与此同，均为耳上饰品（《罗布淖尔考古记》一七五—一七六页，图版二九）。斯坦因在和阗达摩戈及尼雅亦发现椭圆形玻璃质耳坠，形式与余在罗布淖尔所拾者正同（《亚洲腹部》，图版 Xkho27）。可证此类装饰品，在西域各地曾普遍流行。应用时间亦长，大约自纪元后二世纪至八世纪皆沿用。

图64：珠粒状耳饰，出土地同上。为翠绿色八角珠。玻璃质，半透明。腰间隆起如鼓，上下各磨成八面。中穿孔，入径四毫米，出径二毫米，盖为穿系之用。或如楼兰出土之耳坠，以金丝穿系之也。

图65：椭圆形耳饰。料质灰白色，中嵌黑线三道。横宽一·二，高一厘米。疑为耳饰，而为金属物所镶裹者。

图66：管状耳饰，珊瑚化石。长三·四厘米，径七毫米。中穿孔，孔径三毫米。原系红色，经久风化现变为灰白色。

图67：椭圆形耳饰，玻璃质。漆黑，面光滑，背后起绉纹。长一·五厘米，宽一·二厘米。无孔，疑亦为耳饰，或帽饰。外有金属物镶裹者。斯文·赫定在楼兰故墟发现一耳坠，用金属镶嵌一红玛瑙，并接系一六角珠下垂（A.Conrady, *Die Chinesischen*

Handschriften Kleinfunde Sven Hedins in Lon-Lan，图版三，图22），我在沙雅所拾如图64、76，形式与之相同，或为同一用法。

8. 项饰　图版——二，图68—81

图68、69：为绿松石圆珠粒。图68圆径一·五厘米。中间穿孔，径二毫米。图69径一·三厘米。中穿孔，径二毫米，与上图同，皆为穿线之用。

图70：圆珠粒，玛瑙质。褐色，中间透出白色波纹，光泽可鉴，但不透明，类似眼睛珠。直径一·五厘米，中穿孔，径二毫米。

图71：形同上而稍小。深褐色，玛瑙质，微透明，暗透白色波纹，面颇光滑。中穿孔，直径一·三厘米，孔径二毫米。疑皆作项链之用。

图72、73：为孔雀石圆珠。图72绿色，中透波纹，面具光泽，但质甚软，铁刀可划动。有孔，直径一·五厘米，孔径二毫米。图73色质同上，而稍小。中孔直径一·二厘米，孔径四毫米。两端稍平，疑皆为妇女作项链之用。

图74：蛋白石。蛋白色，暗透白色波纹。面光滑，半透明。直径一·二厘米，孔径二毫米。

图75：鸡血石。灰色，上用胡粉绘方格文八，每格中绘一卍字，浓淡不一，有的已脱落，可见花纹为以后所加。不透明。直径一厘米，孔径三毫米。两口微平。以上疑为项链或手饰之用。

图76—80：均为鸡血石。作茶色，微发红，皆作圆形。中钻一孔，直径约一至一·二厘米不等，孔径二至三毫米。锁孔处微平，疑均作项链之用。

图81：为木质扁圆形念珠，中穿孔。直径一·二厘米，孔径五毫米，或为僧侣念珠之用。

9. 帽缨　图版一一二，图82、83

图82、83：帽缨。图82为珠粒状，玻璃质。计二九粒，除四粒较大，三粒作黄色，一粒作蓝色外，余均作绿色。大者圆径三毫米，小者圆径二毫米。中串系一白线，为后人所加，在当时亦连串作帽缨，或为儿童项链之用。图83为海百合茎节化石，扁圆形。现存十二粒，圆径五毫米，孔径二毫米。出土后，被人串系一线索，但当时亦串系作帽缨之用。余在罗布淖尔发现一僵尸坟，死者头戴一毡帽及绒线裹帽，帽缨尚存，由一五七粒海百合化石粒，以皮绳贯系之，约三股合成一组，两端具垂于绒线裹帽两旁下，络于颐下。(《罗布淖尔考古记》，图版二十六，图5)余在他处亦拾有同样之石粒，约百余粒，盖亦为帽缨之用。此地所拾之石粒，与在罗布淖尔所拾者大小形质完全相同，当亦为帽缨之用也。但罗布淖尔所拾者与僵尸同出土，均为二千年前后遗物，此件时代虽不能确定，但相距不能甚远。

以上诸件，除图56帽饰出苏巴什古坟中外，余均出沙雅西北裕勒都司巴克一带沙碛中。与上述各件同出土者还有铜零件及煤精所制各成品，如本章上节所述。因与铜钱杂陈，出现时代可能与上节相同，即相当于第二世纪至第四世纪。例如图83帽缨与罗布淖尔所拾相同，可能为纪元前后遗物。但有些遗物时代可能绵延很长，如椭圆形耳饰(图58—67)，余疑为五六世纪遗物。但其形式则与罗布淖尔所出者相同，彼则为纪元前后遗物。当然这些遗物都是地面上采集，但由于遗迹同遗物的并存，指示我判断年代的便利，如以大望库木与于什格提为中心，则皆属于纪元二世纪至六世纪末期之遗物也。

第八部分

石、陶等件

一、石器

1. 打制石器　图版一一三，图1—3

图1：打制石矢镞，出焉耆四十里城市南十里沙碛中。作锥形，一头尖锐，中隆起，成四棱形。两边缘有锐利之锋刃，后部稍弱。具约一厘米长之柄状，通长约四厘米。与之同地出土者尚有内含砂砾之粗红陶片、残瓦鬲足与贝饰等。余在罗布淖尔北岸亦拾有同样打制石矢镞（《罗布淖尔考古记》，图版五，插图13）。同时尚有其他打制石器、磨制石器和玉器，与之同时出土者，亦有粗红陶片及压纹灰陶片，余在《罗布淖尔考古记》中曾推论为新石器时代后期遗物(91—96页)。此处所拾，虽仅此一件，但与粗红陶片、残瓦鬲同出土，其时代应与罗布淖尔石器时代后期相同。此处滨博斯腾淖尔，东面距海约十余里，博斯腾湖为淡水湖，可能在远古时期焉耆人民滨湖而居，经营其渔猎生活，与罗布淖尔沿岸情形大体一致。不过余等在此工作时间仓促，将来仔细工作，必有大量石器时代遗物出现也。

图2：石燕化石饰品，出土地同上。原为古生物化石，本介壳中之腕足类，出山石间，其形似燕，张两

翼，故名石燕，实非鸟类也。此化石疑出附近山中。当远古时，博斯腾湖畔居民，取来用作装饰品，由于器面尚有磨擦痕迹可证。又在同地尚拾有红粗陶片及打制石器，可能与化石之使用为同一时期之物也。

图3：象牙饰品，出土地同上。作扁形管状，长二厘米，中宽一厘米。横钻二孔。此盖截取象牙一节，两端凿磨钻孔，穿系线索以为佩饰或耳饰之用。与上件同地出土，时代可能相同。

2. 磨制石器　图版一一三，图4、5

图4：磨制玉斧，出沙雅大望库木沙碛中。绿玉质。高四·七，刃宽四，背宽三·二厘米，厚六毫米。上柄稍尖，下平齐，磨制光平。口刃部颇薄而锋利，宽约七毫米。刃部上钻一孔，孔径三毫米，似无意义。疑原为有孔石刀，改制为石斧，故原孔尚存，观于全身厚薄平均可证。余在罗布淖尔亦拾有玉斧一件，系白玉质，形式与此件正同。另有玉刀二件，均属磨制，故疑此地石器与罗布淖尔同一系统，均属于新石器时代末期也。

图5：磨制石刀，出土地同上。板岩，作斜方形。两面磨制光平。四边有刃，颇锋利。高六厘米，宽三·六厘米。我在罗布淖尔拾玉刀一件，绿玉质，上下为刃，疑作割切用具。但此件四方均有刃口，不特可以用作割切，又由于前后两端尖锐，中宽，左右突出，还可以当刺兵之用。

3. 纺轮　图版一一三，图6

图6：陶纺轮，出土地同上。灰色，现存半面。圆径二毫米，厚四—六毫米不等。中穿孔，孔径入七毫米，出四毫米。俗称马蹄眼，与玉斧所钻之孔同一方式，疑用三角形之石器旋钻而成。

以上三件均出大望库木一带沙碛中。同时，此地尚拾有铜零件，如五铢钱等，余断定为纪元前后之遗物。但此磨制石器与铜件同出，显然有先后相承现象，可能当新与铜器传入后，而与原有石器相混合，致成金石并用现象，与罗布淖尔后期文化同一形式也。

二、陶器及陶器残片

4.陶器　图版一一四、一一七、一一八，图7、8、47、48、57

图7：单耳罐，库车苏巴什古坟中出土。粉红色，口部及耳部残。口径一三，底径一六厘米。腹部隆起，围一〇一·五，深三七·八，通高三九·五，厚一·二厘米。具一耳，连口部及肩，耳已残，现仅存其痕迹。孔径约七厘米，所以系绳或带，以便负荷。此器虽出于古坟中，但亦为生时所用，死后以之殉葬者。出土时满缠绸巾，不知何义。器中亦无其他遗物。旁另有一小陶瓷，形色相同。上刻水波纹，以颜色及形式论之，要皆为唐代之遗物也。

图8：残陶罐，在焉耆四十里城市南十五里盐池附近古坟中所拾。原残为七碎片，现已胶合成器。仍缺口部及右半上部。高约一五，底径八，口径九厘米。粉红色，中腹隆起，形式与图7同，但不具耳，时代亦相当于唐。

以上为库车焉耆出土陶器，和阗亦采集有陶器数件，实物无存，今亦附录于后，以备参考。

图47、48：单耳瓶，出和阗姚头冈。淡红色，面光滑，有隆起旋纹。口部及耳已残，肩尚存耳之残迹。细颈平底，下腹微削，疑为单耳瓶。当时原作汲水之用，现本地人仍用之以为汲水盥手之器。

图57：漏底钵，出和阗阿克斯比尔古址。圆底，底满钻细孔，或为漏水之用。旁具一柄，柄中穿孔，可容一指，便于把握，形式与内地钵盂同。但底钻细孔，不知何义。

5.陶器饰件　图版一一四——一一六，图9—46

图9：兽形器柄，出和阗姚头冈一带。红泥陶质。作兽头形鸟喙，顶出一角，腰间具两翼，尾部作甲状，左右隆起两点为眼睛，中间隆起为鼻梁，接上唇，类似兽头衔尾。尾长三厘米，身长一七

厘米。一足，足长四厘米。足及尾均有破损痕迹。盖足附着器颈，尾附着器肩，喙置器口，空径九厘米，手可把握。英人斯坦因在和阗姚头冈曾获一完整陶器，在器之颈肩部即附着一兽形柄，形式与此同。尾着器肩，足踏器颈，嘴置器口，表示饮水之状（《亚洲腹部》，图版一图 Yo.053c）。此图与斯坦因所获陶器上之柄相同，则所附着之陶器或亦相同，不过陶器已遗失，而柄独存耳。我在和阗一带遗址中所拾陶器柄部残件，大小约二十余件，要皆附着于陶器，以便提携把握。此类器形唯和阗、于阗一带所独有，在塔里木盆地北部，如库车、焉耆甚少发现，可证古代于阗文化有其独特风格。

图10：双人面器柄，出和阗姚头冈。作两人面形，披发及额，若童子状。高七·五厘米，围二〇厘米。中空，上下均有缺痕，必附着于一器物上，或为陶器盖上之柄部。斯坦因在姚头冈亦觅得一同样人面形器柄（《亚洲腹部》，图版二，图6），与我在和阗一带所拾者相同。

以上为和阗一带器物柄部，实物现存。同时在和阗、于阗一带尚拾有陶器柄部及残片多件，实物无存，仅有照片，一并录于后：

图11—14，兽形饰件，出和阗西南十里姚头冈。图11—12仅存握手之后段，首部残。图16仅存中段。图13、14、15、17、18、23、24 均为柄之头部。有作羊形者，例如图13、17；有作驴形者，如图14、15；有作牛形者，如图23、24，皆象征本地牲畜。又如图19、20为马身，颈项及足部残断，疑附着于另一器物之装饰。图21为驼身，足及脊背皆有残断痕迹，作用与上图同。图22驼身，或是玩具。

图25—29：兽形器柄，出和阗北阿克斯比尔。图25为一完整陶器柄部，形式与图9同，文饰略别。图26—29均仅存头部。图26头部似为一怪兽形。图27—29，均为羊形，与图18大小形式略同，均为器之柄部饰物，不过器形稍小耳。

图32—34：人面形饰件。出和阗姚头冈，面有胡须。图32、33顶缺，面圆，唇须外张。图33尚存头部后面。

图40—42：人像残件，出阿克斯比尔。图40缺面部，仅存人像头部后面之发髻。图41存头部，头发作髻，下分披于额前，颇类似童子装束。图42面部稍残，现存头部及驱干。头戴帽，圆睛，瞋目，披外衣而开前，颇类似武士装束。以上各件，上下有残断痕迹者，疑为器物上饰件。亦有顶部完全者，如图40、42、43，或是玩具。

图30、31、35—39、43—46：为怪兽面或兽面饰件，皆出姚头冈及阿克斯比尔两地。除图43为一猕猴坐像外，余均作怪像或兽像面部，周围有残破痕迹，显系嵌置于器物腹部或颈项部者。斯坦因在姚头冈亦觅得兽面具若干，有一件尚附着于原器腹部（《亚洲腹部》，图版一，图1），亦有附着颈项部者（（《亚洲腹部》，图版一，图Yo.0158），兽形极类似我所得之图35、37，可证此兽面都是器物腹部或颈项部装饰品。在斯坦因所获器物中，兽面四周均出两层莲花瓣，我在和阗北瓦砾场中，尚拾有莲瓣碎片，如图75、80，疑皆为器物腹部之装饰品而脱落者。凡此类有装饰陶器，皆细泥、薄肉，陶胎作成后，再附加装饰与器物同烧，而其装饰品疑用同一模型铸成，故形貌及文饰多相类似。由此可知和阗古代制陶业之发达。

6. 陶器残片　图版一一七——一二○，图49—56、58—115

图49—52：印纹红陶片，出和阗姚头冈。我在此地拾有兽形器柄，已如上述。尚采集陶片若干，一为点纹，如图51，作人字形或交叉形，而图55点纹则排比成组。一为印纹，在陶器上成条纹如叶状或花蕊状饰物，如图49、52皆是。而图49末端之花蕊及图52之花蕊，式样相同，可能是由同一模型制成，再附加陶器上作装饰耳。

图53—56：压纹刻纹红陶片，出和阗北沙碛中，真确地名已遗失，大概在阿克斯比尔及姚瓦克附近所拾。有刻纹作连环状，如图54；有刻细线方格纹，如图53；有压纹，如图56。而压纹颇似

内地篮纹，用木条压迫而成。

图58—69：印纹及刻纹红陶片，出阿克斯比尔。此地为广大瓦砾场，横直数十里，除兽形器柄已如上述外，只捡陶片中花纹不同者作代表叙述。一为印纹，如图60中为花瓣，外围为连珠纹及禾穗纹。图62两个盘蛇纹对陈，中出一叶状纹，纹条颇细。图61作风与上图同，花纹不详，疑均由范模印出，为他处所无。图67—69均在原器形上浮起装饰纹。图67为一花苞形。图68浮起椭圆形宝星状。图69在颈项部浮起一矩形点状，而装饰物则为以后附加，如图68，有宝星两粒，形状大小相同，可能用同样花纹排比成带形也。此类陶片皆为红色、细泥、薄肉，时代较早。一为刻纹：图59、63为点纹，与姚头冈图51相同。而图59之口部与姚头冈图54之口部相似，可能为同一时期之遗物。图64绿釉红陶，面隆起，方眼纹并加乳状物。图58为细线方格纹。图65为宽曲线纹。图66为水波纹，面有磨擦痕迹，系用梳形工具制成。此类陶片皆质粗、肉厚，散布区域甚广，数量亦多，可能是阿克斯比尔晚期遗存。

图70—88：剔纹红陶片，均出和阗南山什斯比尔旧城。此地陶片散布甚广，大部分均为剔纹，如图70、83是以连珠纹为中心，而图70之连珠纹又加点纹及旋纹，配合颇匀适。图74、77、82均剔作莲瓣纹；图73剔纹上浮起椭圆形珠宝纹三粒，与阿克斯比尔图68同一形式。图76、78为方格点纹，尤其图78与中国内地玉璧上之谷文类似，可能是用骨具或木具剔削而成。图81、84、85皆以点纹为中心，而图84陶壁上浮雕一兽，用点纹作毛饰，颇生动。图86上剔鱼鳞纹。以上诸陶片除图84器壁稍厚外，余均为薄壁、细泥，与阿克斯比尔早期相近。尤其图76、78，可能是纪元前后之遗物，由于同时尚拾有骨矢镞（图87）及贝饰（图88）各一枚，可证明此地很早就有居民。又这些陶片大多数都是在什斯比尔遗址南十余里石塔附近所拾。石塔我考订为于阗国赞摩寺遗址，当晋释法师显取道于阗时，

此寺即已存在，则其所遗陶片最晚不能超过五世纪。

图89—107：剔纹红陶片。图89—97出旧达摩戈东北十里余特特尔格拉木。图98—107出达摩戈北所不及麻札附近。两地相隔约十余里，均沿达摩川散布。特特尔格拉木在达摩川东，所不及麻札在达摩川西，东西斜对。图89、99上浮刻连珠环圈组成图案，与姚头冈图49、52相似。图98、103剔作花瓣形，与什斯比尔图74、77、82完全相同。图101作蝴蝶形，颇为别致。以上均为红色、质细、肉薄、面光滑。图102为兽形头部，乃陶器上装饰物，在阿克斯比尔及姚头冈所出甚多。图94、95、97、100，均为不规则之剔纹、曲线纹或以点纹为中心，配合各样线条制成图案。但与什斯比尔花纹繁简或有不同，而其作风是一致的，尤其图105方格纹带与什斯比尔图78为同一作风。因此可以推定达摩戈、姚头冈、什斯比尔三地在陶器花纹上是同一体系，或可以说是于阗式体系，时代亦大略相同。

图108—115：彩绘红陶片，均在达摩戈、特特尔格拉木一带所拾，因原物无存，今据摹本入录。每片上均绘有各种花纹，最普遍者为一种人字形纹样，如图108—112。有中间夹圆点或不夹点；有作平行线加点，有作人字中贯一直线，有用曲线作 S 形组成图案象征水波纹，如图114、115。有作鱼鳞纹加圆点，配合成彩，如图117。但均在浅红肉壁上再用深红色涂绘，与薄陶上附兽形装饰为同一体系，不过纹样各别耳。

至于时代问题，我在特特尔格拉木一带所检，除上举陶片外，尚拾有小五铢钱及民族有孔小铜钱。又在此地西北五六里土台上拾有剪边薄五铢大钱，类似刘宋时之"莱子钱"，为纪元后五世纪中期产品，与小五铢同时。但同时此地以所不及麻札为中心，尚散布为数众多之含青泥红陶，与吴六杂提麻札相同，因与麻札同时有无孔铜钱出现，我断为十一世纪初期之遗物。因此我们可以推定此地有两个时期不同的遗存；尤其在作风方面，显出两种基本不同的方法：即一为薄肉红陶；一为含青泥粗红陶，质料上有基本区别。一种在器壁上浮起兽形或椭圆形的装饰物，有作点纹及连珠纹；有作压纹及剔纹者较多，凡此种陶片均是薄肉红陶，此种陶片在什斯比尔、特特尔格拉木及姚头冈较多。且特特尔格拉木有小铜钱及五铢钱同出，什斯比尔有骨矢镞贝饰之早期遗存，故我推定其时代最晚不出五世纪。另一种花纹比较简单，例如图58、66之细线方格纹及水波纹多是刻纹，陶质较粗，中含青泥，与吴六杂提力济阿特麻札的陶片同一系。吴六札提麻札亦有无孔铜钱与陶片同出，而此种铜钱在十世纪末期方始流行，故此种陶片，亦可能是晚期遗存。当然水波纹渊源甚早，但画在夹青泥红陶上是晚期的，且作风也有区别，例如图97亦为水波纹，但是作汹涌波浪形，用手工削切而成，图66是用木具或金属梳状工具刻画而成，前者为本地技术，后者或是受外来的影响不特时代有先后，而作风来源亦不同。但我们如假定早期是公元五世纪时遗存，晚期是公元十世纪遗存，则自六世纪至九世纪四百年间情况如何，是必须将来作进一步研究，方能解决的问题。

附：塔里木盆地出土器物分布表

出土地	器物	件数	类别	图版	图号	备考
焉耆明屋	纸本墨画残片	一	绘画	二七	35	
同上	如来佛立像	一	泥塑	三二	1	
同上	佛像头部	四	同上	三三	2—5	
同上	菩萨立像	一	同上	三四	8	
同上	天女像	一	同上	三五	11	
同上	菩萨像头部	六	同上	三五、三六	12—17	
同上	童子像头部	五	同上	三七	18—22	
同上	武士像头部	二	同上	三七	23、24	
同上	比丘像头部	二	同上	三七	25、26	
同上	魔鬼像头部	四	同上	三八	27—30	
同上	供养人像头部	五	同上	三八	31—35	
同上	明王及护法神将头部	七	同上	三九	36—42	
同上	怪兽像头部	四	同上	三九、四十	43—46	
同上	兽像残体	二	同上	四十	47、48	
同上	泥塑像残体	七	同上	四一、四二	49—55	
同上	菩萨半身像	一	陶范	四三	2	
同上	菩萨像头部	二	同上	四四	3、4	
同上	璎珞像饰件	一	同上	四四	5	
同上	人面像残件	一	同上	四五	6	

出土地	器物	件数	类别	图版	图号	备考
焉耆明屋	武士像头部	一	陶范	四五	7	
同上	佛像头部	一	同上	四五	8	
同上	飞天像残件	一	同上	四五	9	
同上	塑像母范	二	同上	四五、四六	10、11	
同上	各种纹饰范	七	同上	四六、四七	12—17	
同上	人像腰部	一	木雕	四八	1	
同上	舞者像	一	同上	四八	2	
同上	卧兽像	一	同上	四八	3	
同上	窗棂	一	同上	四八	4	
同上	圆锥形带柄残件	四	同上	四九	5—8	
同上	灯盘	二	同上	四九	9、10	
同上	圆底钵残件	二	同上	四九	11、12	
同上	画版残件	二	同上	七六、七七	13、14	
同上	婆罗谜文残纸	六	文字	七七	8—11	
同上	吐货逻文婆罗谜文	一	同上	七七	12	
同上	贝叶写经婆罗谜文残纸	一	同上	七七	13	
同上	摩尼教立文字残纸	一	同上	四九	14	
焉耆霍拉山	木雕立人像	一	木雕	四九	15	
同上	车轮形木具	一	同上	四九	16	
同上	车旋圆柱状木具	十四	同上	四九、五十	17—30	
焉耆四十里城市	打制石矢镞	一	石器	一一三	1	

出土地	器物	件数	类别	图版	图号	备考
焉耆四十里城市	石燕化石饰品	一	石器	一一三	2	（附）
同上	象牙饰品	一	同上	一一三	3	（附）
同上	残陶罐	一	陶器	一一四	8	
轮台卡尔雅河畔	石鼓刻辞	一	文字	九五	3	
库车苏巴什	佛半身像	一	陶范	四三	1	
同上	提花黄绸衣饰残片	一	织品	六九	31	
同上	红绸方格纹衣饰残片	三	同上	七十	32—34	
同上	龟兹语文木简	一	文字	七五	7	
同上	波斯语银钱	一	古钱币	一零零	33	
同上	帽饰	一	杂件	一一二	56	
同上	单耳罐	一	陶器	一一四	7	
库车库木土拉	千佛坐像残片	五	壁画	二二—二五	28—32	
同上	杨□亭课程残纸	一	文字	七二	5	
库车库木土拉	石室刻回文图	二	同上	九八	9、10	
同上	石室刻插瓶及花草图案	一	同上	九九	11	
同上	石室刻民族古文字	七	同上	一零零、一零一	12—18	
库车克肉什	菩萨立像	二	泥塑	三五	9、10	
沙雅通古斯巴什	罗文罗残片	一	织品	六九	30	
同上	白苏毕梨领屯米状	一	文字	七一	2	
同上	李明达借粮契残纸	一	同上	七一	1	
同上	将军姚闿奴烽子钱残纸	一	同上	七一	3	
沙雅裕勒都司巴克	汉铜印	四	铜件	一零九	1—4	

229

出土地	器物	件数	类别	图版	图号	备考
裕乐都司巴克	铜牌	一	同上	一〇九	5	
同上	铜花押	十八	同上	一〇九	6—22	
同上	铜章	二	同上	一〇九	23、24	
同上	铜佩饰	一	同上	一一〇	25	
同上	铜帽饰	一	同上	一一〇	26	
同上	铜指饰	一	同上	一一〇	27	
同上	铜饰	二	同上	一一〇	28	
同上	铜环	二〇	石饰件	一一一	29、30	
同上	发饰	五	同上	一一一	31—50	
同上	耳饰及玩具	一〇	同上	一一一	51—55	
同上	耳饰	十六	同上	一一二	58—67	
同上	项饰	一	同上	一一二	68—83	
沙雅大望库木	佩饰	一	石器	一一三	57	
同上	磨制玉斧	一	同上	一一三	4	
同上	磨制石刀	一	陶器	一一三	5	
沙雅额济勒克	陶纺轮	三	古钱币	一〇二	6	（附）
同上	五铢钱	三	同上	一〇二	1—3	
沙雅色当沁	大泉五十	二	同上	一〇二	4—6	
同上	龟兹小铜钱	六	同上	一〇三	13、14	在库车、沙雅、和阗、巴楚等地散布极广
同上	唐钱	一	同上	一〇三	15—20	
同上	突骑施铜钱	一	古钱币	一〇三	21	（附）

出土地	器物	件数	类别	图版	图号	备考
沙雅纳哈米沁	绢画残片	二	绘画	二六、二七	33、34	
库车	货钱	二	古钱币	一〇二	7、8	购入
拜城克孜尔千佛洞	释迦佛跌坐像	一	壁画	一	1	
同上	佛教故事画残片	九	同上	二—六、二二	2—9、27	
同上	比丘像残片	一	同上	七	10	
同上	乐伎天残片	二	同上	八、九	11、12	
同上	供养人像残片	三	同上	十、十二、十三	13、16、17	
同上	佛说法图残片	二	同上	十一、十二	14、15	
同上	天部像残片	一	同上	十四	18	
同上	大头羊像残片	二	同上	十五	19、20	
同上	佛说法图残片	六	同上	十六—二一	21—26	
同上	木板画像残件	二	绘画	二八	36、37	
同上	洞壁克孜故事画	一	同上	二九	38	
同上	洞壁刻走马图	三	同上	二九、三十	39—41	
同上	石刻兽形图	一	同上	三一	42—44	
同上	朱红丝织残片	一	织品	六三	8	
同上	袋状表饰残片	一	同上	六三	9	
同上	丝织表饰残片	一〇	同上	六三	10	
同上	经织表饰残片	一	同上	六四、六五	11—20	
同上	毛织残片	一	同上	六六	21	
同上	绛底双鱼纹锦残片	一	同上	六七	22	
同上	绀底云纹锦残片	一	同上	六七	23	

231

出土地	器物	件数	类别	图版	图号	备考
克孜而千佛洞	黄底绿花纹锦残片	一	同上	六七	24	
同上	黄底波纹绿锦带式残片	二	同上	六八	25、26	
同上	麻织印花残片	一	同上	六八	27	
同上	提花丝织残片	一	同上	六九	28	
同上	提花丝织残片	一	同上	六九	29	
同上	杨思礼札残牒	一	文字	七〇	4	
同上	洞壁刻天宝十三载题记	二	同上	九六	4、5	
同上	洞壁刻洪信等题记	三	同上	九七	6—8	
同上	龟兹语文木简残件	三	同上	九一—九三	28—32	
拜城博者克拉格沟	刘平国治关城诵摩岩	二	同上	九四	1、2	
和阗姚头冈	单耳瓶	二	陶器	一一七	47、48	（附）
同上	兽形器柄	一	同上	一一四	9	
同上	双人面器柄	一	同上	一一四	10	
同上	兽形饰件		同上	一一五	11—24	
同上	人面形饰件	三	同上	一一六	32—34	
同上	印纹红陶片	四	同上	一一七	49—52	
和阗马克斯尔	和阗马钱	一	古钱币	一〇五	32	（附）
同上	漏底器	一	陶器	一一八	57	
同上	兽形器柄	五	同上	一一六	25—29	
同上	人像残件	二	同上	一一六	40—42	
同上	印纹及刻纹红陶片	一二	陶器	一一八	58—69	

出土地	器物	件数	类别	图版	图号	备考
桃头冈、阿克斯比尔	兽面饰件	一〇	同上	一六	30、31、35—39、43—46	
和阗什斯比尔	佛像头部	二	泥塑	三三	6、7	出余特特而格拉木和所不及麻札两地
同上	剔纹红陶片	一九	陶器	一一九	70—88	
和阗达摩戈	剔纹红陶片	一九	同上	一二〇	89—107	出余特特而格拉木
同上	彩绘红陶片	八	同上	一二一	108—115	
和阗北沙碛	古和阗文印本	三	文字	七八—八十	15—17	
同上	不知名民族古文字	一〇	同上	八一—九十	18—27	购得（附）
同上	压纹刻文红陶片	四	陶器	一一七	53—56	
叶城拉一普	天禧通宝	一	古钱币	一〇三	22	
同上	景祐元宝	一	同上	一〇三	23	
同上	皇宋通宝	一	同上	一〇三	24	
同上	熙宁重宝	一	同上	一〇三	25	
同上	元丰通宝	一	同上	一〇三	26	
同上	元符通宝	一	同上	一〇四	27	
同上	圣宋元宝	一	同上	一〇四	28	
同上	崇宁重宝	一	同上	一〇四	29	
同上	叶城铜钱	三	同上	一〇五	34—36	
叶城苏唐阿一克庄	桃仁形铜钱	二	同上	一〇八	52、53	约拾数十枚（附）
巴楚托和沙赖	彩绘圆木盖	八	木件	五一、五二	1—8	
同上	彩绘方木盖	一	同上	五三	9	
同上	彩绘方形木板	九	同上	五三	10—18	
同上	方形木板	九	同上	五五	19、20	

出土地	器物	件数	类别	图版	图号	备考
托和沙赖	彩绘残木桶	一	同上	五五	21	
同上	木碗	二	同上	五五	22、23	
同上	木栉	二	同上	五五	24、25	
同上	木提吊	二	同上	五五	26、27	
同上	彩绘带盖陶器	一	彩陶	五六	1	
同上	彩绘花枝鳞纹陶片	四	同上	五六	2—5	
同上	彩绘三角连珠环纹胸片	四	同上	五六	6—9	
同上	彩绘三角连珠纹胸片	二	同上	五六、五七	10、11	
同上	彩绘黑底菱花纹芯陶片	一	同上	五七	12	
同上	彩绘黑底菱纹加草穗陶片	二	同上	五七	13、14	
同上	蓝底彩绘鳞纹陶片	一	同上	五七	15	
同上	彩绘陶片	四	同上	五七	16—20	
同上	陶器盖	一	同上	五七	21	
同上	唐绢	一	织品	六十	1	
同上	舍利袋	六	同上	六十一—六二	2—7	
同上	婆罗谜文书写本残纸	四	文字	七三、一〇七	6	
喀什噶而等地	喀什铜钱	一〇	古钱币	一〇六、一〇七	37—46	一部分购得
沙雅喀拉马克沁	至正通宝	一	同上	一〇四	30	
同上	压胜钱	一	同上	一〇四	31	
吐鲁番三堡	高昌吉利银钱	五	同上	一〇八	47—51	(附)

《塔里木盆地考古记》补注

注一　焉耆专区现改名巴音郭楞蒙古自治州，包括焉耆回族自治县和硕、和靖两县。自治州与焉耆县人民委员会同设喀拉沙尔，现改名焉耆。和硕县人民委员会原设乌沙他拉，现改名和硕，移设清水河附近，和靖县人民委员会设何腾苏木。改名和靖。路线图和硕画在曲惠，和靖画在察汗通格，均误。和硕应在乌沙他拉，和靖应在何腾苏木。今更正。

注二　河拉尔旧城，路线图作墩墩尔旧城，在南哈拉木登，距焉耆六十一公里。"哈拉木登"应读为"哈拉毛旦"。海都河南北两岸同名。在海都河南者，名南哈拉毛旦；在海都河北者，名北哈拉毛旦。城在沙岭西北隅，南墙尚存，高约三米左右，北墙已倾圮，东西墙断断续续，间有存者。城作椭圆形，周一六四一单步，约一一四八·七米，原文计算错误，今更正。城中全为石戈壁，不见任何遗物，亦无人居住遗迹，究系何用不明。城北有小巴龙渠，原文及路线图均作查墩渠，一九二八年访问时，据一蒙古人所言记录，此次访问无此名。在此城东北约一公里左右，有一长墙在沙岭北坡下，断断续续蜿蜒于戈壁滩上，北面边小巴龙渠，由西向东直抵村庄，长约二公里半。东部有田界遗迹，墙外有土筑建筑遗址六七座，形成一线，间有红陶片，亦无其他遗物。原文所记墙长四六八米，宽四八米，只是所记墙之一段，此次复查，知此墙甚长，墙东头虽略弯曲，但绝非古城，疑近代所筑，防止风沙，保护北面垦区而筑。尉犁养马河坝亦有类此长墙可证。路线图作古城记号误。北哈拉毛旦旧城，在海都河北岸，城名阿尔仔格，蒙古语，有内外两城，内城城墙尚岿然独存，高六米，宽七米，地面遗物除红陶片外，无其他遗物，与河南岸旧城遥遥相对，不知是否为唐代屯戍之地否？

注三　博格达沁在四十里城市东北四五华里，此次复查，本地称为旦基尔沁亦即四十里城市旧城之义，一说此城名"喀拉马克沁"，义谓蒙古城，不知孰是。一蒙古人云："传说五百年前，穹库尔诺引有五兄弟，大兄居此城，与喀拉汗蒙古战，败死，此城遂为喀拉汗蒙古所占。"据此，则此城为十五世纪前后旧城，但证以城中出土遗物，此说不确。此城建筑为夯土所筑，并非土坯。我们在城中曾捡有粗厚的红陶片，及一灰陶三足盆之一足，是此时代当较早。第一次来此时，曾拾有唐开元钱，是此城在唐前，至唐代已有活动。城周四〇八〇单步，墙高约二至三米不等。在此城西里余，另有一大城，城二重，内城周一二七二单步，外城周三一五二单步，均为土筑，高约三至五米不等，在内城中间及东西城均有土筑台形高地，疑为古代建筑遗存。在此两大城周围十里至二十里以内，还有若干高高低低土墩，以其形势论之，似为一国家政治中心区。今据唐贾耽《道里记》"自焉耆西五十里过铁门关"，铁门关即今之哈满沟中塔石店南三公里河东岸之遗址，塔石店距四十里城市二十公里，由四十里旧城至铁门关适二十三公里，合华里四十六里，与贾耽所记五十里略相当，是在唐时焉耆都城在四十里城市差可信。但是否即汉代员渠城，是一问题：一、我等在城中尚未发现汉代遗物；二、据《汉书·西域传》"焉耆南距尉犁百里"，在此城之南，百里之地，尚未发现汉代遗址，故汉代员渠城遗址，究在何地，尚不能确定。我等又在四十里城市西北约二十公里日仔和阗又发现一旧城，名克列木托罗盖，仅存墙基，周约七二一单步，又在焉耆六十户西北约四十五公里处，亦发现一旧城，名萨尔墩，城二重，外城不显，内城周五百五十五单步，可能均属焉耆国遗址，但是否即焉耆员渠城，不能定。又在锡科沁南一公里，发现一旧城。可能是尉犁国遗址。不过焉耆国都，自魏晋时尉犁危须并入焉耆，为焉耆二县，可能焉耆迁都四十里城市附近，而旧都久已荒废矣。但尉犁在铁门关以北，博斯腾淖尔西部平原，与焉耆危须围绕博斯腾湖居住，由于锡科沁旧城之发现，更觉所推拟之可信也。

注四 关于《大唐西域记》中昭怙厘问题，我在原文中是根据"荒城北四余里，接山阿隔一河水，有二伽蓝，同名昭怙厘"之语，观察库木土拉形势适与吻合，又在其西南适有旧城名于什格提，故原文中断定库木土拉河两岸废寺，即昭怙厘。此次复查，于什格提旧城在新和县西十八公里，库木土拉在新和西北十五公里，共三十三公里，以距离及方向言之，均不适合，前说恐误。

注五 关于苏巴什古城（又称阿萨他木）是否即龟兹都城问题，我在原文中据《新唐书·西域传》"王居伊逻卢城北倚阿羯田山"之语，认为苏巴什古城，即伊逻卢城，以其形势相合故也。此次再来苏巴什工作，觉前说不确。《大唐西域记》称"屈支国大，都城周十七八里"，现苏巴什古城并无完整城墙，仅河东有一段南北墙，长七十八米，并不表现城之周围。而它的整个面积，河西南北六百八十五米，东西一百七十米临河；河东南北五百三十五米，东西一百四十六米。虽然东西临河，可能有建筑遗址，倾圮河中，但就河两岸的南北长均不及一里，与《大唐西域记》中所说"都城周十七、八里"不符合。又古城中建筑，经此次重查，它们是以塔庙为中心。河东三塔，河西三塔，高耸云霄，周围环绕若干庙宇及佛洞，显然是一宗教——佛教中心区，而不是政治中心区。如认为是国都，显然不是。但龟兹国是佛教兴盛的国家，据《大唐西域记》所述："国王大臣谋议国事，访及高僧，然后宣布。"是龟兹当时政治与宗教相结合，国王所居之地，可能与宗教中心地在一起。现苏巴什古城河西岸有一小城，虽然亦有塔庙，但也有住宅，可能是国王来此受经听法时所居之地，但是否即是伊逻卢城，现尚无确切之证明也。

注六 关于库车县城东约三公里皮郎附近城墙问题，我在第一次来库车考查时，曾看到一段城墙，未及细查。此次重来库车，拟重往访问。在一九五八年二月二十五日，即阴历除夕前一日，我同许景元、赵信及当地同志共五人，由诺仔毛拉引导，从县署往东过库车河往东约一公里左右，通过郊区田园，达到一段城墙，高高低低向东蜿蜒而去。在城墙北面约百余步有一已倾圮建筑遗址，名小路巴克，与城墙南面兰海墩对直，相距约百余米。在库车通焉耆公路的北面约三公里左右，城墙由此起往东，弯弯曲曲至玛札普坦东北面。共长二千米，为城的北墙。这段城墙为夯土所筑，高约二·四〇米，但下层为红土所筑，土质细而坚实，每版厚六厘米，上层沙土所筑，中杂石子，厚约九厘米，宽约一三·六〇——一八·六〇米。在此墙东段微偏北，突然中断，约一百米左右，城墙又直转往南。由玛札普坦北面到皮郎东面，全长约一四四六米，为城的东墙。墙亦为夯土所筑，高约七·六米，宽约十五米，墙外每隔四〇米，有突出城垛，宽、长四·八〇米，沙土所筑，土质粗松，中杂石子，与北墙上层同，厚约二〇——三〇厘米。由皮郎土墩往西亦有城墙，虽多为田园房屋所残毁，但墙址断断续续间有存者。直西至萨尔巴克土拉，长约一八〇九米，是为南墙。往西即不见。假若西墙与东墙等长，是此城周围有七公里左右，约合华里十四五里。但此是指现所见到城墙痕迹而言，原城墙长度，当不止此，与《大唐西域记》所载"屈支国都周十七八里"之说，有暗合之处。斯坦因亦在此处有所考察，据他所写的《亚洲腹部考古记》中所述（八〇六、八〇七页），亦曾见到库车附近皮郎旧城，所见者亦为北、东、南三面，与我们此次所踏查者大致相同。他断定此城是唐代古龟兹国都城。由于此城位置，与苏巴什遗址距离，与《大唐西域记》中所述"荒城北四十余里"相合，因断定皮郎旧城是唐国都，结论虽偶尔相合，但证论错误。按《西域记》所述昭怙厘是在荒城北四十余里，此城十余里之二伽蓝昭怙据他同时所写是唐代龟兹国都，正是兴盛时期，并非荒城。关于这些疵谬，伯希和已在《吐货逻语与库车语考》（见《亚洲报》一九三四年刊第一册，二三—一〇六页，冯承钧转译，载《吐火罗语考》——七页）中已有所纠正，兹不重述。其次谈到延城问题，我在原文中曾据《水经注》所述"东川水枝水右出西南入龟兹城故延城矣"之语，断定此城为古延城。若以河流形势论之，现城上河流于此城西面，乌恰色依流于此城中间，库车河即《水经注》之东川水，分三支流。乌恰色依同沁色依，皆南偏西流的支水，疑乌恰色依为老河，沁色依为新河，与《水经注》所述暗合。又北墙和南墙墙基用极细夯土所筑，厚仅六厘米，而东墙厚达二〇—三〇厘米，土质颇粗，中夹石子，是北墙墙基的建筑，早于东墙，可以决定。又城中灰土层达二·五〇—三米厚，可见此城历时甚久。但是否为两汉时代延城，还需要地下古物作证明，现我们正工作中，将来自有结论介绍出来。

注七　按锡五里河在克里雅巴杂之西约八十华里锡五里栏干旁边，原为干河，现有泉水，河宽里许，河中满生青草，河两岸沙窝骈立。据引导亦不拉一姆云："锡五里河源于普罗山南，北流至锡五里庄东，又北流，至阿里什玛札，直北流可至旦当。在锡五里河东为哈拉罕河，流于哈拉罕巴杂之东，东流至博斯堂入克里雅河。又东为克里雅河，源于普罗山东，上源为库纳卜河原北流入锡五里河,现东流为克里雅河。"又云:"普罗山北为沙碛所掩,又因滩高水浅,普罗山东之水均不北流,转东流入克里雅河,故锡五里河现变为干河。"但锡五里河何时干涸呢?据引导人言:"且当乌利克在锡五里河旁边,又据外人在旦当乌利克工作报告,旦当乌利克为第八世纪遗址,则锡五里河在第八世纪前后是有水之河,可以断定。倘是遗址被放弃,同时河水也干涸,这是一个因倚的关系。"其次,我再谈一下锡五里河与旦当的历史关系,据贾耽《道里记》云:"安西极边之戍有宁弥故城,一曰达德力城,曰汗弥国,曰拘弥城。于阗东三百九十里有建德力河。"《新唐书·西域传》"于阗"条云:"国东三百里有建德力河,河之东有汗弥居建德力城,一曰拘弥即宁弥故城也。"试将两条合并观察,是《新唐书·西域传》根据贾耽《道里记》所云,略加修正,在建德力河下,增加"河之东"三字,又修改贾耽《道里记》之"三百九十里"为"三百里",疑贾耽"三百九十里"是根据《前汉书·西域传》于阗至拘弥里数。《新唐书》之"三百里",是于阗至建德力河里数,拘弥在建德力河东,故又增加"河之东"三字。但《新唐书·西域传》所云,文义仍有错落。按《后汉书·西域传》拘弥国居宁弥城,《前汉书·西域传》作扜弥,《史记》作扜弥,《新唐书》大概是糅合《史记》、前后《汉书》之文,故云:"河之东有汗弥,一曰拘弥,即宁弥故城也。"但"汗弥"下增加"居建德力城"一句,殊为不类。故我疑"汗弥"下之"居建德力城",当在"建德力河"下,作"有建德力城",下接"河东"云云,原文应是"国东三百里建德力河,有建德力城,河之东有扜弥,一曰拘弥,即宁弥故城也"。如我所推论不误,则建德力城,应在建德力河旁,而扜弥城应在建德力河东。假定今之建德力河,即今之锡五里干河,则旦当乌利克应即唐之建德力城,一曰达德力城。"达德力"与"旦当乌利"皆一音之转,可能是古今译音之异。而河东之汗弥,当是今之喀拉墩矣。以上是我的推论,此次未到于阗,今据一九二九年所记作补充，借以验将来地下古物之证明。

注八　什斯比尔雅，维语"三道墙"之义，现本地人称此地为默里格洼提，在和阗县城东南，玉珑哈什河旁边，距县城约二十四公里。我们是十一月二十一日同张寅及当地同志坐汽车前往调查者，到达玉珑哈什河旁，汽车不能下，乃舍车步行，下大坂，即达河的西岸。由南往北约二十余里。皆属遗址区域。三面环山，河两岸沙山对峙，如牛之两角，旧城是在西沙山脚下戈壁滩上。由此而知《新唐书·西域传》称"王居西山城"之真确。我们下大坂后，沿河滩南行，卵石堆积的坑穴甚多，疑为过去人民在河中掘玉石的遗迹，情形与大库麻提同，但规模不如大库麻提之大，因此又有小库麻提之号。过此，即为古时垦殖区域，田界沟渠，尚可辨识。有一干渠，高约三尺，宽约五尺余，上植红柳。渠的两旁，均为田地，四方块形痕迹甚明显。沿途粗厚红色陶片，分布极广。往南约七八里许，转至戈壁滩，即见古城，城墙已没，隐隐约约尚可见其城墙痕迹。城作方形，有内外二城，外城只能见北面墙基。其他三面不显，均作东南西北向。现本地人称此地为强司牙。往南约二里许，有土堆一圈，本地人称为"哈内"（"皇宫"之义），言其为国王所居之地。附近有一方形土台，高约三米，周百余步，或为古代建筑遗迹。本地人称此地为"阿克威"，"白屋"之义。此一带散布陶片极多，陶片均作红色，泥质极细，花纹与姚头冈、阿克斯比尔相同。疑是四世纪至八世纪所遗。由此往南约十余里地，即我一九二九年来和阗考察时所工作之地。如原文所述。此次复查，本拟再往，但精力已竭，又无骑乘，同仁坚请余返，回至沙大坂下，已疲乏不堪矣。上次考察，是由古城往南，古城以北未看，故此次踏查，可以补充上次之不足，亦感满意。虽命名与上次略有出入，然所指皆一地也。

注九、十　我在一九二九年过喀什时未及考察，此次重过喀什，访问两大古城，一名哈奈，属疏附县伯什托乎拉克乡，在喀什市东，距喀什约二十七公里，周围稍低，中间隆起平原，城即建筑此平原上，陶片散布极广，直径约十余里，中间有一小城，城墙遗址尚存，周约三百四十单步，墙高四·五米，宽约五·七米，土筑。城中散布红陶片，略带绿釉，或磁片、玻璃片甚多。城中并有无孔铜钱，两面均有阿拉伯文字，我们曾拾得一枚，本地人亦曾拾一枚金钱，传说是伊斯兰教初来时通用的钱币。本地人传说此城为喀拉汗朝都城，中间小城，本地称为"哈奈"，即"皇宫"之义，又名皇寓城，言皇帝所居之地，亦即"皇宫"之义。据此是哈奈旧城，为喀拉汗朝都城，或为可信。《新疆图志·建置志》以伯什托乎拉克（即伯什克拉木）之废城，为唐时所筑，即疏勒镇城，恐误。文称城在疏附县东北二十五里，亦误，现疏附县移设托和萨克，原地改为喀什市，哈奈旧城，在市东二十七公里。原文误引，今更正。又一古城，为诺和托日西提，在喀什市东南约五六华里，爱斯克萨乡，在克子尔河与其支流会流处，仅存北墙西墙两段，但往北往西，断断续续，尚有建筑物残存。据说此城当时规模甚大，被农民耕地取土，残毁过甚，已失其痕迹。城中略有红陶片及磁盘，然陶片亦不多。据本地人说，曾出无孔铜钱，据此，时代恐不甚古。《新疆图志·建置志》称即"后汉乌即城"（《建置志》四二页），恐不确。以其形势论之，颇类似唐之疏勒镇城。贾耽《道里记》云："百四十里至疏勒镇，南北西三面皆有山，城在水中。赤河来自疏勒西葛罗岭至城西分流，合于城东北。"（《新唐书·地理志》二十七页）今克子尔河自城西分一支流至城东而合，与《道里记》所记适相合，但无遗物可证也。

注十一　叶尔羌河发源于喀喇昆仑山，西北流，又转北，流入叶尔羌平原，再转北东流，经巴楚下游与喀什噶尔河、和阗河、阿克苏河汇合，入塔里木河。近五十年来，和阗河北段水久不至，已成干河床。喀什噶尔河流至八台（即察尔巴克）即断流，均无余水入塔里木河。我在一九二九年过此时，叶尔羌河、阿克苏河水势颇大，为塔里木河主流。此次重到莎车，过叶尔羌河，水量似不如三十年前之大，有木桥以渡行人。阿克苏河亦有同一现象，此现在河流之变也。至叶尔羌河古代流经何地，确是一个哑谜。据我个人观察，叶河到叶尔羌平原后，转向东流，经皮山、和阗之北，自入罗布淖尔，并不与喀什噶尔河汇合而入塔里木河。根据《水经注·河水篇》所述："南河流于皮山国北，又东流经于阗国北，直入蒲昌海。"《水经注》中所述之南河，疑即指叶尔羌河，北河即喀什噶尔河。自叶尔羌河转向北偏东入塔里木河以后，南河水道遂涸，浸久遂被消失。我在一九二九年过皮山时，据本地人言："在皮山东北十五里沙碛中有小海子，其水清澈，芦苇丛生，传说此泉眼直通和阗河。"我疑此小海子即叶尔羌河伏流所经，因此《水经注》说南河流经皮山国北，或为可信。至何时始移转北东流，现尚无确实证据。我相信自喀什噶尔叶尔、羌兴起以后，约在十一世纪前后，叶河水即不复东流矣，南河之消失，亦当在是时（此问题将来拟另文论述）。此次赴和阗，路经皮山公路，由叶城到皮山八十四公里，完全为沙漠戈壁。正值大风，风沙弥漫，掩埋公路。皮山、叶城发动数以百计工人扫除公路上沙子，但旋扫旋生，转向北望，更是黄沙无际。如此自然环境，如河流两岸无良好防护林，是容易被流沙掩埋。因此，叶尔羌河之改道，不特是人为原因，也有自然因素。

  注十二 我这本书记述考察时间，是从一九二八年五月起至一九二九年九月止，共一年零五越月。踏查地点自焉耆起，经库尔勒、轮台、库车、拜城、沙雅、新和过塔克那马堪大沙漠到于阗转洛浦、和阗、皮山、叶城、英吉沙、喀什、巴楚、阿克苏回至库车，返乌鲁木齐，共计十六县。围绕塔里木盆地旅行一周。这本书的材料，亦是考察此十六县经过，及在十六县中所搜集的文物，编纂而成。我在一九二八年由乌鲁木齐出发，是先到吐鲁番工作十余日。再到焉耆，一九三〇年四月，又到吐鲁番工作，并到罗布淖尔。关于三〇年工作,已出版《罗布淖尔考古记》《高昌砖集》和《高昌陶集》,及《吐鲁番考古记》等书,记述颇详,二八年在吐鲁番的工作,亦并入《吐鲁番考古记》中,故本书不重述。

以上十二附注,大部分是根据此次考察资料所作。此次考察,是在中国科学院考古研究所领导之下来新工作。自一九五七年九月起,至一九五八年一月止,共计五阅月,现仍在继续工作中。踏查路线自焉耆起至和阗止,围绕塔里木盆地半圆周,与我一九二八至一九二九年所考察路线大致相仿。时隔三十年之久,深感新疆各地都有显巨的变化,尤其是生产建设方面突飞猛进,如另入一新的世界。同时关于考古工作,各地也出现许多新的资料,亦感以前工作之疏略。但此次来新时,此书即已付印,势不能根据现在情况,全面修改,而此次工作又正在进行中,结束工作,整理研究,亦需相当时日,故此附注仅是就现在所已观察到者与第一次有显著的差异或不足者,作若干纠正及补充,详细情形,俟将来工作结束后,再另文介绍。又路线图中许多地名,近年来变更很大,现仅择其变更之大者作附注,如焉耆等是,恕不一一注释。又路线图中及本文所述关于自然环境,近年来新疆由于生产建设,许多沙漠湖滩,现已变为万顷良田,白屋林立。这些自然环境的变化,本文及图不及一一据以修改,拟将来另制新图,述写现在新的新疆。又本文及路线图所著录古城和遗址,仅是就当时一九二八至一九二九年所考察者编入,此次复查,发现新的古城和遗址为第一次所遗漏者颇多。

这些新的发现,拟俟此次工作完后,再全面论述,并注入新图中。此次附注,概不列入。请读者原谅,并希多赐指教,以便将来更正。

一九五八年二月十五日　黄文弼

补写于库车

第一部分
绘　画

图 版 一

图 1　释迦佛趺坐像

图版二

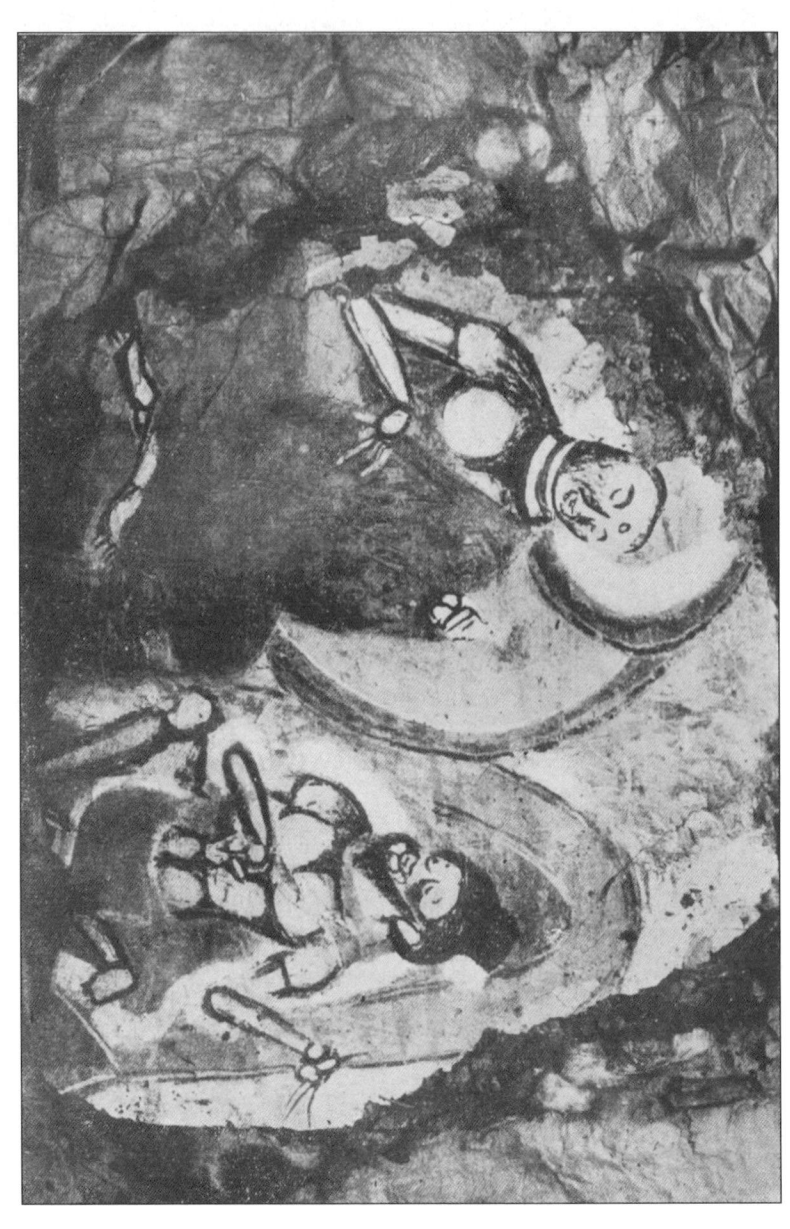

图2 佛教故事画残片

图版三

图3 佛教故事画残片（摹本）

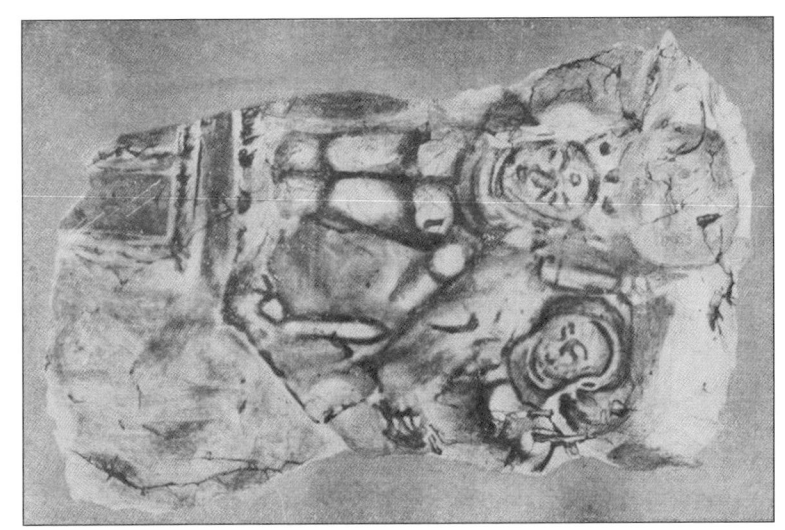

图4 佛教故事画残片

图5 佛教故事画残片

图版四

图6 佛教故事画残片

图7 佛教故事画残片

图版五

图8 佛教故事画残片

图 版 六

图9 佛教故事画残片(摹本)

图 版 七

图10 比丘像残片

图 版 八

图 11 乐伎天像残片

图版九

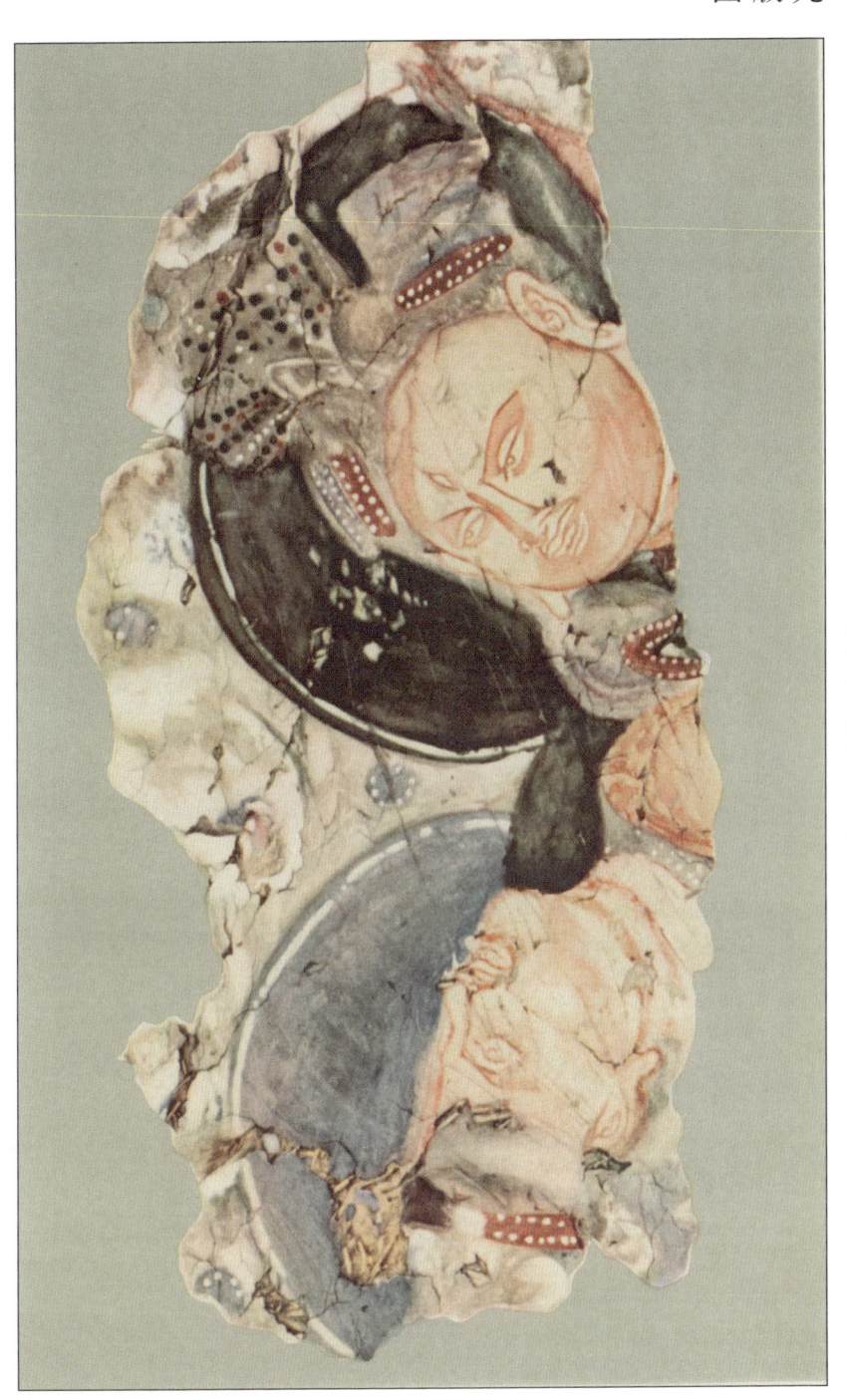

图12 乐伎天像残片

图版十

图13 供养人像残片

图 版 十 一

图14 佛说法图残片

图版十二

图15 佛说法图残片

图17 供养人像残片

图版十三

图16 供养人像残片

图版十四

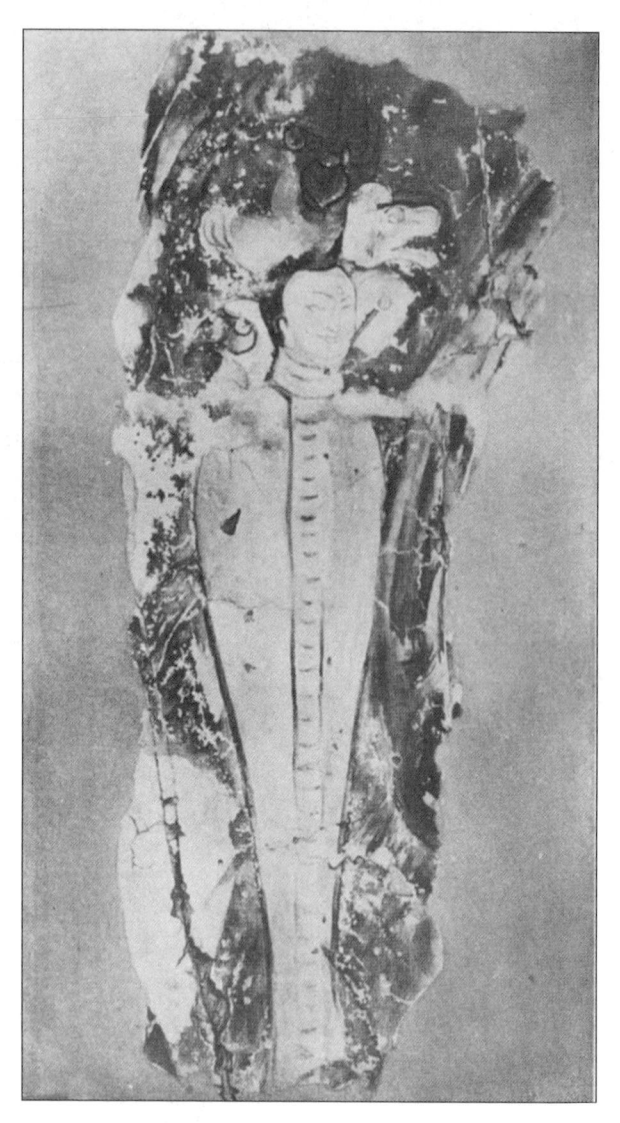

图18 天部像残片（摹本）

图版十五

图19 大头羊像残片(摹本)

图20 大头羊像残片(摹本)

图版十六

图21 佛说法图残片

图版十七

图22 佛说法图残片

图版十八

图23　佛说法图残片

图版十九

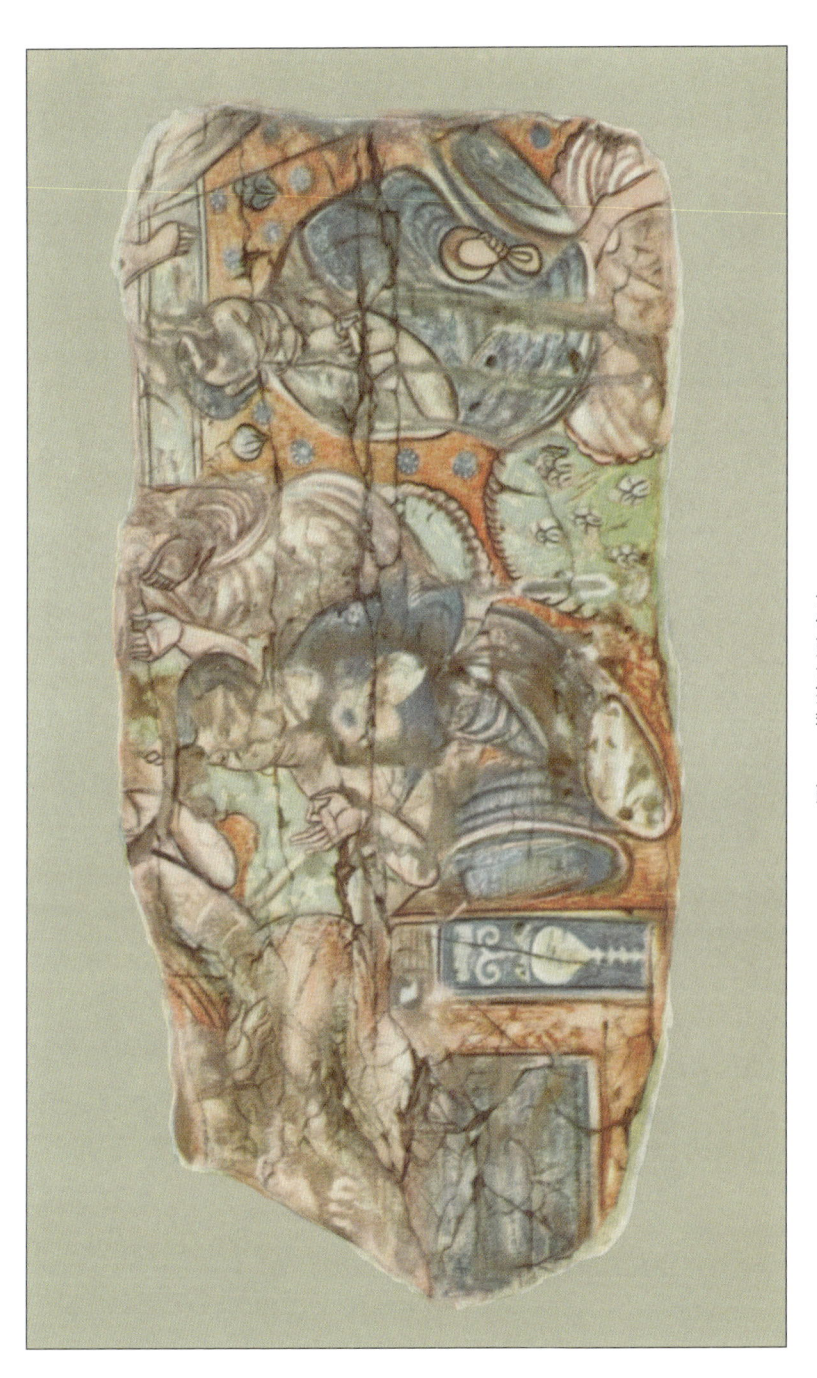

图24 佛说法图残片

图版二十

图25 说法图残片

图版二一

图26 说法图残片

图版二二

图27 佛教故事画残片

图版二三

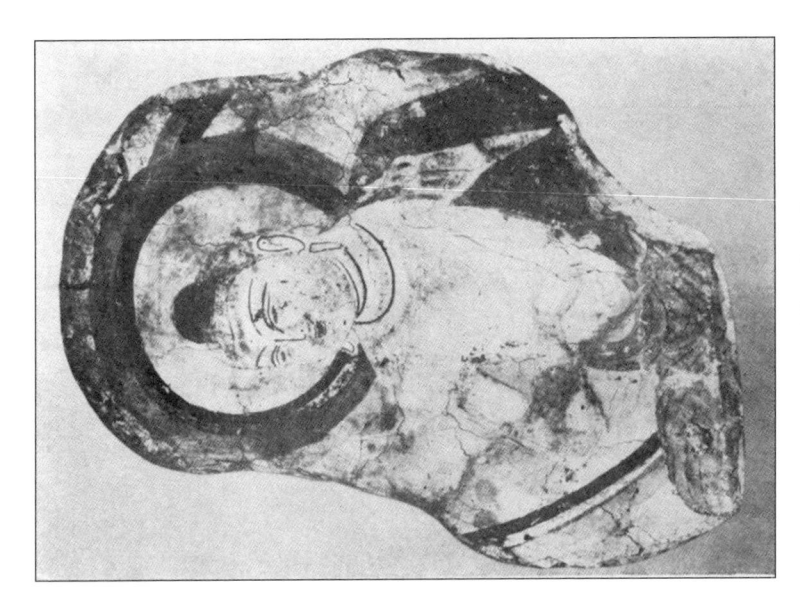

图29 千佛坐像残片

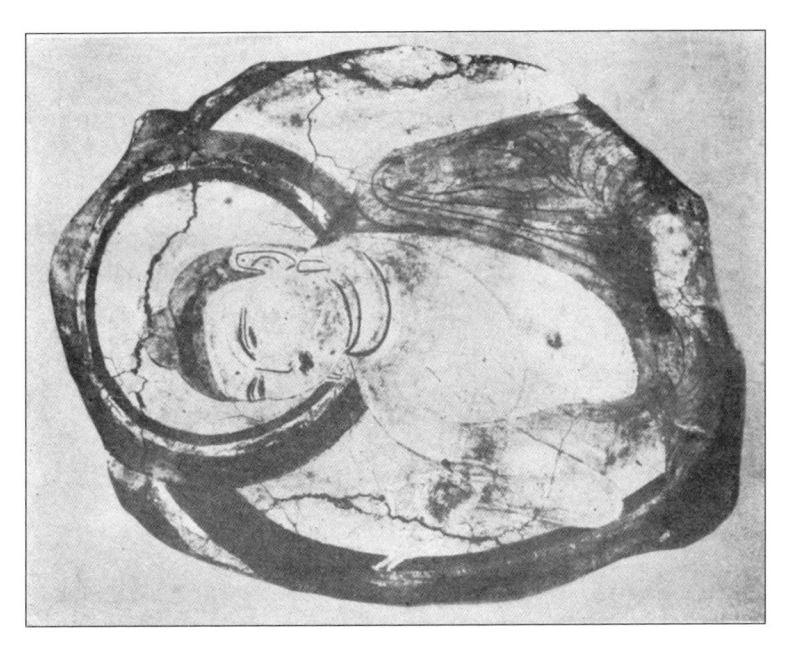

图28 千佛坐像残片

图版二四

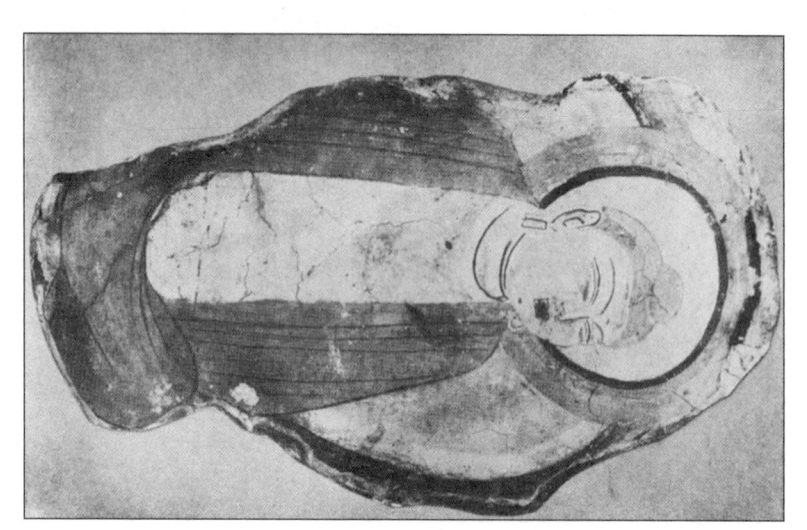

图 30 千佛坐像残片

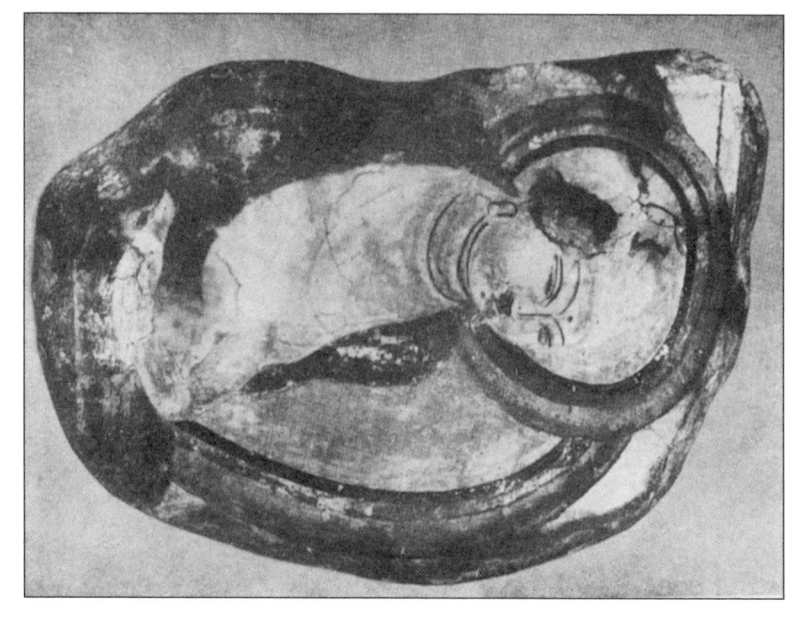

图 31 千佛坐像残片

图版二五

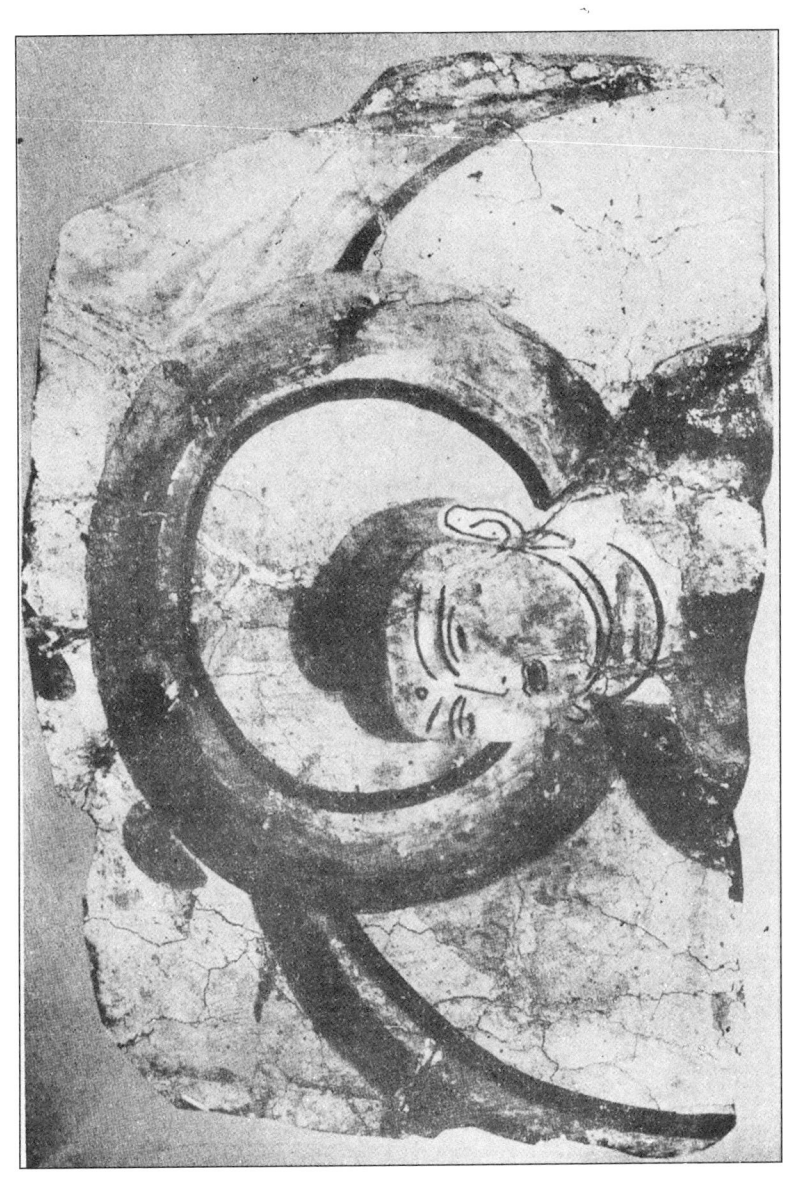

图32 千佛坐像残片

图版二六

图33 绢画残片

图版二七

图 35 纸本墨画残片

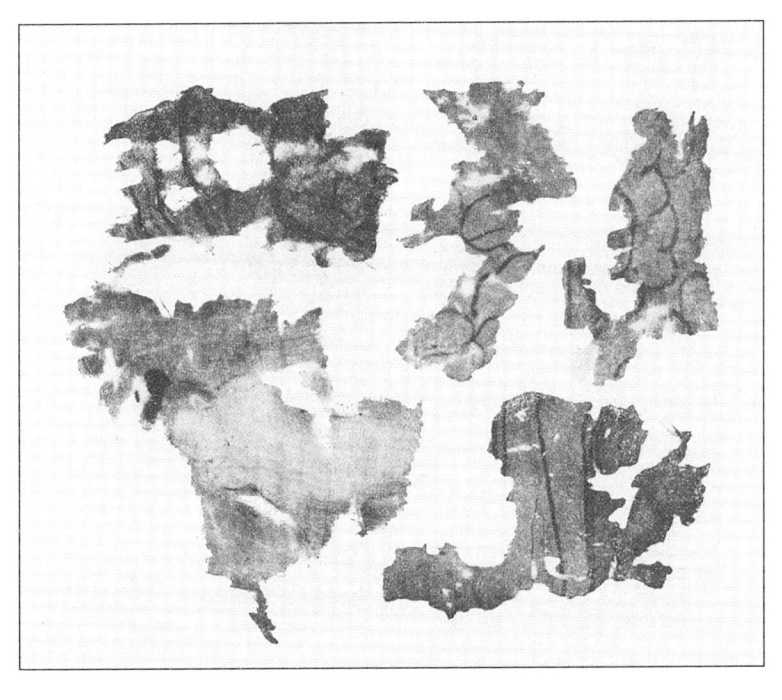

图 34 绢画残片

图版二八

图36 木板画像残件（摹本）　　图37 木板画像残件（摹本）

图版二九

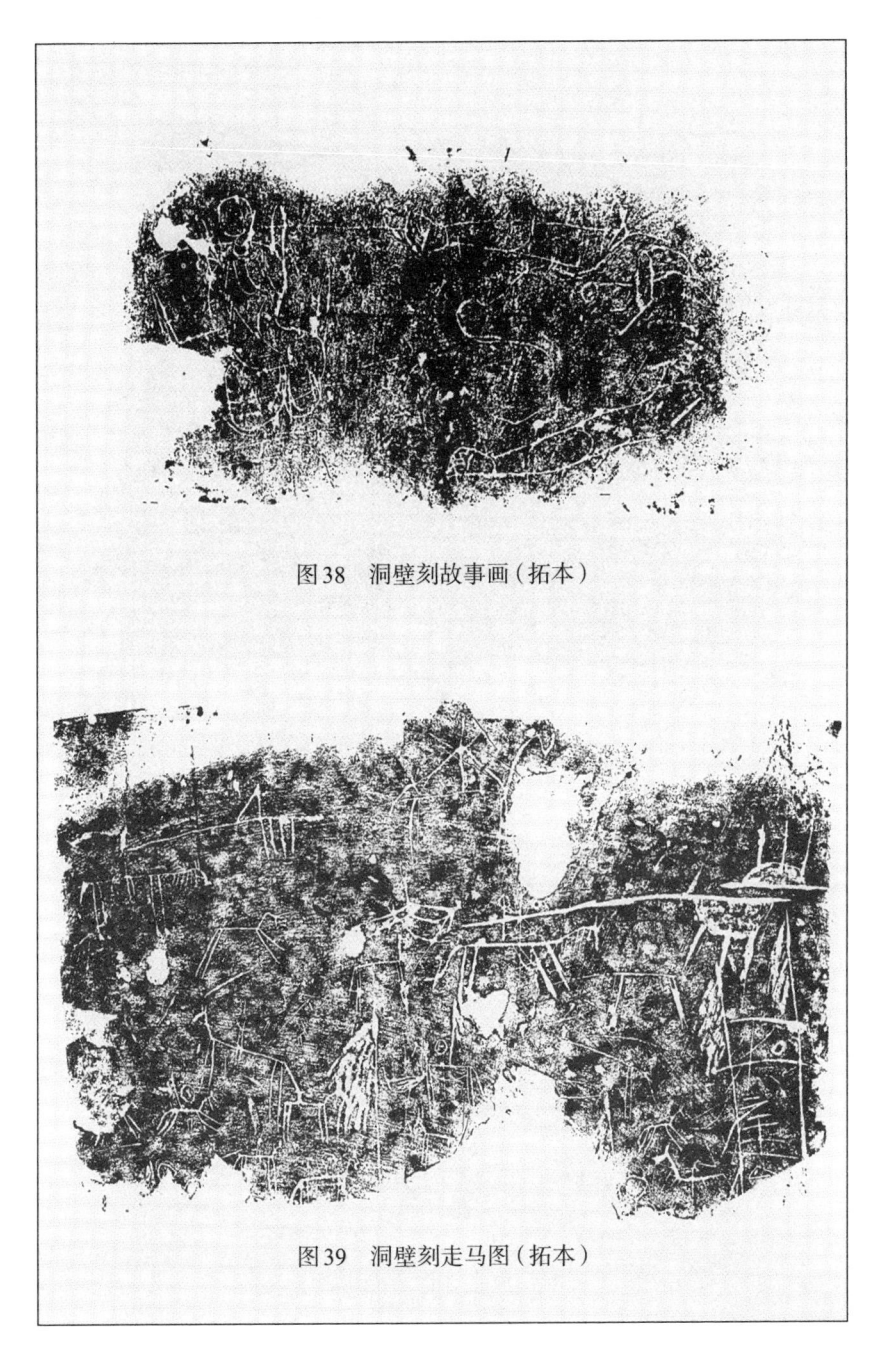

图38 洞壁刻故事画（拓本）

图39 洞壁刻走马图（拓本）

图版三十

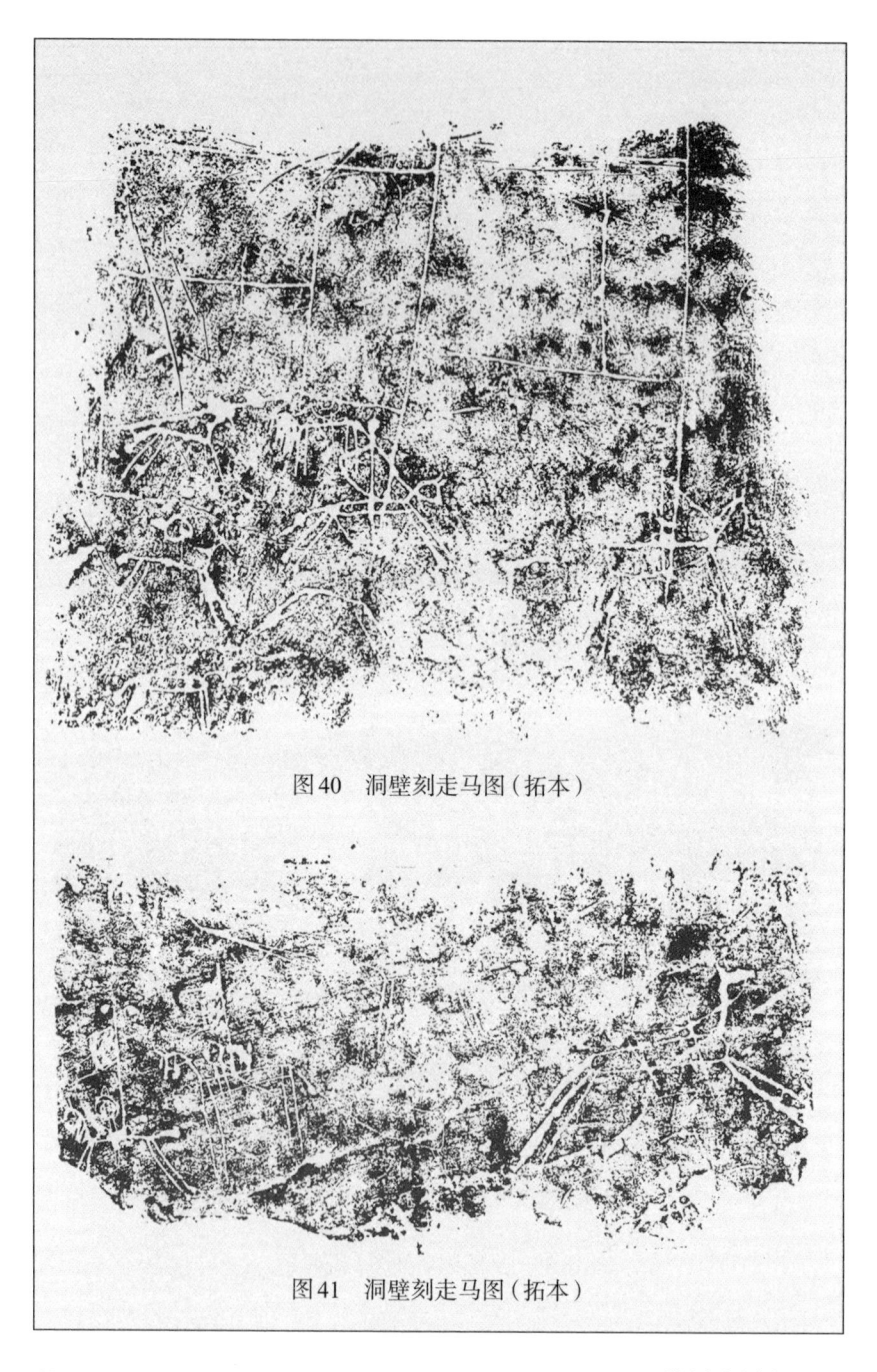

图40 洞壁刻走马图（拓本）

图41 洞壁刻走马图（拓本）

图版 三一

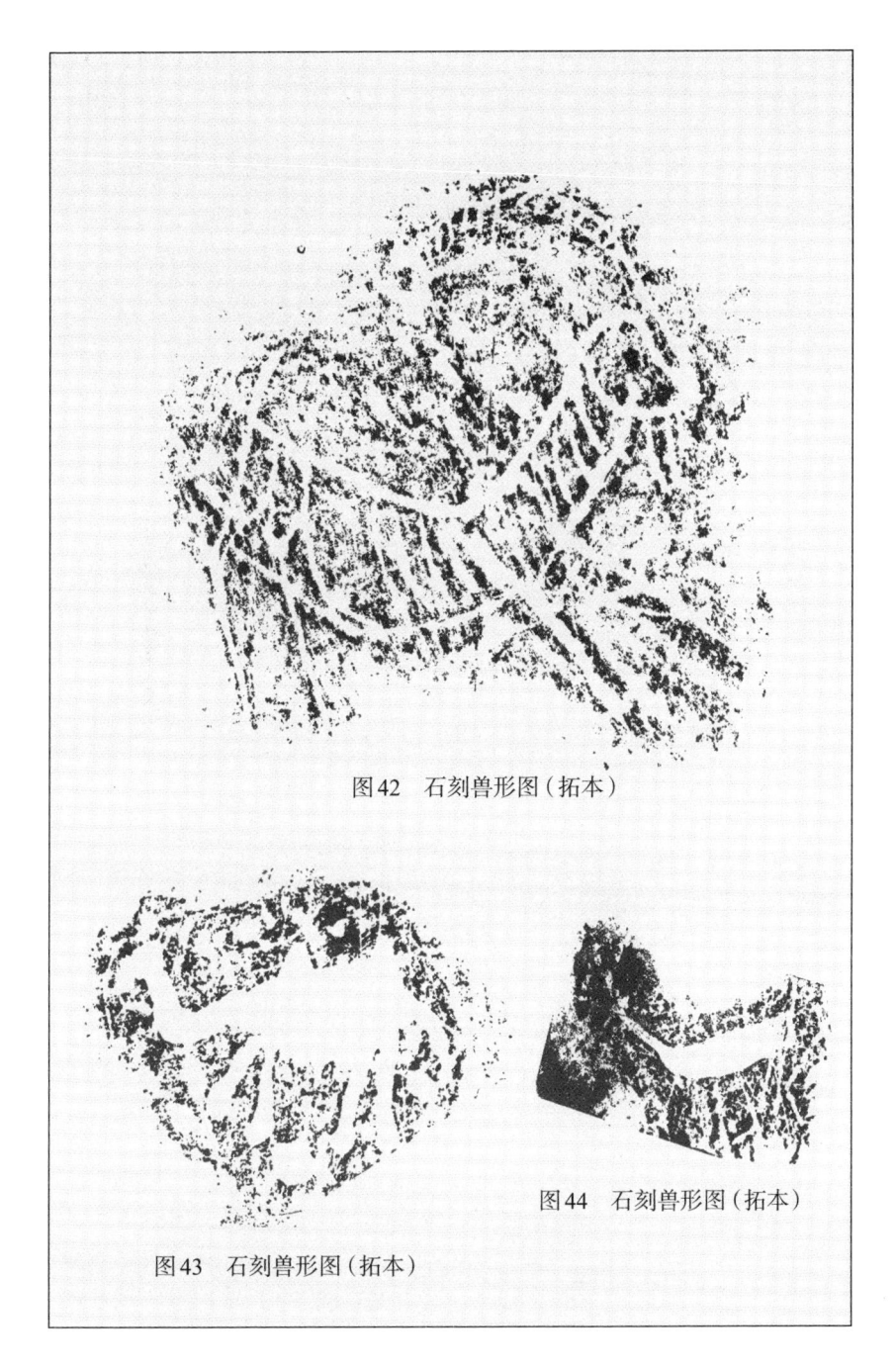

图42 石刻兽形图（拓本）

图43 石刻兽形图（拓本）

图44 石刻兽形图（拓本）

第二部分
泥塑像及陶范

图版三二

图1　如来佛立像

图版三三

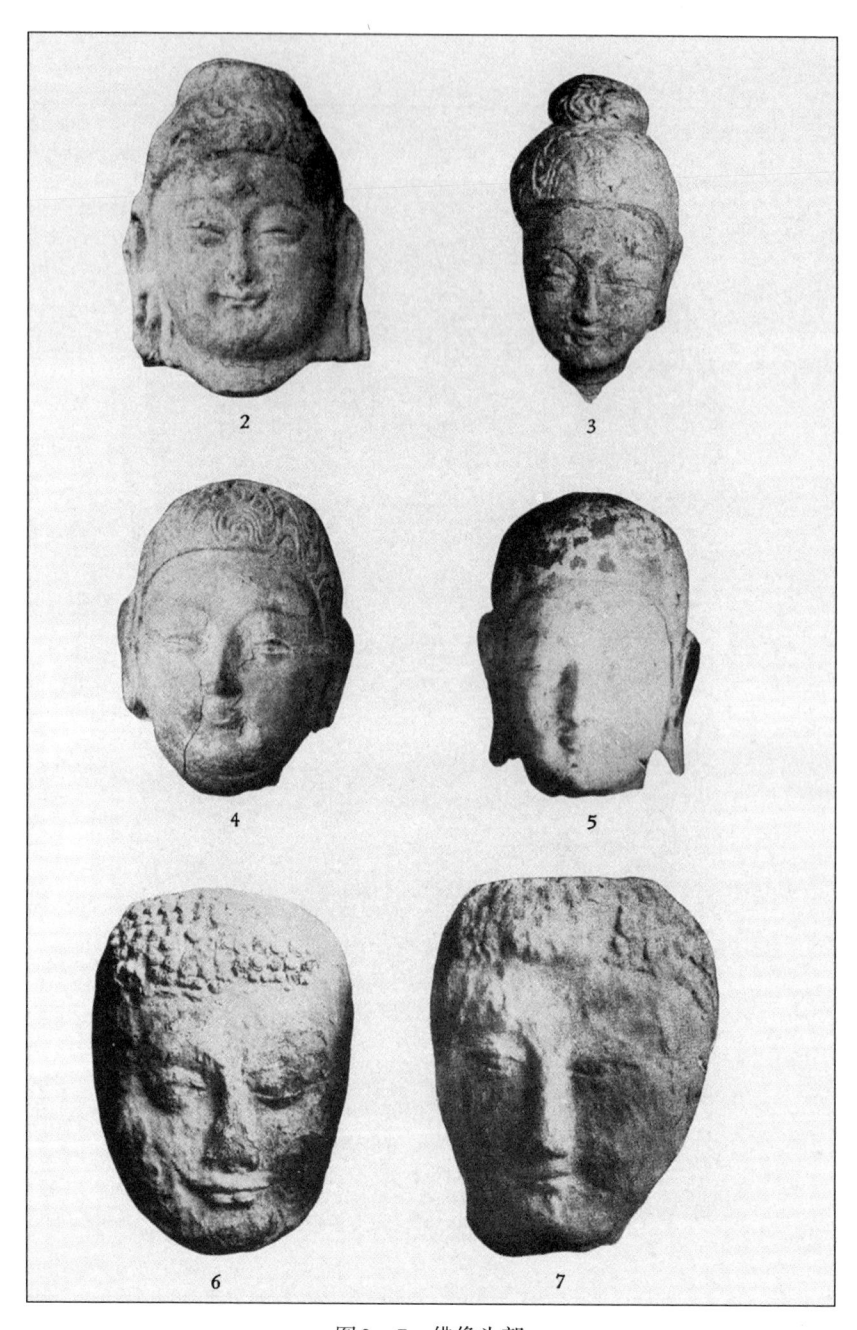

图2—7 佛像头部

图版三四

图8、9 菩萨立像

图版三五

图10 菩萨立像　　图11 天女像　　图12、13 菩萨像头部

图版三六

14

15

16

17

图14—17 菩萨像头部

图版三七

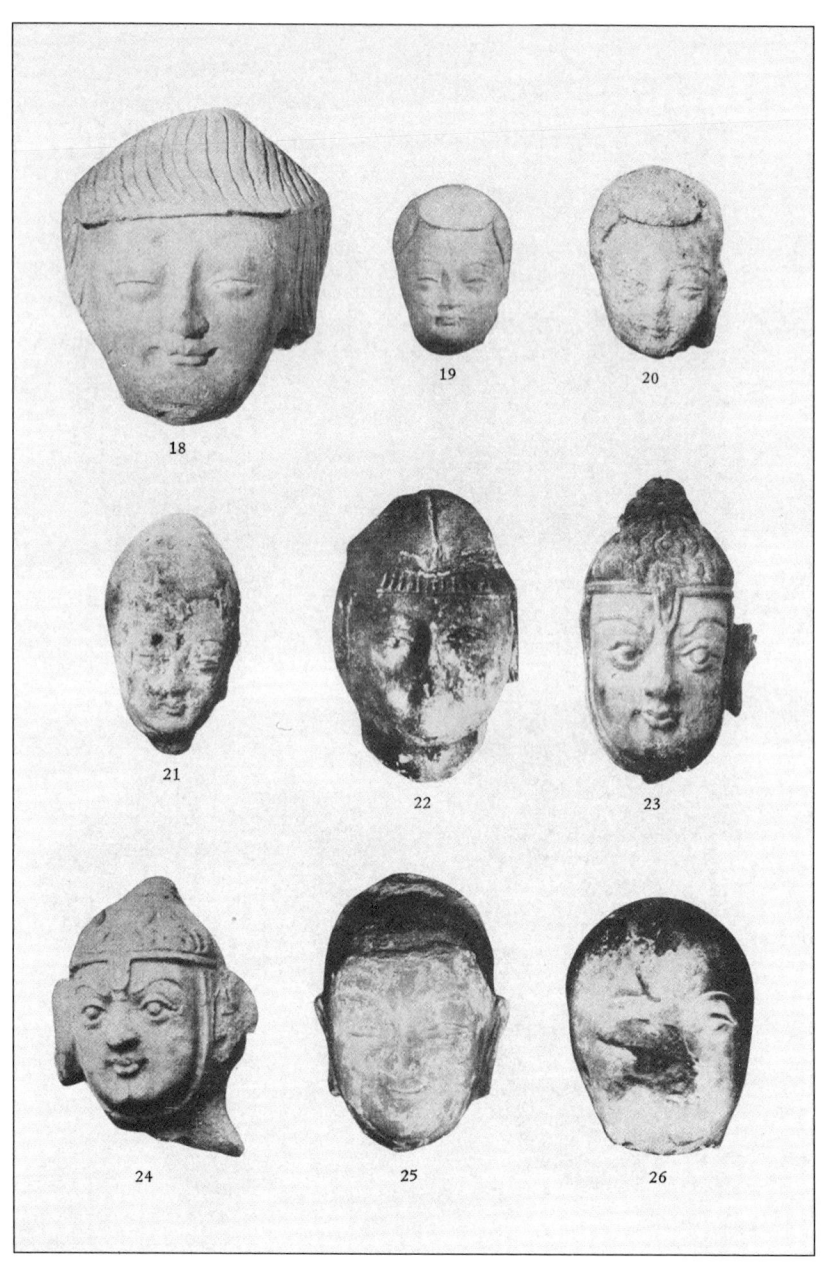

图18—22　童子像头部　　图23、34　武士像头部　　图25、26　比丘像头部

图 版 三 八

图27—30 魔鬼像头部　　图31—35 供养人像头部

图版三九

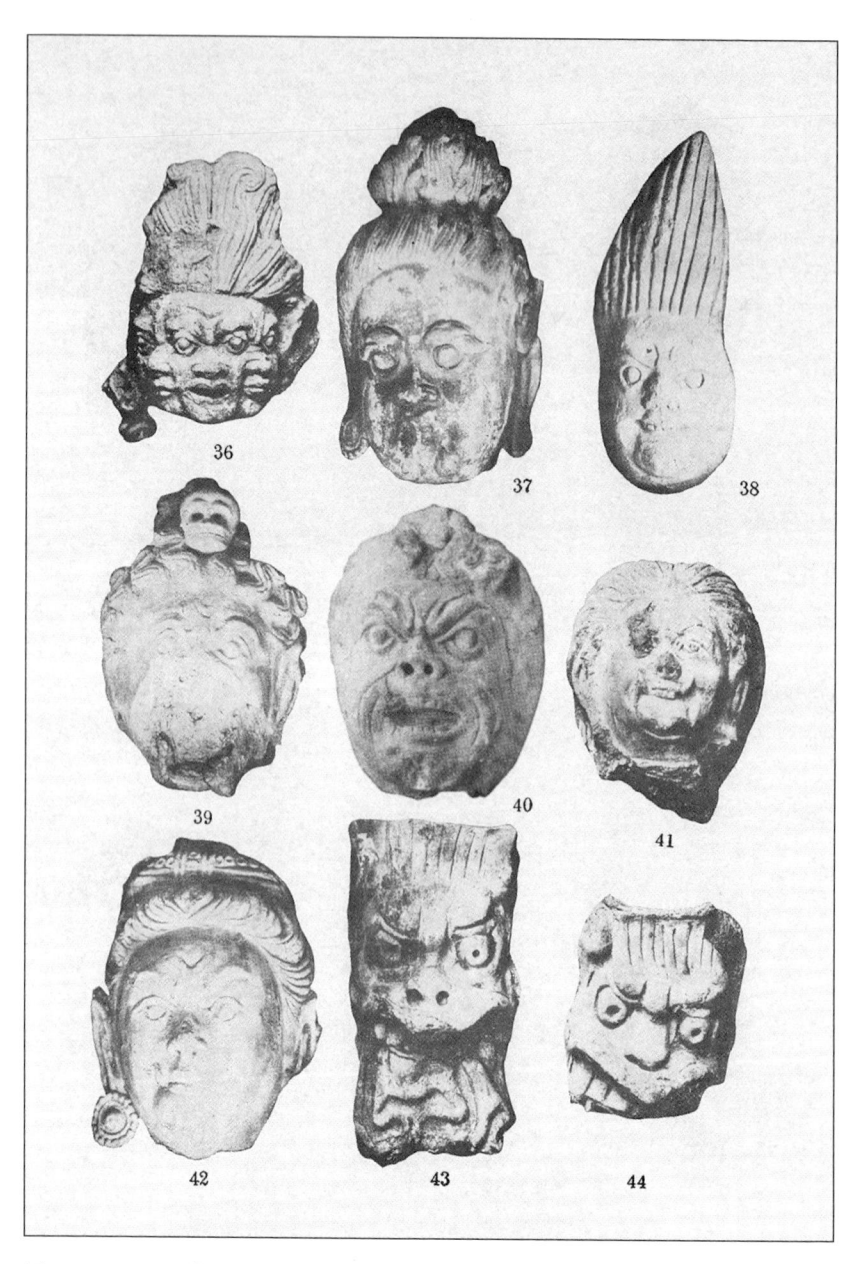

图36—38　明王像头部　　图39—42　护法神将头部　　图43、44　怪兽像头部

图版四十

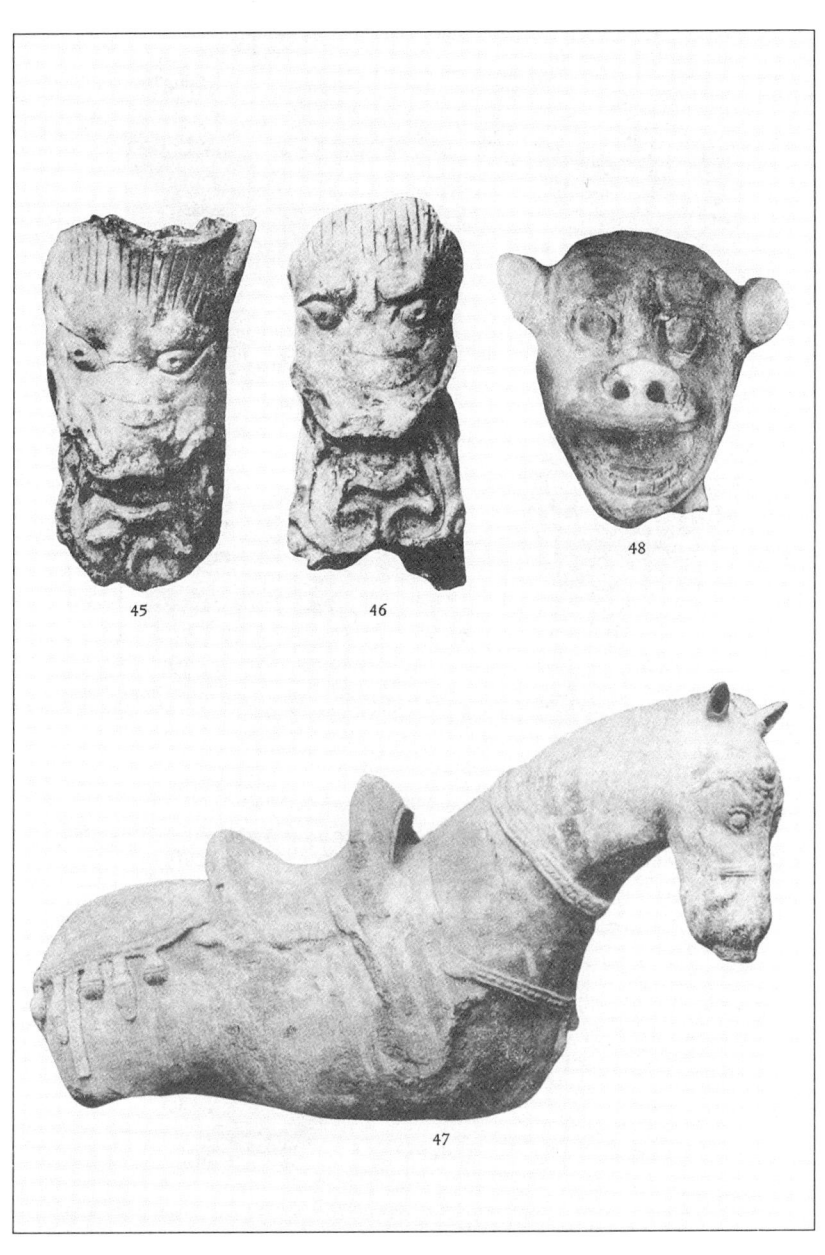

图45、46 怪兽像头部　　图47 马像残体　　图48 犬像头部

图版四一

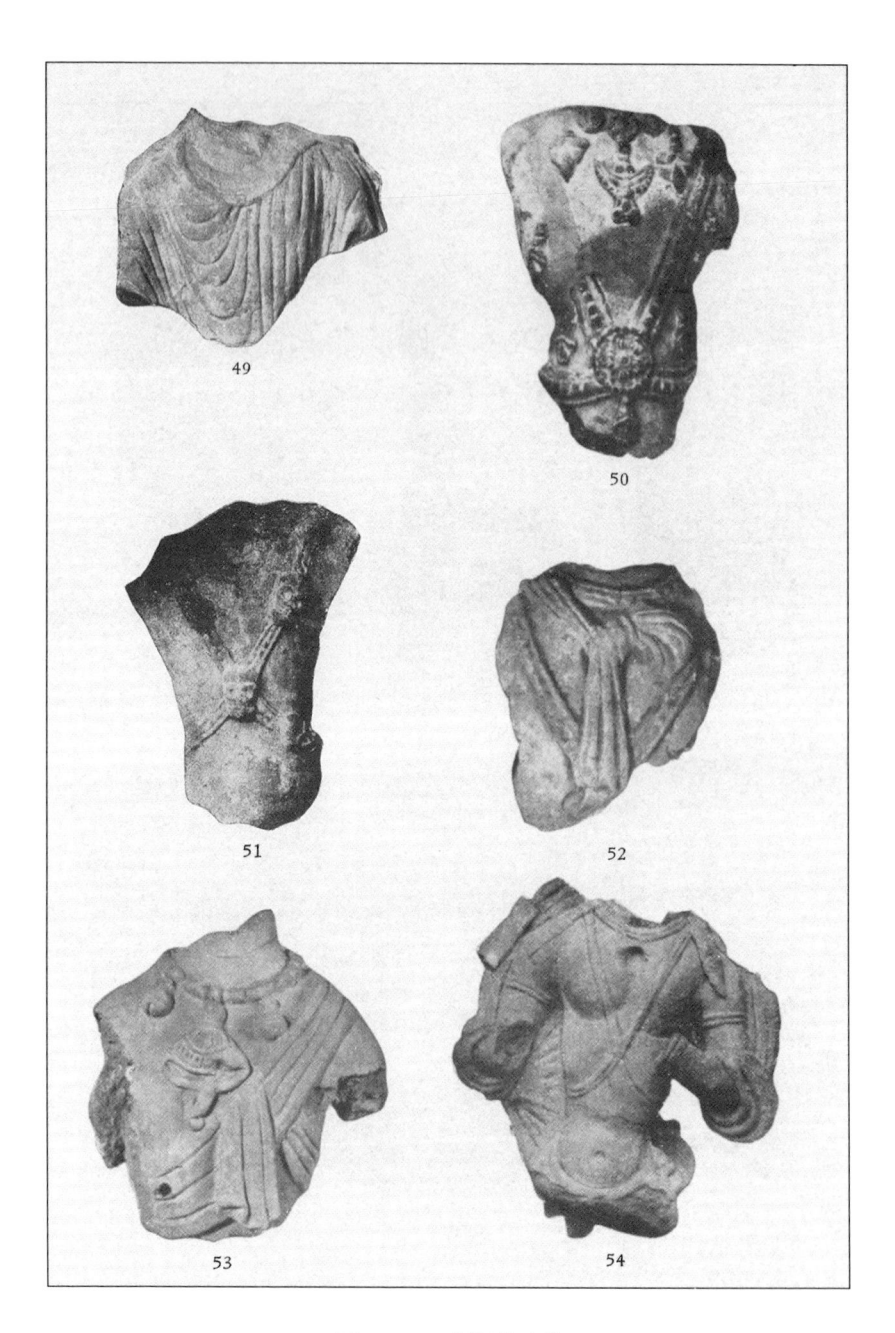

49

50

51

52

53

54

图49—54　泥塑像残体

图版四二

图55 武士像残体

图版四三

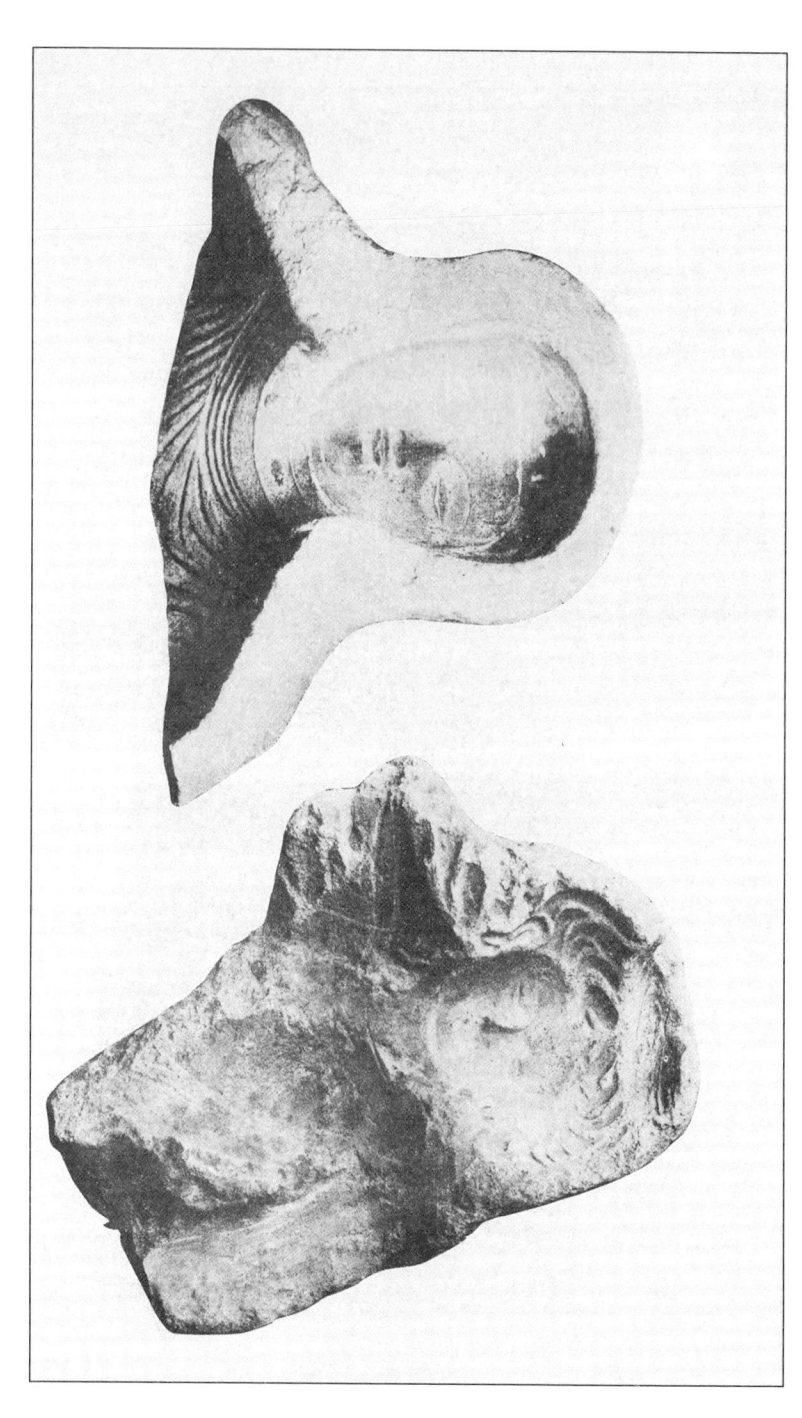

图1 佛半身像范

图2 菩萨半身像范

图版四四

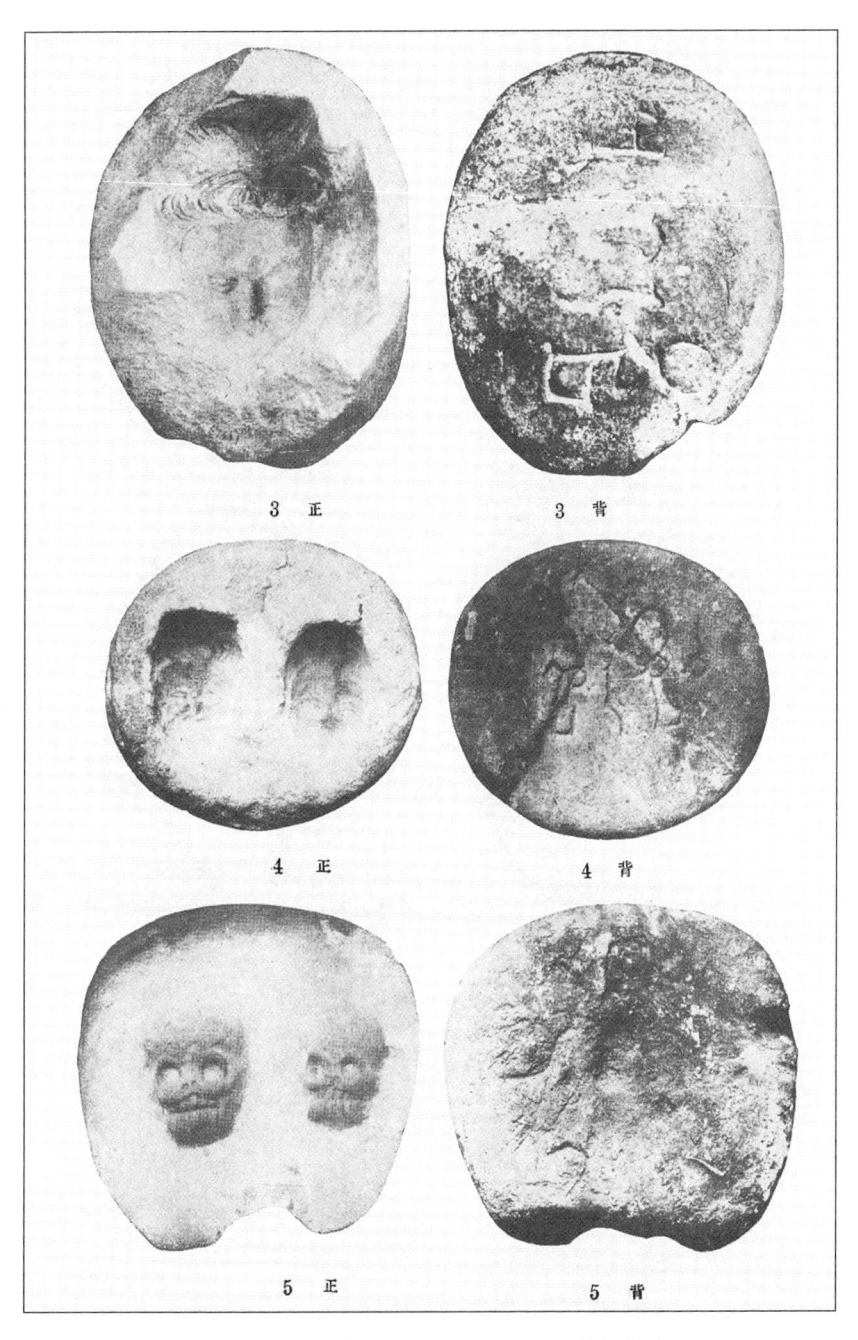

图3、4　菩萨像头部范　　图5　髑髅像饰件范

图版四五

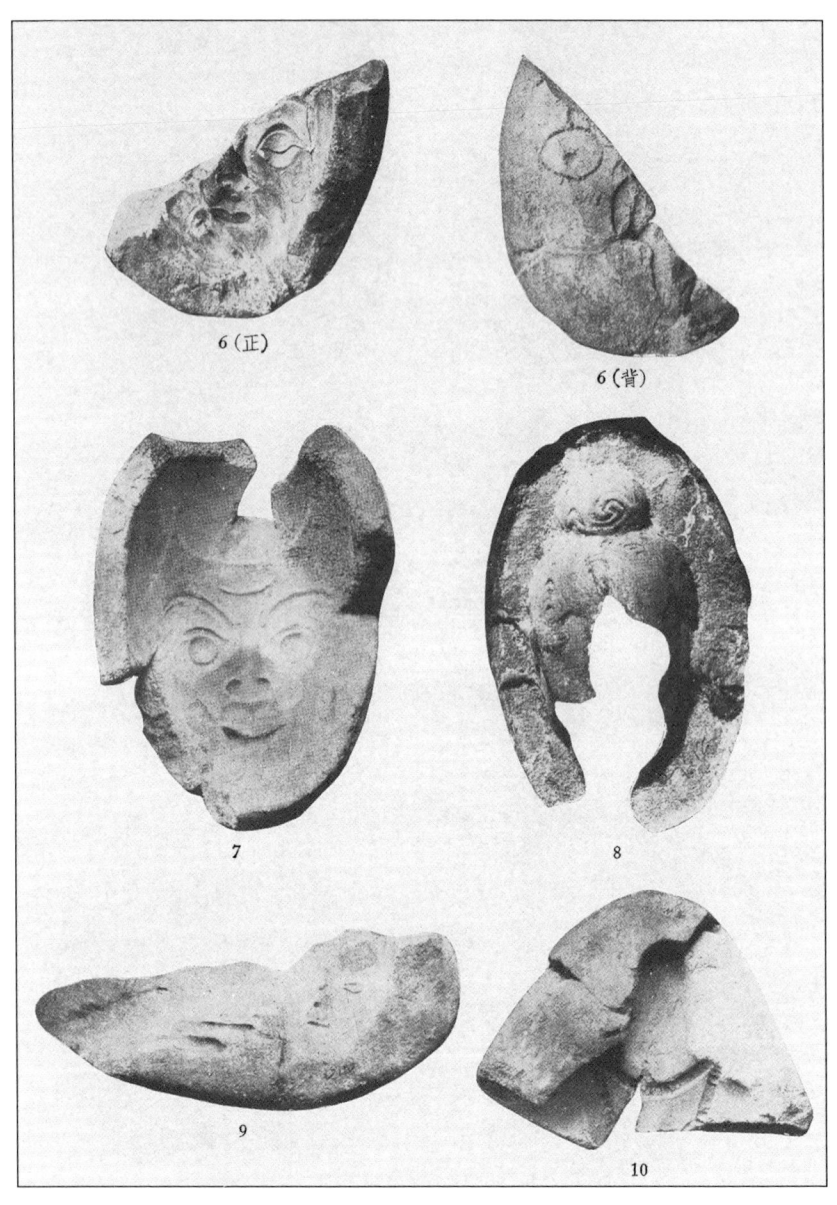

图6 人面像范残件　图7 武士像头部范　图8 佛像头部范
图9 飞天像范残件　图10 塑像母范

图版四六

11（正） 11（背）

12（正） 12（背）

图11 塑像母范　　图12 火焰纹范

图版四七

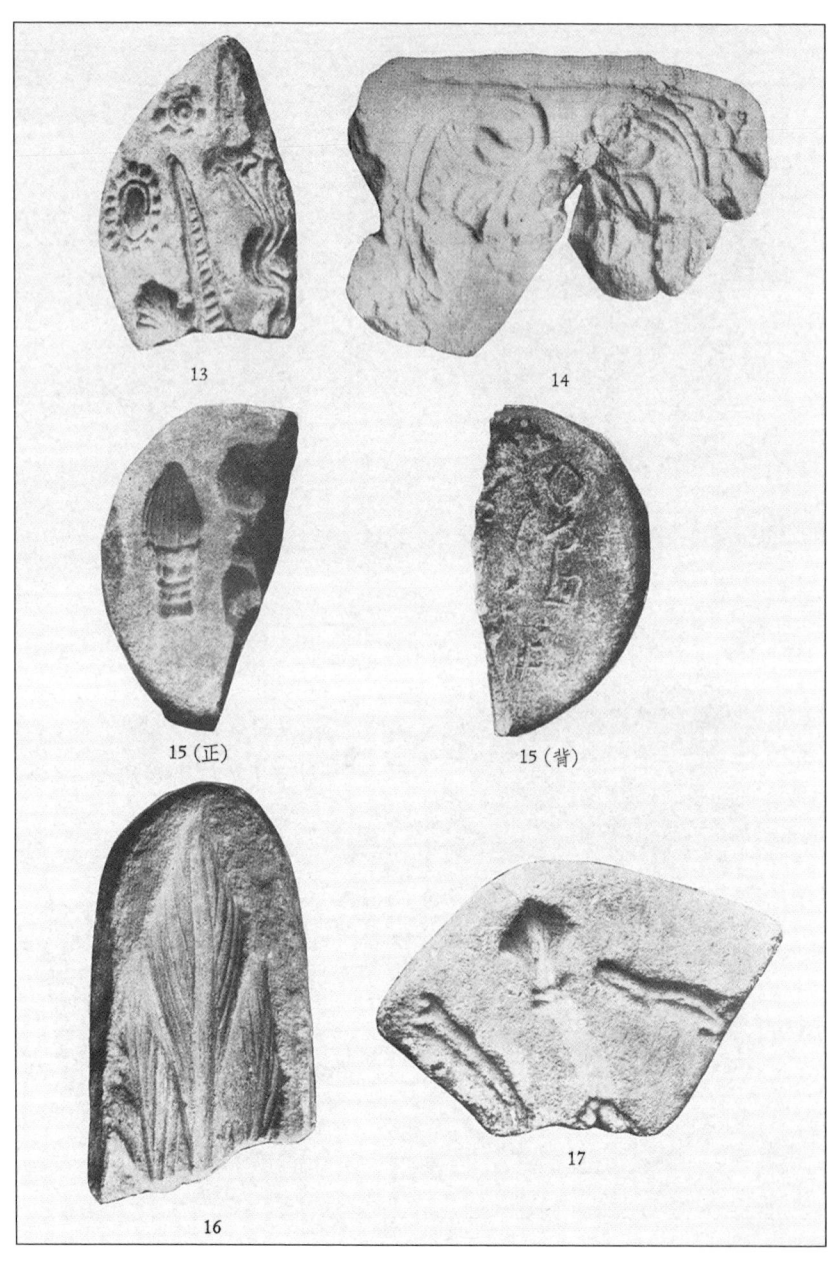

13

14

15（正）

15（背）

16

17

图13—17 各种纹饰范

第三部分
木陶残件

图版四八

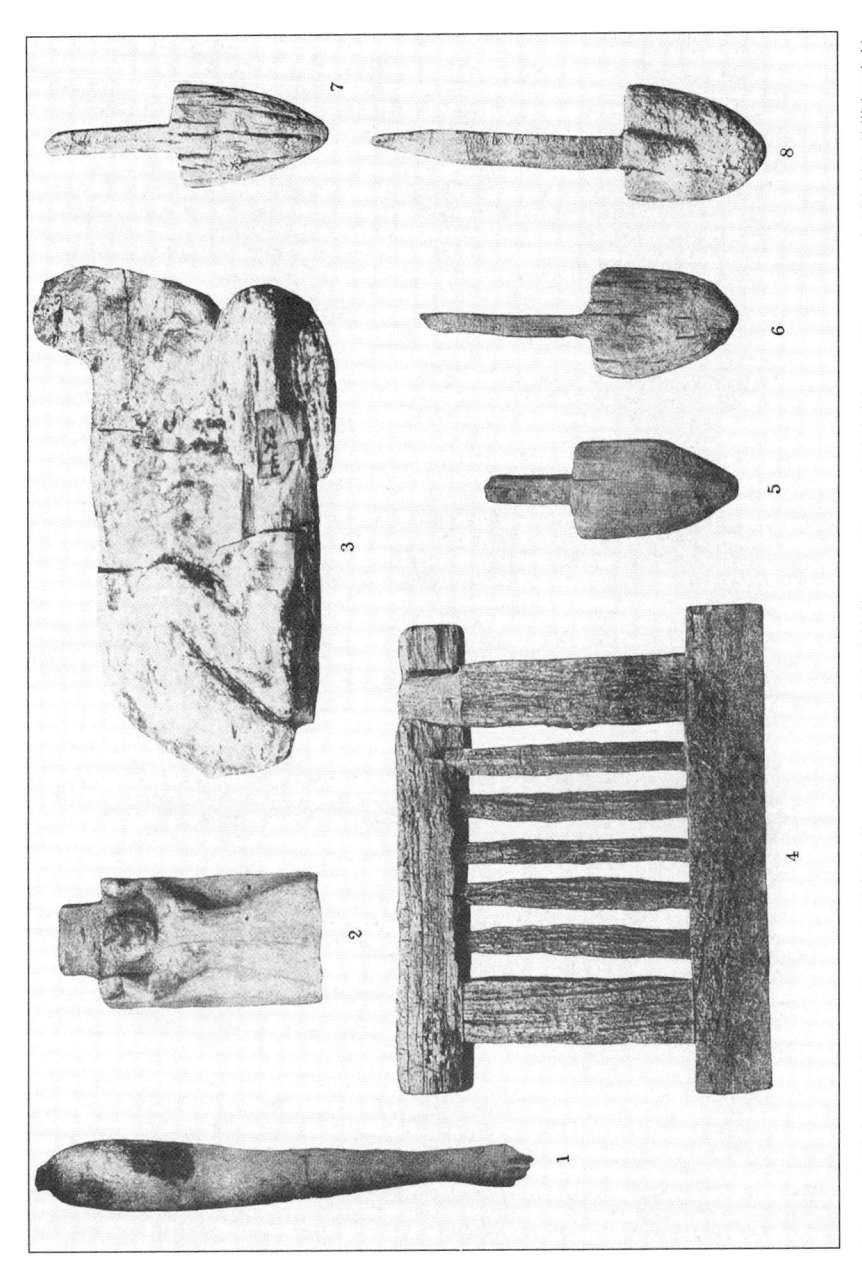

图1 木雕人像腿部　图2 木雕舞者像　图3 木雕卧兽像　图4 木雕窗棂　图5—8 木雕圆锥形带柄砸残件

图版四九

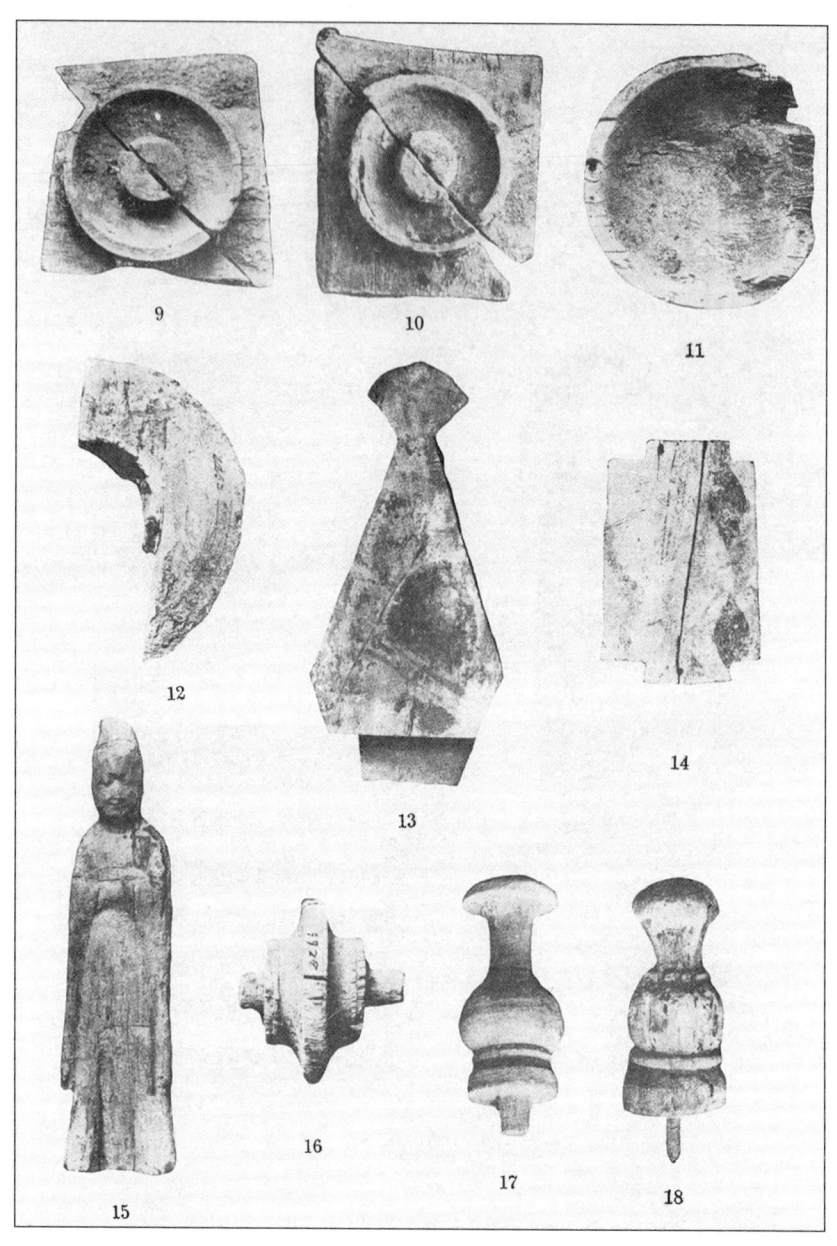

图9、10 木雕灯盘　　图11、12 木雕圆底钵残件　　图13、14 画版残件
图15 木雕立人像　　图16 车轮形木具　　图17、18 车旋圆柱状木具

图版五十

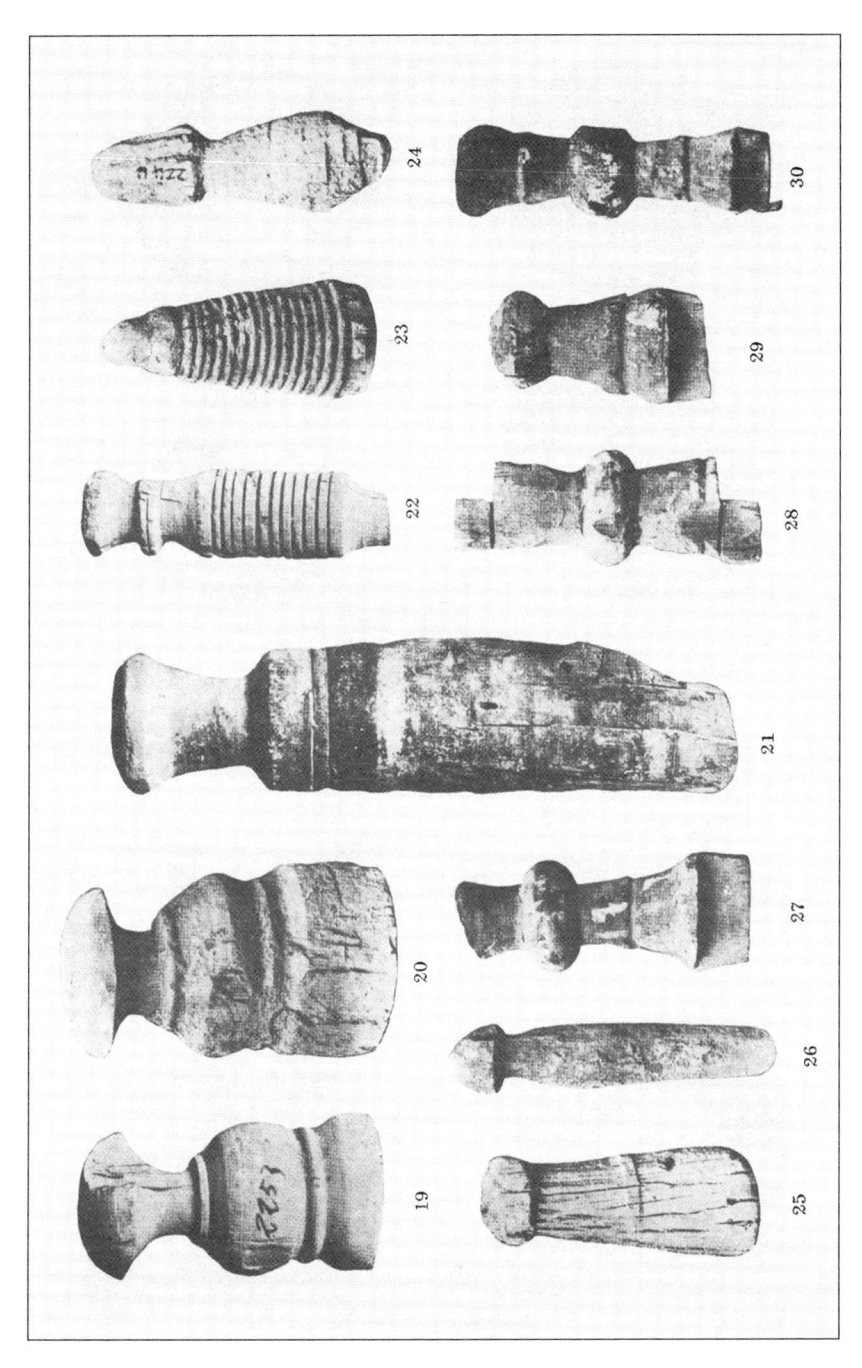

图19—30 车旋图柱状木具

图版五一

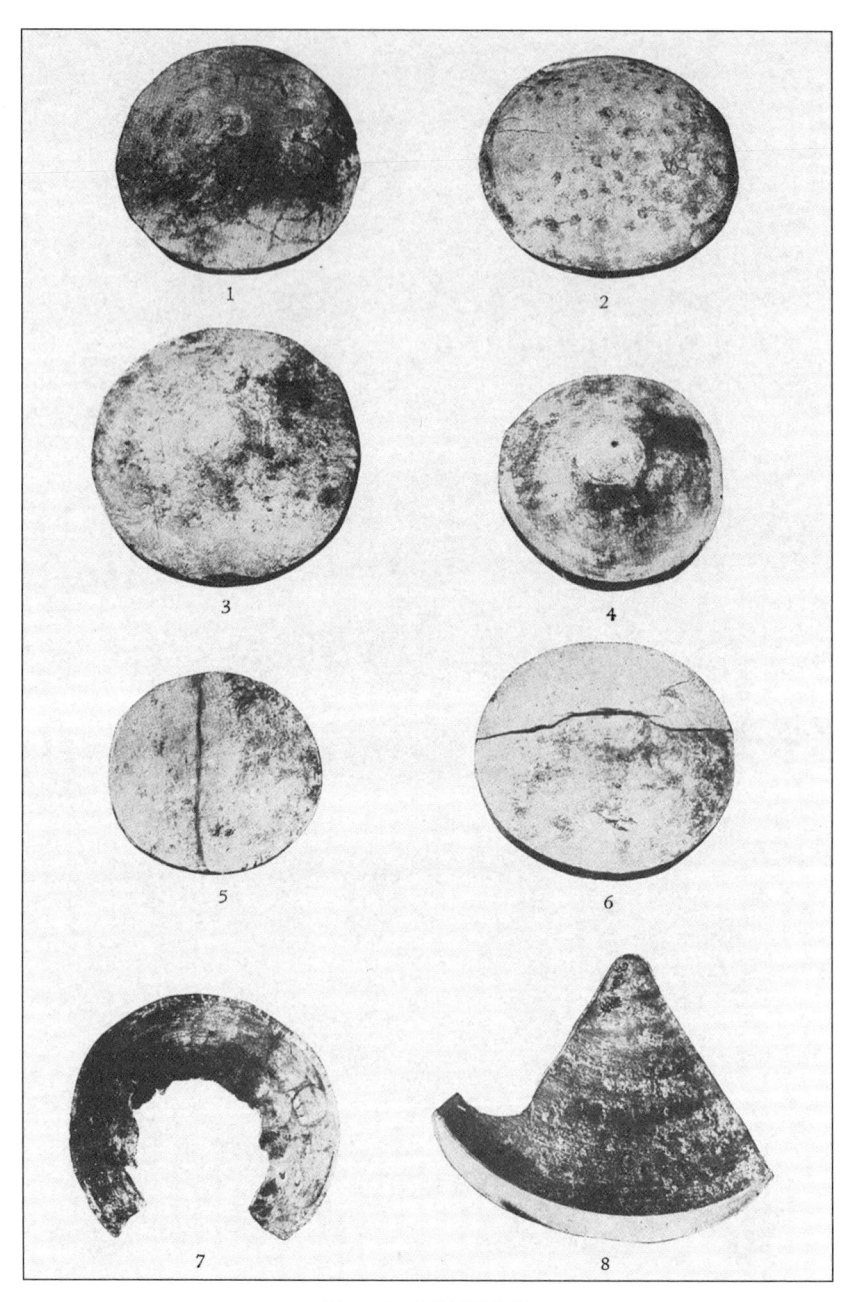

图1—8 彩绘圆木盖

图版 五二

图 1—8 彩绘圆木盖摹本及剖面

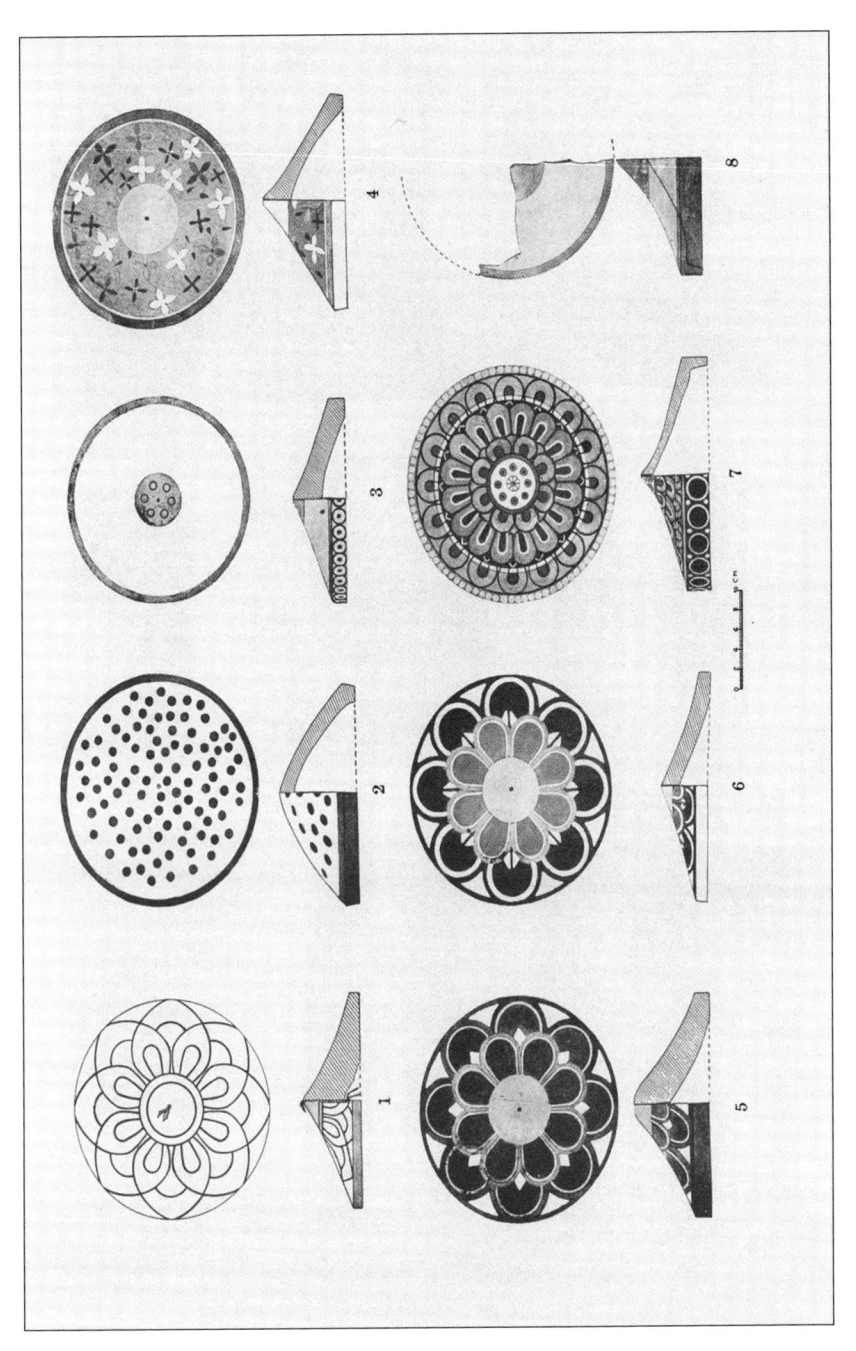

图版五三

图9 彩绘方木盖　图10—18 彩绘方木板

304　　塔里木盆地考古记

图版五四

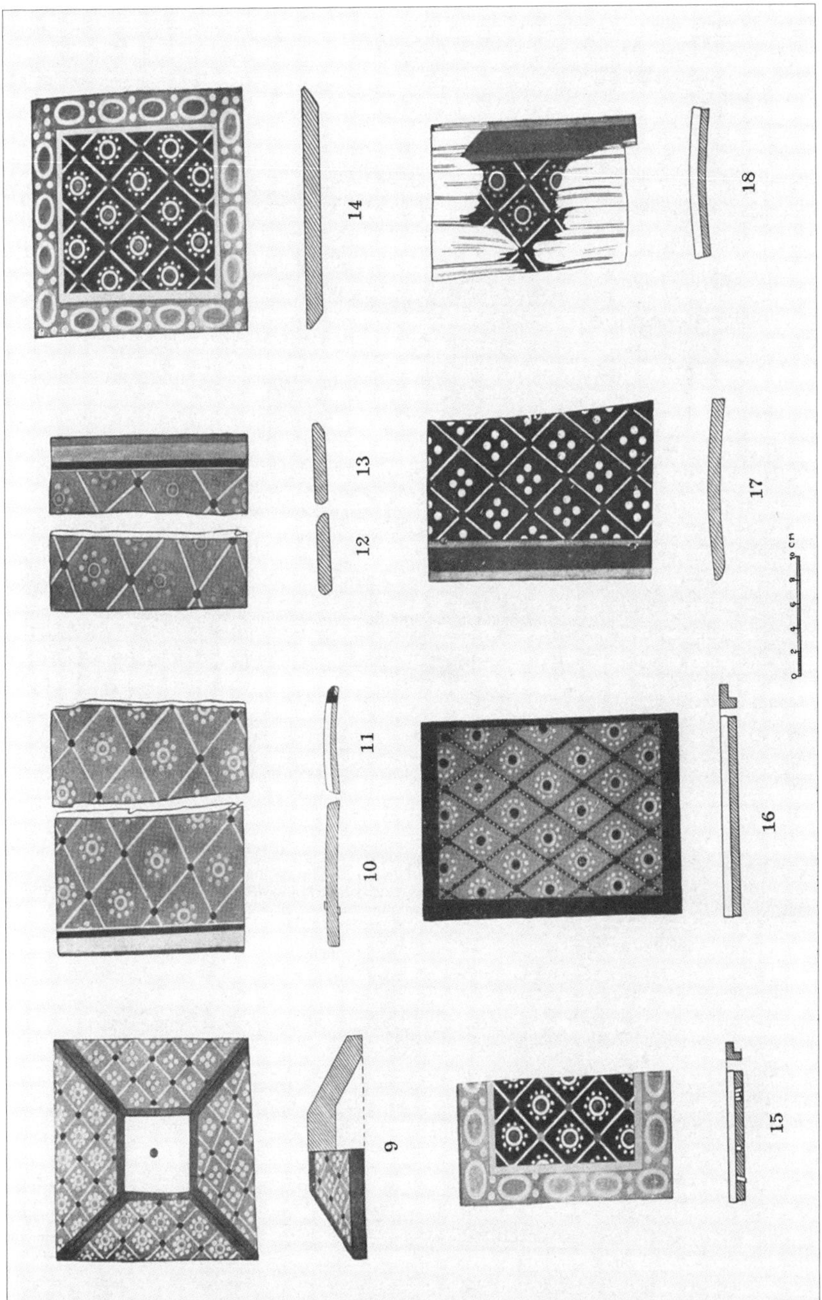

图9 彩绘方木盖木摹本及剖面　图10—18 彩绘方木板摹本及剖面

图版五五

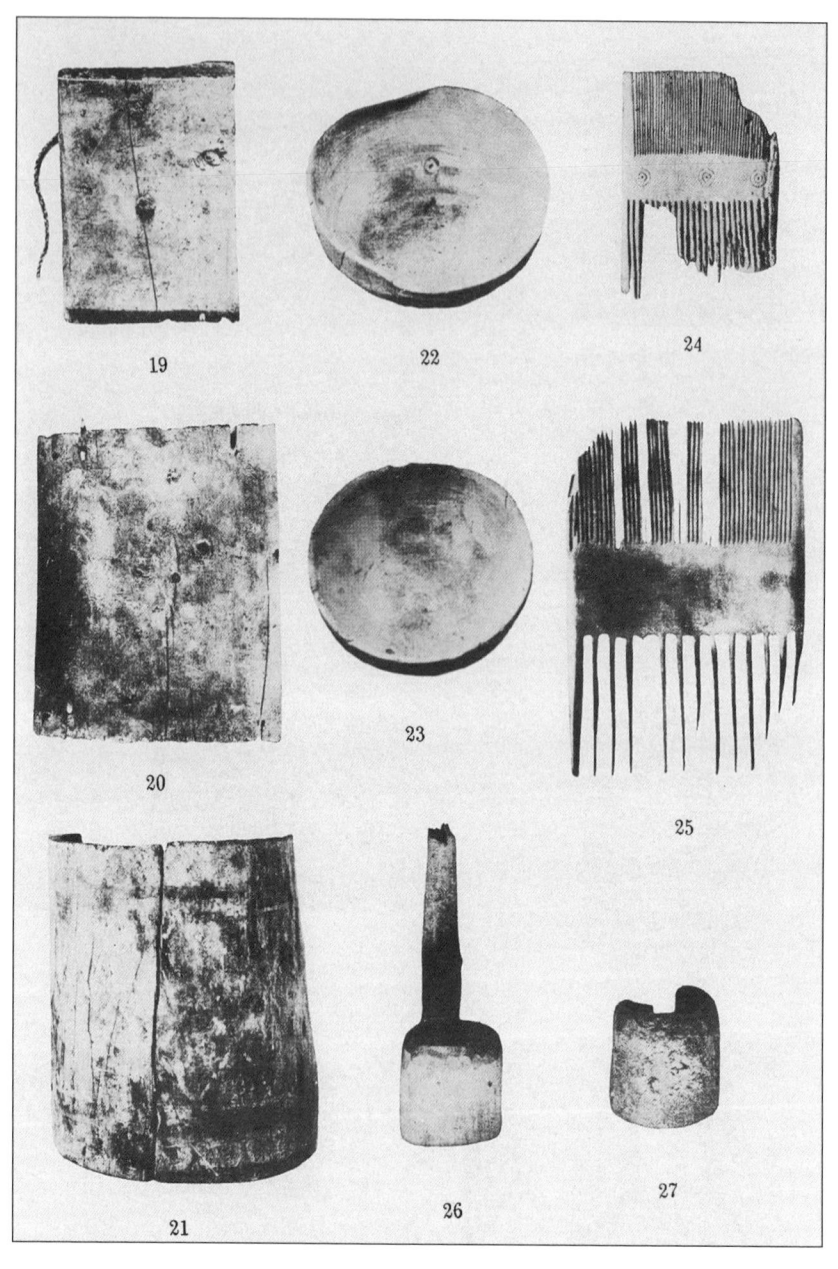

图19、20 方形木板　　图21 彩绘残木桶　　图22、23 木碗
图24、25 木栉　　图26、27 木提吊

图 版 五 六

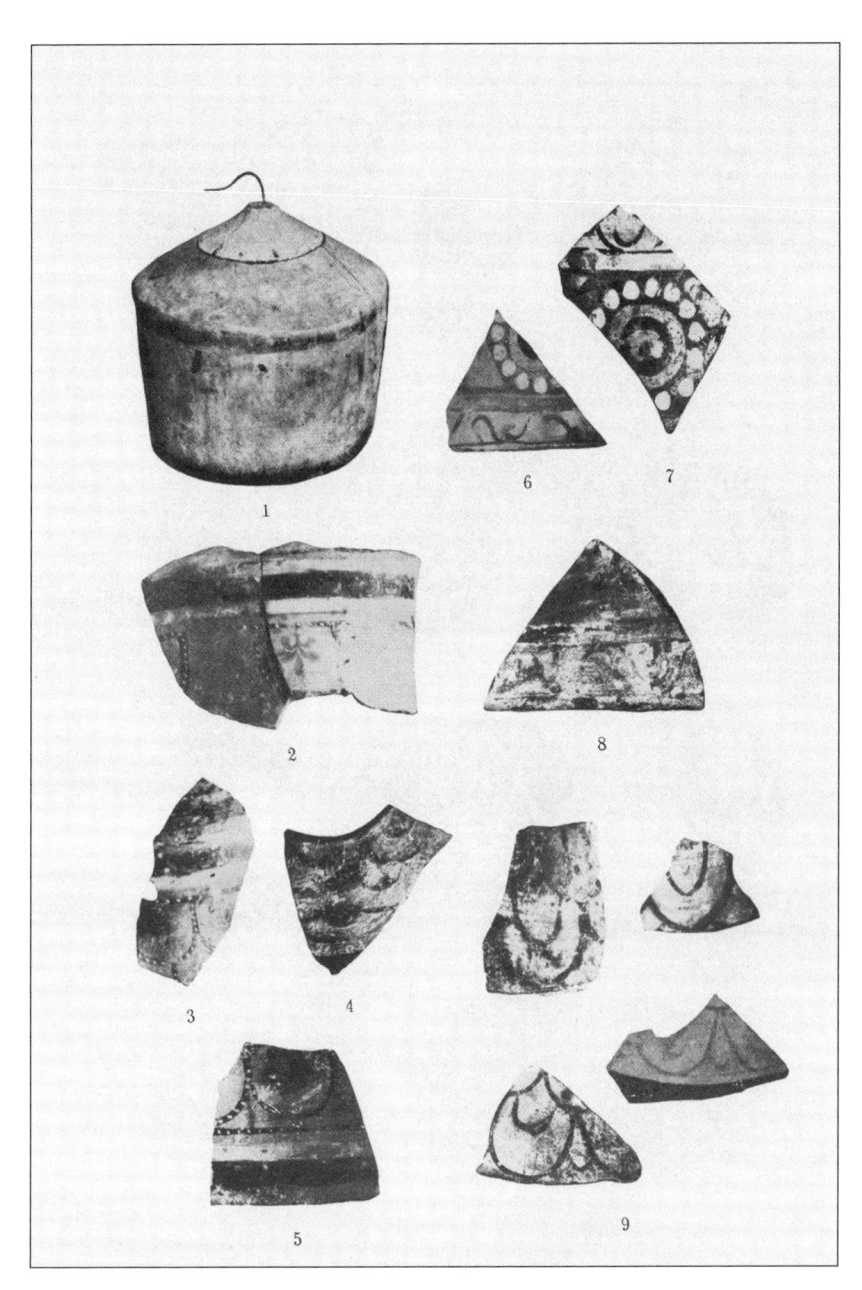

图1　彩绘带盖陶器　　图2—5　彩绘花枝鳞纹陶片
图6—9　彩绘三角连珠环纹陶片

图版五七

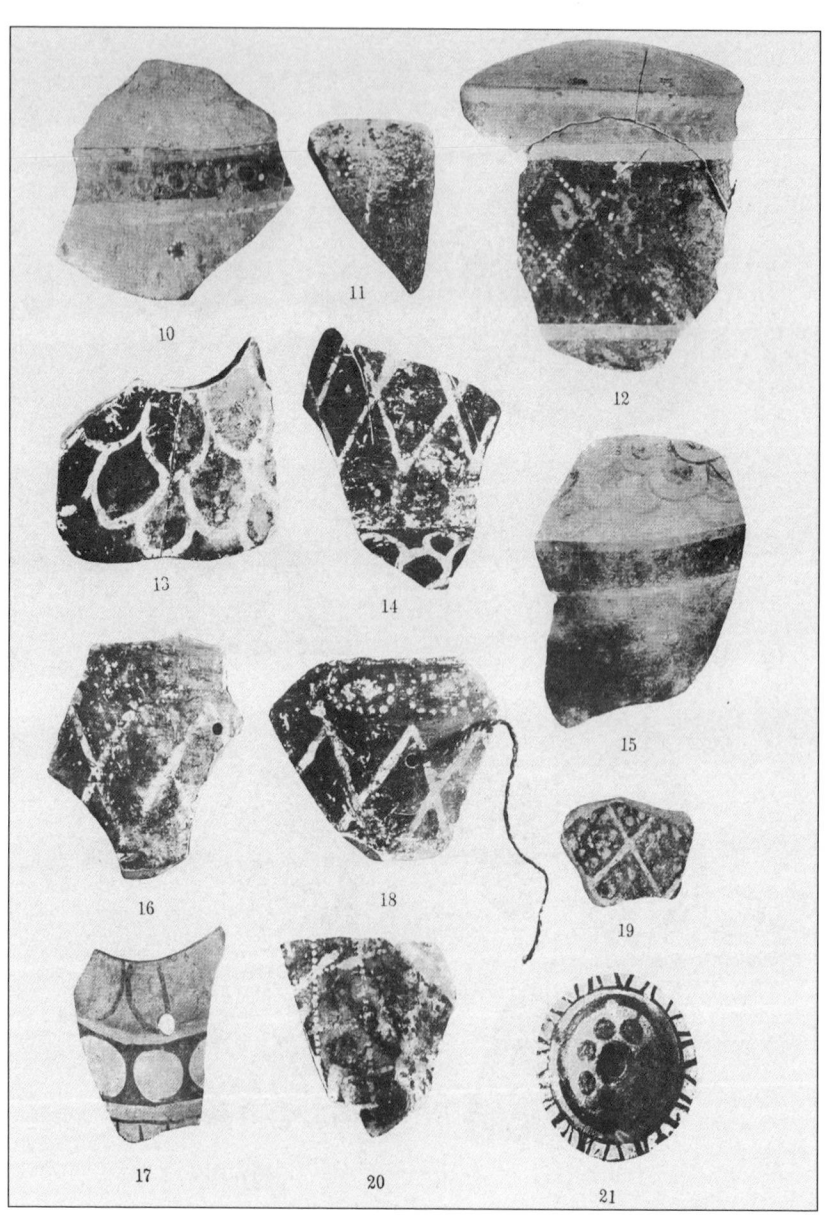

图10、11　彩绘蓝底连珠纹陶片　　图12　彩绘黑底菱纹花蕊陶片
图13、14　彩绘黑底菱纹加草穗陶片　　图15　蓝底绘鳞纹陶片
图16—20　彩绘陶片　　图21　陶器盖

图版五八

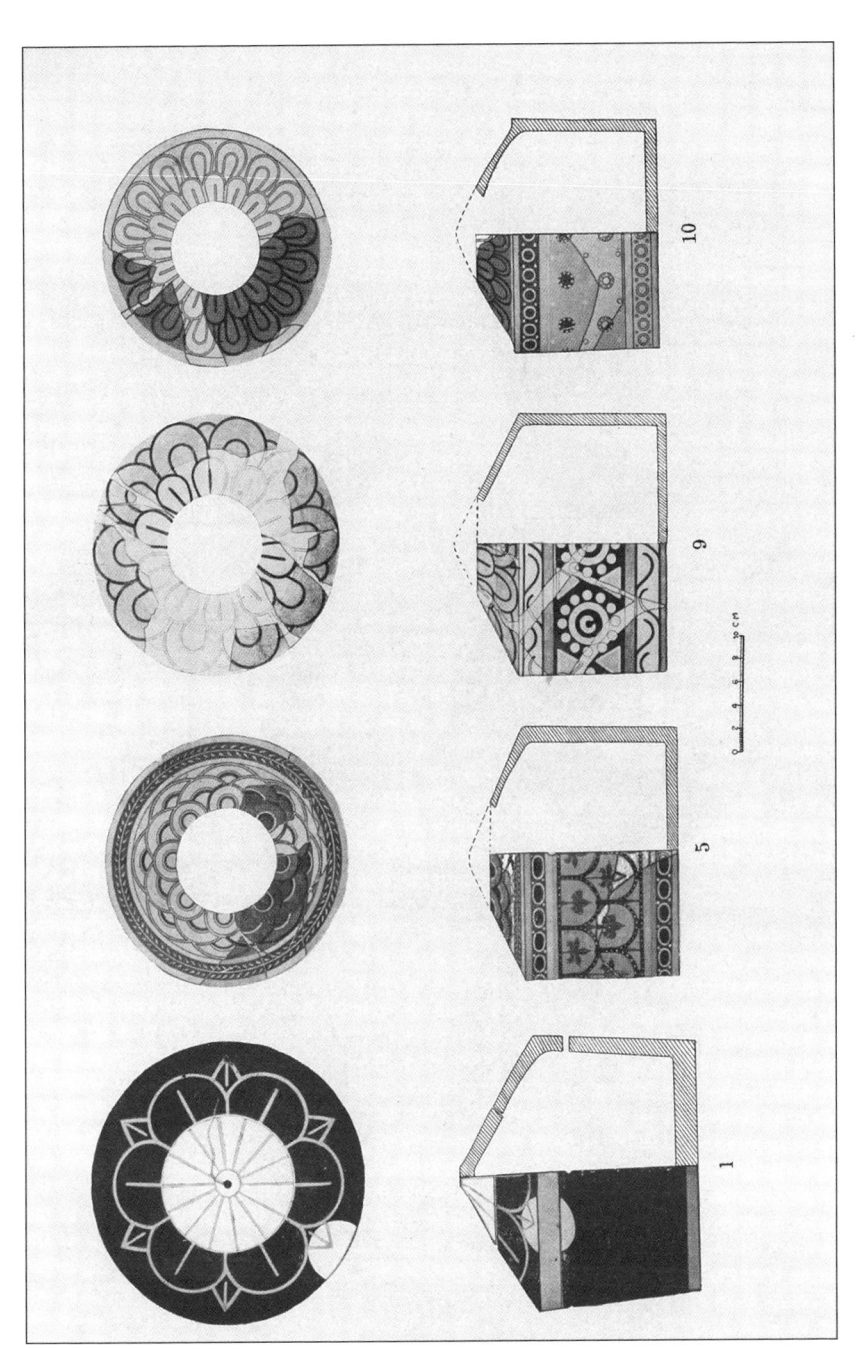

图1、5、9、10 陶器复原及剖面

图版五九

图 12、13、15 陶器复原及剖面

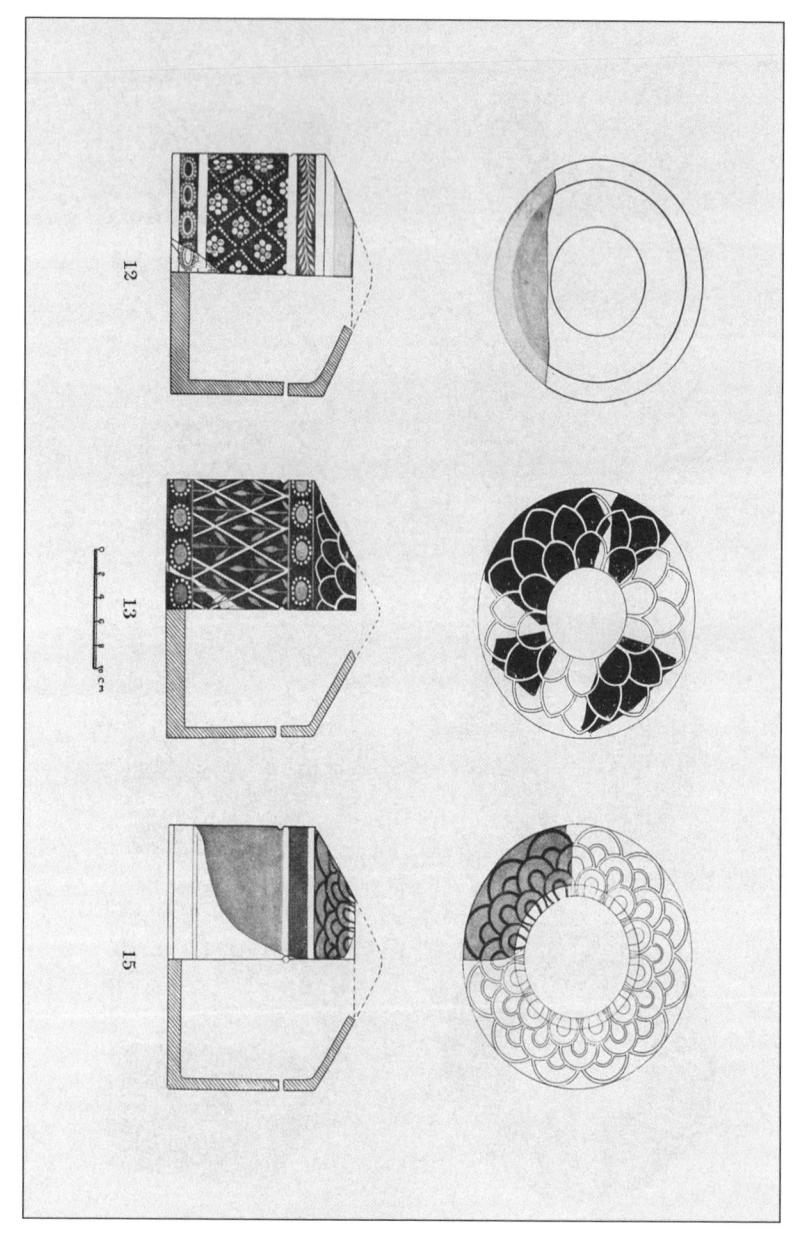

第四部分
织 品

图版六十

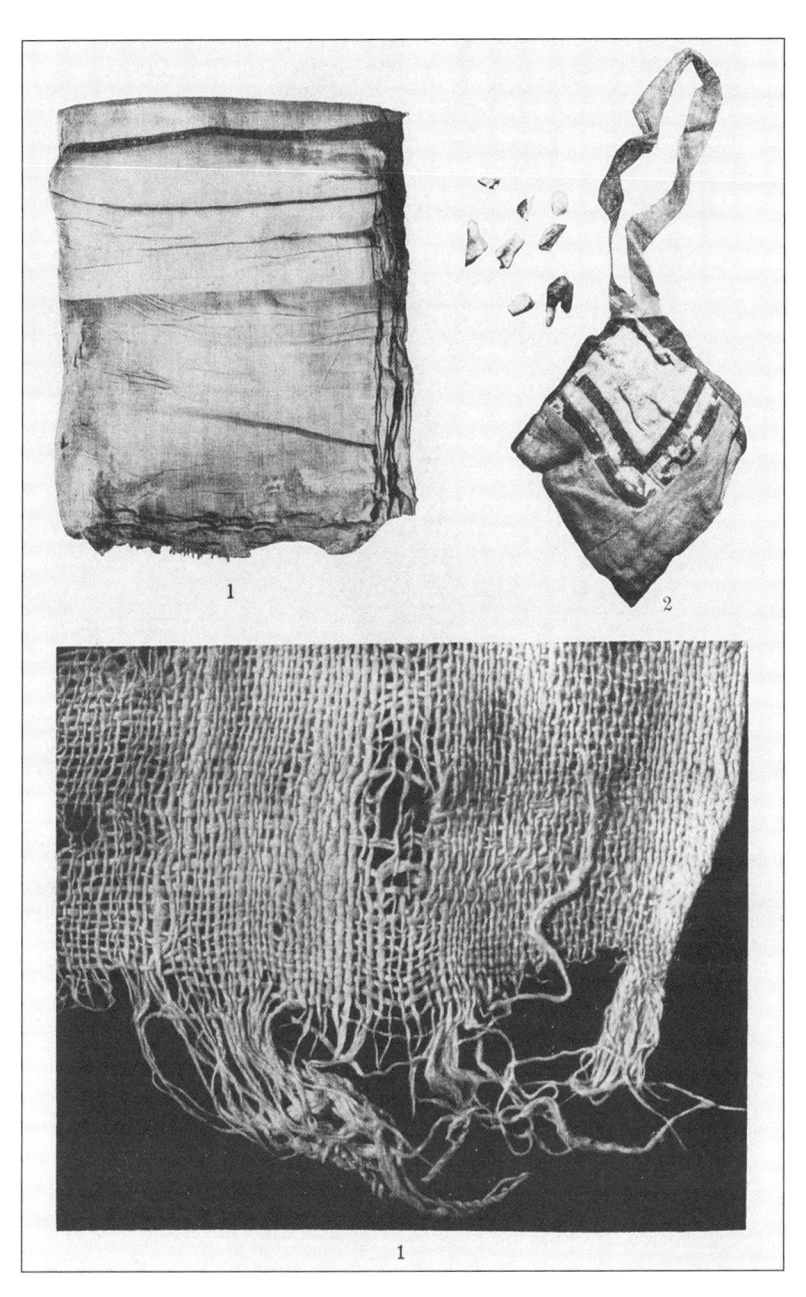

图1 唐绢（上）、唐绢织纹放大（下） 图2 舍利袋

图版六一

图2 舍利袋（着色）

图版六二

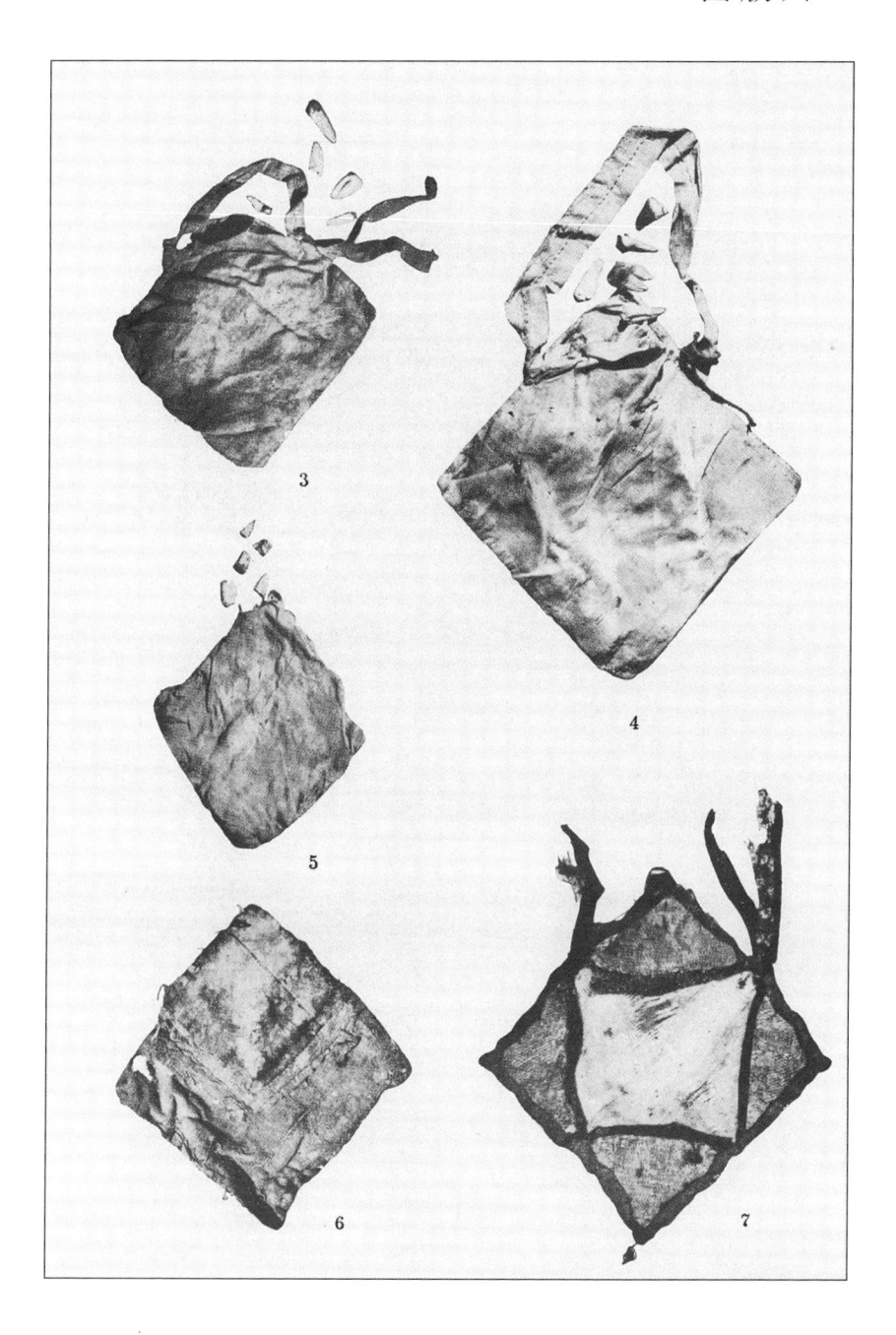

图3—7 舍利袋

图版六三

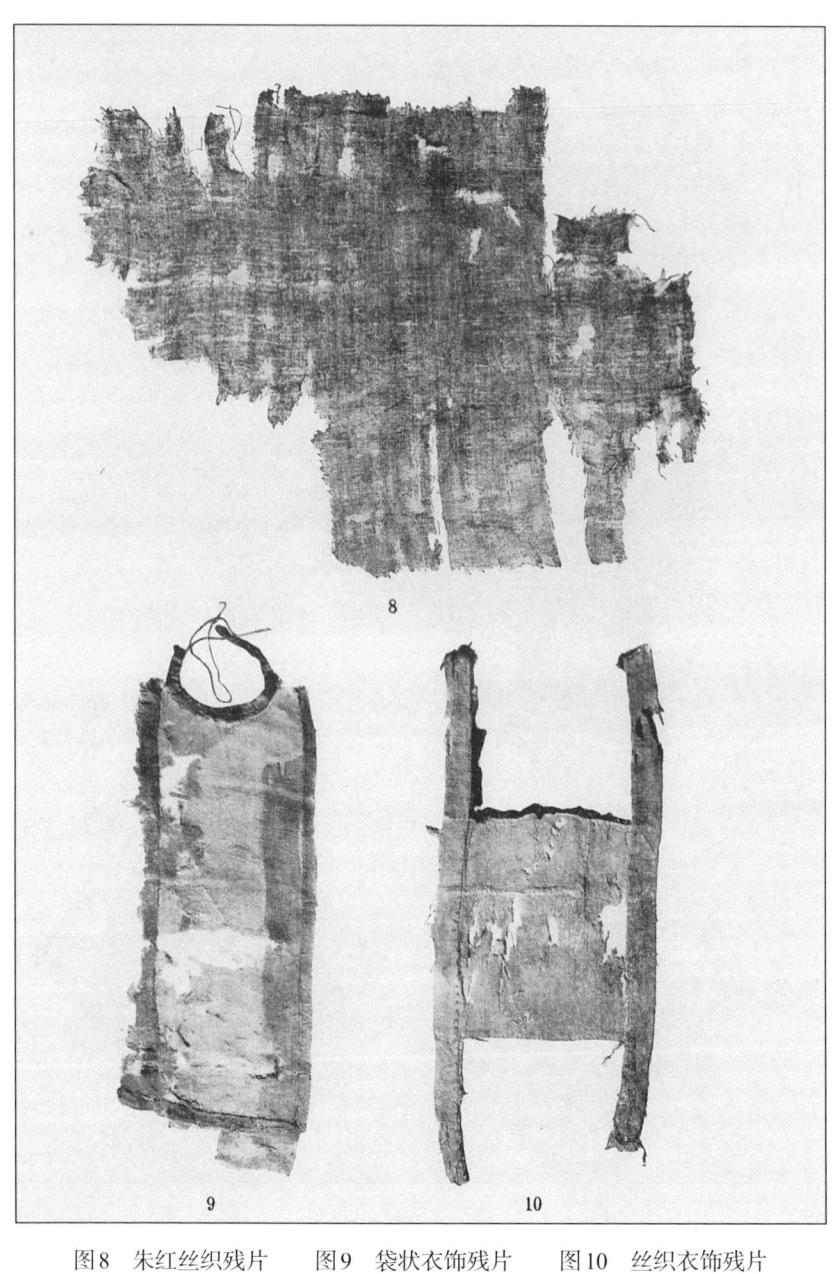

图8 朱红丝织残片　　图9 袋状衣饰残片　　图10 丝织衣饰残片

图版六四

图11—15 丝织衣饰残片

图版六五

图16—20 丝织衣饰残片

图版六六

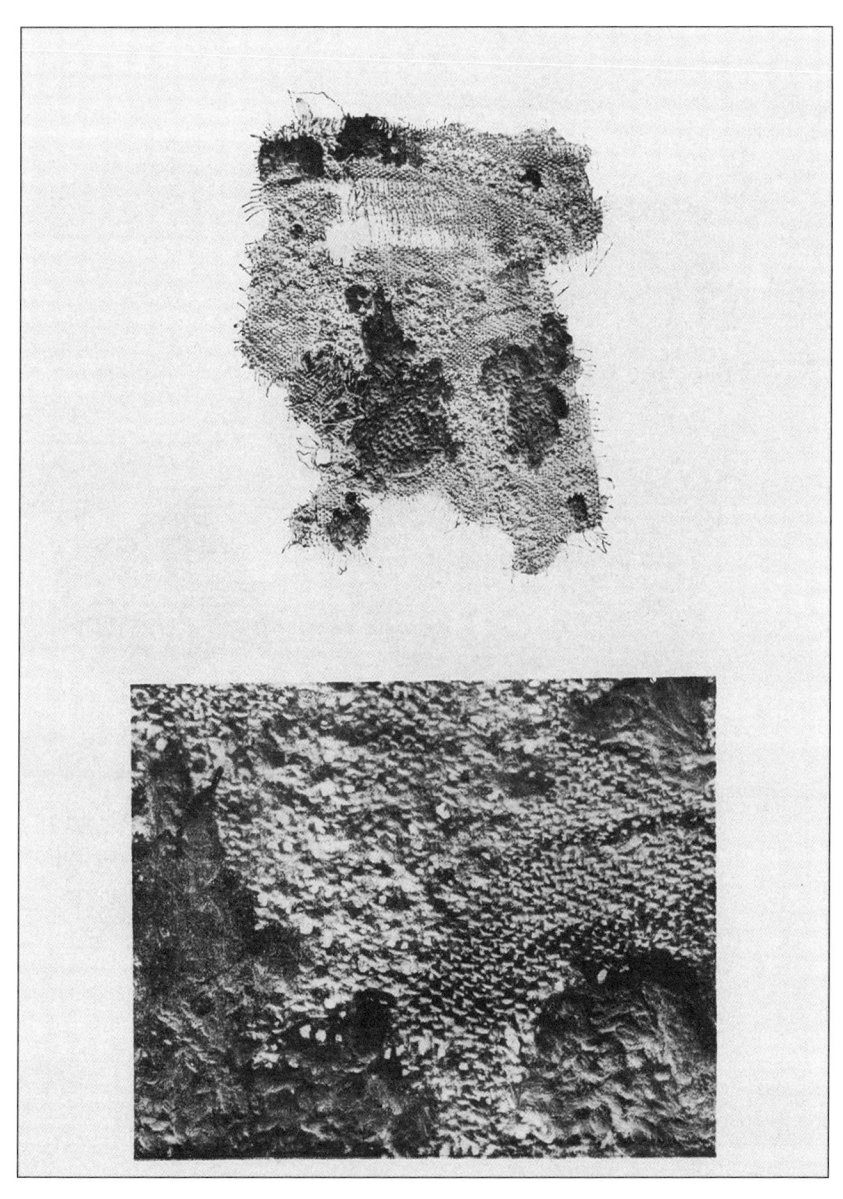

图21 毛织残片（上）、织纹放大四倍（下）

图版六七

图22—24 织锦残片

图版六八

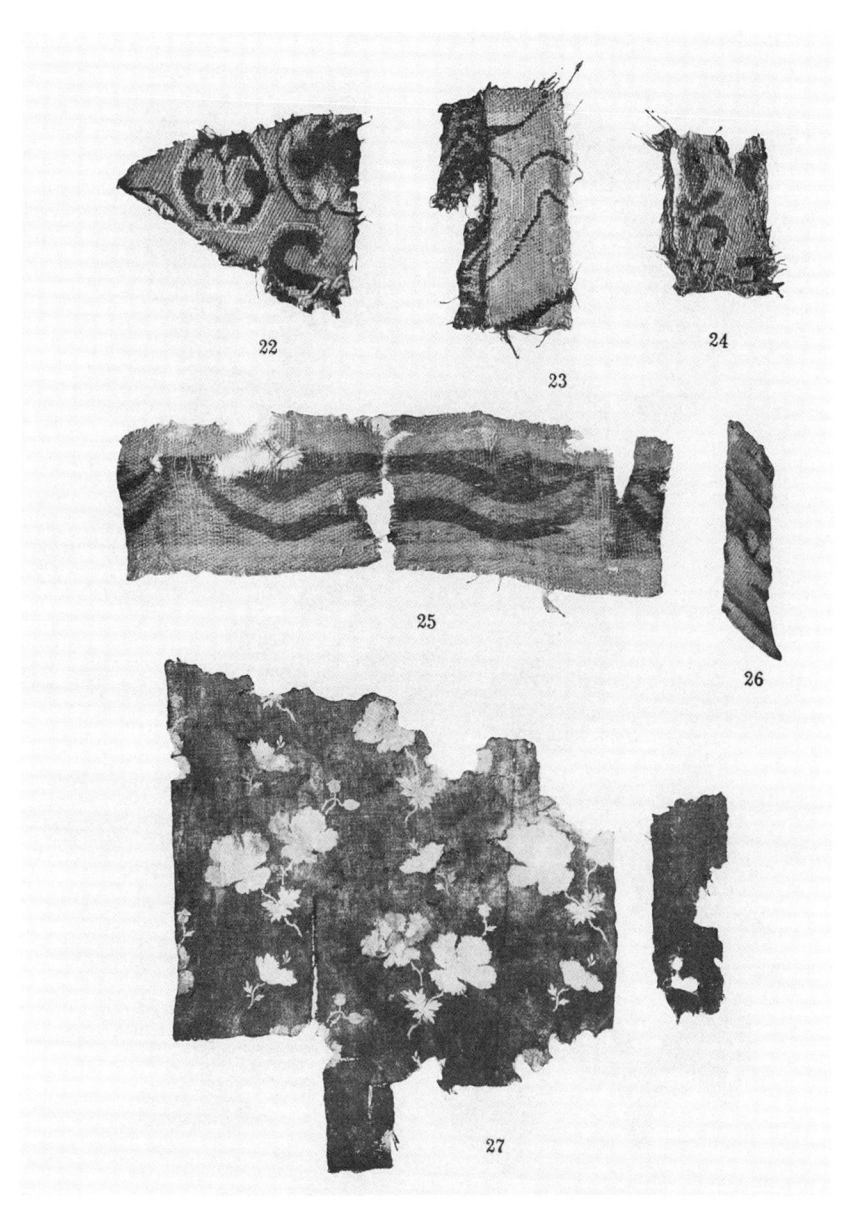

图22 绛底双鱼纹锦残片　　图23 绀底云纹锦残片
图24 黄底绿花纹锦残片　　图25、26 黄底波纹锦带式残片
图27 麻织印花残片

图版六九

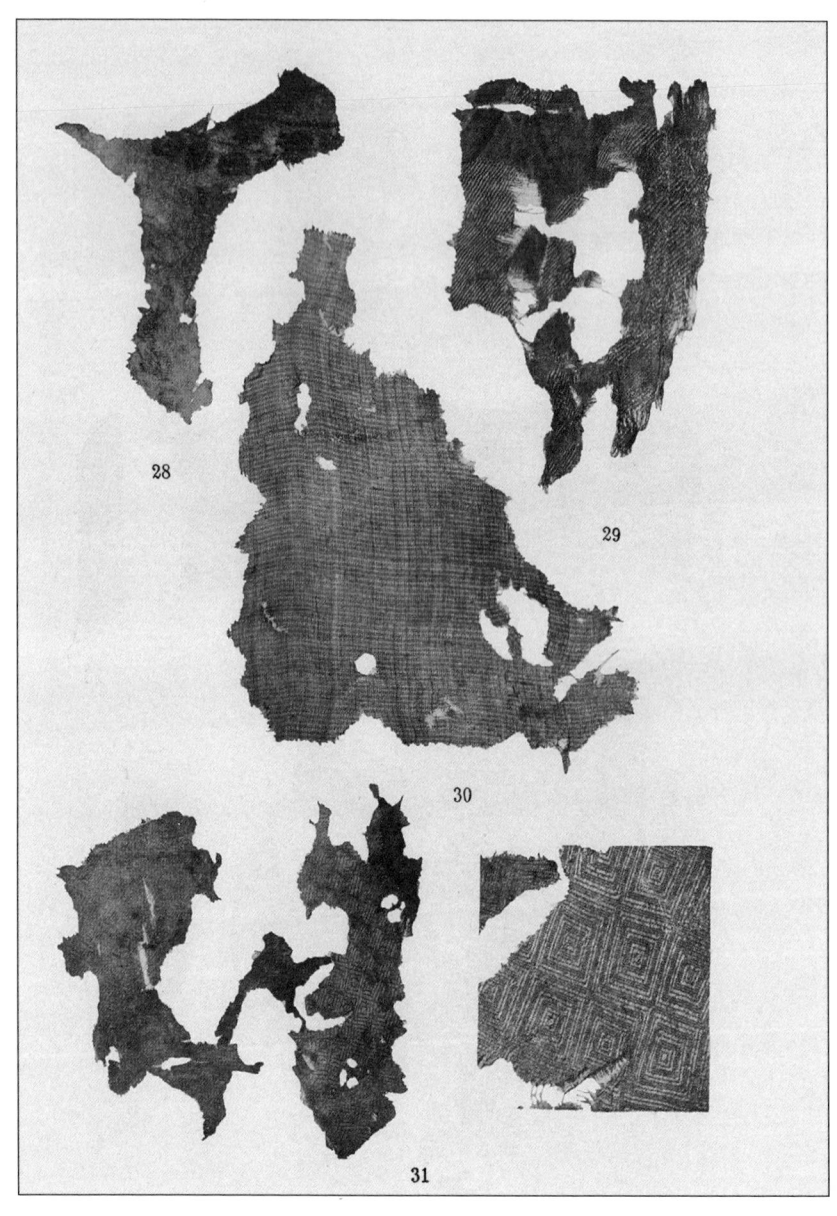

图28、29　提花丝织残片　　图30　罗文罗残片
图31　提花黄绸衣饰残片（上）、织纹放大（下）

图版七十

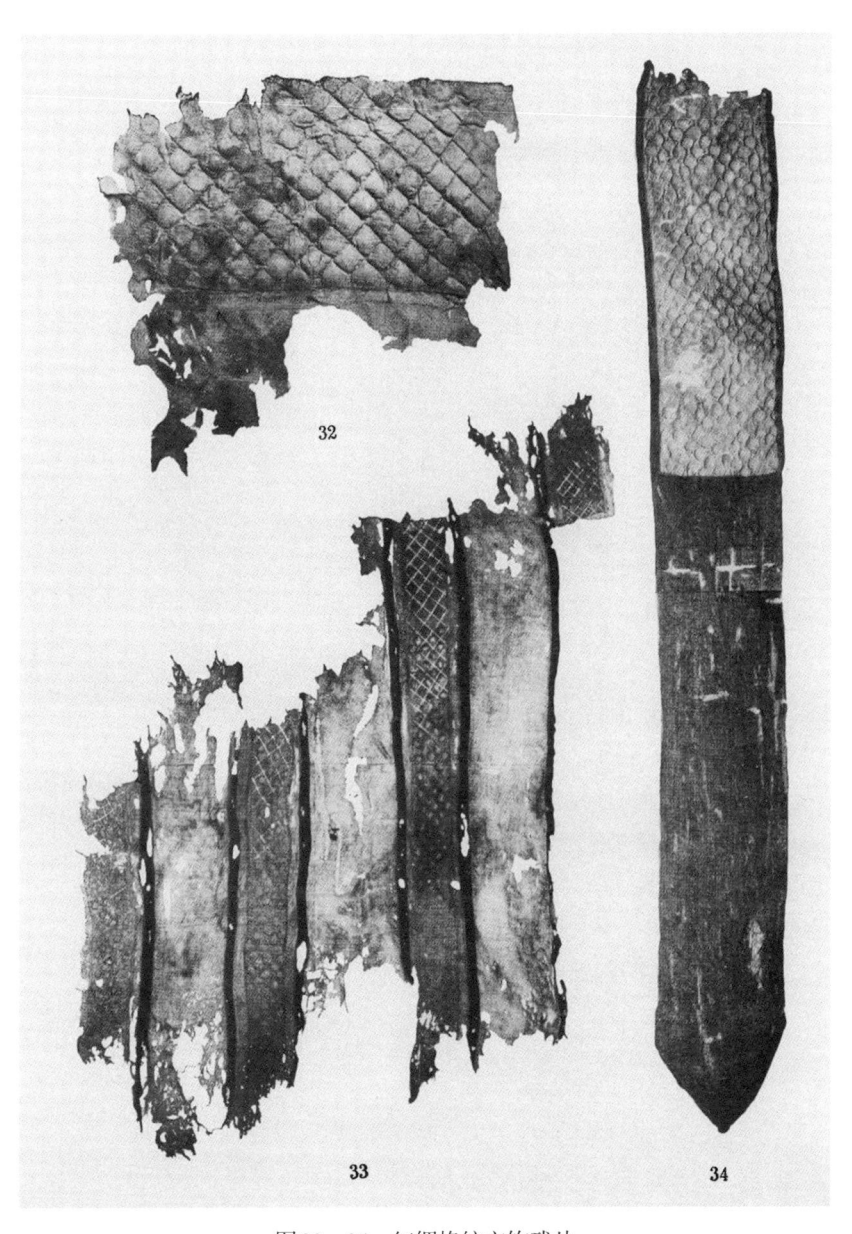

32

33　　　　　　34

图32—34　红绸格纹衣饰残片

第五部分
汉文及民族古文字

图版七一

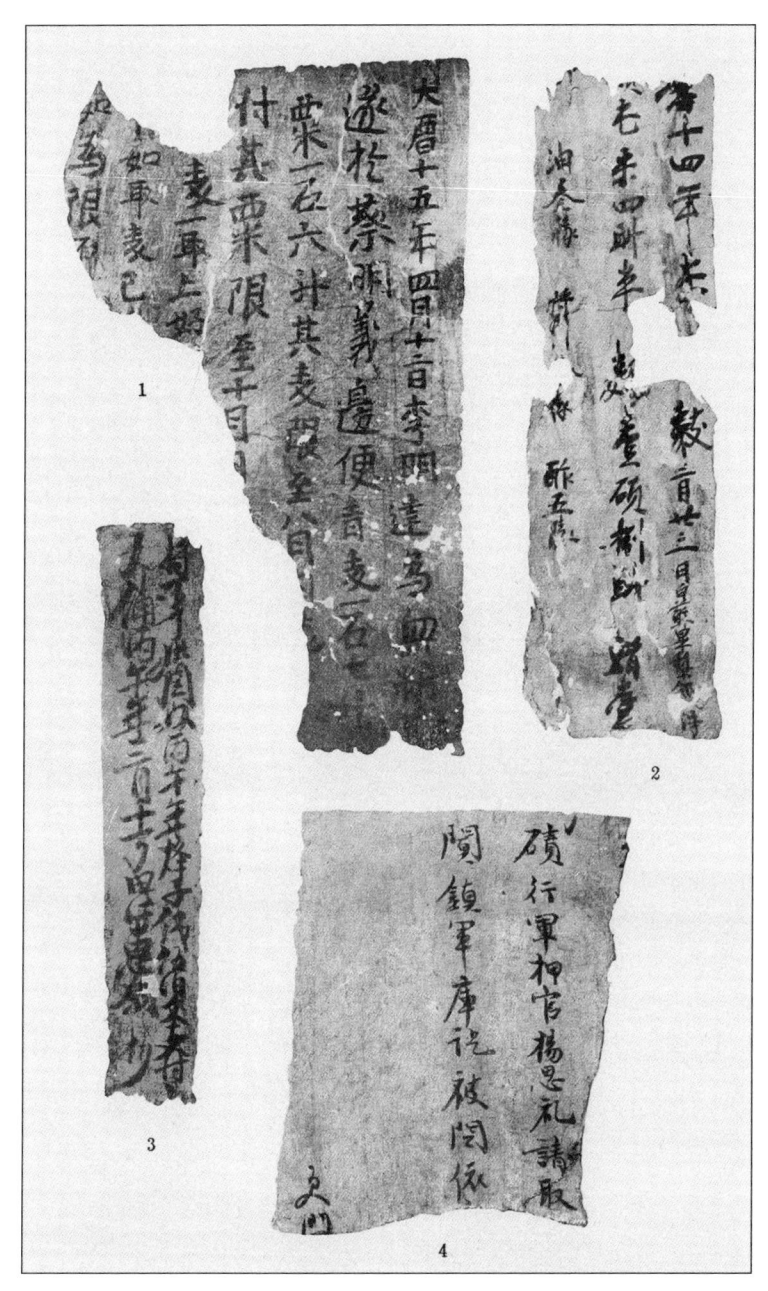

图1　李明达借粮契残纸　　图2　白苏毕梨领屯米状
图3　将军妳闰奴烽子钱残纸　　图4　杨思礼残牒

图 版 七二

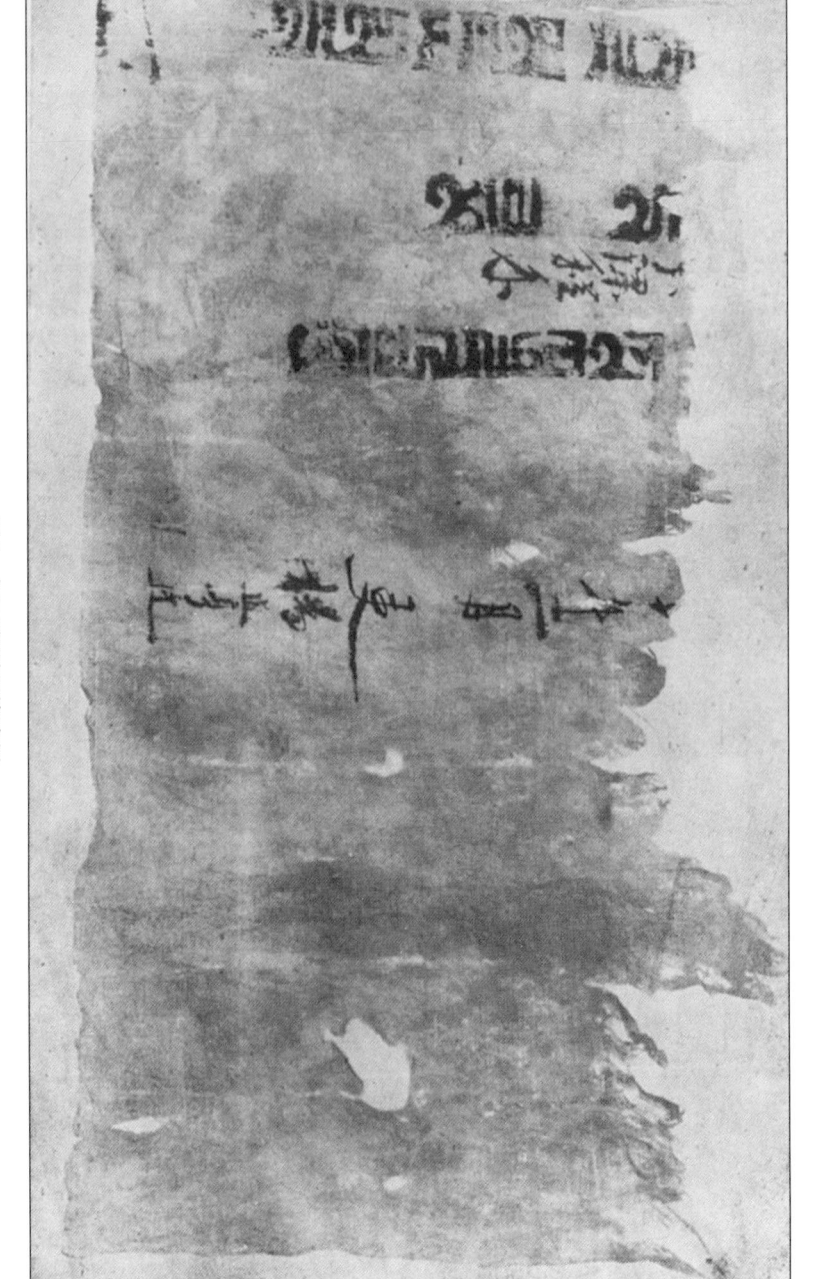

图5 杨□亭课程钱残纸

图版七三

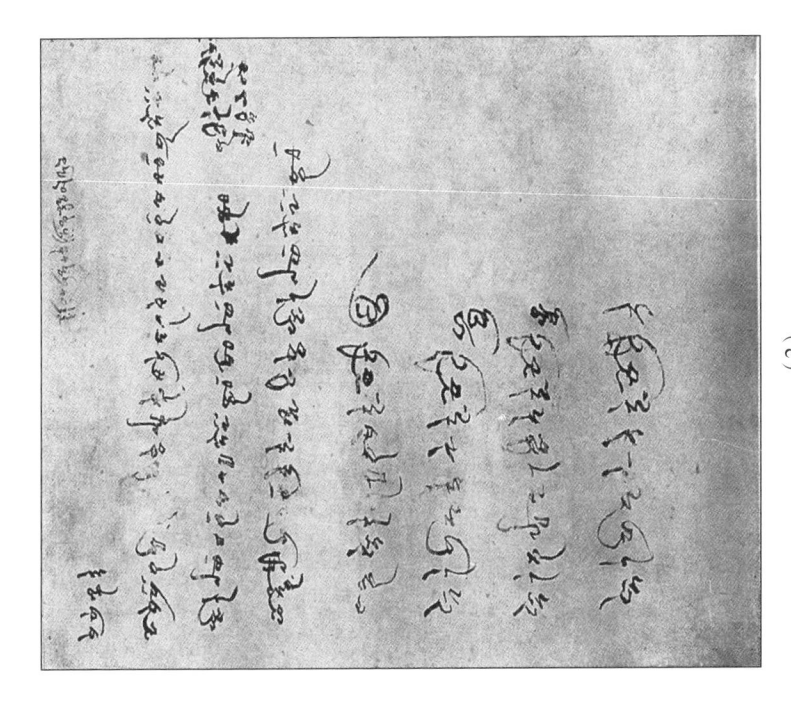

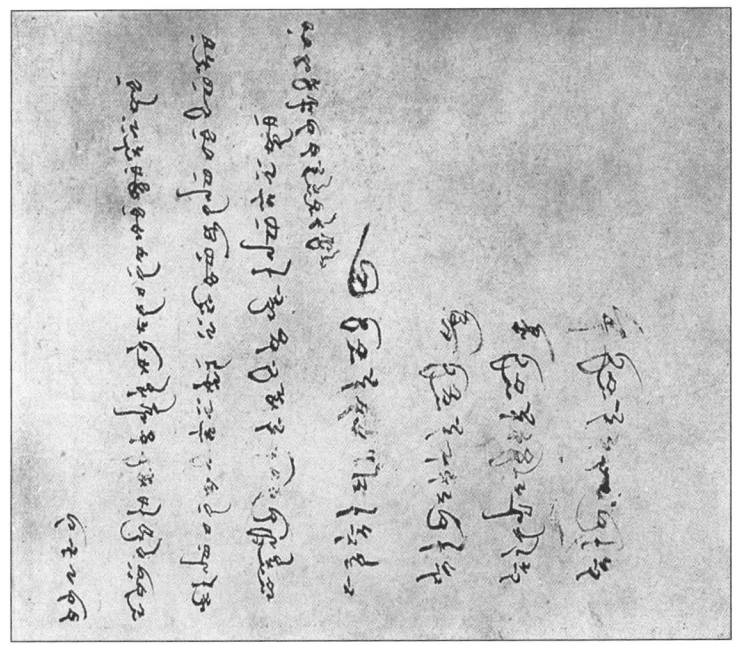

图6 婆罗谜文写本残纸

图版七四

(3)

(4)

图6 婆罗谜文写本残纸

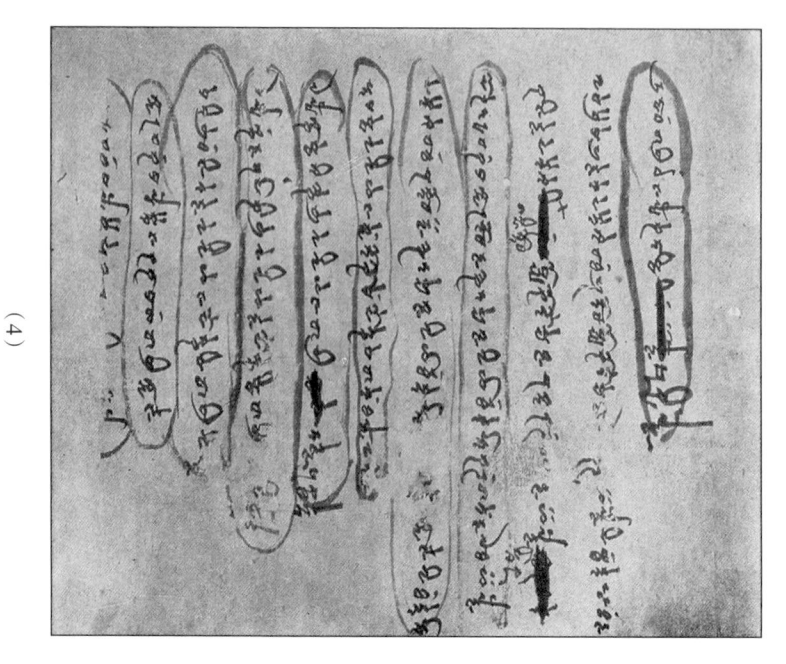

图版七五

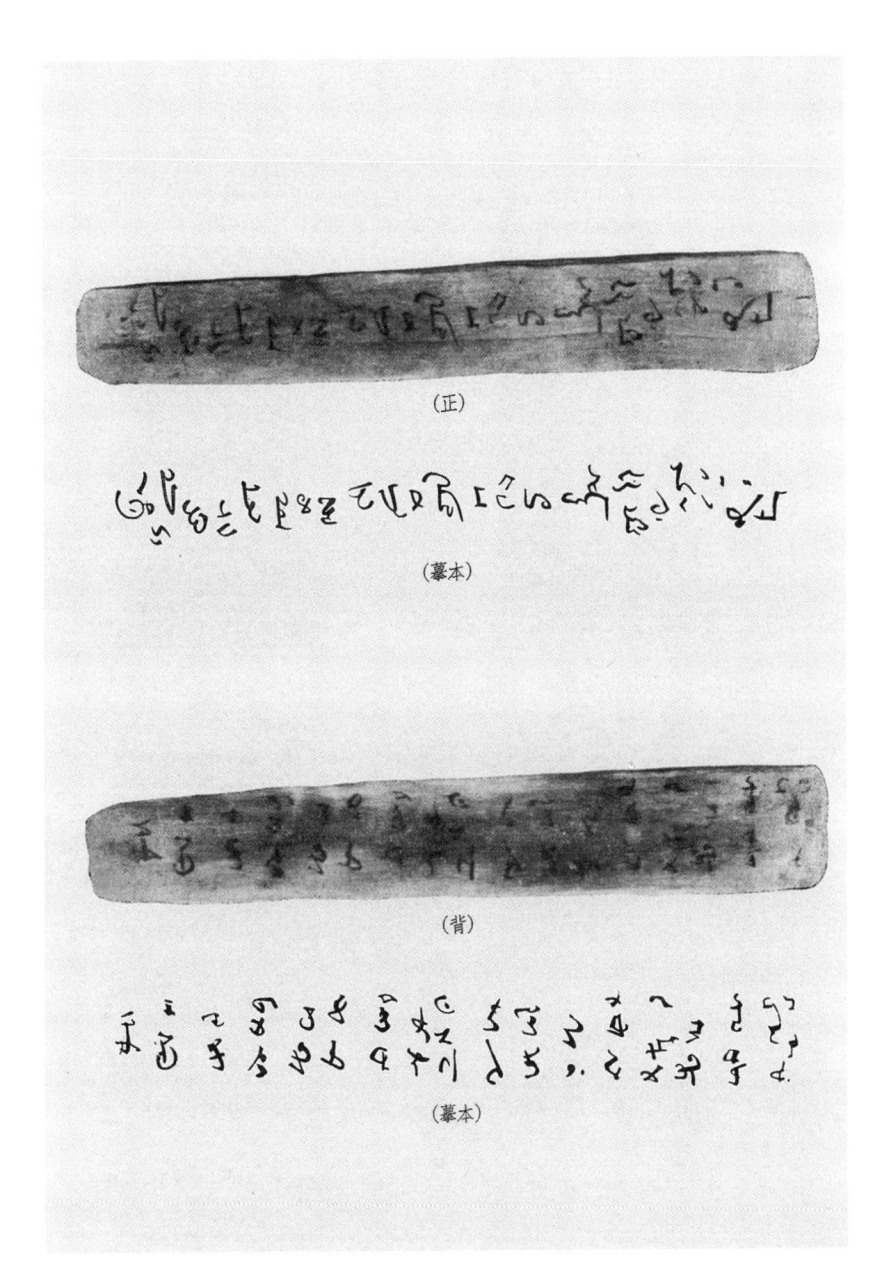

(正)

(摹本)

(背)

(摹本)

图7 龟兹语文木简

图版七六

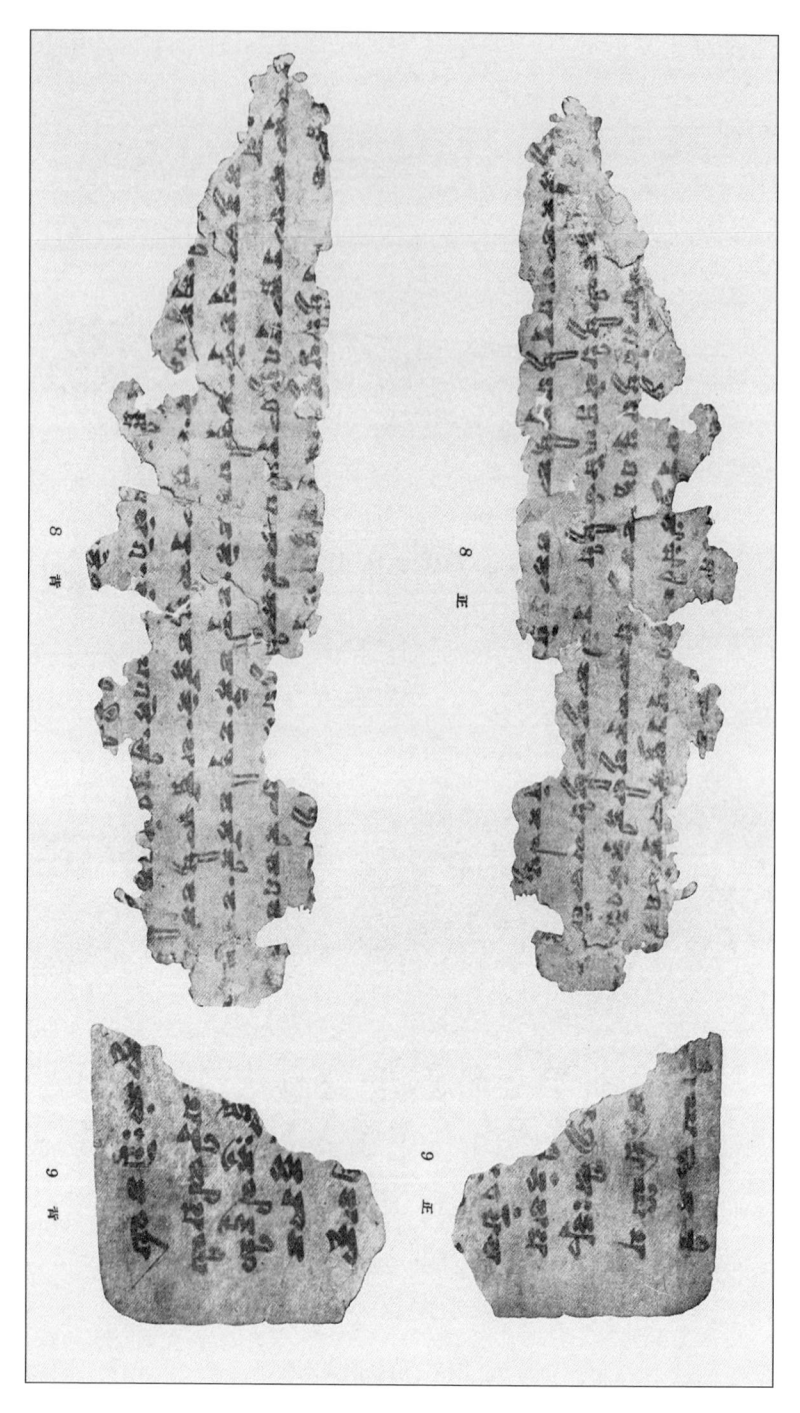

图8, 9 婆罗谜文残纸

图 版 七 七

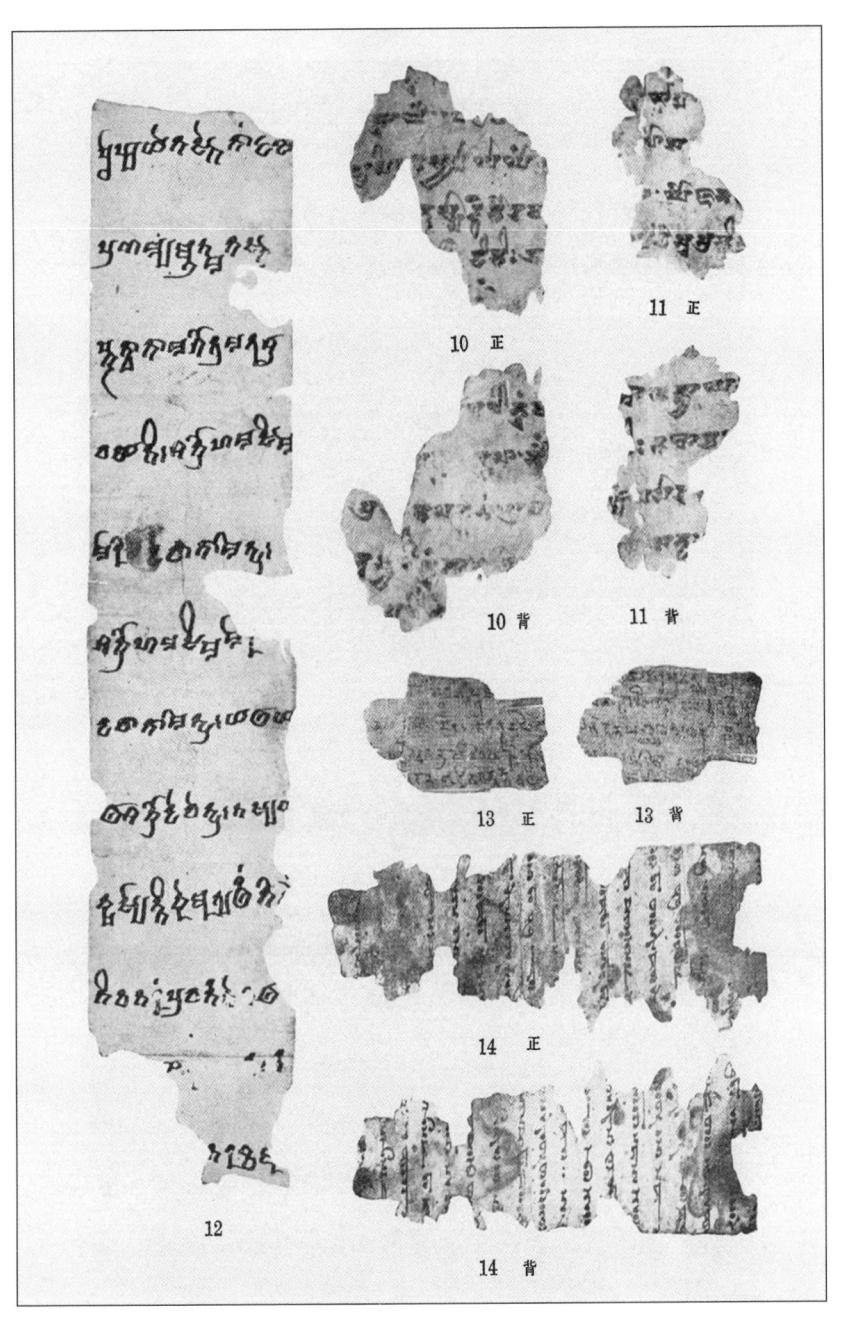

图10、11　婆罗谜文残纸　　图12　吐货逻文残纸　　图13　贝叶写婆罗谜文字
图14　摩尼教文字残纸

图版七八

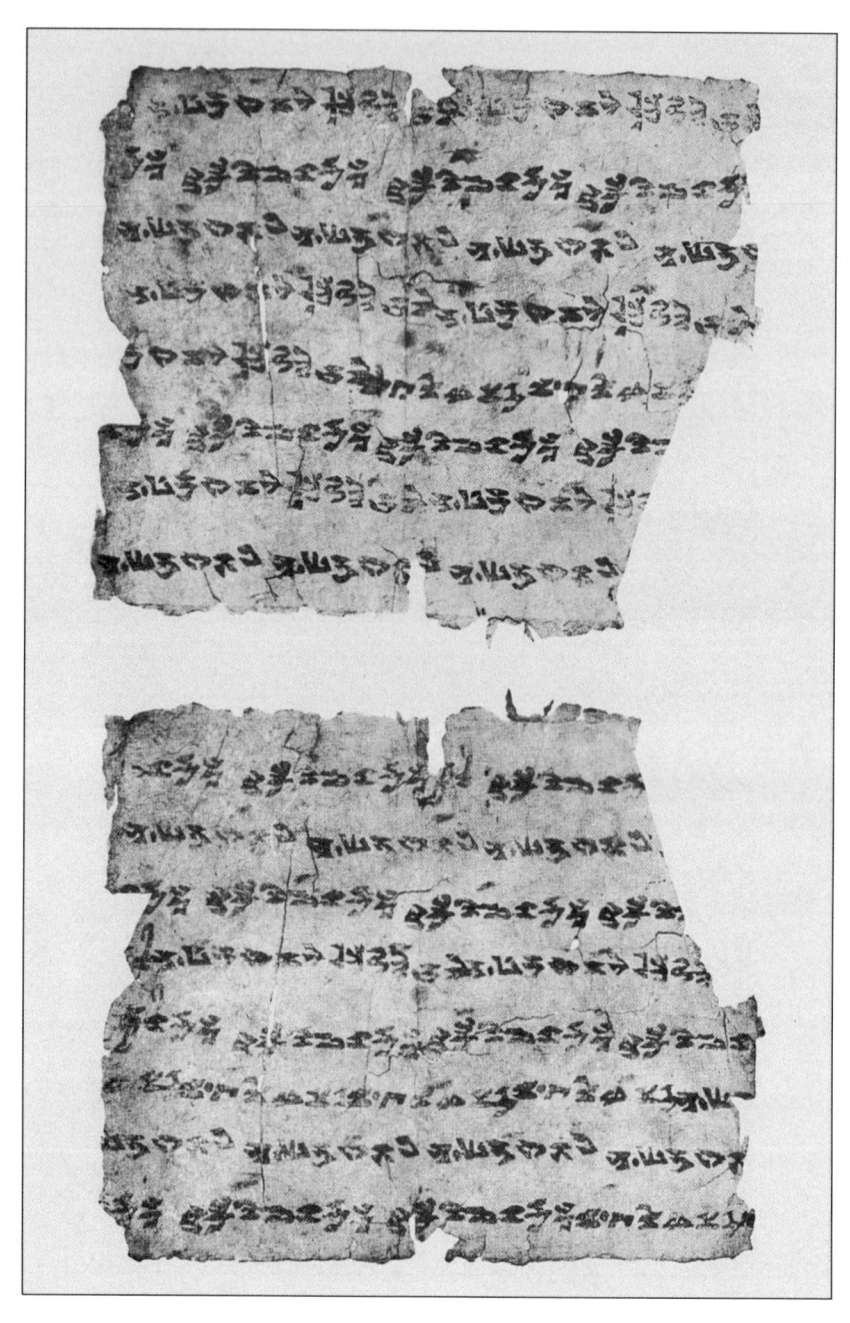

图15 古和阗文印本，上（正）、下（背）

图版七九

图16 古和阗文印本，上（正）、下（背）

图版八十

图17 古和阗文印本,上(正)、下(背)

图版八一

图18 不知名民族古文字

图 版 八 二

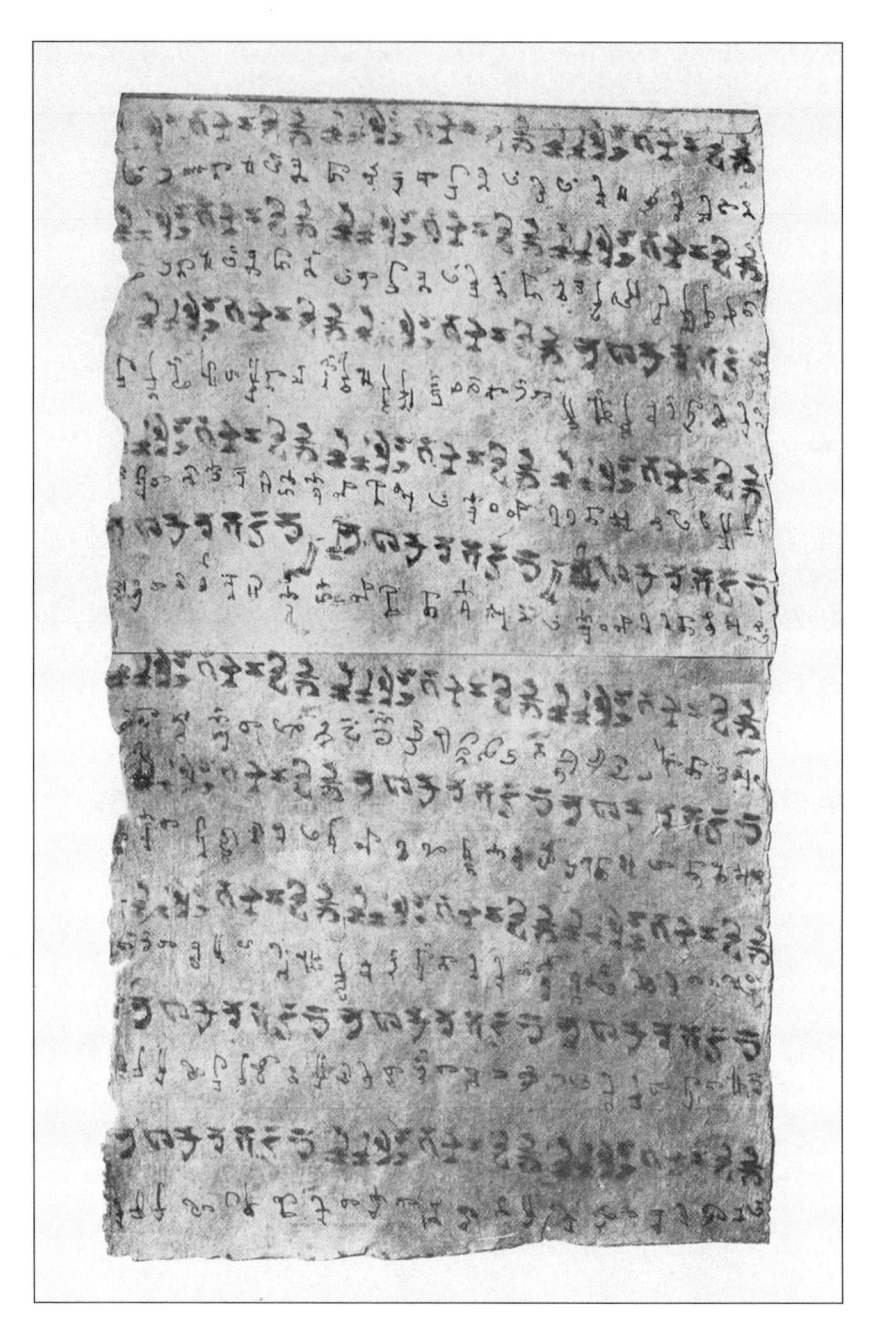

图18　不知名民族古文字

图版八三

图19 不知名民族古文字

图版八四

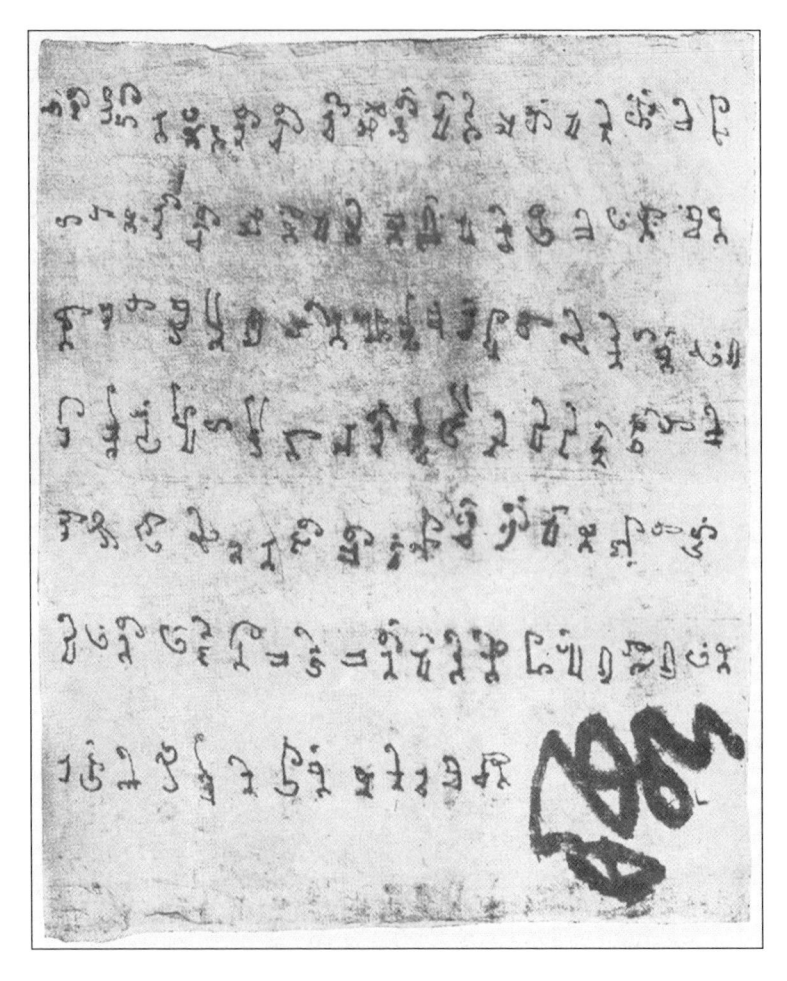

图20 不知名民族古文字

图版八五

图22 不知名民族古文字

图21 不知名民族古文字

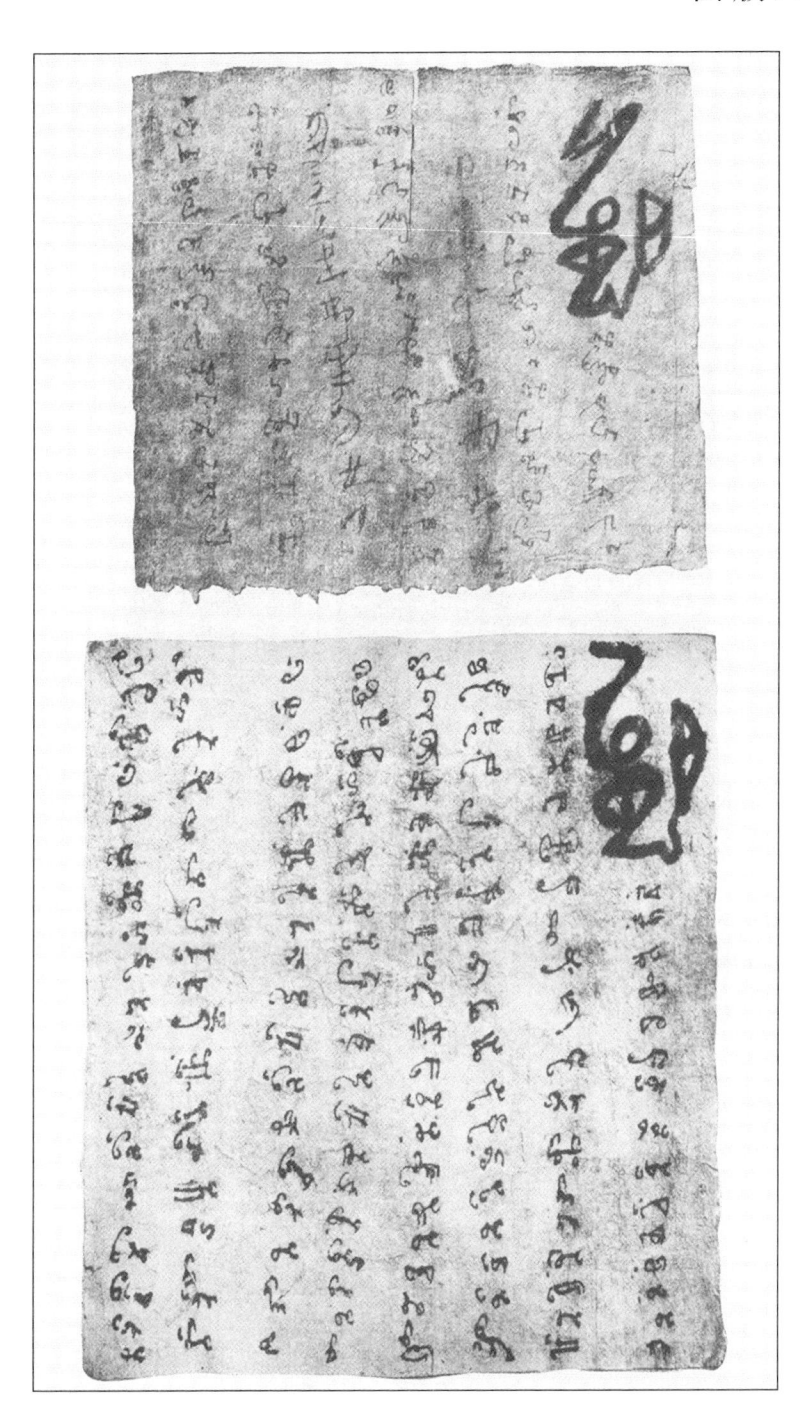

图版八六

图 23 不知名民族古文字，左（正），右（背）

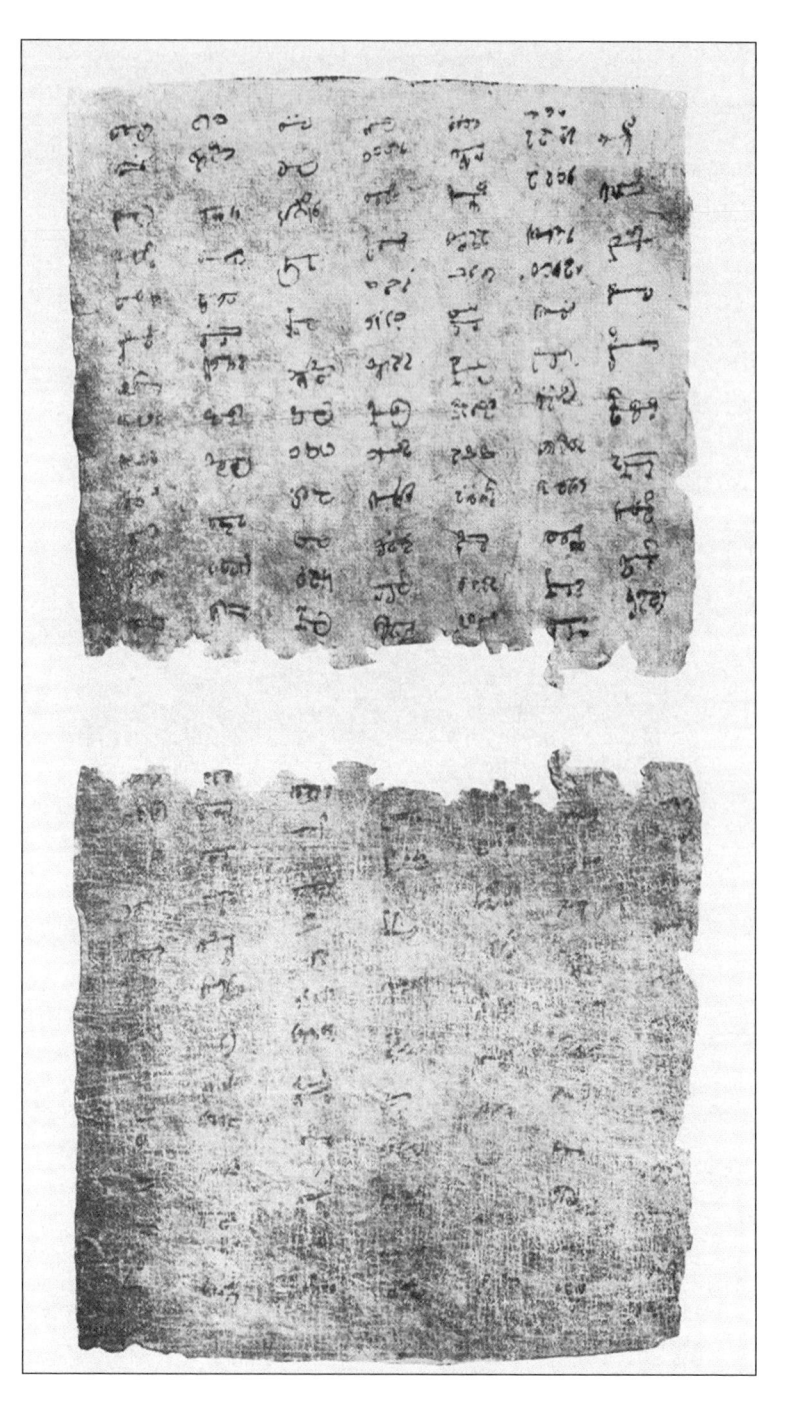

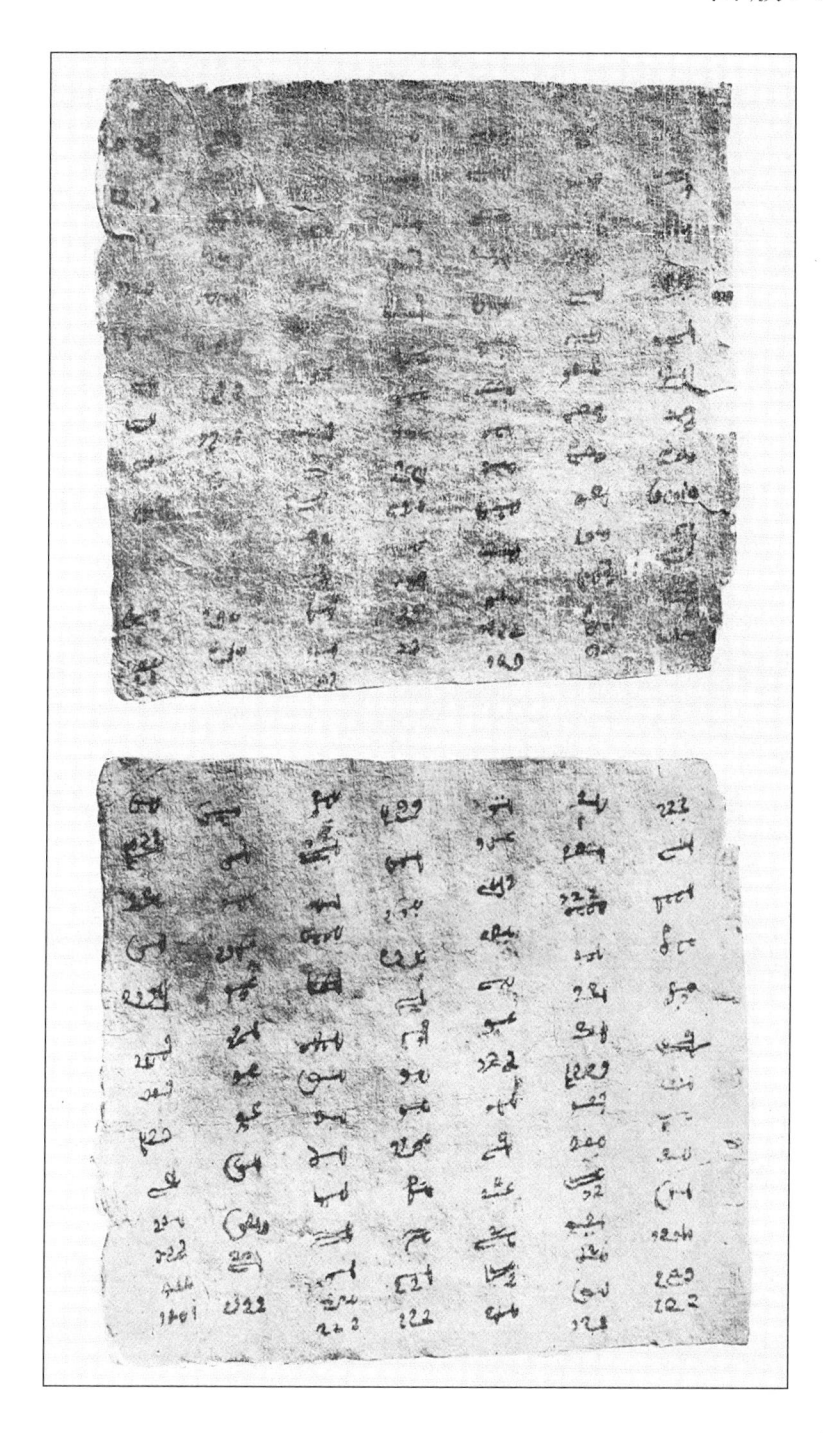

图版八七

图24 不知名民族古文字，左（正）、右（背）

图版八八

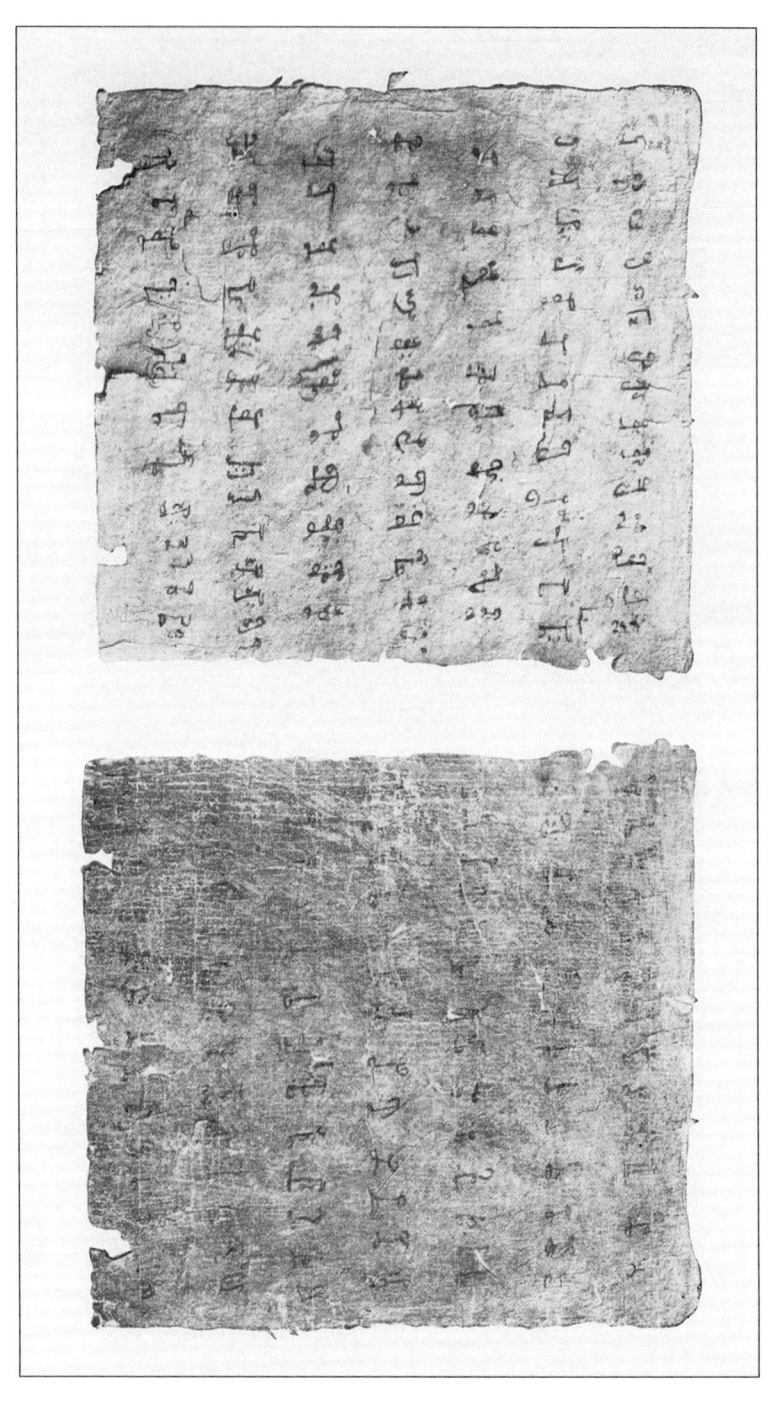

图25 不知名民族古文字，左（正）、右（背）

图版八九

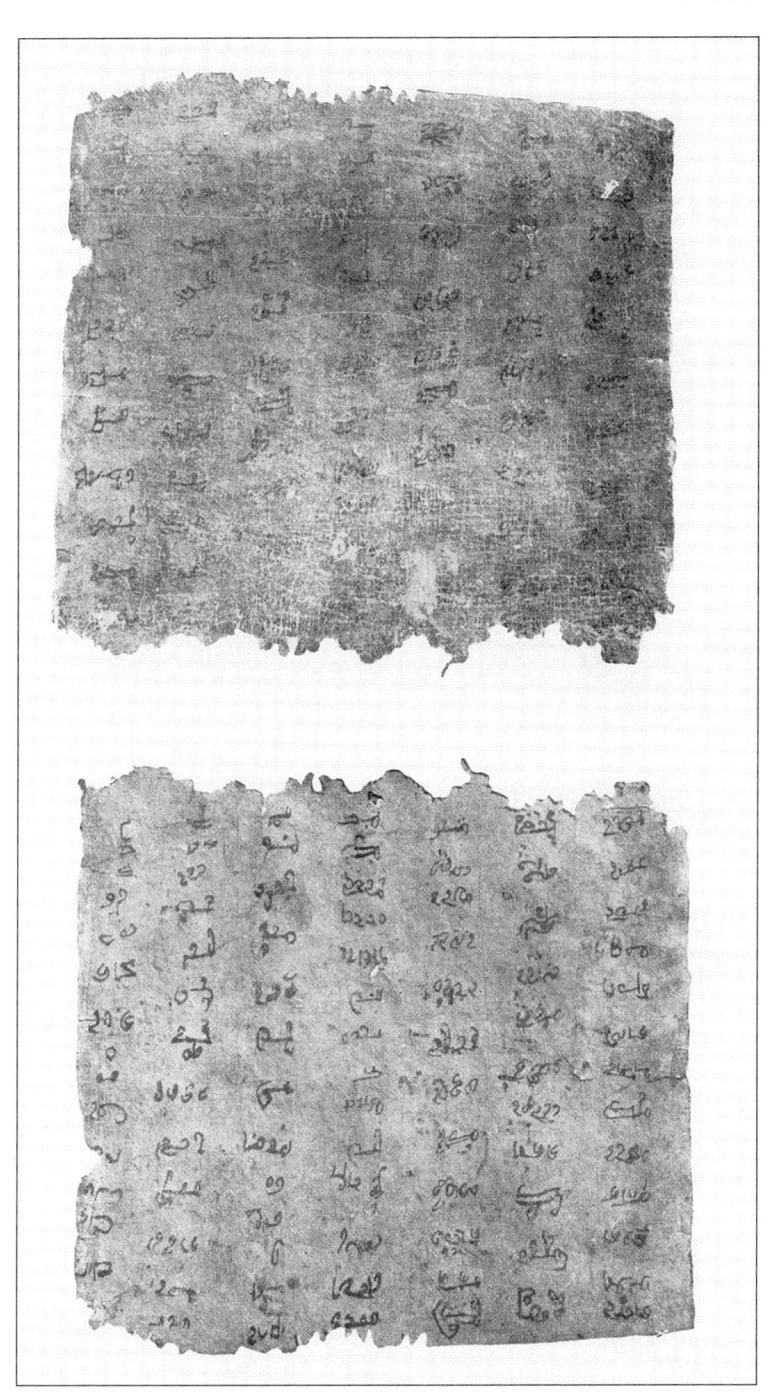

图26 不知名民族古文字，左（正）、右（背）

图版九十

图27 不知名民族古文字，左（正），右（背）

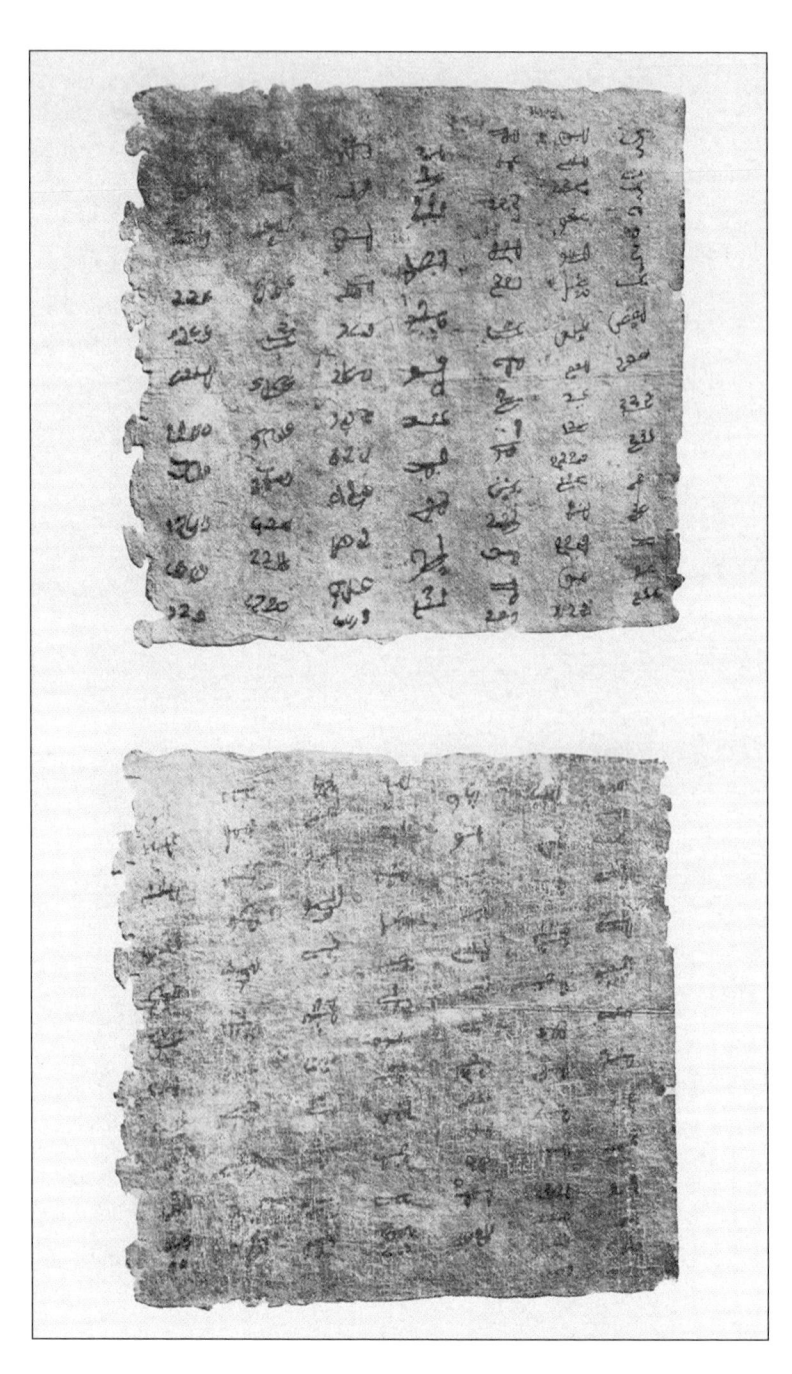

图版九一

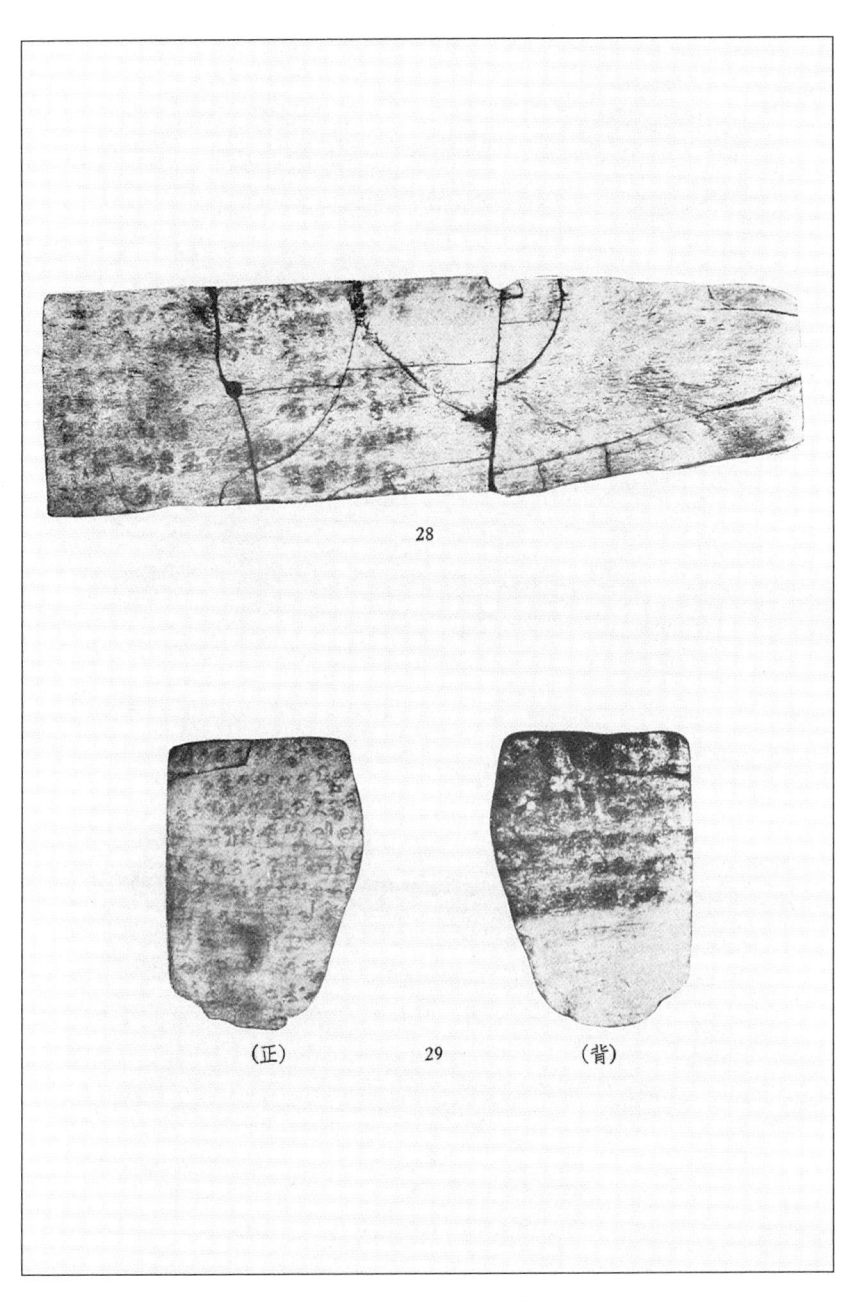

(正) 29 (背)

图28、29 龟兹语文木简残件

图版九二

图30 龟兹语文木简残件，上（正）、下（背）

图版九三

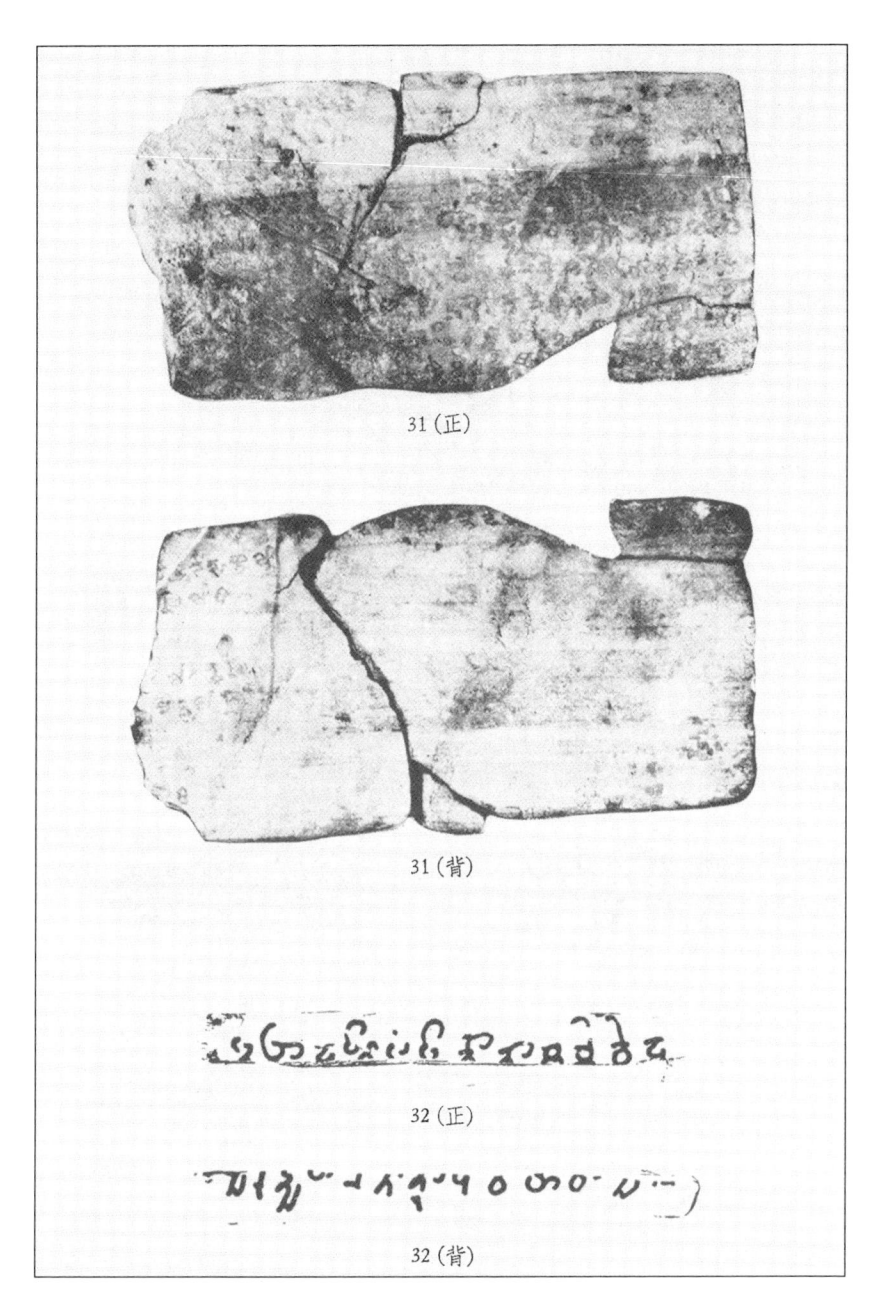

31（正）

31（背）

32（正）

32（背）

图31、32　龟兹语文木简残件

图版九四

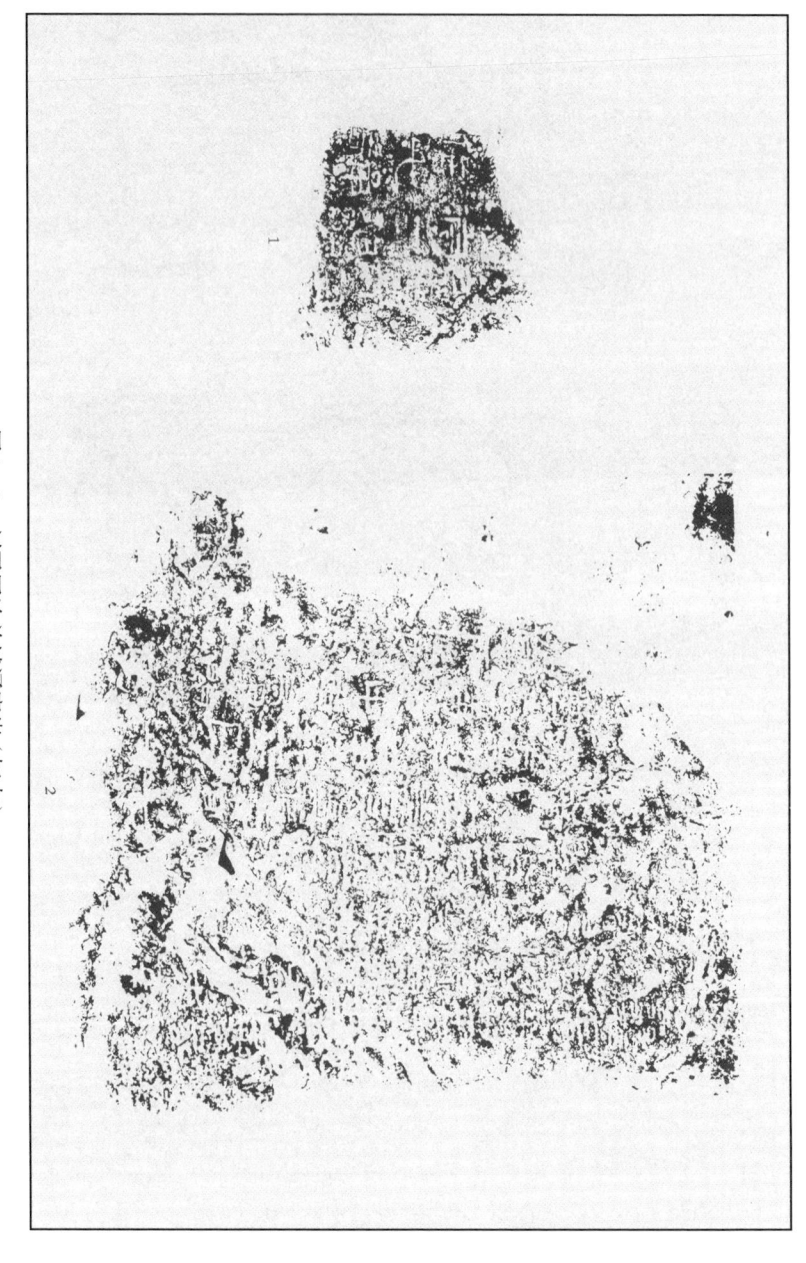

图1、2 刘平国治关城诵摩岩（拓本）

图版九五

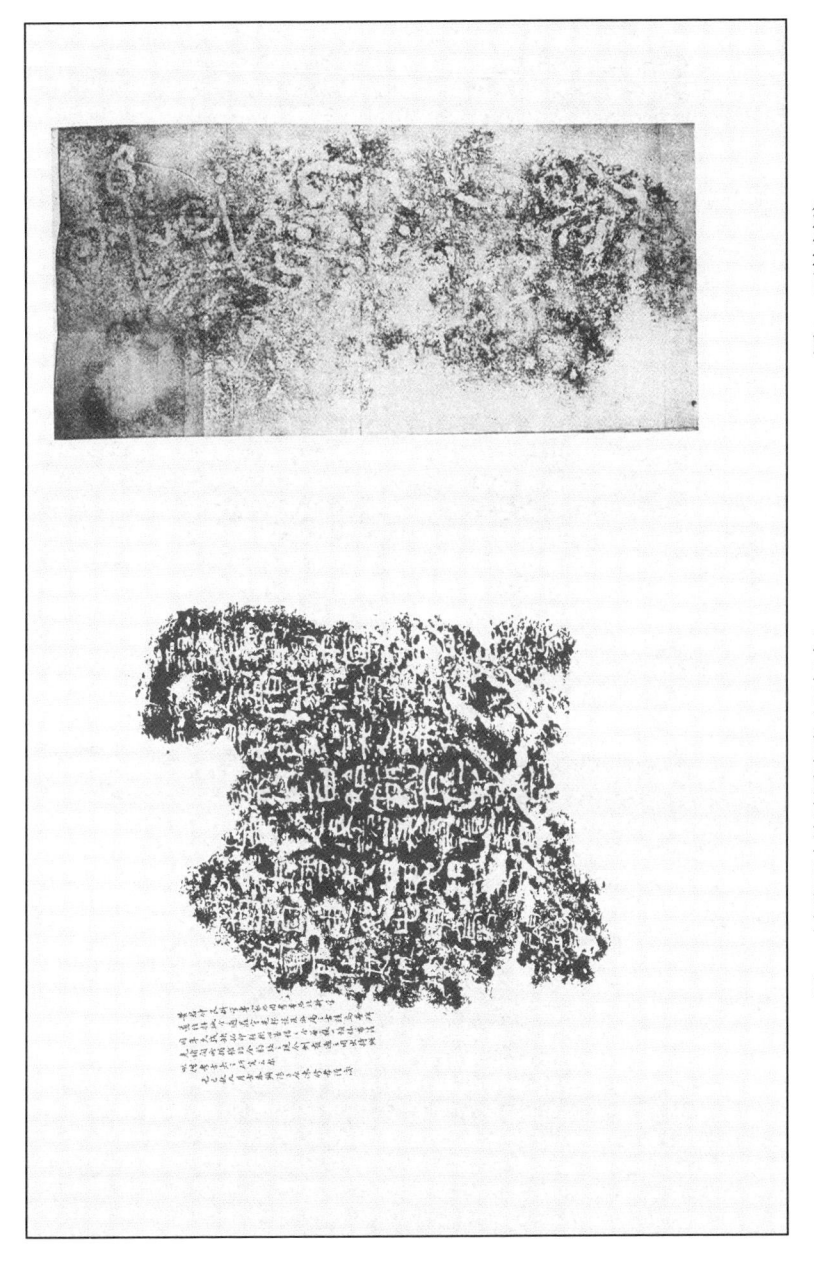

图3 石鼓刻辞

图2 刘平国治关城诵摩崖（旧拓本）

图版九六

4

5

图4、5 洞壁刻天宝十三载题记

图版九七

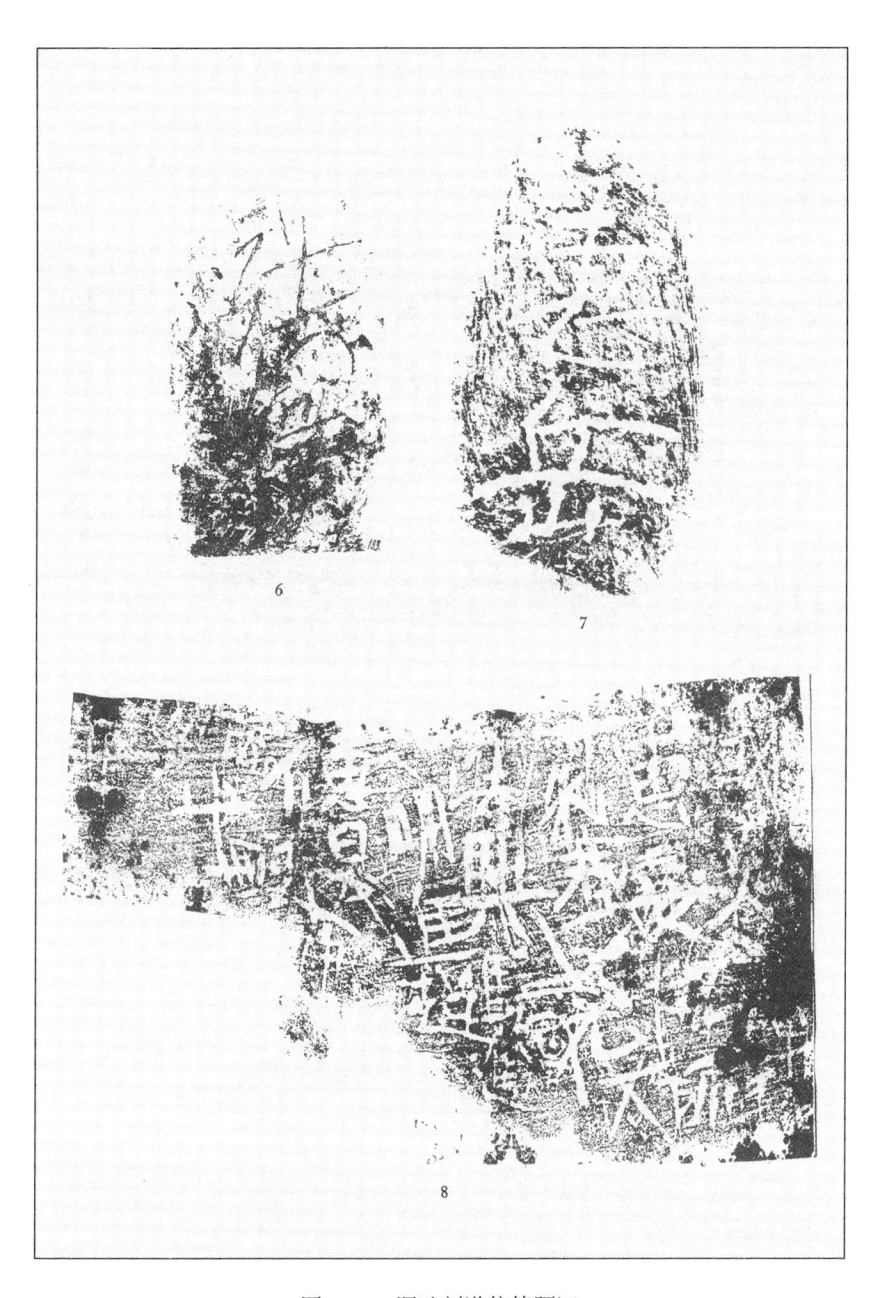

图6—8 洞壁刻洪信等题记

图版九八

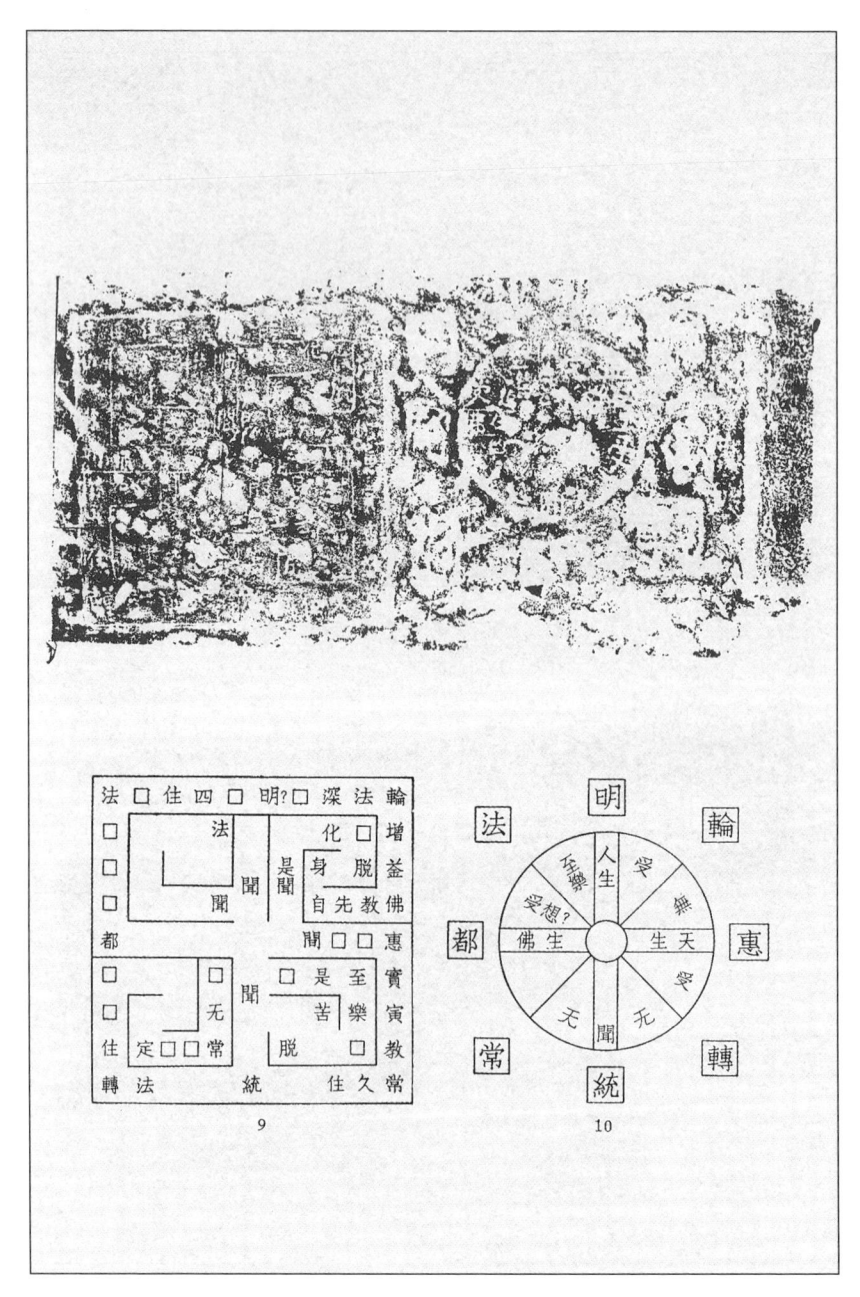

图9、10　石室刻回文图，上（拓本）、下（摹写）

图版九九

11

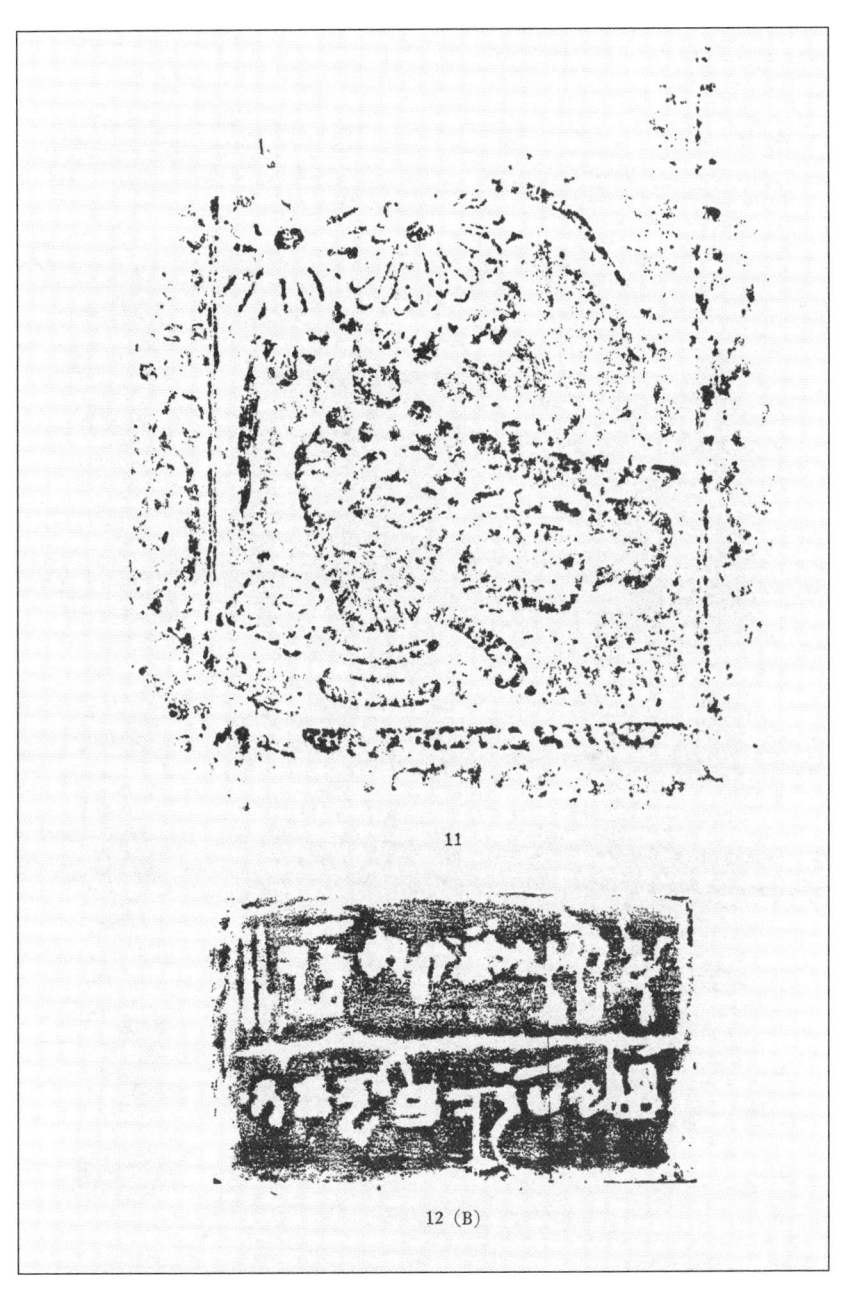

12（B）

图11 石室刻插瓶及花草图案　　图12 石室刻民族古文字

图版一〇〇

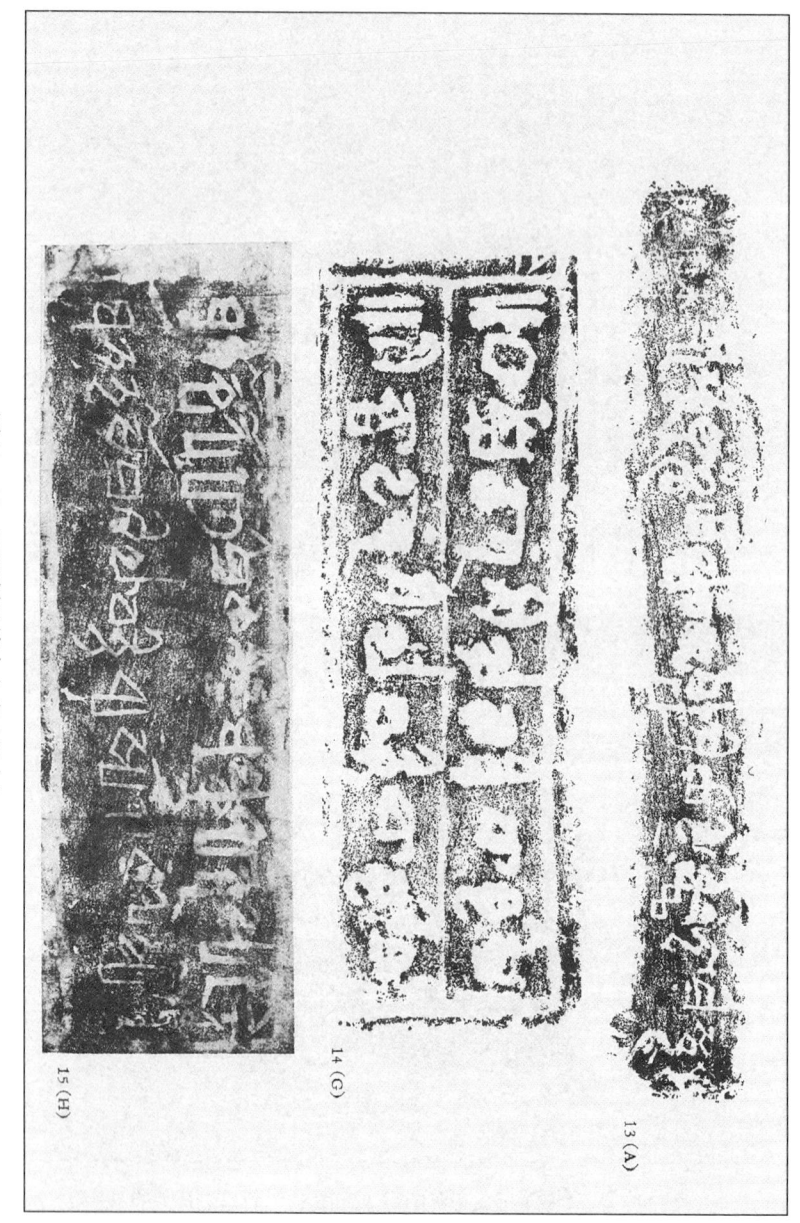

图13—15 石窒刻民族古文字（拓本）

图版一〇一

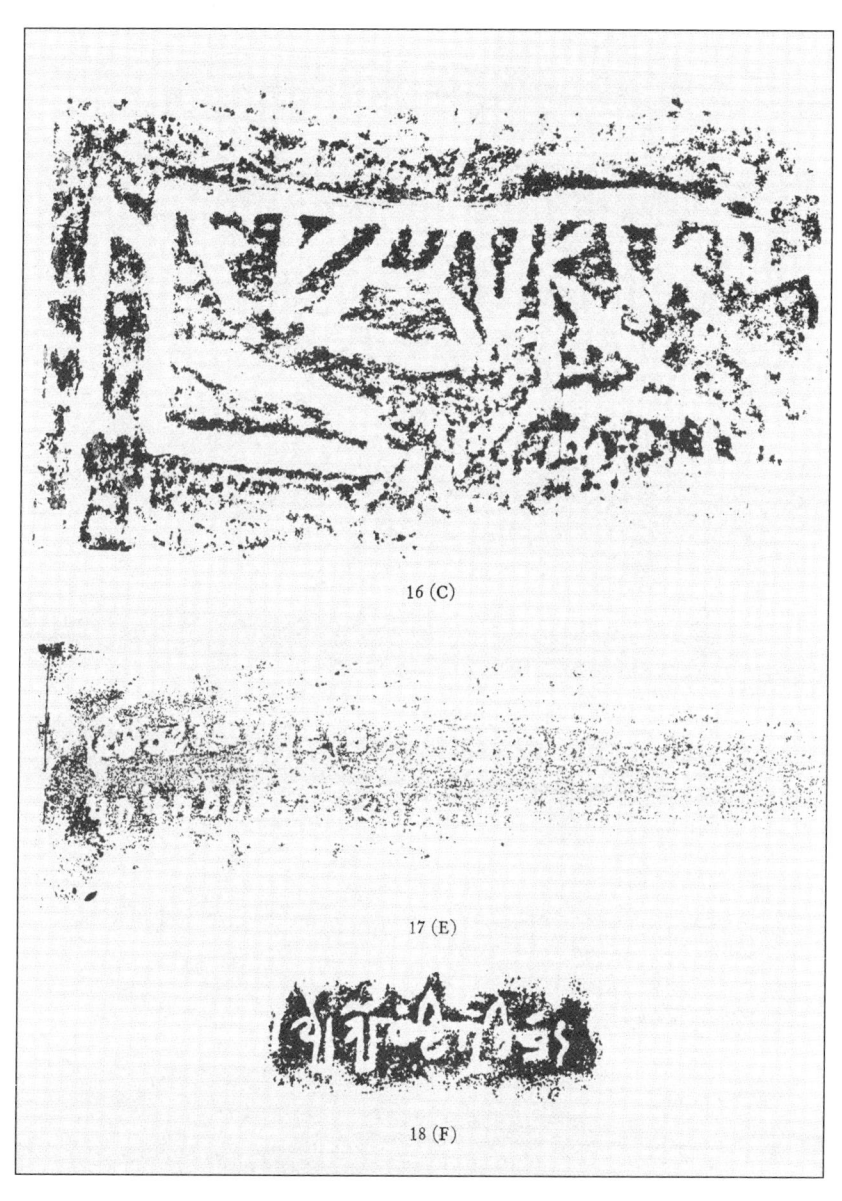

16 (C)

17 (E)

18 (F)

图16—18 石室刻民族古文字（拓本）

第六部分
古钱币

图版一〇二

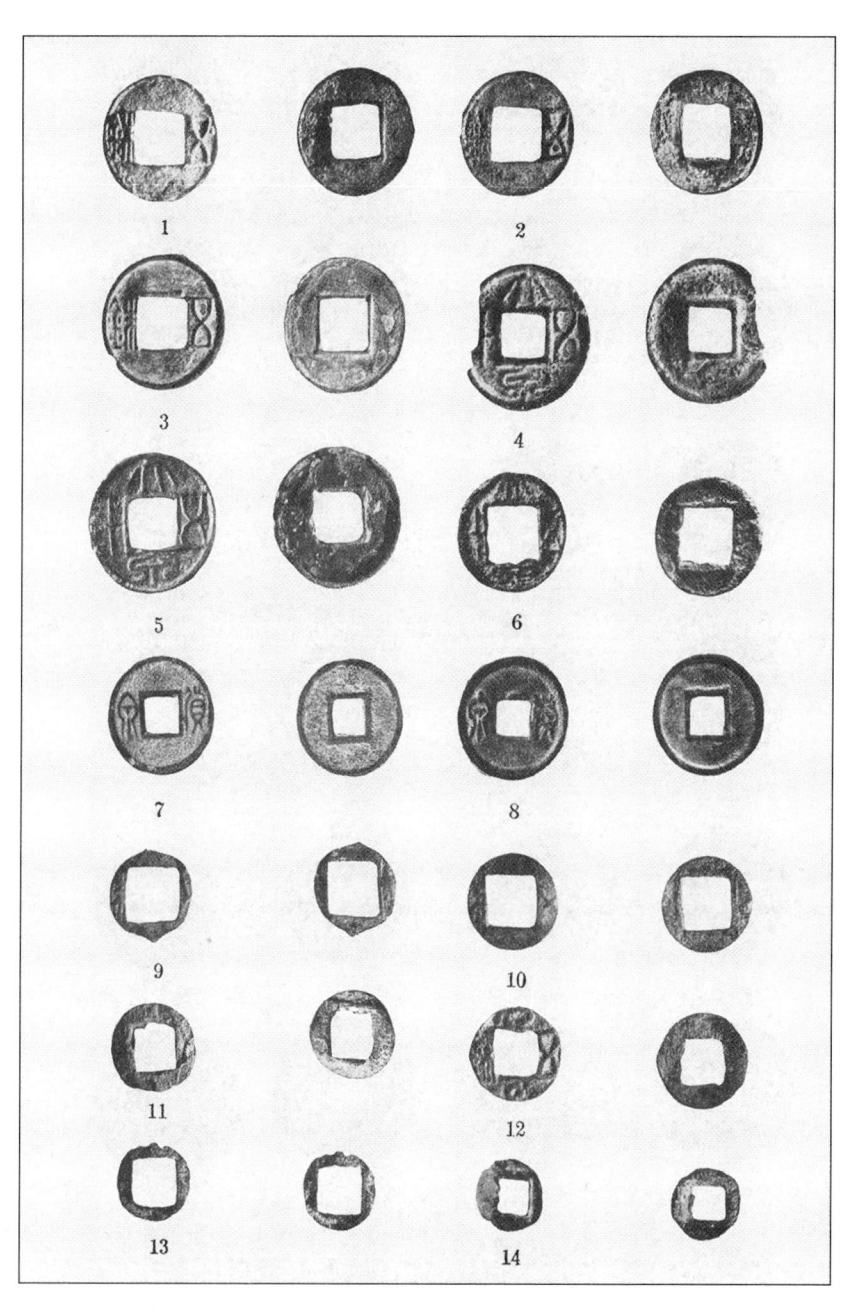

图1—3 五铢钱　图4—6 大泉五十　图7、8 货泉
图9—12 小五铢　图13、14 龟兹小铜钱

图版一〇三

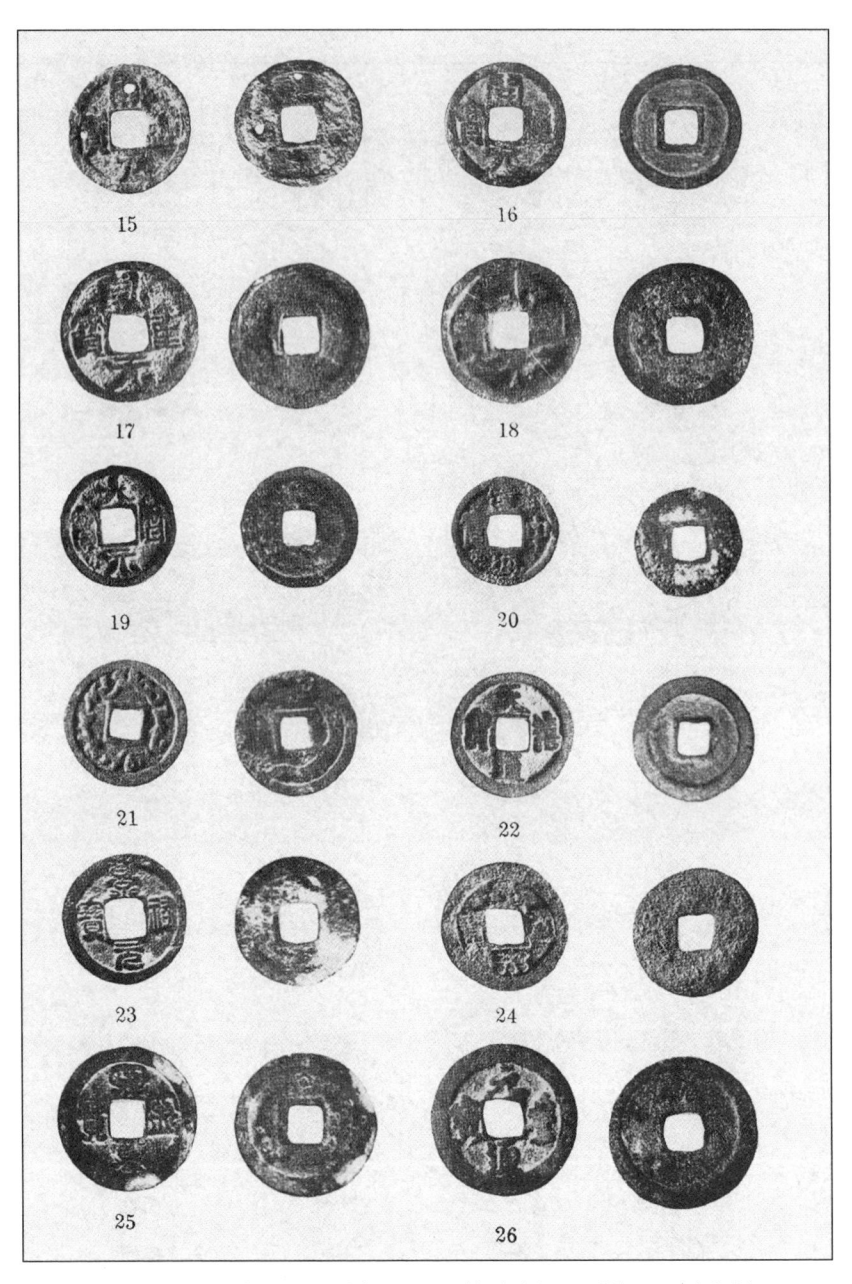

图15、16 开元通宝　图17、18 乾元重宝　图19 大历元宝
图20 建中通宝　图21 突骑施铜钱　图22 天禧通宝
图23 景祐元宝　图24 皇宋通宝　图25 熙宁重宝　图26 元丰通宝

图版一〇四

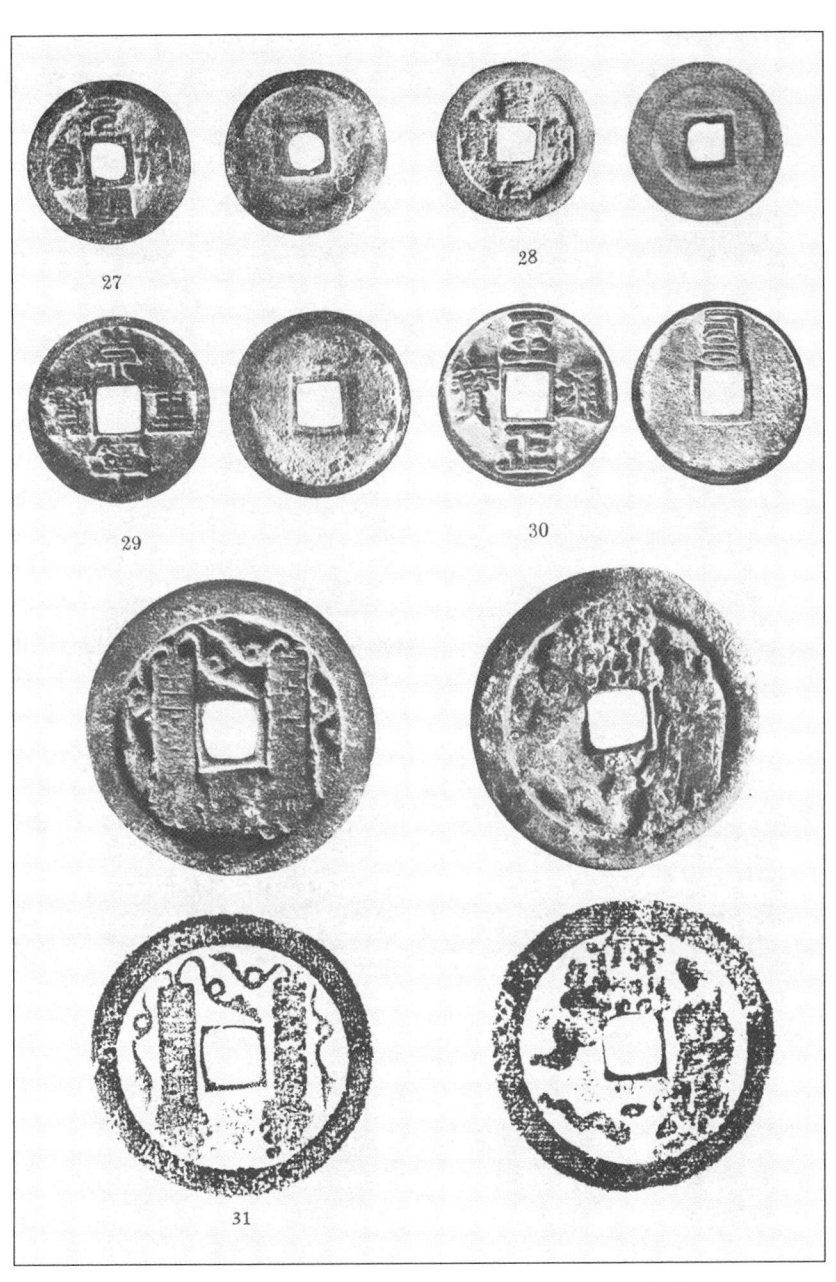

图27 元符通宝　　图28 圣宋元宝　　图29 崇宁重宝
图30 至正通宝　　图31 压胜钱，右（拓本）

图版一〇五

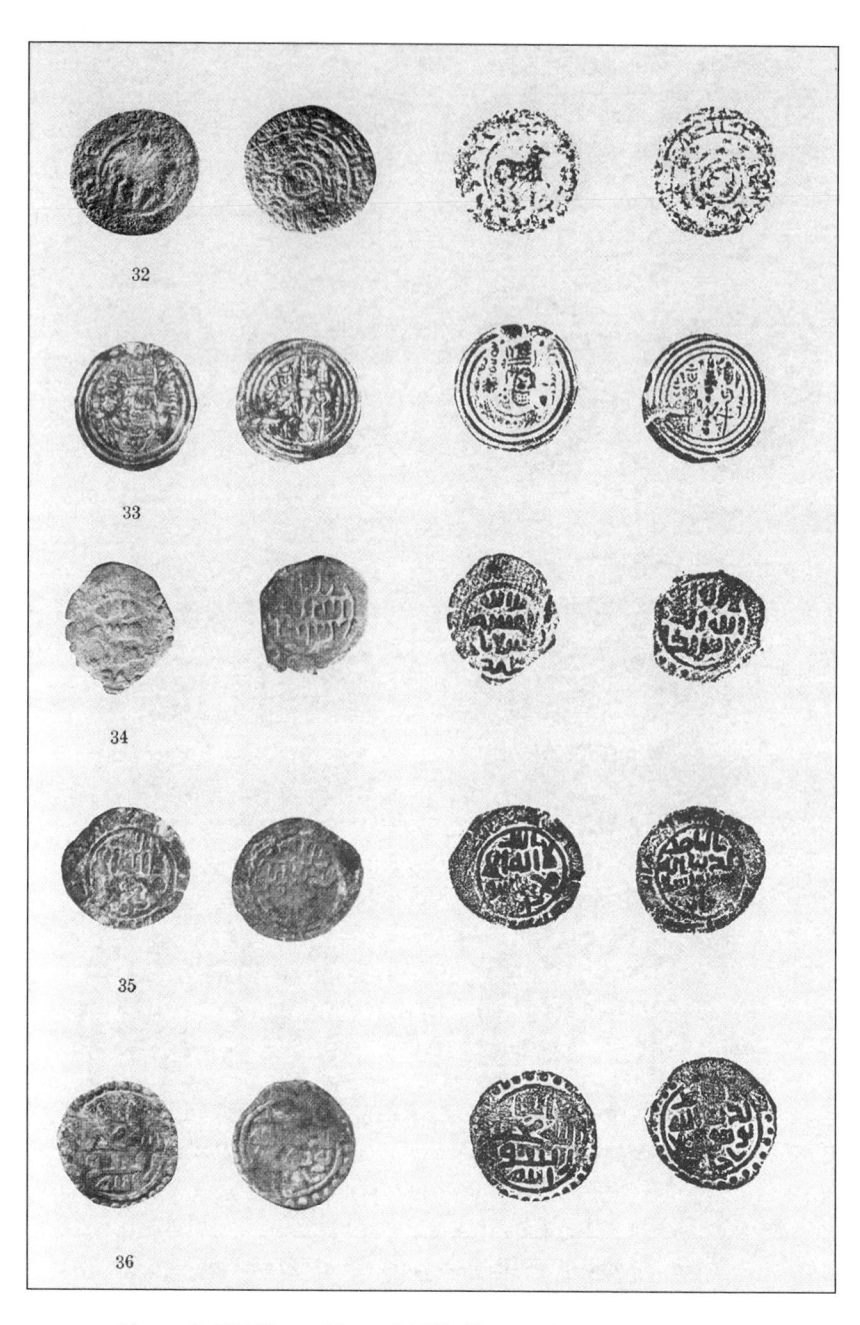

图32 和阗马钱　图33 波斯银钱　图34—36 叶城铜钱
（右两行为拓本）

图版一〇六

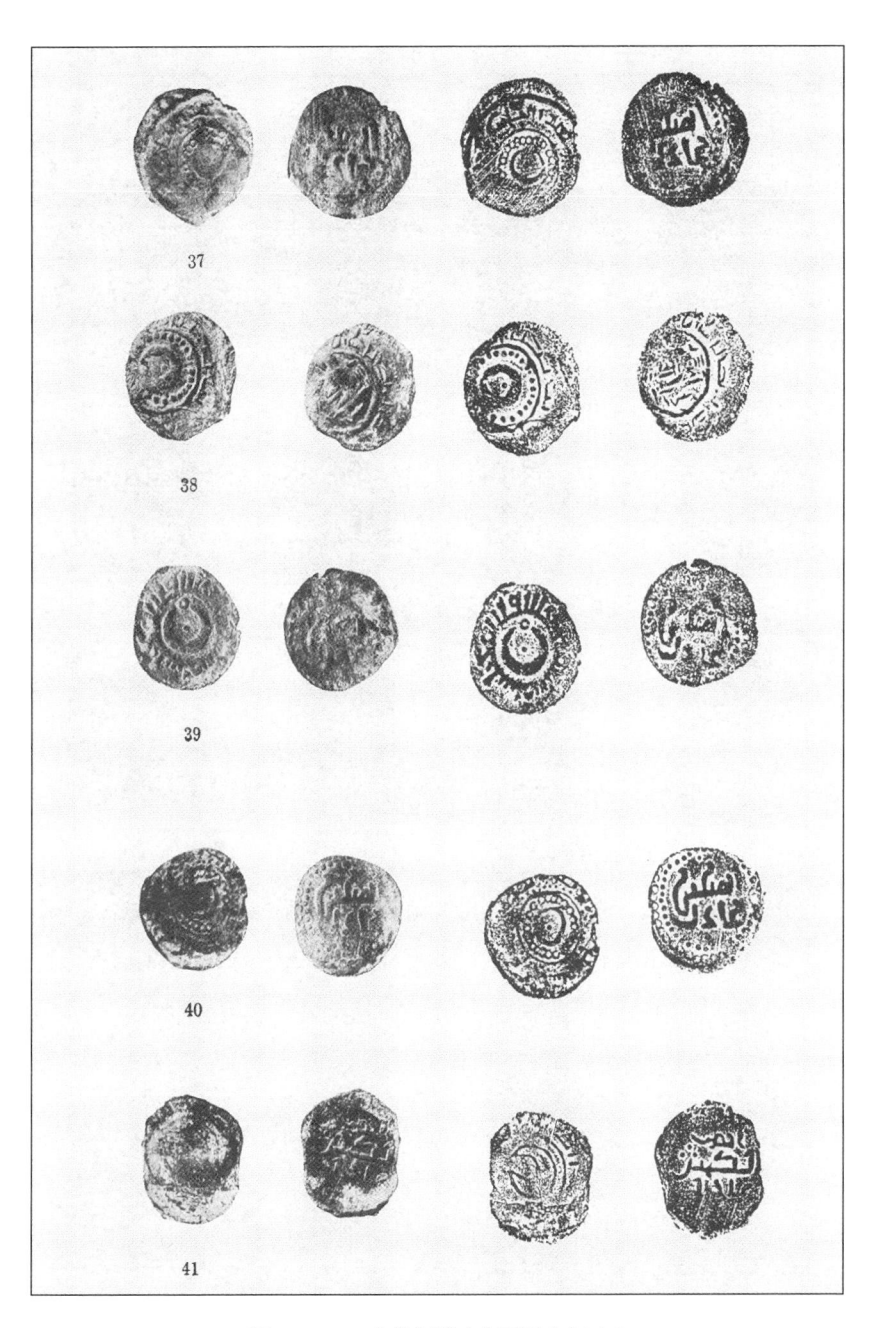

图37—41　喀什铜钱（右两行为拓本）

图版一〇七

图37—41 喀什铜钱（右两行为拓本）

图版一〇八

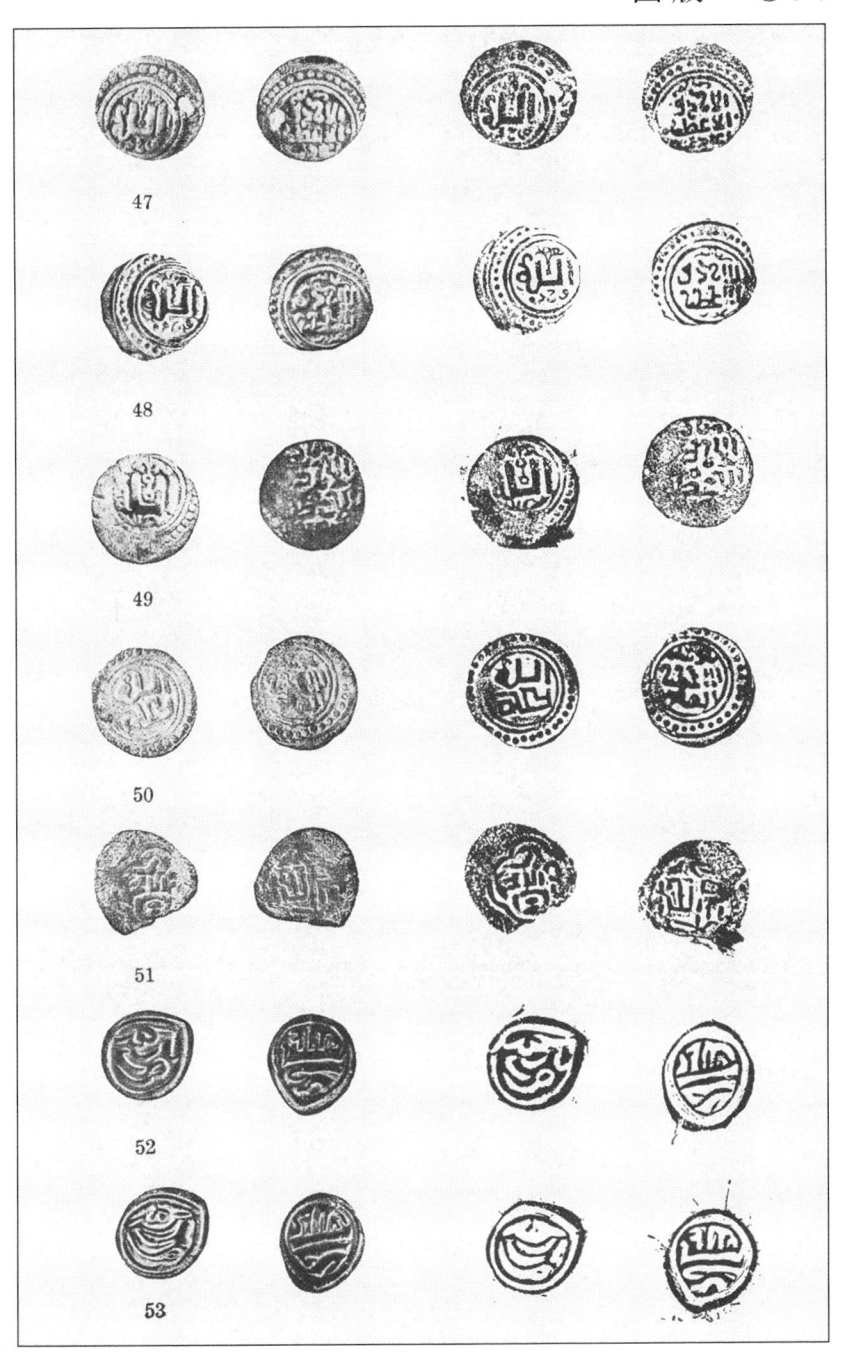

图47—51　高昌银钱　　图52、53　桃仁形铜钱

（右两行为拓本）

第七部分
铜石等件

图版一○九

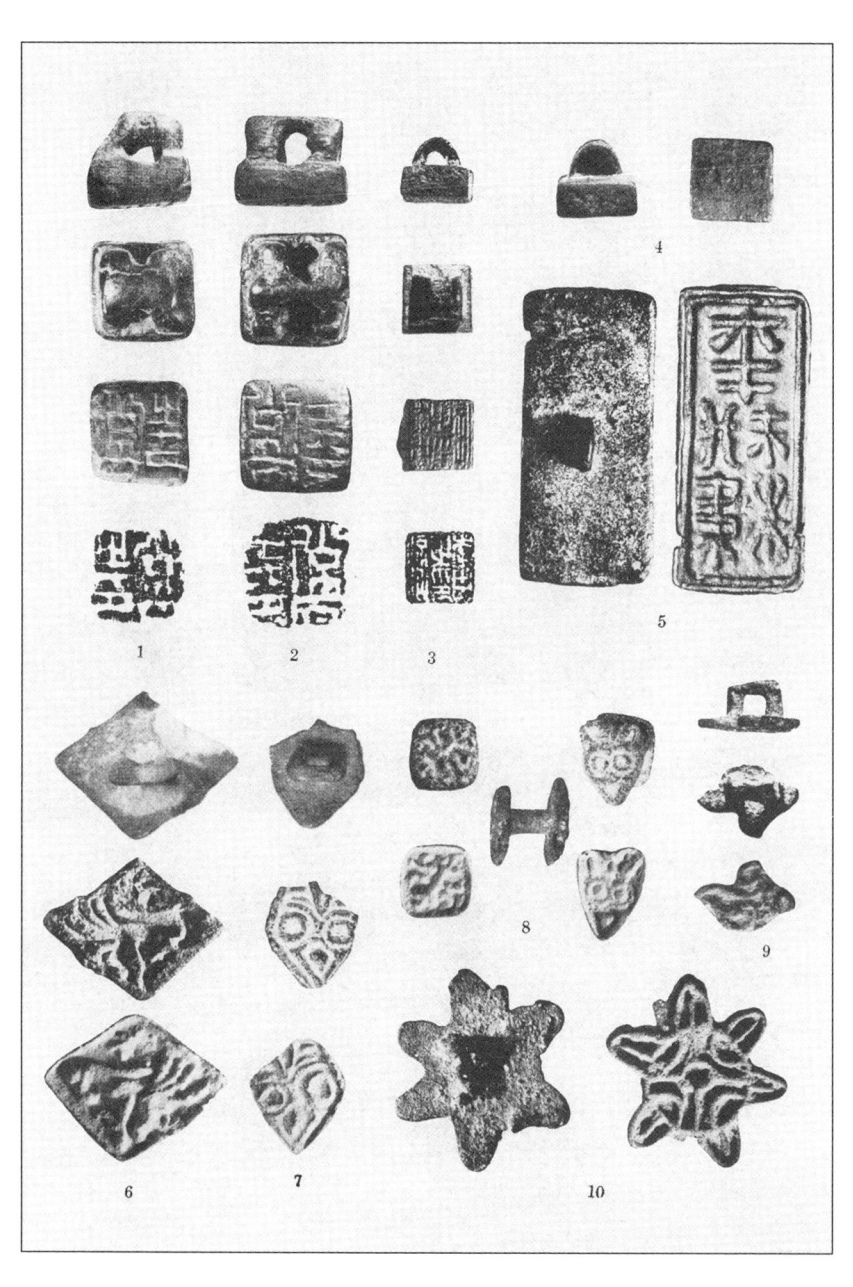

图1—4 汉铜印　图5 铜牌　图6—10 铜花押

图版一一〇

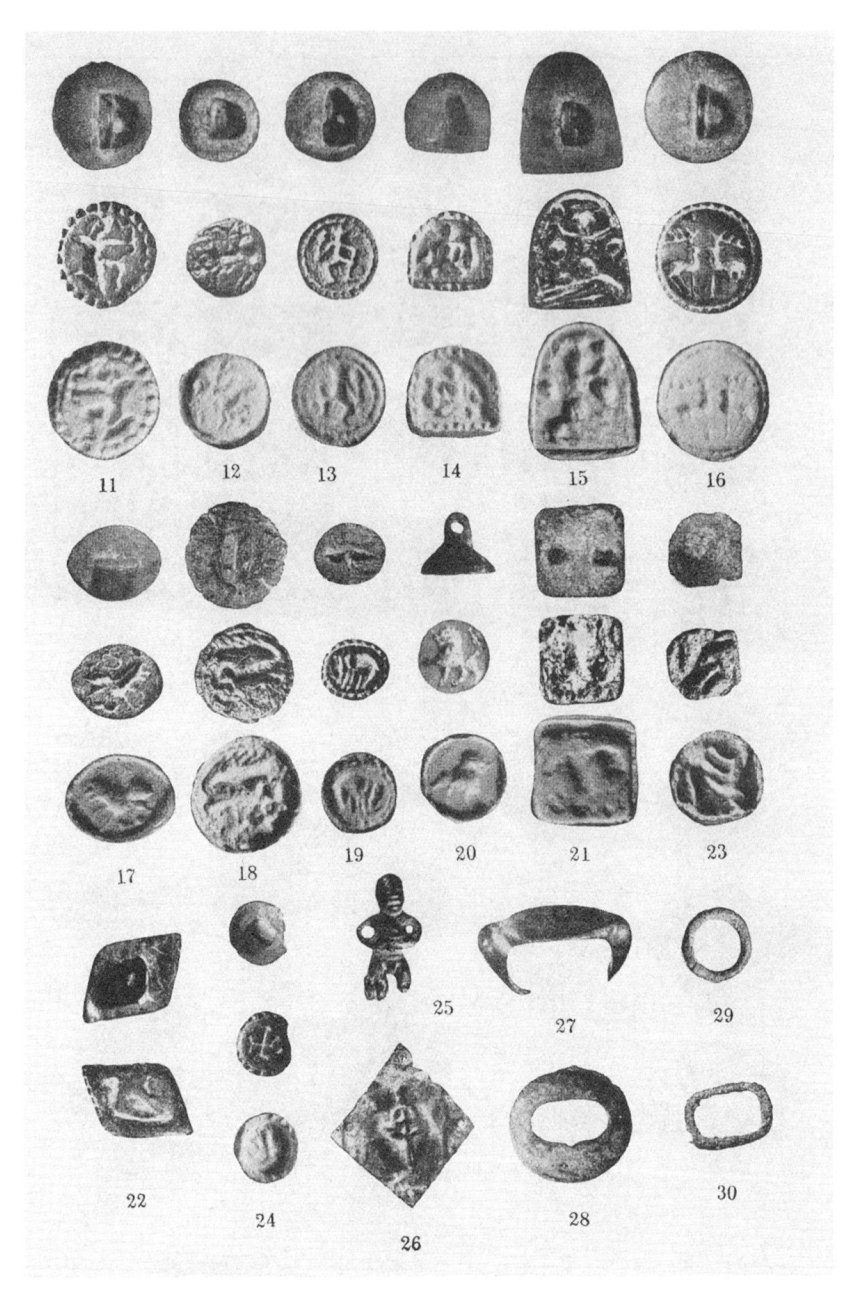

图11—22 铜花押　图23、24 铜章　图25—28 铜饰　图29、30 铜环

图版一一一

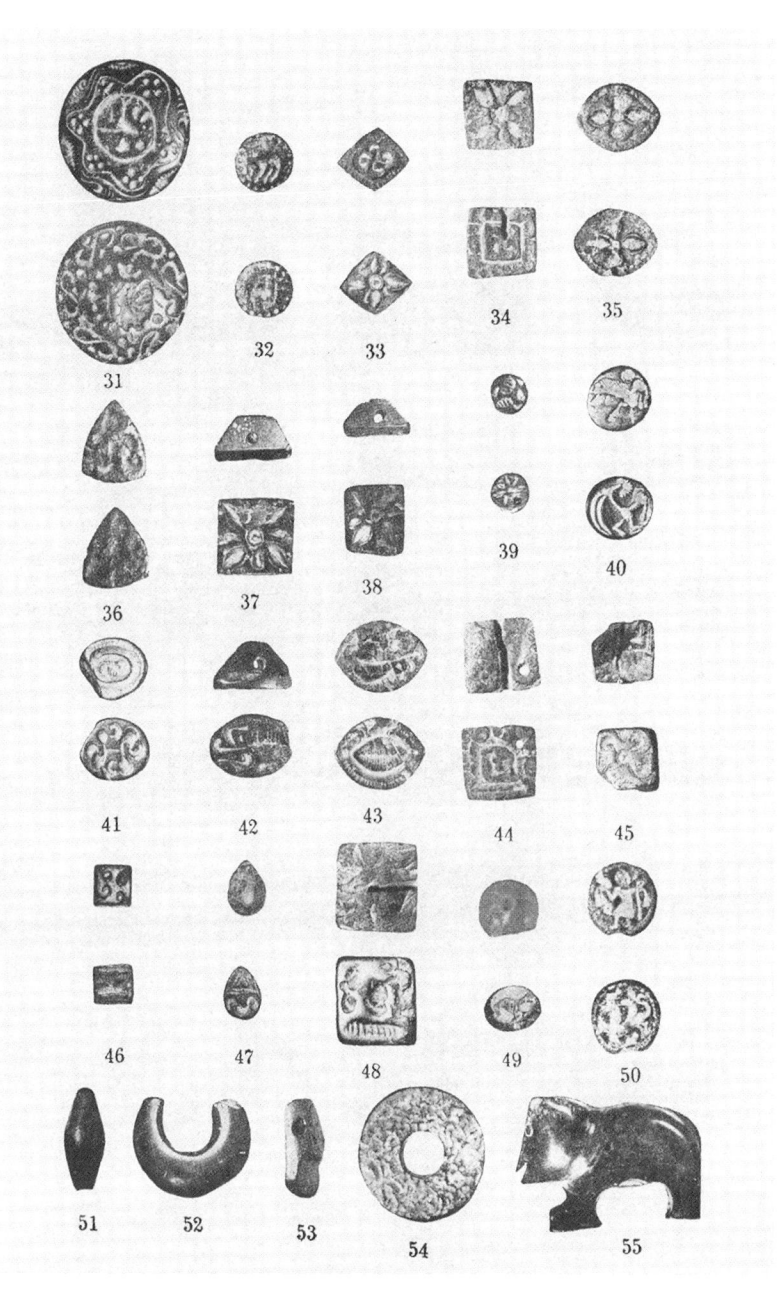

图31—50 发饰　图51—53 耳饰　图54、55 玩具

图版一一二

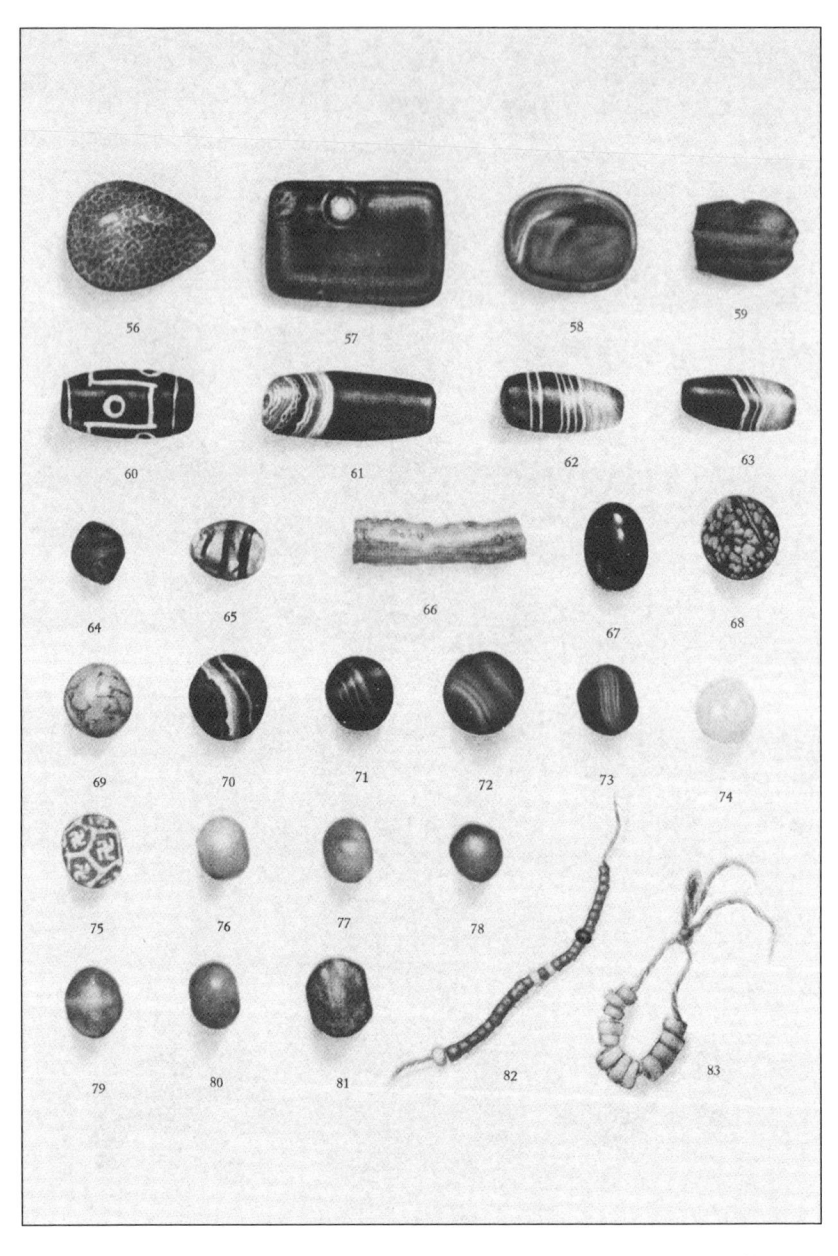

图56 帽饰　　图57 佩饰　　图58—67 耳饰　　图68—81 项饰

图82、83 帽缨

第八部分
石陶等件

图版一一三

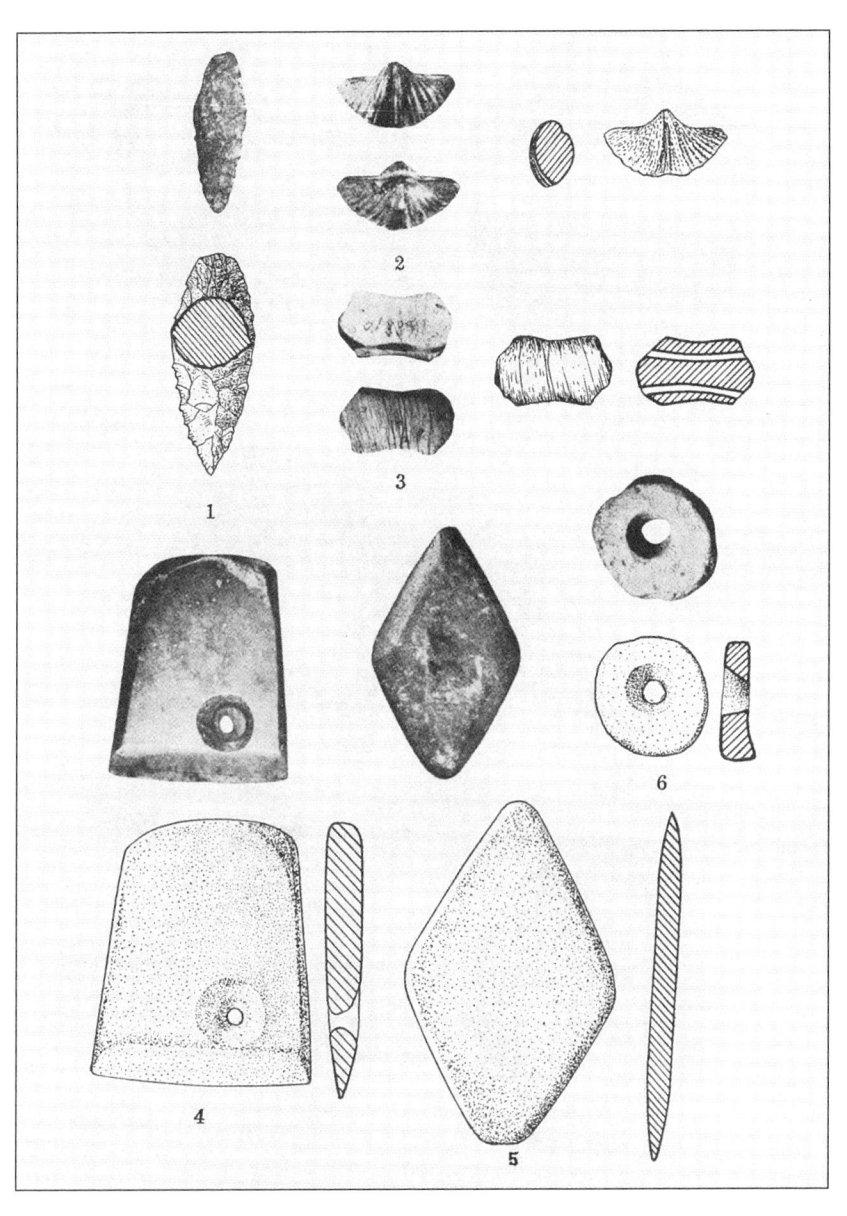

图3 打制石矢镞　　图2 石燕化石饰品　　图3 象牙饰品
图4 磨制玉斧　　图5 磨制石刀　　图6 陶纺轮

图版一一四

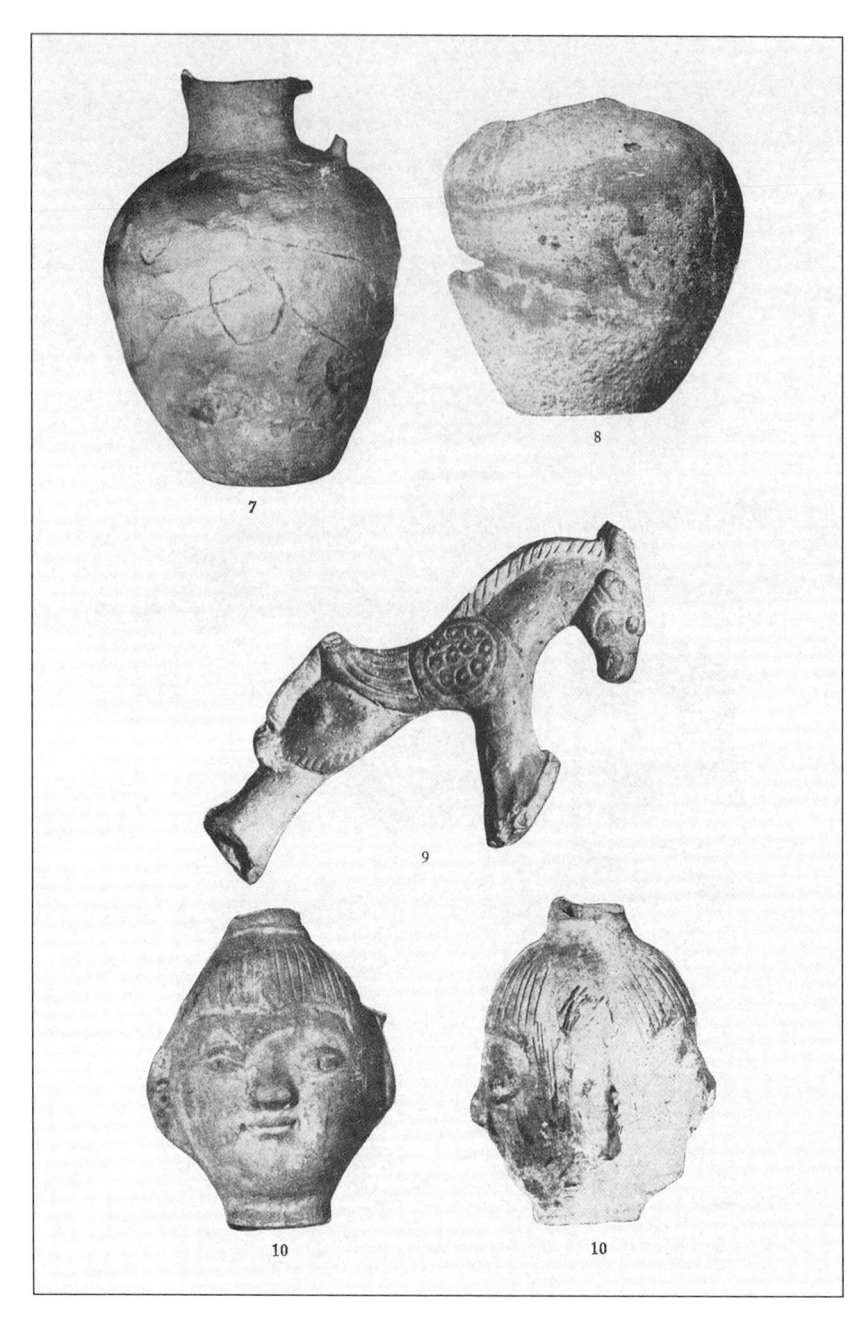

图7 单耳罐　图8 残陶罐　图9 兽形器柄　图10 双人面器柄

图版一一五

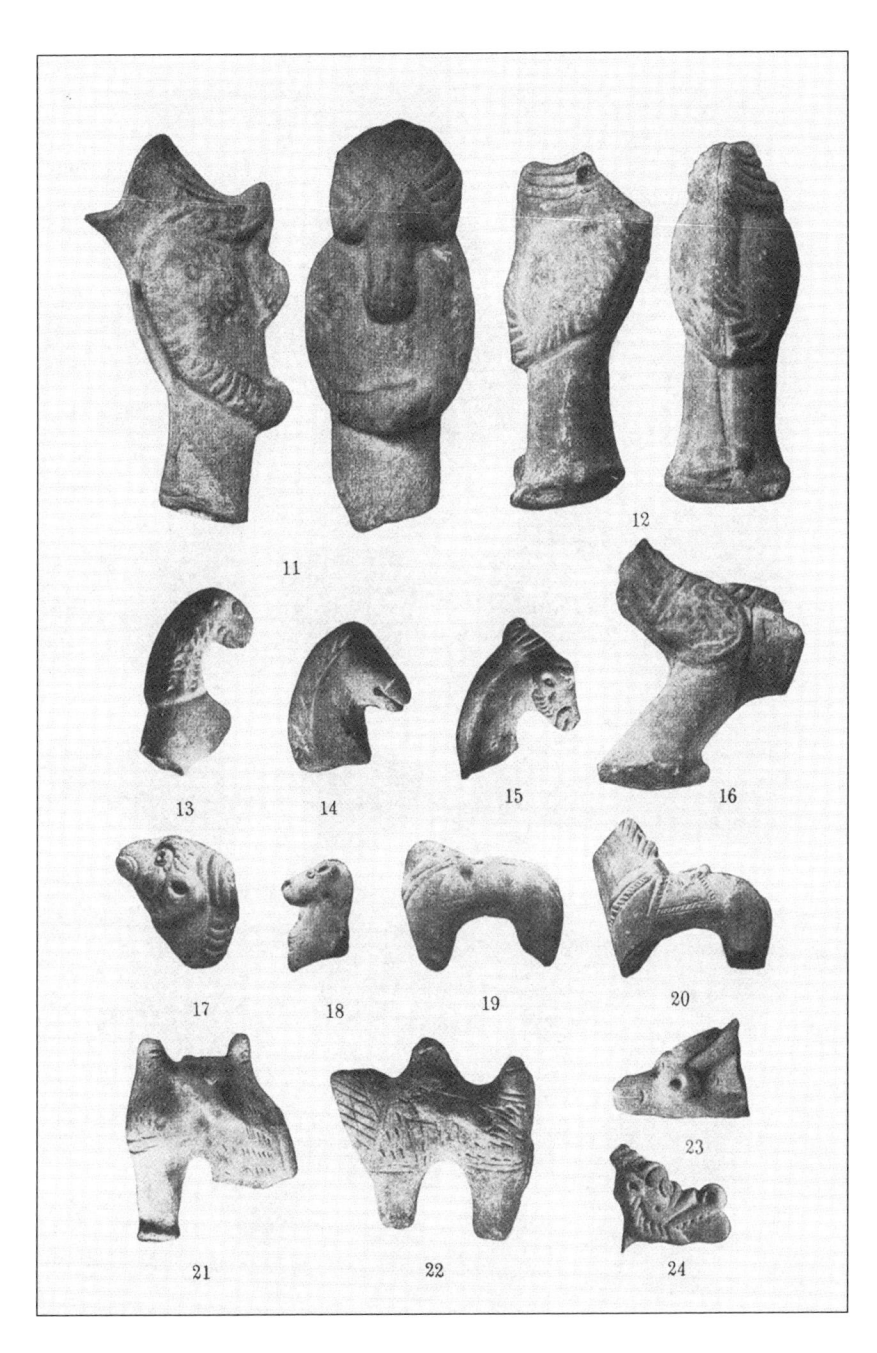

图器皿1—24 兽形饰件

图版一一六

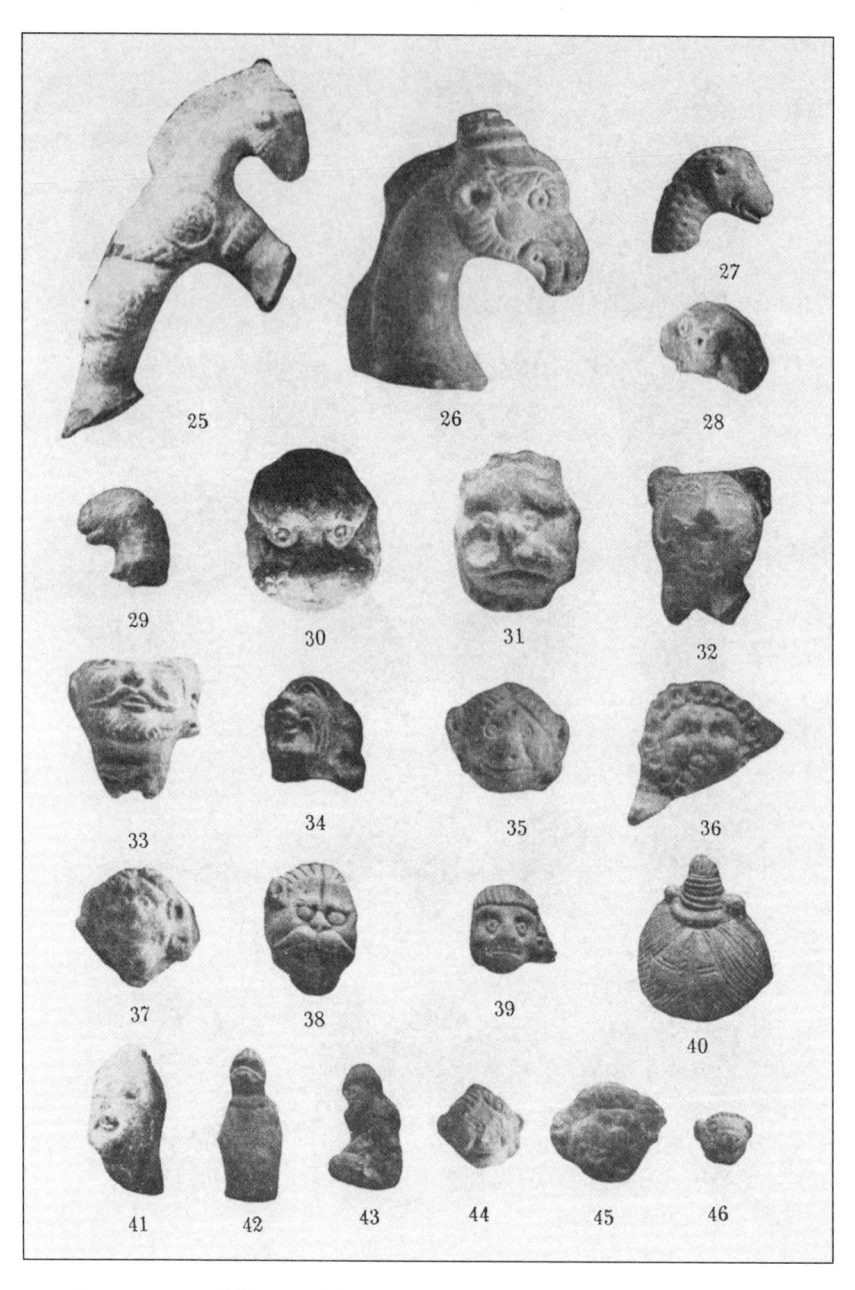

图25—29　兽形器柄　　　圆32—34　人面形饰件　　　40—42　人像残件
图30、31、35—39、43—46　兽面饰件

图 版 一 一 七

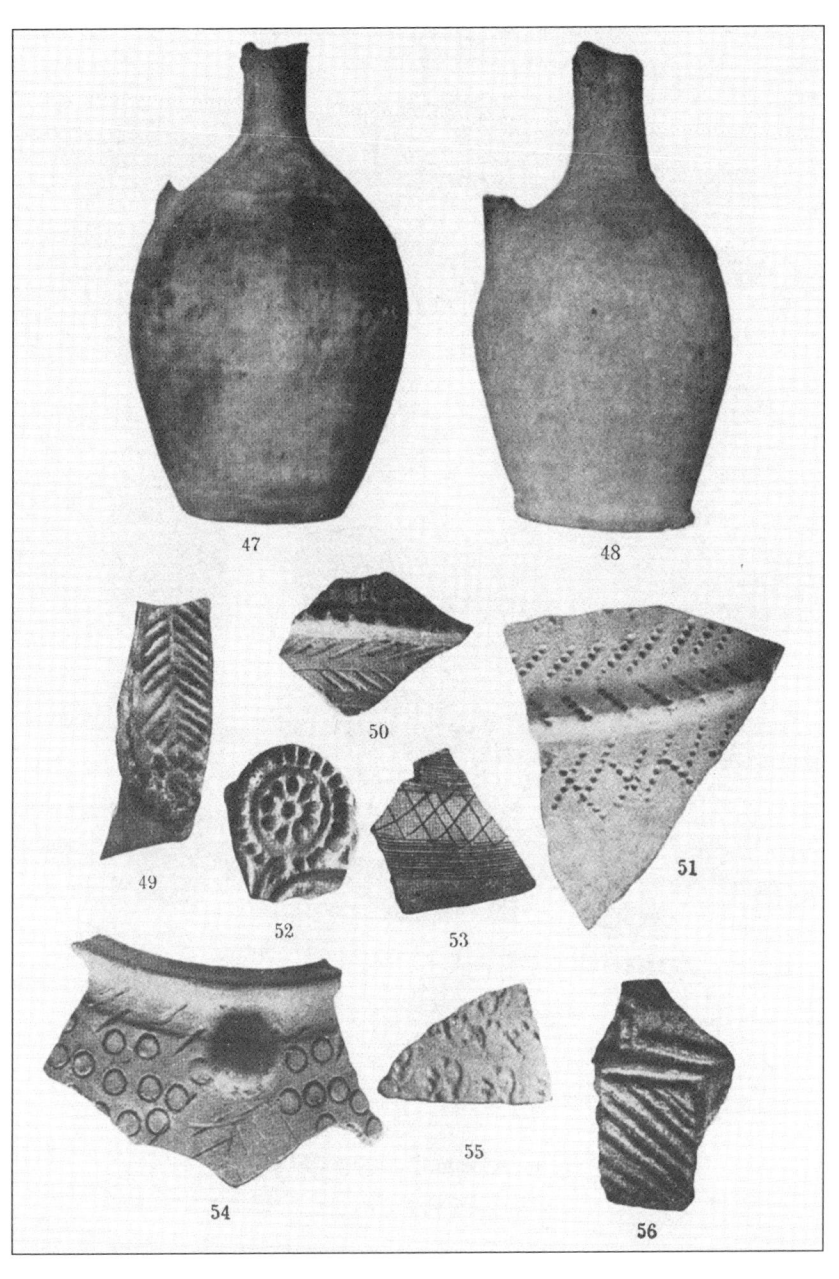

图47、48　单耳瓶　　图49—52　印纹红陶片　　图53—56　压纹刻纹红陶片

图版一一八

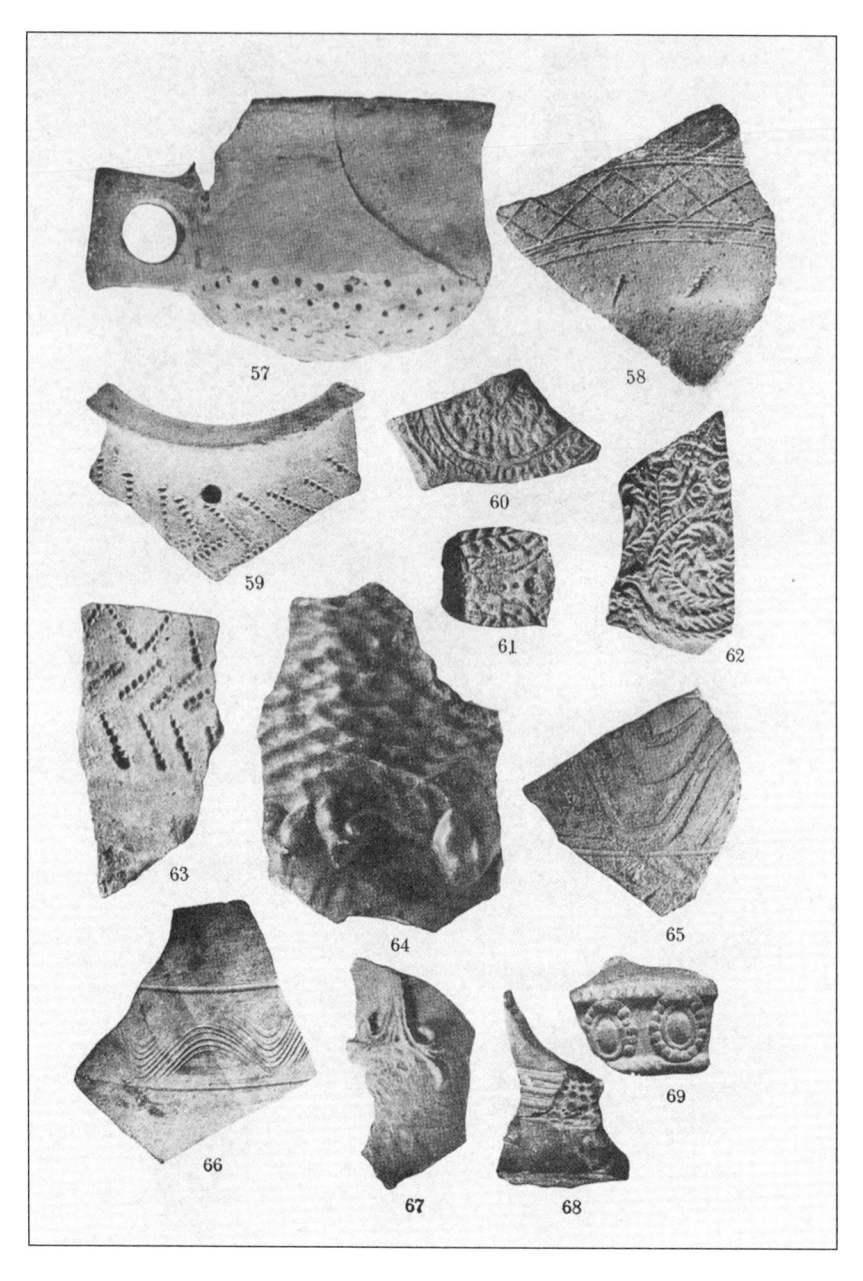

图57 漏底钵　　图58、59、63—66 刻纹红陶片
图60—62、67—69 印纹红陶片

图版一一九

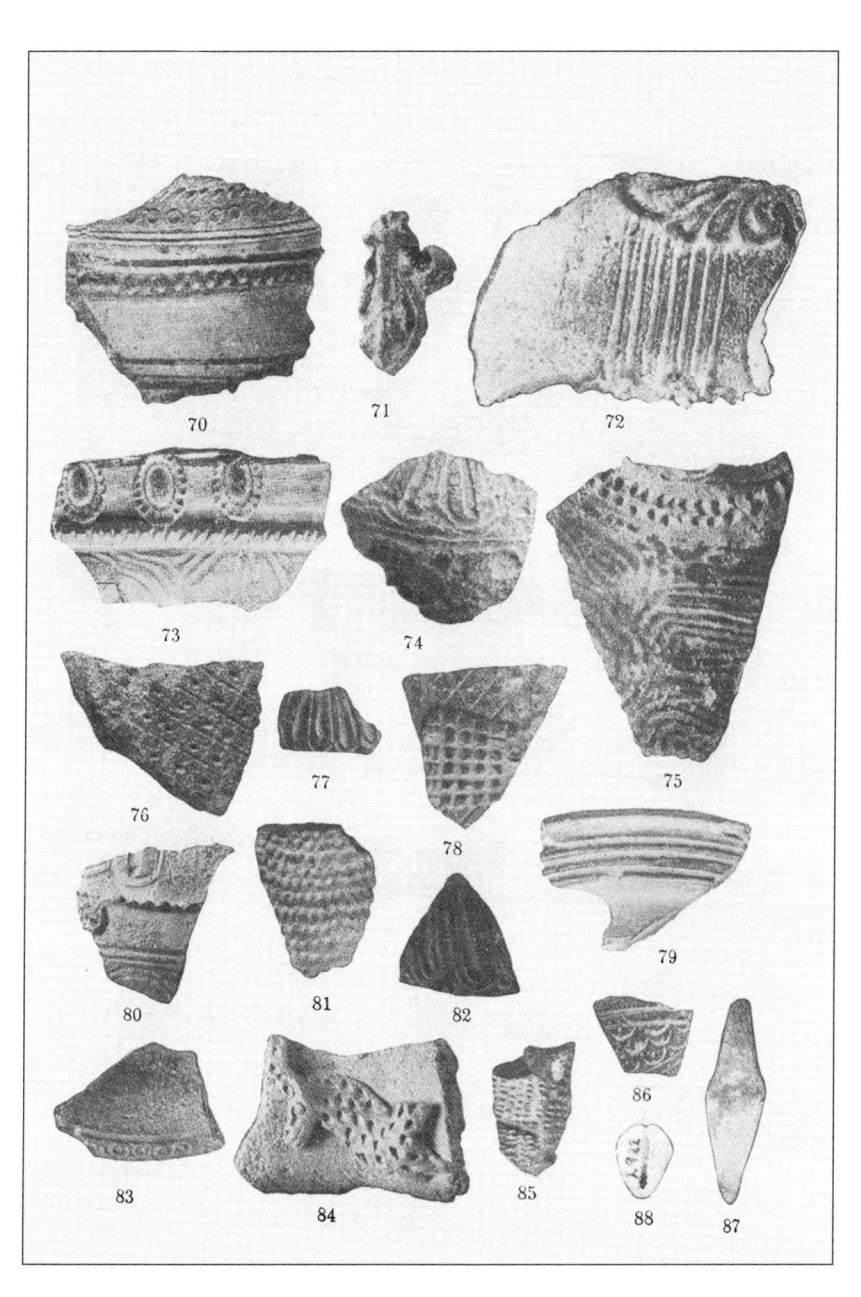

图70—86 剔纹红陶片　圆87 骨矢镞　图88 贝饰

图版一二〇

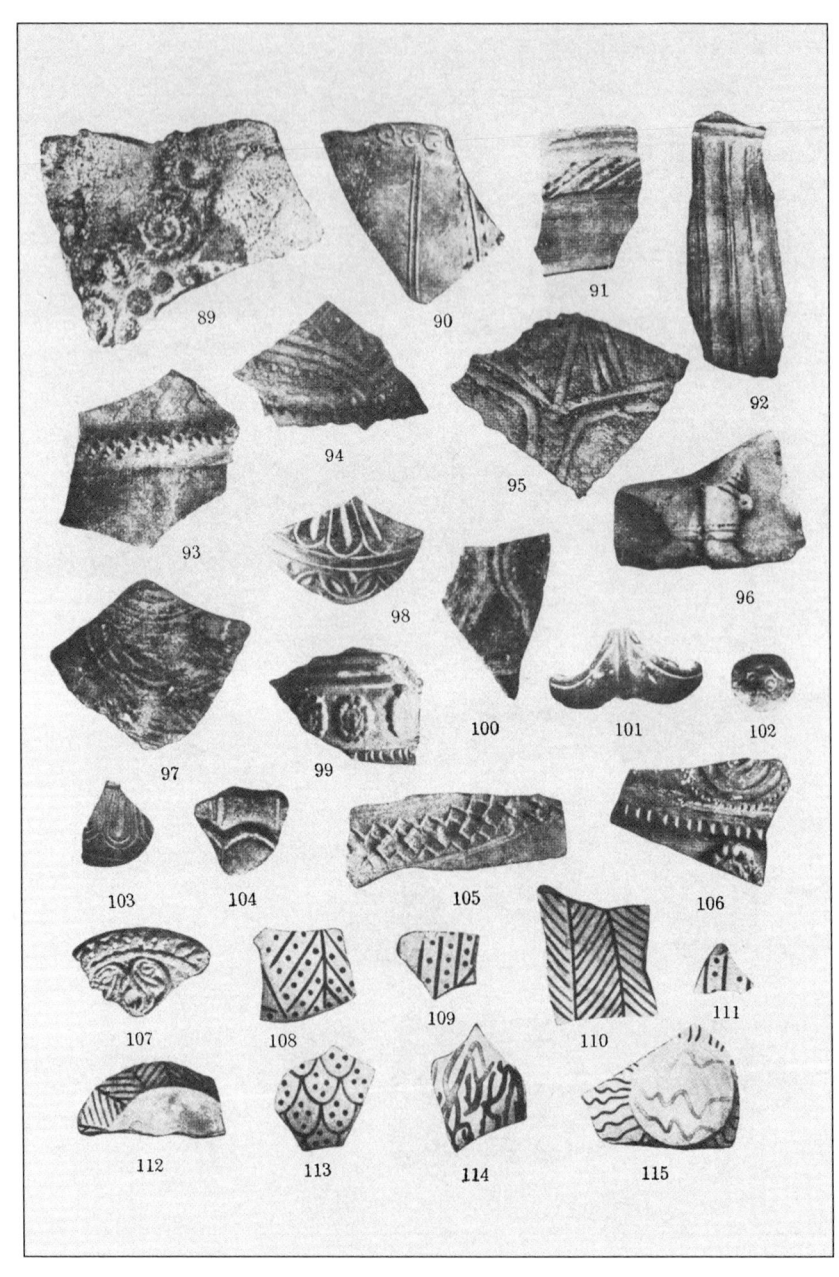

图 89—107 剔纹红陶片　　圆 101—115 彩绘红陶片

《塔里木盆地考古记》校勘表

塔里木盆地考古记校勘表

一、目录部分

页	行	误	正
十	下十附图伍		（删去）
十	下十三附图陆		（删去）
十	下二十附图拾壹		（删去）
十一	上三附图拾贰		（删去）
十一	上六附图拾叁		（删去）

二、文字部分

页	行	误	正
四	十二	喀拉墩	于阗哈拉墩
六	二〇	（附图伍，3）	（删去）
七	十五	（附图伍，2）	（删去）
七	下二	插图捌 1-3	
十	六	（附图陆，1）	蒙名阿仔格尔，俗称唐王城，距焉耆十八公里
十	十一	（附图陆，2）	与曲惠及阿拉癸沟遗址，则此址或与同时。
十	十三	（附图陆，3）	在邪巴庄南二十里，被火焚燬之义时巳下午七时，即维语红城之义色乃当沁
十	十五	（附图拾壹，1）	维语有豪沟之义（又称为唐王城）
十	十九	（附图拾壹，2）	维语有豪沟之义（又称为唐王城）
二二	十三	（附图拾壹，3）	色当沁（附图拾壹，3）
二三	二一	（附图拾贰，1）	维语红柳城之义
二三	十九	（附图拾贰，2）	维语红柳城之义
二三	二一	（附图拾贰，3）	又名于什格提

页	行	误	正
二三	十七	（插图叁，2；附（插图叁，2）	西距英业三十餘里
		（附图拾叁，3）	距沙乌勒克约十里
二五	一	（附图拾叁，1）	水清澈
二六	三	「白色」	「清水」
三〇	七	土白色	高约三米多
七二	十一	高约九餘米	
九四	八	沙雅西北	新和西南
一〇六	十五	沙雅西北	新和
一〇七	二一	库车	新和
一〇七	八、九	库车	新和
一〇七	十七	库车	新和
一〇七	十三	是在大羊達克沁唐钱多在库车一带	是在新和大羊達克沁唐钱多在库车、新和一带
一一八	二一	出库车色当沁附近	出新和和色当沁附近
一一九	十七	沙雅西	出新和西部
一三〇	十八	沙雅西	出新和西部
一三〇	十四	沙雅西北	出新和西北
一三一	十九	沙雅（备考中）	新和
一三四	二一	高昌银钱	吐鲁番出土银钱

三、圖版部分

圖	誤	正
圖版壹零捌圖 47—51	高昌銀錢	吐魯番出土銀錢
	烏沙他拉	和碩
	和碩（曲惠）	曲惠
	何騰蘇木	和靖
	和靖	察汗通格
	墩墩爾	阿拉爾
	確爾克達格	確爾達格
	黑太克爾	黑太沁爾
路線圖二焉耆		
路線圖五庫車		
路線圖六哈拉柯爾		

圖	誤	正
插圖叁圖3、4	和闐塔克那馬堪大沙漠	和闐北大沙漠 于闐喀拉墩古址
插圖捌圖1、2、3	喀拉墩古址	（刪去）
附圖伍		（刪去）
附圖陸		（刪去）
附圖拾壹		（刪去）
附圖拾貳		（刪去）
附圖拾叁		（刪去）

编者注：此表为原版表。

地名索引

例　言

一、本索引收入《塔里木盆地考古记》正文所及地名，包括自然与行政地理名词，如国家、城镇、村庄、关门、山水、沟渠等；地名并称、俗称如"安西四镇""冰岭"等，给予列入；职官、书名中的地名，如"突骑施都督""《吐火罗语考》"中"突骑施""吐火罗"等，给予列入；古族名兼有地名义者，如"回鹘"，也予列入。

二、同名异地分别立目，于地名后括注其不同的地名特征，如"喀拉马克沁（焉耆属）""喀拉马克沁（阿克苏属）"；同地异名分别立目，各自括注其异称，如"阿耆尼国（即焉耆）""栢则克里克（又作巴则克里克）"；同一地名有详略、古今、同义之称，以其简称为条目，余皆括注，如"安西（安西都护府、安西大都护府）"；不能完全分别异同的地名如"石城""草湖"等，并为一条。

三、地图、图表、注语中的地名，不入索引；常见地名如新疆、西域等，不入索引；地名泛指如"沙岭""新河"等，不入索引。

四、本索引采用拼音排序。地名下所列页码，为该地在《塔里木盆地考古记》中的页数。若地名跨页，标注前页页码。

A

阿巴什　73

阿尔巴特（阿尔巴特驿，即阿瓦提）　20、64

阿尔巴特河（即阿瓦提对里雅河）　64

阿尔达格　91

阿尔仔格　236

阿哈布拉克　4

阿吉克梯木　94

阿羯田山（即白山）　49、54、237

阿克打什　64

阿克对雅　68、70、71

阿克该鄂斯塘　64

阿克沁（阿克沁旧城、阿克沁城、阿克沁古城）　39、41、43

阿克苏　22、30、61、62、64、65、67、68、71、81、94、96、97、98、99、100、243

阿克斯比尔（阿克斯比尔旧城）　74、75、83、84、204、221、222、223、224、225、241

阿克苏河（阿克苏水）　67、98、99、242、243

阿克威　241

阿克雅尔　28、30

阿拉尔　12

阿拉尔旧城　10、12、13

阿拉癸沟　5、13、56、65

阿拉哈庄　39

阿拉什山（阿拉什塔克、阿拉什塔格，又作吴库麻札塔格）　95

阿剌伯　46

阿里什玛札　239

阿耆尼国（即焉耆）　186

阿雀墩　38

阿瓦提（阿瓦提腰站，即阿尔巴特）　64、71、99

阿瓦提对里雅河（即阿尔巴特河）　64

阿西克栏干　93

阿西木土块　92

阿音柯尔巴杂　99、100

阿旃陀石窟寺　159

阿子安山　91、92

阿子安水　92

阿子安庄　91

阿子干布拉克　66

阿子麻札　88

艾克里克　68、70

艾克萨克　99

爱定克尔　42

爱斯克萨乡　242

安集延　5、71

安息　92

安西（安西四镇） 184、185、201

安西（安西都护府、安西大都护府） 23、27、59、94、182、183、184、185、201、202、240

B

巴楚（巴楚县、巴尔楚克庄，又作玛拉巴什） 22、67、68、87、92、94、95、96、97、145、162、173、175、177、185、200、242、243

巴克斯因沟 5

巴拉巴什提 78

巴剌沙贡 203

巴勒喀斯湖（即博斯腾湖） 3

巴音郭楞蒙古自治州 235

巴则克里克（即栢则克里克） 195

八台（八台巴杂，又作察尔巴克） 67、95、98、242

拔汗那 184

跋录伽 30

把什何计 30

白山（即阿羯田山） 49、54

白山嘴 72

白石驿 82

白水 98

白土墩子 11

白玉河 84

栢则克里克（又作巴则克里克） 7

拜（拜城、拜城县） 22、23、52、54、55、58、61、62、63、64、65、66、68、137、148、171、175、177、178、183、189、192、194、200、243

北哈拉毛旦（北哈拉毛旦旧城） 235、236

北庭 23、182、201

贝尔山 95

比甲格 98

冰岭（冰大坂，即木素尔岭） 62、65

拨换（拨换城） 65、66、94、98

波斯 23、46、205、214

伯格善 72

伯克里克（伯克里克村） 31、32

伯里克斯 29

伯勒克斯（伯勒克斯村） 32、33、34、36

伯勒克斯牧厂 68

伯什勒克腰店 100

伯什特勒克 89

伯什托乎拉克（伯什拉木、伯

什克勒木、伯什托胡拉克、伯什托胡拉克庄、伯什托乎拉克乡）79、94、241、242

博尔去的　72

博尔图沟　5

博格达沁　12、236

博克达山　4

博斯堂（博斯堂巴杂）　39、79、239

博斯堂草滩　79

博斯堂托乎拉克　87

博斯腾湖（博斯腾淖尔，即巴勒喀斯湖）　3、6、11、12、14、15、219、220、237

博者克拉格沟　55、56、57、62、189、193、194

博者克拉格河（博者克拉格水）55、57

勒加夷城　87

不尔项　88、89

不徒瓦什（不徒瓦什旧城）　36

布干台　4

布古尔　17

卜纳克河（卜纳克干河）　75、76

卜纳克庄　75

卜纳沁　75

C

草湖　17、19、20、39、40、41、43、44、68、74

策勒（策勒县）　74、82

策特尔　192

策特雅尔　16

查墩渠　10、235

查尔赤（即库尔楚）　15

查尔赤河　15

察尔巴克（即八台）　95、242

察尔齐（察尔齐巴杂）　62、63

察尔其河　63

察罕通格（察汗通格）　5、6、9、235

长兴巴杂　39、40、43

车勒库底（即十台）　98

车师国　5

城上河（即库车河）　39、44、49、50、52、239

赤谷　22

赤河（即喀什属克子尔河）　92、97、98、186、242

赤沙山（赤沙积黎、赤沙积梨）50、52、53

葱岭（葱岭山）　4、23、92、184、201、203

绰洛克博拉　88

D

达布里斯坦 205

达德力城 240

达干城 98

达郎河 64

达郎山口 64

达漫城 94、98

达摩川（达摩川水）75、225

达摩戈（即新达摩戈）75、200、216、225

达摩戈古址（达摩戈古迹）75、82

达摩戈河（达摩戈干河）75、77、78

达望库木（即大望库木）197

怛罗斯（怛逻斯、怛逻斯城）23、184、201

鞑子城 32、37

大库马提（大库麻提、大库马提干河，又作哈提库马提）84、241

大食 23、201

大望库木（大望库木旧城，又作达望库木）22、31、32、33、34、36、199、214、215、218、220

大雁塔 29

大羊达克沁 38、200

大裕勒都司渠 30

大宛 92

大月氏 82、160、178

旦当（旦当古城、旦当乌利克）74、75、79、80、84、239、240

旦基尔沁 236

滴水岩 63、65

地汗宫村 99

第纳尔河 19、20

丁谷山 28

东川水（即库车河）19、44、50、53、239

东札拉提（东札拉提古城）96

杜洼 87、88

敦薨之水（敦薨之薮，即焉耆河）3、12

敦煌 138、142、146、174、176、185

敦煌佛洞（敦煌千佛洞）46、138

墩墩尔旧城 235

E

额济勒克（额济勒克旧城、额济勒克沁）33、34、197、198、210、214

额克尔大坂 56

额什克巴什山（又作硇砂山）54、62

额特尔山（额特尔达格） 57

鄂根河 39、41、43、44

鄂根庄 43

鄂力伯克 66

鄂斯堂不一 65

鄂衣斯堂 63

G

盖孜河 92、93

甘肃 16、81、82

高昌 4、73、140、165、172、195、207、243

葛罗岭 97、242

弓月城 201、202

姑墨（姑墨国） 65

孤石山（即垒勒山） 97、186

古乃玛庄 75

固玛（固玛巴杂） 88

固乃玛巴杂 82

H

哈布萨浪河（哈布萨浪水） 62、66

哈得墩 70

哈得里克 78

哈格村庄 54

哈既麻克 68

哈拉巴克 65、66

哈拉墩（即皮郎） 49

哈拉姑洗 65

哈拉哈什河（又作喀拉哈什河） 73

哈拉罕巴杂 78、239

哈拉罕河 79、239

哈拉罕栏杆 82

哈拉和卓古坟 157

哈拉黑炭（哈拉黑炭巴杂） 39、40、41、43

哈拉柯尔 53、55

哈拉木登（哈拉毛旦、哈拉木登旧城） 3、9、13、235

哈拉斯堂 39

哈拉样大坂 65

哈拉玉尔滚（哈拉玉尔滚腰店子） 63、64、65

哈满沟（即遮留谷） 4、12、15、236

哈玛木山（哈玛木达克） 49、54、55

哈奈（哈内、哈奈旧城、哈奈古城，又作皇寓城） 76、204、206、241、242

哈齐干 70

哈提库马提（即大库马提） 84

汉城（又作英尔沁） 36、38、100

汉人城（即黑太沁） 17、42、56、93、193

汉人渠坝（即黑太也拉克） 20、41、42

汉苇桥（即河寿桥） 19

汗弥（汗弥国，又作宁弥、扜弥、拘弥） 78、240

汗腾格里山 3、62、64

海都河 3、6、10、13、235、236

海楼库湖麻札 70

和（和阗、和阗县、和阗县城） 61、67、68、70、71、73、74、75、76、78、19、81、82、83、84、85、86、87、91、151、165、178、187、197、200、203、204、206、207、216、221、222、223、224、241、243、244

和靖（和靖县 ）235

和色尔佛洞（即赫色勒千佛洞、克子尔明屋） 200

和硕特旗（和硕特蒙古） 5、6

和硕县 6、235

和阗河（即玉珑河） 40、67、68、69、70、71、72、73、74、75、78、81、82、94、99、189、242、243

和约伙罗（和约伙罗驿，又作可力峡） 62、65

河拉尔旧城 235

河陇 182、183

河南城（又作南河城） 3

河寿桥（即汉苇桥） 19

河西 182

何腾苏木 235

鹤计土拉 34、35

赫色勒千佛洞（即克子尔明屋、和色尔佛洞） 58

黑不拉村（即克子尔不拉克驿） 65

黑米仔地 62

黑太沁（黑太沁尔、黑太沁旧城，又作汉人城） 17、18、19、20、41、42、43、56、93、193

黑太也拉克（即汉人渠坝） 41、42

红河（即库车属克孜尔河） 97

红柳林 68

红山（即克子尔塔克、赤沙山） 52

红山岭 72

红山嘴 72

呼鞭谷 88

忽炭（即和阗） 76

胡乃玛庄 36、39

皇寓城（即哈奈） 242

荒城 29、32、237、239

回鹘 4、23、26、27、76、90、92、183、195、196、201

豁旦（即和阗） 86

伙什拉什 73

霍拉山（霍拉山脉） 6、8、9、10、15、165

霍拉山废寺 9、162、164、165

浑八升（浑八升城，又作库木伯什） 99、100

浑水（浑河） 98、99

J

基尔曼省 205

吉克地里克 63

吉克地里克沟 63

吉牙（吉牙巴杂） 74、83、84

吉牙渡口（吉牙庄渡口） 74、83

济浊馆 98

伽师（伽师县，又作牌素洼提） 93

伽师城 94

伽师祇离国 185

甲子可洛干 80

犍陀罗 47、145、150、151、152、158、160

建德力城 240

建德力河 240

精绝国 214

九台（即图木舒克） 94、95、97

旧达摩戈（达摩戈旧村、旧达摩戈村、旧达摩戈村庄） 75、76、77、225

拘弥（拘弥城、拘弥国，又作宁弥、扜弥、汗弥） 78、240

据史德（据史德城） 97、98、186

沮渠 88

K

喀格尔色村舍 89

喀格里克 86、88

喀拉达格 62

喀拉墩（喀拉屯、哈拉敦、喀拉墩古址、喀拉墩遗址） 43、74、75、78、80、81、200、240

喀拉哈什河（又作哈拉哈什河） 87、94

喀拉汗朝（哈拉汗朝、喀拉汗王朝） 76、90、91、92、206、207、242

喀拉克山（喀拉克塔格、喀拉克达格） 57、62、63、66

喀拉克土拉 66

喀拉克土拉河 66

喀拉马哈常（又作下库马提） 85

喀拉马克沁（阿克苏属，即蒙古城） 64、99

喀拉马克沁（喀拉玛克沁，拜城

地名索引　　395

属）65、66

喀拉马克沁（沙雅属）203

喀拉马克沁（焉耆属）236

喀拉沙尔 3、6、235

喀拉达格山 189

喀剌和色驿（即榆树沟）4

喀喇昆仑山 242

喀什（喀什市、喀什城）81、92、93、94、98、178、206、241、242、243

喀什噶尔 23、57、68、76、91、92、93、197、203、204、206、207、243

喀什噶尔河 67、92、94、95、97、186、242、243

卡尔雅河（卡尔雅干河）16、194

卡梗不拉克土墩 19

卡哈玛克垓 52

卡克其庄 63

卡勒克沁 35、36、200

卡纳沁 75、76、78

卡阳河 20

柯尔达格 92

柯尔塘 65

柯克确尔（柯克确尔海子）18、19

柯勒额梗 97

柯什六洗 70、71

柯洗克阿达麻扎 66

柯尤克达格 30

柯尤克沁（柯尤克沁旧城）18、19、38

可干（可干旧城）57、65

可刚 92

可戈洛克 70

可根托罗盖 6

可汗城 90、91

可可大坂 83、84

可可沙 52、53、55

可拉克庄 75、76

可赖里 62

可力峡（即和约伙罗驿）65

可洛克沁 39

可提尤干 36

可言弟 72

克内什（克内什庄）44、45、46、50、52

克内什佛洞（克里什佛洞、克里什千佛洞）45、151、200

克里雅（克里雅巴杂）78、239

克里雅河 75、78、79、80、81、82、239、240

克列木托罗盖 237

克衣（克衣巴杂）52、55、56、192、193

克衣河 70、74

克依对里雅 68

克子尔（克子尔庄、克子尔巴杂、克子尔土拉村庄） 34、35、57、58、61、62、149

克子尔不拉克驿（即黑不拉村） 65

克子尔鄂依斯塘 64

克子尔河（轮台属） 14、17、18、19、

克子尔河（库车属，即红河） 52、53、57、58、61、62、63

克子尔河（又作赤河，即喀什噶尔河） 57、58、92、93、94、95、97、98、99、186、242

克子尔和旦 54

克子尔旧城（克子尔沁、克子尔土拉、克子尔土拉旧城） 32、34、35、36、38、41、43、62

克子尔库木 38

克子尔明屋（克子尔千佛洞、克子尔佛洞、克子尔明屋佛洞、克子尔洞，即和色尔佛洞、赫色勒千佛洞） 58、61、63、66、137、140、142、143、145、146、147、148、149、171、173、175、177、178、181、183、188、194

克子尔塔格（克子尔塔克，即红山、赤沙山） 5、52

克子尔塔木（又作库木克怕） 98

孔勒对雅 99、100

孔雀河 12、14、15

苦水河 17

库车（库车城、库车县、库车巴杂） 6、9、12、14、16、17、19、20、21、22、23、27、30、39、40、44、49、50、51、52、54、55、62、63、66、67、68、71、73、91、93、94、98、100、137、146、150、151、156、157、158、165、171、173、176、186、188、197、198、199、200、201、203、204、205、206、207、208、211、215、221、222、238、239、243

库车古城 137、181

库车河（库车城上河，即城上河） 39、44、52、238、239

库尔楚（又作查尔赤） 15、16

库尔勒 4、6、11、12、14、15、22、243

库库雅 89

库鲁克山 3、5、6、12、14、15

库马提 84、85、86、87

库马提干河　84

库木伯什（即浑八升）　100

库木克怕（又作克子尔塔木）　98

库木洛可　70

库木什　4

库木土块　92

库木土拉（库木土拉千佛洞、库木土拉佛寺、库木土拉佛洞、库木土拉河坝洞）　21、23、26、28、30、32、39、43、44、47、50、61、63、137、146、147、149、181、185、195、196、208、237

库木土拉村（库木土拉村庄）　23、28

库木土拉河　237

库木土拉山口　58

库纳卜河　239

昆仑　22

L

拉一普（拉一普古址）　89、90、202、203、204、205

兰城守捉　79

栏杆（即四十里栏杆）　64

勒哈米沁　35、36

垒勒山（垒勒塔克，即孤石山）　95、97、174、186

力济阿特麻札　75、76、226

亮果尔山口　44

亮果尔庄（亮果尔腰店子）　39、46、52、62

六和吉格得　68、70、72

六十户　237

六斯牙庄　87

陇右　182

楼兰　164、165、216

罗布淖尔　9、12、40、41、43、67、68、69、74、76、165、169、211、212、216、218、219、220、221、243

洛浦　82、243

洛瓦克　82、83、84

洛瓦克废塔　83

轮台(轮台遗址，即仑头国)　14、17、19、44、193

轮台（轮台县、轮台市）　14、17、19、20、22、38、40、44、54、57、192、194、243

轮台草湖17、20

仑头国（仑头城，即轮台）　17、18、19、38

M

麻札阿拉的　65

麻扎巴哈　50

麻札和卓　58、62、62

麻札他哈（麻札塔哈）　72、73、94、95、165、189

马拉阿拉干　77、78

玛拉巴什（即巴楚）　94

玛札普坦　238

满玛克沁　41、43

蒙古城（阿克苏属，即喀拉马克沁）　64、99

蒙古城（拜城属）　65、66

蒙古城（沙雅属）　203

蒙古城（焉耆属）　236

萌木克（萌木克庄）　88、91

萌木克旧城（萌木克石城）　91、92

米仔也甫伯克　92

密尔特彦河　44

民丰　82

明布拉克（明布拉额梗）　57

明布拉山（明布拉克山）　57、192

明布拉庄（明布拉克庄）　56、57

明屋（明屋佛洞，焉耆属）　6、7、9、11、46、148、152、160、166

明屋达格　58

莫桂牙巴杂　88

莫湖尔草湖　68

默里格洼提（又名什斯比尔雅）　241

墨玉（墨玉县）　82、87

木鸡克草湖　44

木吉　88

木吉河　93

木加拉　90

木素尔岭（即冰岭）　62

木札特河　23、29、30、58、62、63、65、66

N

那巴庄　17、19

那格拉哈那　64

那格拉哈那山　64

纳哈米沁旧城　147

南哈拉木登（南哈拉毛旦）　235

南河　243

南河城（又作河南城）　3

南疆　17、23、66、88

南山　3、63、75、84、96、224

南山口　85、

南乡　17

硇砂山（即额什克巴什山）　54、62

内蒙古　168

尼雅（又作尼壤、尼牙）　165、211、214、216

尼牙（即尼雅）

尼壤（即尼雅）

宁弥（宁弥城、宁弥故城，又作汗弥、扜弥、拘弥） 78、240

牛慧寺（即瞿摩帝） 86

诺和托日西提 242

P

牌素洼提（即伽师） 93

培因州 76

皮尔漫泽 87

皮郎（即哈拉墩） 49、50、238

皮郎土墩（皮郎旧城） 238、239

皮山（皮山县、皮山县城） 82、87、88、89、243

皮山（皮山国，即蒲山） 88、243

皮什南（即固玛） 88

皮穴国 88

毗沙都督府 184

蒲昌海 243

蒲山（即皮山） 88

普罗山 239、240

婆婆大坂 53

Q

奇克里克额梗 57

奇盘（奇盘庄） 91、92

奇盘河 91、92

奇盘山 91、92

奇盘庄佛洞 91

齐满庄 68

碛西 59、60、184

千佛洞（即克内什佛洞） 45

千佛洞（即克子尔明屋） 58、61、63、66

强博洛克（强博洛克庄） 66

强司雅（强司牙，即上库马提） 85、86、241

且末 14、81、165

沁色依 39、239

清水河 4、6、235

穷巴克（穷巴克庄） 19、20

穷沁（穷沁旧城） 39、40、41、43

穹康 63

龟兹（龟兹国、龟兹城） 3、4、9、14、17、21、22、23、26、27、28、29、30、32、33、34、35、37、40、44、46、48、49、50、51、53、54、55、56、59、61、62、63、77、94、97、98、137、138、140、146、147、158、165、171、174、175、176、178、182、183、185、

186、188、190、191、192、193、194、196、199、200、201、202、205、209、214、237、238、239

龟兹（龟兹都督府） 23、184

龟兹川 53

求里黑塔达坂 63

曲惠（又作左回） 3、4、5、6、13、235

曲鲁巴哈 41

屈茨（即龟兹、屈支国） 53、54、55

屈尔盖 94

屈支国（即龟兹、屈茨） 185、200、237、238

佉沙（即疏勒） 94、186

渠犁 14、15、19

瞿摩帝（瞿摩帝大寺、瞿摩帝寺，又作牛慧寺、赞摩寺） 86

瞿萨旦那 87

瞿室伽山 86

确尔达格（确尔达格山、确尔克达格） 23、29、30、58、62、63

确畔阿塔 75

雀离寺（雀离大寺、雀梨大寺、雀离大清净寺） 29

R

日仔和阗 237

婼羌 14、81

S

萨尔巴克土拉 238

萨尔墩 237

赛里木（赛里木巴杂、赛里木村） 62

三堡（三堡旧城） 9、200、207

三道城（即于什加提） 32、42

桑树园子 4

桑株 88

色当沁 35、36、37、199、200、201

色列当 44

沙大坂 241

沙乌勒克（沙乌勒克村庄） 41

沙乌勒克草湖 39、41

沙雅（沙雅县） 22、23、30、31、37、39、40、41、44、54、67、68、70、71、78、147、171、181、203、208、215、216、217、218、220、243

沙雅草湖 74

沙雅河（即渭干河） 28、29、30、58、63

沙雅旧城　57

沙雁州　66

沙衣勒克　84

沙亦墩　56

沙州　4、12

莎车　92、94、194、242

鄯善　9、165、214

上库马提（即强司雅）85

狮子岛　137

石城　64、65、91、92

十台（即车勒库底）98

什斯比尔（什斯比尔旧城、什斯比尔古城、什斯比尔遗址）75、85、86、151、224、225、226

什斯比尔雅（又作默里格洼提）241

疏附（疏附县）92、241、242

疏勒（疏勒县）22、72、92、93、95

疏勒（疏勒国，即佉沙）22、90、92、94、97、98、147、185、186、242

疏勒（疏勒镇、疏勒都督府）23、92、94、98、184、185、242

鼠壤坟祠　88

树枝河　84

朔方　182

斯拉木额瓦提　73

司密司玛里　45

四大麻札　75

四十里城市　4、6、8、11、12、13、14、219、221、236、237

四十里旧城（四十里城市旧城）11、200、236

四十里栏杆（又作栏杆）64

四镇（即安西四镇）4、23、92、182、183、184、185、201

四镇都督府　23

四镇十六府州　23、201

苏巴什（吐鲁番属）4

苏巴什（苏巴什古城、苏巴什旧城、苏巴什遗址，又作阿萨他木）46、49、50、52、53、157、158、186、200、205、237、238、239

苏巴什古坟（苏巴什古墓）173、179、215、218、221

苏不宜（苏不宜村庄）53、54

苏格特沟　58、59

苏唐阿一克庄　88、89、207

苏牙（即下吉牙）83、84

碎叶　184

碎叶川　201

所不及麻札　75、225

所罗倘不果拉麻札　87

所洛洼庄　84

T

他加其　6

它乾城　22、34

塔格克　79、80

塔勒奇旧城　202

塔克拉马堪大沙漠（塔克那玛勘大沙漠、塔克那马堪大沙漠）　68、69、78、243

塔里木河　19、22、40、41、44、67、68、69、70、71、72、73、74、79、99、242、243

塔里木牧地　67

塔里木盆地　4、14、67、82、160、199、200、204、222、235、243、244

塔石店　236

塔斯干大坂　5

塔斯土儿　5

唐王城　95、97、185

特勒克山口　62

特里阿托麻札　84

特司庄　89

特特尔格拉木　75、77、78、84、225、226

特特尔庄（特特尔村庄）　57

梯木康　53

梯母沁（库车属）　44

梯木沁（轮台属）　17

提仔拉普河（又作听杂布河）　91、92

天山　3、4、5、6、8、19、22、44、45、201

天山县　4

天竺　185、201

铁干可洛克（铁干可洛克庄）　64、65

铁关谷（即哈满沟）　3、4、12、15

铁吉克　30、31

铁门关　12、236、237

听杂布河（即提仔拉普河）　91、94

通古斯巴什（通古斯巴什旧城）　34、35、36、37、179、181、182

通古斯村庄　37

铜厂　52、57、62、63

铜厂河　39、44、46、50、52、53、62、158

铜厂庄　52

突骑施（突骑斯）　60、66、184、201、202、204

图洛柯旦木　100

图木舒克（即九台）　22、94、95、97、98、200

徒第和旦（徒第和旦旧城、徒第

和旦古城）99

徒第和旦村 99

土埂 43、216

土胡鲁库木（土胡鲁沙漠） 50

土尤包第 39、43、44

土子诺克 11

吐蕃 23、73、182、183、184、201

吐火罗（吐货逻） 186、188、239

吐鲁番 4、5、6、7、9、21、58、157、163、171、195、200、204、207、243、244

吐鲁番盆地 5

托卜沁（托卜沁旧城，沙雅属） 30、37、40、43

托卜沁（伽师属） 93

托尔都马 80

托和拉旦（拜城属） 62、63

托和拉旦（库车属） 30、62、63

托和乃（托和乃庄、托和乃巴杂） 20、21、44

托和萨克 242

托和沙赖 95、96、97、98、166、173、175

托和沙赖古渠 95

托和沙赖古址（托和沙赖遗址、托和沙赖古坟、托和沙赖古僧坟） 94、162、166、169、173、174、185

托和沙赖塔克 95

托湖尔克庆 5

托克逊 4、5

托库托克 92

托拉马斯干 80

托洼克 73、74、83

陀拔斯单 46、205

W

瓦砾场 77、84、223、224

王子营盘 6

危须（危须国） 3、4、6、237

苇湖 19

苇桥 19

渭干河（即沙雅河） 28、29、39、40、41、42、43、44、58、63、183

温巴什（温巴什巴杂） 62、63

乌即城 242

乌垒（乌垒国、乌垒城） 14、16、22、44、55、56、192、193、194、

乌垒（乌累、东乌累关城、东乌垒关城、东乌垒关） 55、56、57、189、190、191、192、193、194

乌兰托罗盖　13

乌鲁木齐　4、5、62、64、66、67、81、82、100、243

乌耆国（即焉耆国）　185

乌恰尔萨依河（又作乌恰色依）　44

乌恰色依（即乌恰尔萨依河）　239

乌沙巴什庄　89

乌沙他拉（乌沙克他拉）　4、235

乌斯木　36

乌斯托胡拉克庄　20

乌孙（乌孙国）　5、22、56

乌弋山离　214

乌扎提庄　87

吴库麻札　95

吴六杂提（吴六杂提麻札、吴六札提麻札、吴路札提麻札）　75、76、77、206、225、226

吴宗土垓　63

五天竺（五天竺国）　27、184、185

X

上户地　15

西安　29

西川（西川水、西川枝水，即渭干河）　40、44

西海　3、12

西河　68

西河里庄　91

西克利亚　137

西沙山　241

西山城　86、241

西夜（西夜国）　88

西域都护　14、22、209

西藏　82、90

西州　4、160

锡科沁　6、7、9、10、237

锡科沁渠（锡科沁大渠，即巴龙家大渠）　9、10

锡科沁旧城　237

锡科沁明屋（即焉耆明屋）　186

锡兰　137、138

锡五里河（锡五里干河）　80、239、240

锡五里栏干　239

锡五里庄　239

锡衣提和卓麻札　95

锡衣提牙　90、202、205、206

悉居半国（即子合国）　88、91

喜拉查　205

系馆河　94

狭尔乱旦　15

狭锡河水　91

下吉牙（即苏牙）　83

下库马提（又作喀拉马哈常）　85

项格尔庄　84

小巴龙渠　235

小柯尔　95

小库马提（小库麻提）　84、85、241

小路巴克　238

小铜厂　63

小羊达克沁　38

小野云沟　16

小裕勒都司渠　30

效尔楚克（即紫泥泉子）　15

校尉城　19、40

新达摩戈　75、77

新和（新和县）　22、23、30、199、237、243

新井子　4

新齐兰台　98

新铜厂　52

修里呼图克　98、99

许徒诺克　87

叙利亚　187

雪山牧场　66

Y

牙依列克塔格　66

雅尔湖沟　163

雅尔湖古坟　171

雅克库都克　98

雅满雅尔河　93

雅满雅尔驿　93

鸦尔堪（鸦尔堪城）　90

亚伽坦石窟寺　137

焉耆（焉耆镇、焉耆都督府）　4、12、23、184、185

焉耆（焉耆县、焉耆县城、焉耆回族自治县）　3、4、5、6、11、13、14、17、21、22、45、46、100、137、145、148、150、151、152、156、157、158、159、162、164、165、181、186、200、207、219、221、222、235、237、238、243、244

焉耆（焉耆国，即乌耆国、阿耆尼国）　3、4、5、9、12、13、14、15、26、158、159、160、161、165、185、186、187、200、219、236、237

焉耆河（即敦薨之水）　67

焉耆明屋（即锡科沁明屋）　45、46、137、148、150、151、152、157、158、159、162、164、200

焉耆专区（即巴音郭楞蒙古自治州）　235

盐池　11、221

盐关　189

盐山口（阿克苏属）　62、64

盐山口（库车属）　62

盐水沟　149、189

盐水沟佛洞　61、188

延城　44、50、51、239

羊达胡都克（羊达胡都克村庄）　15、74

羊达克沁（羊达克沁旧城、羊达克沁大城）　15、37、40、41、43、200

羊达克沁大渠　38

洋沙尔巴杂　16

养马河坝　236

姚头冈　77、83、85、221、222、223、224、225、226、241

姚瓦克　223

耶木什　5

也玛可可沁　80

野云沟（即依什玛）　16、44

野云沟古城　16

叶城（叶城县）　81、87、88、89、90、91、92、197、202、203、204、205、206、207、243

叶尔羌　68、90、206、207、243

叶尔羌平原　242、243

叶河（叶尔羌河）　67、91、92、94、95、99、242、243

叶苏巴什色依　44

叶现比（即英尔默里）　37

叶衣克庄　89

谒者馆　98

依什玛（即野云沟）　16

伊犁　5、56、62、64、65、92、202

伊丽水　201

伊逻卢城（伊逻罗城）　49、54、186、205、237、238

亦拉湖　3、4、5

亦马米麻札　84

亦狭克沟　58、149

银山道　4

印度　60、82、137、156、159、160、165、171、174、185、186、187、214

英尔对雅　70、71、72、99、100

英尔默里（英尔默里巴杂，即叶现比）　37、38

英尔沁（又作汉城）　100

英尔瓦特　93、94

英吉沙　92、243

英业　40、41

尤干库木　80

扜弥（扜弥国，又作拘弥、宁弥、汗弥）　78、240

于（于阗、于阗县、于阗县城）

22、43、67、68、70、73、74、75、78、79、80、81、82、83、90、200、222、240、243

于弥城　79

于什博罗久　20

于什加提（于什格提、于什格提大城，又作三道城）　29、32、41、42、43、218、237

于阗（于阗国、于阗城）　22、23、72、78、79、82、84、85、86、88、90、91、94、140、185、187、200、222、224、225、240、243

于阗（于阗镇）　23、60、184、185

于阗河　73、75、78、79、84

榆切大坂　55、56、57

榆树沟（即喀剌和色驿）　4、5

尉犁（尉犁国、尉犁城）　3、4、12、13、14、15、236、237

尉犁（尉犁县）　14、15、19、67、68、236

尉头国　96

尉头州废城遗址（尉头州故城遗址、尉头州遗址）　96

裕勒都司　30、186

裕勒都司巴克　62、199、200、208、214、215、216、218

裕勒都司海子　30

裕勒都司渠　37

玉代里克　94

玉尔滚沁大城　37

玉尔滚（玉尔滚驿）　30、63、94

玉河　96

玉珑哈什巴杂　83

玉珑河（玉珑哈什河、即和阗河）　73、75、82、83、84、85、241

玉子干（玉子干旧城）　15

郁头州（郁头州城）　97、186

员渠（员渠城）　3、4、12、236、237

月勒克沁　38

月氏（即大月氏）　178

岳普湖　93

Z

赞摩寺（即瞿摩帝）　86、224

札木台（札木台巴杂）　63、64

昭怙厘　28、29、32、237、239

泽普　91、92

遮留谷（即哈满沟）　4、12、15

折拉提旧台　98

子合（子合国，即悉居半国）　88、91

子里（子里河、子里干河）　70、71、72

子里克沟　59、61

子里托乎拉克　71

紫泥泉子　11、12、15

中印度　138

朱俱波（朱俱盘）　88、91

砖头城　35、200

装桂牙　87

着果特旧城（着果特沁旧城）　18、19、40

斫句迦（斫句迦国）　86、88

准博尔　84

准噶尔　4、91

宗农庄　88、89

左回（即曲惠）　4

索引字头笔画检索表

二画

八 390
卜 391
丁 392
九 395
力 398
十 402

三画

大 392
弓 393
马 399
千 400
三 401
上 402
土 404
下 405
小 406
也 407
于 407
子 408

四画

巴 390
贝 390
比 390
不 391
长 391
车 391
孔 397
六 398
仑 398
木 398
内 399
牛 400
日 401
什 402
天 403
瓦 404
王 404
五 405
乌 405
牙 406

五画

艾 389
白 390
北 390
布 391
旦 392
东 392
甘 393
古 393
汉 393
甲 395
旧 395
卡 396
可 396
兰 398
民 399
尼 399

尤 407
月 408
中 409

五画

宁 400
皮 400
且 400
四 402
司 402
石 402
它 403
他 403
叶 407
印 407
玉 408
札 408
左 409

六画

安 389
冰 390
达 391
地 392
汗 394
红 394

回 394	杜 392	拨 390	郁 408
伙 395	呵 394	怛 392	岳 408
吉 395	伽 395	姑 393	泽 408
米 399	克 396	孤 393	宗 409
那 399	库 397	固 393	
齐 400	陇 398	沮 395	九画
曲 401	玛 399	和 394	拜 390
色 401	纳 399	河 394	勃 391
吐 401	沁 400	呼 394	草 391
托 404	穷 400	忽 394	查 391
危 404	龟 400	建 395	城 391
西 405	求 401	拘 395	哈 393
许 406	佉 401	苦 397	胡 394
亚 406	沙 401	昆 398	皇 394
延 407	苏 402	拉 398	荒 394
羊 407	听 403	罗 398	浑 395
伊 407	陀 404	轮 398	济 395
亦 407	苇 404	明 399	柯 396
扜 407	吴 405	奇 400	栏 398
朱 409	系 405	穹 400	垒 398
	员 408	屈 401	亮 398
七画	折 408	所 402	洛 398
阿 389		图 403	南 399
把 390	八画	耶 407	毗 400
伯 390	拔 390	依 407	狮 402
赤 391	波 390	英 407	树 402

突	403	通	403	梯	403	疏	402
狭	405	徒	403	铜	403	塔	403
项	405	校	406	悉	405	提	403
修	406	效	406	雪	406	渭	404
叙	406	盐	406	焉	406	温	404
鸦	406	准	409	谒	407	喜	405
洋	407			野	407	雅	406
养	407	**十一画**		银	407	裕	408
姚	407	第	392	尉	408	紫	409
昭	408	绰	391	着	409	装	409
砖	409	鄂	393				
斫	409	盖	393	**十二画**		**十三画**	
		基	395	跋	390	楼	398
十画		据	395	博	391	满	399
爱	389	勒	398	策	391	蒙	399
栢	390	麻	398	葱	391	蒲	400
高	393	萌	399	敦	392	碛	400
海	394	密	399	葛	393	鼠	402
莫	399	硇	399	黑	394	碎	402
诺	400	培	400	犍	395	锡	405
桑	401	婆	400	喀	395	新	406
莎	402	清	400	牌	400	榆	408
朔	402	渠	401	普	400		
唐	403	雀	401	强	400	**十四画**	
特	403	婼	401	确	401	察	391
铁	403	萨	401	斯	402	滴	392

赫	394	鹤	394
精	395	墨	399
赛	401		
鄯	402	**十六画**	
遮	408	霍	395
		默	399
十五画		赞	408
靰	392		
墩	392	**十七画**	
额	392	豁	395